本書出版得到國家古籍整理出版專項經費資助

本書出版得到黃如論國學教學科研基金資助

孫家洲◎主編

額濟納漢簡釋文校本

文物出版社

封面設計　張希廣

責任印製　陳　杰

責任編輯　賈東營

圖書在版編目（CIP）數據

額濟納漢簡釋文校本／孫家洲主編. —北京：文物出版社，2007. 10
ISBN 978-7-5010-2251-9

Ⅰ. 額… 　Ⅱ. 孫… 　Ⅲ. 簡（考古）－研究－額濟納旗 　Ⅳ. K877.54

中國版本圖書館 CIP 數據核字（2007）第 095060 號

額濟納漢簡釋文校本

孫家洲 主編

*

文 物 出 版 社 出 版 發 行

（北京市東直門內北小街 2 號樓）

郵 政 編 碼 : 1 0 0 0 0 7

http://www.wenwu.com

E-mail : web@wenwu.com

北京達利天成印刷有限公司印刷

新 華 書 店 經 銷

787×1092 　 1/16 　 印張 : 21.5

2007 年 10 月第 1 版 　 2007 年 10 月第 1 次印刷

ISBN 978-7-5010-2251-9 　 定價 : 88.00 圓

"額濟納漢簡研讀班" 讀書活動之一

"額濟納漢簡研讀班" 讀書活動之二

"額濟納漢簡研讀班" 讀書活動之三

"額濟納漢簡研讀班" 讀書活動之四

"額濟納漢簡研讀班"讀書活動之五

"額濟納漢簡研讀班"讀書活動之六

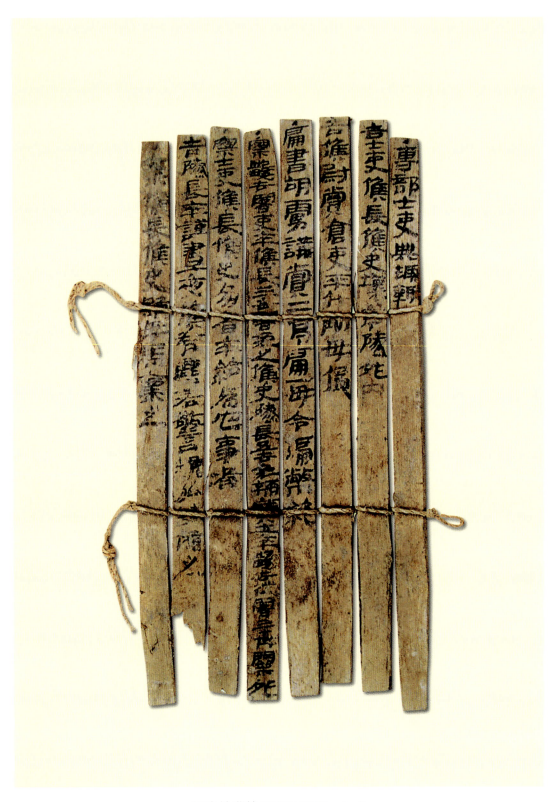

額濟納漢簡 99ES16ST1：1—8

目　　錄

前　言

孫家洲

　　2005 年 3 月，廣西師範大學出版社出版的《額濟納漢簡》（魏堅主編）一書，收錄了 1999、2000、2002 年額濟納地區出土的五百餘枚漢簡，是重要的漢代出土文獻。同年 9 月 25 日，由中國人民大學國學院主辦的"額濟納漢簡研讀班"正式開班，進行集體性研讀。其跟進速度如此之快，可能在國内是空前的。2005 年 9 月 26 日，《新京報》刊載記者張弘的報道稱："人大國學院雖然還没開學，但是研究已經先行一步。昨天上午，在中國人民大學國學院會議室，由著名簡帛研究專家謝桂華、人大國學院常務副院長孫家洲聯合主持，一場别開生面的《額濟納漢簡》的讀書會，拉開了人大國學院簡帛研究的序幕。"現在，"額濟納漢簡研讀班"的結集性成果——《額濟納漢簡釋文校本》一書，即將由文物出版社出版。爲了撰寫這紙《前言》，翻檢所藏《新京報》的上述報道，不禁"悲喜交集"。悲的是，爲這個研讀班嘔心瀝血的著名簡帛學家謝桂華先生，不幸因罹患癌症去世，未曾及見本書的結集出版；喜的是，這部凝聚著衆多專家學者心血的著作得以出版，對於西北史地研究、簡牘學研究、漢史研究皆可望有所貢獻。"額濟納漢簡研讀班"開班前後的若干記憶，紛至沓來。借此機緣，略記如下。

　　2005 年 5 月 28 日，中國人民大學正式發文決定成立國學院。6 月間，我在完全没有思想準備的情況之下，被學校任命爲國學院的常務副院長。當時承受的思想壓力很大，在兩度辭拒不獲批准之後，也祇好勉力而爲了。我記得很清楚，第一次去通州張家灣拜訪我們的院長馮其庸先生時，馮先生就明確地提出：要辦好國學院，除了保證正常的教學之外，必須突出學術研究——特别是西域語言與歷史的研究、簡牘學的研究，因爲這是站在學術前沿、並有巨大發展空間的學問。我對於馮先生的觀點，完全贊同。馮先生還表示：對於西域語言與歷史的研究，他本人有相當興趣，並且與這一領域的著名專家素有聯繫，他本人可以直接負責這一領域的工作；而對於簡牘學，儘管他很關注這一領域的新進展，但是與有關專家的聯繫畢竟不多。馮先生詢問我是否與簡牘學的專家有聯繫的渠道？我回答說：我與謝桂華、李均明等先生有幾年的交往。馮先生高興地表示：他家中收藏的《中國簡牘集成》的主編就是謝桂華、李均明兩位先生，原來就知道他們是簡帛學的權威，如果能夠請他們出面幫助工作，那是最好的。馮先生隨即責成我主管"簡帛學研究所"的籌建工作。根據我所瞭解的情況，李均明先生依然在中國文物研究所工作，一時無法分身；而謝桂華先生已經辦妥從社科院歷史所退休的手續，於是我拜訪謝桂華先生，表達了聘請謝先生為國學院"特聘教授"並且擔任籌建中的"簡帛學研究所"所長的誠意。謝先生當即答復願意加以考慮。

　　2005 年 8 月，中國秦漢史學會年會在內蒙古召開。會議期間，我到謝先生的住處，與他有長達兩個多小時的暢談。他不僅爽快地答應接受國學院的聘任，並且就"簡帛學研究所"的組建以及前期啓動工作，侃侃而談，提出了許多建議。正是在這次暢談之中，謝先生提議：應該組織一個"額濟納漢簡研讀班"。他特別強調，《額濟納漢簡》雖然僅有五百枚，但是，我們有研究《居延漢簡》、《居延新簡》的基礎，完全可以在這一背景之下，把研讀的學術深度拓展開來。隨後，我又與當時參加會議的李均明、王子今、宋超、徐世虹、劉華祝、馬怡、鄔文玲等學者就此加以討論，得到了諸位的一致贊同。這堅定了我辦好研讀班的決心，也是我參加這一屆秦漢史年會的額外收穫。

　　我按照謝先生的建議，促成了"額濟納漢簡研讀班"在 9 月 25 日的開班。研讀班每周六舉辦一次，到 2006 年 7 月結束，持續時間長達十個月之久。長期參加研讀班的學者（他們絕大多數是中國人民大學國學院的兼職教授）有：中國社會科學院的謝桂華、宋超、劉樂賢、馬怡、鄔文玲，北京師範大學歷史系的王子今，北京師範大學中文系的趙平安，中國政法大學法律古籍研究所的徐世虹，北京大學歷史系的劉華祝、中古史研究中心的羅新；中國人民大學、北京大學、北京師範大學、中國政法大學的十餘位研究生也自始至終參與了研讀，他們是：張忠煒、王俊梅、吳旺宗、李蕾、呂俐敏、莊小霞、孫正軍、王海、党超、劉志平、趙寵亮、曾磊、洪春嶸、姚瑩。另外，來自中國文物研究所的李均明，中國社會科學院的侯旭東、孟彥弘，中國人民大學的王桂元、韓樹峰等學者也分別參加了部分時段的研讀；甘肅省文物保護研究所何雙全先生和安徽省天長市博物館韓潮先生，曾應邀到讀書班介紹當地新出簡牘情況；日本學者大川俊隆、吉村昌之也特意到研讀班上，發表他們的近期研究成果；韓國學者金慶浩亦曾到訪研讀班。每當研讀班開班之日，各位學者撥冗而來，人大國學院的小小會議室中，會聚了一批潛心治學的著名專家與青年才俊，確實有蓬蓽生輝之感。在長達數月的研讀過程之中，我有幸能夠為大家做一些服務性的工作，也是我到國學院任職以來，感覺最爲愉悅的事情之一。研讀班得到了許多學者的關注，屢屢有學界朋友詢問是否可以參加進來，我確實甚感爲難，因爲會議室的空間有限，祇好據實相告。至今回想起當時對幾位朋友的婉拒，依然感到內疚不已。

研讀班充滿了自由爭鳴的學術氣氛，討論問題常有見仁見智之時。爲了一個字的釋讀、一句話的通解，有時可以爭論得面紅耳赤，有時又可以使用詼諧的語句將爭議暫時擱置。一旦有研究性的新見提出並得到在座者的一致肯定之時，大家往往開玩笑地"吹捧"一句："高！實在是高！"那種得意、興奮之情是不願稍加掩飾的。值得一提的是，幾位研究生也積極提出不同意見，不因爲辯論的對象是自己的導師或知名學者而有所顧忌。

每到研讀班結束，大家就會按照"輪流坐莊"的原則，在人大校園之內的小酒家小酌一番。這自然又是一個充滿了溫馨、友誼、智慧的聚會。

我感謝參加研讀班的每一位學者，尤其對駕鶴西歸的謝桂華先生，更是充滿了敬意、謝意、歉意。在 2005 年 9 月 25 日研讀班開班之時，謝先生作了一個主題發言。他說："我是《額濟納漢簡》釋文的主要作者之一。由於時間過於緊張等關係，現在看來，釋文的內容以及排版都存在著遺憾，對其中的紕漏，應該分別加以討論和改定。我願意在此首先自我批評，然後歡迎大家繼續批評。"隨後，他一一列舉《額濟納漢簡》釋文和排版中的 15 條訛誤，並提出自己的校改意見。這篇經過精心準備的發言，有效提高了研讀班的學術水準。現在，我們把這篇發言的文字稿，收錄在本書之中。這篇遺作，展示出謝先生的磊落胸懷與學術造詣，也藉以寄託我們對謝先生的追念之情。

謝先生還出於對國學院工作的考慮，在接受有關媒體採訪時，特意強調了簡帛研究與國學研究之間的關係，他說："簡帛文獻所包括的內容極爲廣泛，它涵蓋了古人社會生活的各個方面，甚至還有自然科學方面的內容。此外，它利用的是考古學的發掘成果，屬於最原始的資料，有些甚至改變了以往國學研究中的謬誤。可以說，簡帛研究爲國學注入了新的活力，也大大豐富了國學研究的內容。"

後來，謝先生患病住院，我去北京醫院看望他，他很動情地說："我不怕死，但是現在我還不想死，因爲還有幾件事應該做好，否則我死不瞑目。"他對研讀班的成果應該如何安排，談了他的看法。我看著他極度消瘦的身軀、依然執著的神情，真是百感交集，心中不由地浮現起孔子的感慨之語："斯人也，而有斯病也！"在謝先生住院之後，研讀班的同仁公推他的學生鄔文玲女士（現爲社科院歷史所副研究員）做領讀人，並負責記錄整理大家的討論意見。現在呈現給各位讀者的釋文校讀文本，就是由鄔文

玲執筆完成的。從她認真負責的作風，我們看到了謝桂華先生的影子。令我至今愧疚
不安的是，謝桂華先生不幸病逝，舉行遺體告別儀式那天，我因爲要陪同一位外地來
京的學者到人大人事處面談有關事項，實在無法分身，祇好請博士生張忠煒前往代我
爲謝先生送行。雖說事出無奈，心中留下的是無法彌補的遺憾和深深的歉意。謝先生
晚年所進行的最後一項大型科研工作，就是在國學院主持"額濟納漢簡研讀班"，可恨
病魔無情，使得謝先生抱憾而逝。在倍感痛惜之餘，我也把能與謝先生共同從事一件
有意義的學術活動，引爲榮幸。

　　"額濟納漢簡研讀班"的部分成果，以"讀史劄記·額濟納漢簡研究"的形式，刊
載於《歷史研究》2006 年第 2 期和第 5 期，其中包括謝桂華、劉樂賢、鄔文玲、趙寵
亮、張忠煒、莊小霞等六人的一組文章和馬怡的一篇考證性長文。在此，我們對《歷
史研究》的主編徐思彥女士、副主編王和先生、編輯室主任宋超先生，表示真誠的感
謝。

　　《額濟納漢簡釋文校本》則是研讀班的最終成果。主要由兩部分組成：一是額濟
納漢簡釋文校正，彙集了讀書班諸位同仁提出的釋讀和校改意見，一共對五百餘枚簡
中的近三百枚簡的釋文和說明文字作了校正。由鄔文玲執筆整理而成，整理方式請
參見《凡例》。二是額濟納漢簡研究，收錄了讀書班成員以額濟納漢簡爲中心的研究
論文 28 篇，内容不僅涉及釋文訂誤、術語考釋、簡牘形制等基礎研究方面，而且廣
泛涉及了政治事件、法律制度及用語、文書運行、邊境防禦、社會經濟、歷史地理、
生態環境、職官、數術、改元、曆譜等諸多領域的應用研究。其中部分文章曾在報
刊上發表，此次收錄，有的作者作過補充和修改。所收錄的文章，祇代表作者本人
的意見，未經集體討論定稿。之所以如此處理，一方面想要延續研讀班自由討論的
氣氛，另一方面也有"文責自負"的君子之約。學術研究，總是在不斷的討論中得
以拓展的。此外，鑒於額濟納漢簡多出自額濟納河流域的居延漢代烽燧遺址，這些
經科學發掘的遺址跟所出漢簡的内容密切相關，二者可以結合起來進行研究，因此
我們特別邀約發掘主持者、《額濟納漢簡》主編魏堅先生提供大作。感謝魏堅先生的
大力支持，提供了與昌碩先生合撰的《居延漢代烽燧的調查發掘及其功能初探》一
文。我們將這篇文章收錄其中，使得本書的體例更形完善，更可以爲注意及此的讀
者提供便利。謹以編者的名義、並請允許我代表部分讀者對魏堅先生、昌碩先生表
示由衷感謝。

　　現在呈現在讀者面前的這部書稿，難免存在著不足甚至是錯誤，衷心地希望得到
各界師友的指正。

　　在此，我們衷心感謝文物出版社的各位領導，他們以出版家的胸懷，全力支援學術著作的出版。正是由於他們的鼎力支援，本書才得以在素負盛名的文物出版社出版。我們衷心希望今後還有與文物出版社共同合作的機會。

2007 年 2 月 20 日

於豐台近勇齋

上　篇

額濟納漢簡釋文校正

凡　例

一、本書是對《額濟納漢簡》（魏堅主編，廣西師範大學出版社 2005 年版，簡稱《額簡》）一書所發表的五百餘枚漢簡的整理和釋讀。

二、本書以《額簡》的釋文爲底本，用《額簡》所發表的簡影圖版進行對校。凡底本所釋正確者，照錄；凡所釋有誤、漏者，則予補正，並在按語中說明。釋文後圓括弧內的說明文字，爲《額簡》編者所加。其描述正確者，照錄；其描述有誤、漏者，則予補正，亦在按語中說明。

三、釋文依原簡編號排列，簡號沿用《額簡》，其數碼和字母的含義，依次爲：

字母前的數碼，"99"表示 1999 年出土，"2000"表示 2000 年出土，"2002"表示 2002 年出土。

E，表示額濟納旗。

S，表示烽燧。此後之"7S"表示第七隧，"9S"表示第九隧，"14S"表示第十四隧，"16S"表示第十六隧，"17S"表示第十七隧，"18S"表示第十八隧，"CS"表示額濟納旗察干川吉烽燧。

T，表示烽燧內的臺階。

F，表示房舍遺址。

H，表示灰堆。

D，表示過道。

T、F、H、D 後的數碼，表示具體遺跡單位之序號。

"："後之數碼表示出土器物的序號。

出土器物序號後之 A、B、C 等依次表示多面簡牘之第一、二、三面。

四、本書在各簡編號之後用圓括弧標示出《額簡》所載該簡圖版所在頁碼，如"（圖〇七三）"表示該簡圖版載於《額簡》〇七三頁。

五、原簡上的符號，如重文號 ＝ 及●、■、╱、◗、马等，照錄。

六、釋文中的下列符號爲《額簡》編者所加，沿用：

回，表示封泥印匣。

⊠，表示簡首網格紋。

⊿，表示原簡斷折處。

□，表示原簡字跡模糊未能釋定者，一字一"□"。

……，表示原簡字跡模糊且字數未能確定者。

七、釋文盡可能用通行字體。如"隊"、"隧"、"䃺"均改作"隧"，"䕽"、"蕭"均改作"蓬"，"𥬄"改作"秦"等，並在按語中說明。

八、異體字、假借字、簡文原有的錯字，釋文不加更動，在按語中說明。

九、簡文原有殘泐而可據殘筆或文例釋出者，隨釋文注出，外加 ［ ］號。

十、簡文原有脫字而可據相關文獻和文義擬補者，隨釋文補足，外加【 】號。

十一、簡文原爲一行而釋文需排爲兩行者，在第二行前空一字接排。

十二、本書爲中國人民大學國學院"額濟納漢簡研讀班"的集體成果，集合了研讀班成員所提出的釋讀和校改意見，不一一注明。

額濟納漢簡釋文校正

額濟納漢簡研讀班

●專部士吏典趣輒

告士吏候長候史【毋】壞亭隧外内

告候尉賞倉吏平斗斛毋侵

●扁書胡虜購賞二亭扁一毋令編幣絕

●察數去署吏卒候長三去署免之候史隧長五去免輔廣士卒數去徙署三十井關外

●察士吏候長候史多省卒給爲它事者

告隧長卒謹晝夜候有塵若警塊外謹備之

●察候長候史雒毋馬禀之（以上八簡為一册書，尚存兩道編繩）

99ES16ST1：1－8

（圖〇七三）

　　按：根據文意，第二簡"壞"前脱"毋"字；第三簡"講"當作"購"；第二簡、第五簡以及第七簡之"隧"字，原簡均作"隊"，今改爲通行體。

●第十部隧名　第　第十候史蕭並自言責居延男子王子贛⊥

99ES16ST1：9

（圖〇七六）

　　按："隧"原簡作"隊"，今改爲通行體。

始建國三年三月乙酉朔己丑第十候史褒敢

言之初除即日視事敢言之

99ES16ST1：10

（圖〇七七）

按："三"《額簡》作"一三"，衍"一"，今删。

五月丙子士吏猛對府還受　　　　　　　　　●有所驗

府五官張掾召第十候史程並記到便道馳詣府會丁丑旦毋得以它爲解

99ES16ST1：11A

（圖〇七八）

按：第一行"受"後《額簡》衍"……"；第二行"並"原簡作"竝"，今改爲通行體；"●有所驗……"《額簡》作"●有所驗□□□"，這段文字本應接在第二行"毋得以它爲解"之後，但因第二行已寫滿，只好抄寫在第一行，並在句首加符號"●"隔開，以示區別。故此簡釋文應讀作："五月丙子，士吏猛對府還。受府五官張掾召第十候史程並，記到，便道馳詣府，會丁丑旦，毋得以它爲解。●有所驗……。"

第十候史程並行者走

99ES16ST1：11B

（圖〇七九）

按："並"原簡作"竝"，今改爲通行體。

二月馬食隧長張孝已從隧氾彭廩前相負士吏曹翊取粟六石

99ES16ST1：12

（圖〇八〇）

按："氾"《額簡》作"氾"。

第十三隧長王良

99ES16ST1：13

（圖〇七九）

按："隧"原簡作"隊"，今改爲通行體。

☑父母爲天下至定號爲新普天莫匪新土索土之賓【莫】匪新臣明☑

99ES16ST1：14A

（圖〇八一）

按：根據文意，"索"當作"率"；"匪"前脫"莫"字。

☑十四 七十五☑

99ES16ST1：14B
（圖〇八一）

☑拜請☑
☑苦近善毋恙宜☐☐到亭傷汗元困蜀益……☐不敢
☑☐君問亟願☐☐有日遣使廩須得以自振

99ES16ST1：15A
（圖〇八二）

按：本簡由兩枚殘片連綴而成，且中部有缺失，文意不連貫，故仍用斷簡符號標示。第一行簡末《額簡》衍"☐"；第二行簡首斷簡符號"☑"《額簡》未標注；第二行"宜"後之"☐"和第三行"願"後之"☐"《額簡》未標注。

☑☐足子服罪☑（習字）

99ES16ST1：15B
（圖〇八二）

按："足"前之"☐"《額簡》未標注；簡末斷簡符號"☑"《額簡》未標注。

☑隧取獨當會月十五日未到相遣者☑

99ES16ST1：16
（圖〇八三）

☑月十五日謹驗問辭皆如牒留

99ES16ST1：17
（圖〇八三）

按：《額簡》衍簡末斷簡符號"☑"，今刪。

陽朔四年三月壬申第十二☑

受☐☐故爲病卒市藥未☑

99ES16ST1：18A

（圖〇八四）

按：第二行簡末斷簡符號“☑”《額簡》未標注。

第十吏米　　　第十二吏☑

第十一吏米　　第十☐☑

99ES16ST1：18B

（圖〇八四）

☑季☐有以當錢少季即不在知責家見在親☐☑

99ES16ST1：19

（圖〇八五）

按：“親”後之“☐”《額簡》未標注。

☑石具弩一稾矢五十　　　　帽蘭冠☑

99ES16ST1：20

（圖〇八五）

☑謹劾寫移居延獄以律令☑

99ES16ST1：21

（圖〇八六）

☑甲　　　癸　　　癸☑

☑戌　　　卯　　　酉☑　（干支上皆有刻畫痕）

99ES16ST1：22

（圖〇八六）

按：第一行和第二行簡末斷簡符號“☑”《額簡》均未標注。

☑皆折欲☑☑☑☑☑

99ES16ST1：23A
（圖〇八七）

按：簡末斷簡符號"☑"《額簡》未標注。

（有殘筆迹）

99ES16ST1：23B
（圖〇八七）

☑東方　　　　東☑

99ES16ST1：24A
（圖〇八七）

☑下土種良☑

99ES16ST1：24B
（圖版及釋文缺載）

按："下土種良"《額簡》作"候望不得"。《額簡》整理者謝桂華先生指出，此簡 B 面圖版與 A 面圖版不僅材質、形制不合，且内容和書體亦不相類，其圖版和釋文又與 172 頁 2000ES7SF1：105A 重復。《額簡》漏排了 99ES16ST1：24B "☑下土種良☑"之圖版及釋文。

☑甲戌朔丙戌☑
☑事如律令☑

99ES16ST1：25
（圖〇八八）

☑不可得證☑

99ES16ST1：26
（圖〇八八）

按：簡末斷簡符號"☑"《額簡》未標注。

（人面像）

99ES16ST1：27
（圖〇八八）

☑□一完神爵三年☑

99ES16SD1：1
（圖〇八八）

☑十月大　十一月小　十二月大

99ES16SD1：2
（圖〇八九）

☑名如牒敢言之☑

99ES16SD1：3
（圖〇八九）

　　按：簡末斷簡符號"☑"《額簡》未標注。

☑第十□壽☑
☑永充光十二☑

99ES16SD1：4A
（圖〇八九）

　　按：第一行"第十□壽"《額簡》作"□十　壽"。

☑之　延居延九□☑
　　　□□前見☑

99ES16SD1：4B
（圖〇八九）

　　按：此簡釋文《額簡》作"☑□□□□☑"。

☑二請視毋令脱

99ES16SD1：5
（圖〇九〇）

☒未　申庚☒

99ES16SD1：6
（圖〇九〇）

按：簡末斷簡符號"☒"《額簡》未標注。

☒□足下□☒
☒□☒

99ES16SD1：7
（圖〇九〇）

☒第十六隧蘭一完

99ES16SF1：1A
（圖〇九〇）

按：簡首網格紋符號"☒"《額簡》未標注；"隧"原簡作"𤜏"，今改爲通行體。

☒第十六隧蘭一完（上端有小孔）

99ES16SF1：1B
（圖〇九〇）

按：簡首網格紋符號"☒"《額簡》未標注；"隧"原簡作"𤜏"，今改爲通行體；括弧内的説明文字"上端有小孔"《額簡》未標注。

第十六隧長王普☒

99ES16SF1：2
（圖〇九一）

按："隧"原簡作"隊"，今改爲通行體。

☒稾𢎥矢銅鏃百完（上端有小孔及残留麻繩）

99ES16SF1：3

（圖〇九一）

　　按：簡首符號"⊠"《額簡》作"■"。

建昭五年正【月】戊午甲渠候誼謂第⊠

99ES16SF1：4

（圖〇九二）

　　按：根據文意，"正"後脫"月"；"誼"《額簡》作"詣"；簡末斷簡符號
"⊠"《額簡》未標注。

⊠襍作二品泉⊠
⊠事作泉必⊠

99ES16SF1：5

（圖〇九二）

　　按：第一行"品"後之"泉"《額簡》作"白□"；第二行"必"《額簡》作
"必□"。

⊠候望□

99ES16SF1：6

（圖〇九二）

（人面像）

99ES16SF1：7

（圖〇九二）

關都里張齊田十三畝　　　　　　已得茭錢三百六十　　⚫
入糴粟小石六石直三百六十　丙申入　　　　　　　　丙申自取马

99ES16SF2：1

（圖〇九三）

　　按：第一欄第一行"田"《額簡》漏釋；第一欄第二行"入"《額簡》作

"今"；第二行"申入"原簡作"串"，爲申、入二字之合文；"取马"原簡作"耴"，爲"取"字和"予"字（或为符號"马"）的合文。

對於"马"，學界目前有兩種意見，一種認爲是鈎校符號，一種認爲是"予"字。謝桂華先生傾向於贊同後者。他認爲，"丙申自取"當釋作"丙申自取予"。意爲張齊本人在丙申日拿到賣給官府六石粟所得的三百六十錢後，又於同一天將其作爲"茭錢"繳納給官府。前者即"自取"之義，後者即"自予"之義。由此，"丙申入"是針對官府而言，"丙申自取予"則是針對張齊而言。"自取予"很可能是官府在登記編戶齊民以實物折換爲錢交納賦稅的賬簿中所使用的專門術語。

第十一隧長牘介

99ES16SF2：2
（圖○九四）

按："隧"原簡作"𤅲"，今改爲通行體。

安樂里郭遂成口一		已得☑
田一頃八十七畝	癸巳入	已得☑
入糴粟小石廿六石直千五☑		已得☑

99ES16SF2：3
（圖○九四）

按：第一欄第三行"千五"後之斷簡符號"☑"《額簡》未標注。

■第十候史日迹檮

99ES16SF2：4A
（圖○九五）

■第十候史日迹檮

99ES16SF2：4B
（圖○九五）

■第十候史日迹檮

99ES16SF2：4C

（圖〇九六）

■第十候史日迹檮

99ES16SF2：4D

（圖〇九六）

居攝二年三月乙未第十部吏□買弩一具與第十六隧長韋卿

99ES16SF2：5A

（圖〇九七）

按：根據文意，"買"當讀作"賣"。

居攝二年三月乙未第十六隧長韋卿從第十部吏買弩一具賈□一百

　　□□（右側有四個刻齒）

99ES16SF2：5B

（圖〇九八）

按：括弧內的說明文字"右側有四個刻齒"《額簡》未標注。

☑□□□□會月正月五月七月朔毋有

99ES16SF2：6

（圖〇九九）

第十二百九十☑

第十二奉五百☑

第十三奉五百☑

99ES16SF2：7A

（圖〇九九）

第十五奉五百九十八☑

99ES16SF2：7B

（圖〇九九）

☑到德行部☑

☑府如律令/掾望令史譚佐林☑

99ES16SF2: 8
（圖一〇〇）

按：第一行簡末斷簡符號"☑"《額簡》未標注。第二行"如律令/"《額簡》作"如律令　　/"，衍"令"後之空白，今删。

四月癸亥居延☑

書　　　　　　☑

99ES16SF2: 9
（圖一〇〇）

☑行候長事□守候

99ES16SF2: 10
（圖一〇〇）

卒卅八人　四月卅日☑

99ES16SF2: 11
（圖一〇〇）

☑正月□☑

99ES16SF2: 12
（圖一〇〇）

☑日未及至府□☑

99ES16SF2: 13
（圖一〇〇）

（殘人面像）

99ES16SF2: 14
（圖一〇〇）

（人面像）

99ES16SF2：15

（圖一〇〇）

陽朔元年三月乙亥第十候長博謂第十六隧長良府調卒隧
　　一人詣珍北除沙常會月☑
☑□行者走　回第十隧卒王如意第十一隧卒楊耐第十二隧卒王□等三人
　　詣珍北□□☑
　　　　十七隧長譚以檄言付譚曰時良趣急縣索令會旦已候長□
　　　　□□□□□☑

99ES16SF3：1ABC

（圖一〇一至圖一〇四）

　　按：第一欄“行者走”後之封泥印槽符號“回”《額簡》未標注；根據文意，第二欄第一行“常”當作“當”；第二欄第三行“旦”後之“已”《額簡》漏釋；“隧”原簡均作“隊”，今改爲通行體。

回酒錢廿五米肉棗一傳詣弟十六

99ES16SF3：2

（圖一〇五）

　　按：“弟”當讀作“第”。

望地
苣火（上端有孔，兩面塗朱砂紅）

99ES16SF3：3

（圖一〇六）

　　按：《額簡》衍簡首符號“●”，今删；括弧內的說明文字《額簡》衍句首“木”字，今删。

勝官　　　高遷（左上側有一個刻槽，右下側有兩個刻槽）

99ES16SF4：1

（圖一〇六）

　　按：括弧內的說明文字"左上側有一個刻槽，右下側有兩個刻槽"《額簡》未標注。

■第十六隧

99ES16SF4：2A

（圖一〇七）

■第十六隧長□□□□

99ES16SF4：2B

（圖一〇七）

■……日□

99ES16SF4：2C

（圖一〇七）

■第十六隧長……

99ES16SF4：2D

（圖一〇七）

☑日□會月十五日

99ES16SF4：3

（圖一〇七）

☑大☑

99ES16SF4：4

（圖一〇七）

□□□☑

99ES16SF4：5

（圖一〇七）

（兩面字迹漫漶不可識）

99ES16SF4：6

（圖一〇七）

（人面像）

99ES16SF4：7

（圖一〇八）

行塞舉如牒候長候史追逐什器亭隧守御具常設備今或毋或不

99ES16SF5：1

（圖一〇八）

　　按："隧"原簡作"隊"，今改爲通行體。

第十七吏朱子元記　頃馮卿幸☐
　　　　　　　　　　萬君☐

99ES16SF5：2

（圖一〇九）

　　按：《額簡》將第一欄"第十七吏朱子元記"與第二欄第一行"頃馮卿幸"對齊排列，今據圖版居中排列。

☐子賓足下決☐

99ES16SF5：3A

（圖一〇九）

　　按："決"《額簡》作"决"

☐足下幸☐

99ES16SF5：3B

（圖一〇九）

第十七部河平二年吏卒被兵簿善書之☑

99ES17SH1：1
（圖一○九）

按：簡末斷簡符號"☑"《額簡》未標注。

　　　三月　　錢四百

出　　　　　入兩行二百　　　　　居攝二年正月壬戌省卒王書付門卒蔡惀

　　財用　　橄廿三尺札百（右上側有三個刻齒）

99ES17SH1：2
（圖一一○）

☑候長郭卿　千二　官令史完卿取

99ES17SH1：3
（圖一一一）

▨第十六隧靳幡一完

99ES17SH1：4A
（圖一一二）

按："隧"原簡作"隊"，今改爲通行體。

▨第十六隧靳幡一完（上端有孔）

99ES17SH1：4B
（圖一一二）

按："隧"原簡作"隊"，今改爲通行體；括弧內的說明文字"上端有孔"《額簡》未標注。

▨第十六隧六石具弩一完

99ES17SH1：5A
（圖一一三）

按："隧"原簡作"隊"，今改爲通行體。

▨第十六隧六石具弩一完（上端有孔）

99ES17SH1：5B
（圖一一三）

　　按："隧"原簡作"隊"，今改爲通行體。

▨言之官移督蓬樊搖橪曰候長將卒受錢
▨者主名督蓬不虛言驗問言毋欼＝甚深

99ES17SH1：6A
（圖一一四）

　　按：第二行"欼"當讀作"劾"。

▨……敢言之

99ES17SH1：6B
（圖一一四）

　　　　　　　　□月……當曲隧以南盡臨木道上行書不省
▨十六隧卒二百□□　●右部隧十八所卒六十三人不省
　　　　　　　　列隧□□及承隧五十八所＝三人今省所一人爲五十
　　　　　　　　八人齎衣裝作旦詣殄北發鄣除僵落沙會八月旦

99ES17SH1：7
（圖一一五）

▨十五日所作治皆已畢成敢言之

99ES17SH1：8
（圖一一六）

▨目　鎧　鞮鍪　六石弩　五石弩　四石弩　三石弩……弓　枲長弦

99ES17SH1：9A
（圖一一七）

☑事事☐☐☐高義☐恩……

99ES17SH1：9B
（圖一一七）

第廿隧長徐彊　　㙻少八石如故☑

99ES17SH1：10
（圖一一七）

十月奉錢九百　　出五十五卑
☑☐☐隧長王立　　　　　　　出六十六☐十月小畜錢
　　　　　　　　　　　　　　出二百候史☐候奉錢
　　　　　　　　　　　　　　出卅筆一笥直

99ES17SH1：11A
（圖一一八）

　　按：第三欄第三行“候史☐候奉錢”《額簡》作“所☐候☐☐”；第四行“筆”後之“一”，《額簡》漏釋。

第十七隧長盖

99ES17SH1：11B
（圖一一八）

　　按：“盖”《額簡》作“蓋”，今據圖版改。

☑葆塞天田延袤三里七十☐☑
☑用枔柱五百一十七枚☑
☑用絞千七百五十二丈☑

99ES17SH1：12
（圖一一九）

　　按：《額簡》於簡首居中標注一斷簡符號，今改爲各行均標注；簡末斷簡符號“☑”《額簡》未標注。

永光二年☑

99ES17SH1：13
（圖一二〇）

☒第十七隧槀矢銅鏃百完（上端有孔）

99ES17SH1：14
（圖一一九）

按：簡首符號"☒"《額簡》作"■"。

☑□以私印行事下候史敞平等
☑詔書

99ES17SH1：15
（圖一二〇）

☑者以先請相中二千石二千石以先

99ES17SH1：16
（圖一二一）

按："中二千石"後之"二千石"《額簡》漏釋。

……和元年
十一月……

99ES17SH1：17
（圖一二一）

☑前與卒俱走馳至三泉羣馬中乃□□☑
☑……自……☑

99ES17SH1：18
（圖一二一）

按：第一行和第二行簡末斷簡符號"☑"《額簡》均未標注。

四月癸未大司徒宮下小府大傅大司馬大［宰］◿

99ES17SH1：19
（圖一二二）

按："［宰］"《額簡》作"□"。

掾吏百石以上過隧長輒宿◿

99ES17SH1：20
（圖一二二）

按：簡末斷簡符號"◿"《額簡》未標注。

◿曹史□□□載履粟到牛捶辱之武若

99ES17SH1：21
（圖一二三）

◿□宅……

99ES17SH1：22A
（圖一二三）

按：此簡 A 面圖版《額簡》倒置。

◿未到秦長賢靮□壬長夜未次到

99ES17SH1：22B
（圖一二三）

按："秦"原簡及《額簡》作"夽"，今改爲通行體。

常憚記叩頭白◿
……從居延來上得毋◿

99ES17SH1：23A
（圖一二四）

……欲至因問起◿
兒皆病君廉地且毋之高憚◿

99ES17SH1：23B
（圖一二四）

☑萬吏爲尤異知處□☑

99ES17SH1：24
（圖一二五）

　　按：簡末斷簡符號"☑"《額簡》未標注。

☑稾矢十五羽幣干庤呼☑
☑矢廿六羽幣干庤呼☑

99ES17SH1：25
（圖一二五）

　　按：第一行和第二行簡末斷簡符號"☑"《額簡》均未標注。

☑宋等五人皆證恭朴彊杚上自傷

99ES17SH1：26
（圖一二五）

☑日□驚蓬火

99ES17SH1：27
（圖一二七）

　　按："□"《額簡》作"斯"；"蓬"原簡及《額簡》作"羹"，今改爲通行體。

☒第十六隧鐵鍉鋻☑

99ES17SH1：28A
（圖一二六）

　　按："隧"原簡作"隊"，今改爲通行體。

☒第十六隧鐵鍉鋻☑（上端有孔）

99ES17SH1：28B
（圖一二六）

按："隧"原簡作"隊"，今改爲通行體。

☑六　上下　一☑

　　　　　　　　　　　　　　　　　　　99ES17SH1：29
　　　　　　　　　　　　　　　　　　　（圖一二七）

☑粟七石三斗三升少

　　　　　　　　　　　　　　　　　　　99ES17SH1：30
　　　　　　　　　　　　　　　　　　　（圖一二七）

⊠［轉射］（上端有孔，文字僅剩右半）

　　　　　　　　　　　　　　　　　　　99ES17SH1：31
　　　　　　　　　　　　　　　　　　　（圖一二七）

第十七隧長朱齊　圭錯一下竹折☑

　　　　　　　　　　　　　　　　　　　99ES17SH1：32
　　　　　　　　　　　　　　　　　　　（圖一二七）

　　按：《額簡》衍簡首斷簡符號"☑"，今刪；簡末斷簡符號"☑"《額簡》未標注。

昧死以聞☑

　　　　　　　　　　　　　　　　　　　99ES17SH1：33
　　　　　　　　　　　　　　　　　　　（圖一二八）

前十一枚直四……☑
孤直□☑

　　　　　　　　　　　　　　　　　　　99ES17SH1：34A
　　　　　　　　　　　　　　　　　　　（圖一二八）

　　按：第一行和第二行簡末斷簡符號"☑"《額簡》均未標注。

□十九車□☑

八更車七少七十一☑

99ES17SH1：34B

（圖一二八）

按：第一行和第二行簡末斷簡符號"☑"《額簡》均未標注。

□厚厚☑

99ES17SH1：35A

（圖一二八）

按：簡末斷簡符號"☑"《額簡》均未標注。

（有字迹，不可辨識）

99ES17SH1：35B

（圖一二八）

☑甲渠鄣候漢彊告尉謂士吏安主候長充等☑

99ES17SH1：36

（圖一二九）

第十七守候長□□☑

99ES17SH1：37

（圖一三〇）

閏月己卯第十七候☑

99ES17SH1：38

（圖一三〇）

按：簡末斷簡符號"☑"《額簡》未標注。

□□□□□直二千二百□□□候今必 ☑

……☑

99ES17SH1：39A

（圖一三一）

按：第一行簡末斷簡符號"☑"《額簡》未標注；第二行"……☑"《額簡》未標注。

（有殘留筆迹）

99ES17SH1：39B

（圖一三一）

☑予候長令齎行部吏卒有病☑

99ES17SH1：40

（圖一三一）

☑迹盡壬辰積卅日從第十二隧北界盡☑

99ES17SH1：41

（圖一三二）

按：疑"十二"當爲"廿二"，因爲第十七部所轄的隧爲第十七隧至廿二隧。

☑呼疾……☑

99ES17SH1：42

（圖一三二）

☑□從行□泉□□莫□□多……☑

99ES17SH1：43

（圖一三二）

建昭二年八月□□居延□☑

99ES17SH1：44

（圖一三二）

第十七候長□

99ES17SH1：45
（圖一三二）

☑五年十月……鉼庭士吏☐☐詣☑

99ES17SH1：46
（圖一三三）

☑……☑
☑……人☐☐☐

99ES17SH1：47
（圖一三三）

按：第一行和第二行簡末斷簡符號"☑"，《額簡》均未標注。

（簡上端有一字未能辨識）

99ES17SH1：48
（圖一三三）

（存殘字右旁筆迹）

99ES17SH1：49
（圖一三三）

☑出☐☐一☑

99ES17SH1：50
（圖一三三）

按：簡末斷簡符號"☑"《額簡》未標注。

十☑

99ES17SH1：51
（圖一三三）

按：簡末斷簡符號"☑"《額簡》誤排於簡首，今據圖版改。

十一日☑

99ES17SH1：52
（圖一三三）

（人面像）

99ES17SH1：71
（圖一三四）

與者半京公召晏子問之曰子先治奈何晏子合曰始治築壞塞缺姦人惡之斬
渠通

99ES18SH1：1
（圖一三四）

按：根據文意，"京公"之"京"當讀作"景"；"合曰"之"合"當讀作
"答"。

☑□隨民惡之止男女之會淫民惡之送迎

99ES18SH1：2
（圖一三五）

按：根據文意，"隨民"之"隨"當讀作"惰"。

甲渠官回☑

99ES18SH1：3
（圖一三五）

按：封泥印槽符號"回"和簡末斷簡符號"☑"《額簡》未標注。

（人面像）

99ES18SH1：4
（圖一三五）

（人面像）

99ES18SH1∶5

（圖一三六）

建平五年九月乙亥第七隧卒周翊

2000ES7SF1∶1A

（圖一三六）

按："隧"原簡作"隂"，今改爲通行體。

發書叩頭死罪職事數毋狀罪當死叩頭死罪明官哀叩頭死罪

2000ES7SF1∶1B

（圖一三七）

坙焉介山木槐毋人單可以爲犪梗耳故子推徒梗鬼食不肯與人食

2000ES7SF1∶2A

（圖一三八）

按："坙"爲"葬"的異體字；"犪梗"《額簡》作"犪梗"，衍空白，兩字間係編繩處，不當留白，又據圖版，"犪"字可徑隸定爲本字，其上部的"ㄑ"旁與簡99ES16ST1∶11A"㩼"的"ㄑ"旁相同。

七十二

2000ES7SF1∶2B

（圖一三八）

出茭百七十束直錢百七十　驚虜隧長王宣二月己未買願以三月禄償　見

（"見"字爲第二次書寫）

2000ES7SF1∶3

（圖一三九）

按：簡末"見"字筆迹不同，當爲第二次書寫，括弧内的說明文字"'見'字爲第二次書寫"《額簡》未標注。

⊠望地表（上端有孔，字突出）

2000ES7SF1∶4

（圖一三九）

⊠轉射（上端有孔，字突出）

2000ES7SF1∶5

（圖一三九）

☐官並司馬君都吏鄭卿督蓬史周卿行塞即日宿吞遠具吏卒

2000ES7SF1∶6A

（圖一四〇）

　　按：“蓬”原簡及《額簡》作“䕣”，今改爲通行體。

☑省卒趙宣伐財用檄到召☐☐詣官毋後司馬都吏

2000ES7SF1∶6B

（圖一四一）

☑　☐　☐　☐　☐　☐
　　亥　☐　☐　辰　酉

2000ES7SF1∶7

（圖一四二）

　　按：此簡釋文《額簡》作“☑☐　亥　☐　☐　辰　酉”，今據文例改排。

出弩幣絕糸弦見十八☐☐☐☐干☐咔……第十隧長王豐……

2000ES7SF1∶8

（圖一四二）

　　按：《額簡》衍簡末斷簡符號，今删；“糸”《額簡》作“系”。

　　　　　戊　　丁　丁　丙　丙　乙　乙　甲　甲　癸　癸　壬
〔十〕柰日　　立春

[申]　[丑　未　子　午　亥　巳　戌　辰　酉　卯　申]

2000ES7SF1：9A

（圖一四三）

按：此簡釋文《額簡》作“□柰日　戊　立春　丁　丁　丙　丙　乙　乙　甲　甲　癸　癸　壬　壬”，今據文例補。

萬事

2000ES7SF1：9B

（圖一四三）

令史王宗　十一月食三石三斗三升少　　　　　卩

2000ES7SF1：10

（圖一四四）

按：簡末符號“卩”《額簡》未標注。

	母大女□如年六十二	見在署用穀二石九升少□
第卅一隧卒王敞	子小男駿年一	見在署用穀七斗六升少□
	妻大女如年廿六	見在署用穀二石九升少□

2000ES7SF1：11

（圖一四五）

按：《額簡》於簡末居中標注一斷簡符號，今改爲各行均標注。

□卒去署亡常夜舉苣火四殄北隧謹察火輒以檄言候官候逐□　□

2000ES7SF1：12

（圖一四六）

按：“隧”原簡作“䃺”，今改爲通行體；簡末斷簡符號“□”《額簡》未標注。

居延甲渠止北隧長居延累山里趙宣　入奉泉六百還□

2000ES7SF1：13

（圖一四七）

☑五十二月居署用穀二石九升少
☑十二十月居署用穀二石九升少　　●凡六石二斗九升☑
☑十月居署用穀二石九升少

2000ES7SF1：14
（圖一四六）

　　按："凡"前之符號"●"《額簡》漏標；簡末斷簡符號"☑"《額簡》未標注。

　　　☑膏□者且束□
　　　　　膏長者吉言治　膏舍音吉　膏□者吉言得膏☑

2000ES7SF1：15
（圖一四八）

　　按：《額簡》將第一行與第二行對齊排列，今據圖版改；"得膏"《額簡》作"得　膏"，衍空白。

九月癸亥官告第十七候史爲官買羊至今不來
解何記到輒持羊詣官會今毋後都吏
……

2000ES7SF1：16
（圖一四九）

出錢千三百六十　　綏和二年正月☑（右側有六個刻齒）

2000ES7SF1：17
（圖一四九）

　　按：括弧內的說明文字"右側有六個刻齒"《額簡》未標注。

☑□枚蓼　九　三十☑
☑二枚　一小枚橐三枚☑

2000ES7SF1：18

（圖一五〇）

　　按：第一行和第二行簡末斷簡符號“☑”《額簡》均未標注。

甲渠第七隧長☑

2000ES7SF1：19

（圖一五〇）

☑言前數煩毋以願子願以餔竟時□□□☑

2000ES7SF1：20A

（圖一五〇）

　　按：“子”後之“願”《額簡》作“□”；簡末之“□”《額簡》未標注。

☑□謹□□　　　　　□言□□☑

2000ES7SF1：20B

（圖一五〇）

　　按：簡末之“□”《額簡》未標注。

●□邑第三十六車父范□☑

2000ES7SF1：21

（圖一五一）

　　按：“三十六”《額簡》誤作“十三”，今據圖版改；“范”後之“□”，原簡僅存右半字迹，《額簡》作“獲（或護）”；簡末斷簡符號“☑”《額簡》未標注。

皇帝未躬耕故未親亲其同先□□☑

2000ES7SF1：22

（圖一五一）

　　按：簡末斷簡符號“☑”《額簡》未標注。

▨第七隧六石弩糸承弦八完（上端有小孔）

2000ES7SF1：23

（圖一五一）

按：簡首符號"⊠"《額簡》作"■"；"隧"原簡作"隊"，今改爲通行體。

☑☑☑多内亭中☑欲

☑☑☑腸毋禮相

2000ES7SF1：24A

（圖一五二）

按：第一行簡首之"□"和第二行簡首之"□"《額簡》均未標注；第二行
"腸"爲"臘"之古體。

☑亡也曰召

☑☑☑奈何乃☑☑

2000ES7SF1：24B

（圖一五二）

按：第二行簡首之"□□"和簡末之"□"《額簡》均未標注。

☑它逆當死叩頭死☑

2000ES7SF1：25A

（圖一五三）

按：簡末斷簡符號"☑"《額簡》未標注。

☑……白☑

毋須不肯［幸賜記］□☑

2000ES7SF1：25B

（圖一五三）

按：第一行簡末斷簡符號"☑"《額簡》未標注；第二行"□"《額簡》未標
注。

……　　　　　　☑

第十隧長尊以來☑

　　　　　　　　　　　　　　　　　2000ES7SF1：26A
　　　　　　　　　　　　　　　　　（圖一五四）

□隧卒王輔等皆持□☑

　　　　　　　　　　　　　　　　　2000ES7SF1：26B
　　　　　　　　　　　　　　　　　（圖一五四）

☑叩頭言☑
☑……☑

　　　　　　　　　　　　　　　　　2000ES7SF1：27A
　　　　　　　　　　　　　　　　　（圖一五四）

　　按：《額簡》衍釋第一行“☑　　☑”，今刪。第二行簡首和簡末斷簡符號
“☑”《額簡》均未標注。

☑……☑
☑孫卿坐前　萬歲候□☑

　　　　　　　　　　　　　　　　　2000ES7SF1：27B
　　　　　　　　　　　　　　　　　（圖一五四）

　　按：第一行“☑……☑”《額簡》未標注；第二行“□”《額簡》未標注。

☑●自當子小女長安年三□☑

　　　　　　　　　　　　　　　　　2000ES7SF1：28
　　　　　　　　　　　　　　　　　（圖一五五）

　　按：“安”《額簡》作“女”；簡末斷簡符號“☑”《額簡》未標注。

仲憲□☑

　　　　　　　　　　　　　　　　　2000ES7SF1：29A
　　　　　　　　　　　　　　　　　（圖一五五）

　　按：《額簡》衍簡首斷簡符號“☑”，今刪。

米三斗☑

☑……謂居延丞……☑
☑……倉□非……☑

☑□建□□□□□☑

☑□公大夫自當年卅騎除筭□☑

按：簡首之"□"和簡末之"□"《額簡》均未標注。

☑百五十又交錢百五十凡七百☑

弟子三百人而游南至□江上其少子病☑

☑□□□病已隧長立即□□言☑

☑☑☑☑☑☑

☑☑☑民☑☑（削衣）

2000ES7SF1∶35

（圖一五七）

按：第二行"民"前之"☐"《額簡》作"兀"；括弧内的説明文字《額簡》置於第一行末，今改排至第二行末。

☑執隧☑☑☑☑☑

2000ES7SF1∶36

（圖一五七）

按："隧☑☑☑☑"《額簡》作"……"。

☑☐以書付☑

2000ES7SF1∶37

（圖一五七）

按：簡末斷簡符號"☑"《額簡》未標注。

☑二月食三石三斗三☑

2000ES7SF1∶38

（圖一五七）

● 甲渠言☐☐殄北塞初除☑

即日視事☑

2000ES7SF1∶39

（圖一五七）

按：簡首符號"●"《額簡》誤排於第一行和第二行簡文中間，今改。

鉼庭隧卒王當☑

2000ES7SF1∶40

（圖一五八）

十一月□□□□☑

［盡］七日☑

2000ES7SF1：41

（圖一五八）

按：第一行簡末之"□"《額簡》未標注；第二行"［盡］"《額簡》作"□"。

☑之府言☑

2000ES7SF1：42

（圖一五八）

□□長□之連☑

2000ES7SF1：43

（圖一五八）

☑證爰書以 ☑

☑……☑

2000ES7SF1：44

（圖一五八）

按：第二行"☑……☑"《額簡》未標注。

十五斤　十五斤☑

十五斤　十☑

2000ES7SF1：45A

（圖一五九）

肉八百　　　　☑

胃八十　　●凡☑

2000ES7SF1：45B

（圖一五九）

十九日　☐　☐
　　　　　戌　卯

　　　　　　　　　　　　　　　　　　2000ES7SF1：46
　　　　　　　　　　　　　　　　　　（圖一五九）

　　按：此簡釋文《額簡》作"十九日 戌 卯"，今據文例改排。

▨☐☐☐

　　　　　　　　　　　　　　　　　　2000ES7SF1：47
　　　　　　　　　　　　　　　　　　（圖一五九

☐☐居延都尉☐☐

　　　　　　　　　　　　　　　　　　2000ES7SF1：48
　　　　　　　　　　　　　　　　　　（圖一五九）

☐☐水☐☐大☐

　　　　　　　　　　　　　　　　　　2000ES7SF1：49
　　　　　　　　　　　　　　　　　　（圖一五九）

十三日　甲☐
　　　　☐☐

　　　　　　　　　　　　　　　　　　2000ES7SF1：50
　　　　　　　　　　　　　　　　　　（圖一六〇）

　　按：此簡釋文《額簡》作"十三日 ☐"，漏釋"甲"，今據文例及圖版改排。

☐戌　　戊　　丁☐
☐子　　午　　亥☐（右側下有刻槽）

　　　　　　　　　　　　　　　　　　2000ES7SF1：51
　　　　　　　　　　　　　　　　　　（圖一六〇）

　　按：第一欄第二行"子"《額簡》誤作"壬"；括弧內的說明文字"右側下有
刻槽"《額簡》未標注；《額簡》於簡首和簡末居中各置一斷簡符號，今改爲各行均標注。

☑從事☑

2000ES7SF1：52
（圖一六〇）

☑視事敢

2000ES7SF1：53
（圖一六〇）

☑［轉射］（文字僅剩左半）

2000ES7SF1：54
（圖一六〇）

　　按：括弧内的說明文字“文字僅剩左半”《額簡》未標注。

☑……候長候禮　遷缺☑

2000ES7SF1：55
（圖一六〇）

　　按：“禮”與“遷”之間的留白《額簡》漏標；簡末斷簡符號“☑”《額簡》
未標注。

☑□［轉］☑（文字僅剩右半）

2000ES7SF1：56
（圖一六一）

　　按：括弧内的說明文字“文字僅剩右半”《額簡》未標注。

☑馮褒　十月☑

2000ES7SF1：57
（圖一六一）

☑☑天☑者大吉　　☑☑
　　　　　　　　　膏
☑☑　　　　　　　☑☑

2000ES7SF1：58
（圖一六一）

　　按：此簡釋文《額簡》排作"☑☑天☑者大吉膏☑
　　　　　　　　　　☑☑"，今據圖版改排。

……☑

2000ES7SF1：59
（圖一六一）

☑白記

2000ES7SF1：60A
（圖一六一）

☑☑之叩

2000ES7SF1：60B
（圖一六一）

●右夬☑

2000ES7SF1：61
（圖一六一）

☑〔射〕（僅剩右側筆画）

2000ES7SF1：62
（圖一六一）

（圖形）

2000ES7SF1：63
（圖一六一）

護叩頭☐☐☒

……☒

2000ES7SF1：64
（圖一六一）

☒食三石三斗三升少☒

2000ES7SF1：65
（圖一六一）

☒☐二☐一斛四斗☐☐☒

☒……☒

2000ES7SF1：66
（圖一六二）

按：第二行"☒……☒"《額簡》未標注。

☒☐平叩頭☐☒

2000ES7SF1：67
（圖一六二）

☒☐☐☐☒

2000ES7SF1：68
（圖一六二）

（有字無法辨認）

2000ES7SF1：69
（圖一六二）

☒受王君財記☒

2000ES7SF1：70
（圖一六二）

按：簡末斷簡符號"☑"《額簡》未標注。

☑辛

2000ES7SF1：71
（圖一六二）

☑乙
☑未（右側中有刻齒）

2000ES7SF1：72
（圖一六二）

按：第二行簡首斷簡符號"☑"《額簡》未標注。

☑遠辟小人教告諸☑

2000ES7SF1：73A
（圖一六二）

按：簡末斷簡符號"☑"《額簡》未標注。

☑☐☐☐☑

2000ES7SF1：73B
（圖一六二）

按：簡末斷簡符號"☑"《額簡》未標注。

（兩面有字無法辨認）

2000ES7SF1：74
（圖一六三）

按：《額簡》僅載一面圖版，另一面圖版缺載。

☑☐☐☑

2000ES7SF1：75
（圖一六三）

按：簡末斷簡符號"☑"《額簡》未標注。

（人面像）

2000ES7SF1：76
（圖一六三）

（人面像）

2000ES7SF1：77
（圖一六三）

☑昌

2000ES7SF1：78
（圖一六三）

●壬癸膏見水及黑物且有得它膏☑

2000ES7SF1：79
（圖一六三）

☑即日☑

2000ES7SF1：80
（圖一六四）

☐魏子☐☑（書於封檢背面）

2000ES7SF1：81
（圖一六四）

按：《額簡》僅載一面圖版，另一面圖版缺載。

☑☐廿☐☑

2000ES7SF1：82
（圖一六四）

按：簡首斷簡符號"☒"《額簡》未標注。

☒☒十二隧☒☒

2000ES7SF1：83

（圖一六四）

終古隧長吳何見　　卒左偃見　　　卒馮得在官

　　　　　　　　　卒張詡見

2000ES7SF1：84

（圖一六四）

按：第一欄"隧"原簡作"隊"，今改爲通行體；第三欄第一行"卒馮得在官"《額簡》居中排列。

永始三年二月己酉朔辛亥卅井候長廣至以私印兼行候（有亂書筆迹）

2000ES7SF1：85A

（圖一六五）

按："二月"當爲"三月"之誤，據陳垣《二十史朔閏表》，永始三年二月之朔日爲庚辰非己酉，且無辛亥日，而三月之朔日正好爲己酉，且有辛亥；括弧内的說明文字"有亂書筆迹"《額簡》未標注。

（有亂書筆迹）

2000ES7SF1：85B

（圖一六四）

☒李奴　省城倉

2000ES7SF1：86A

（圖一六六）

按：《額簡》衍簡末斷簡符号"☒"。

☒　自取

2000ES7SF1：86B

（圖一六六）

即留臨三年十月奉錢六百以付朱卿□☑

2000ES7SF1：87
（圖一六六）

☑□侯卿毋史棄言謹史弟卒魁又奏記

2000ES7SF1：88A
（圖一六七）

☑出佰　　出　　邑百
　　　　　出

2000ES7SF1：88B
（圖一六七）

　　按：《額簡》將第一欄“☑出佰”、第三欄“邑百”與第二欄第一行“出”對齊排列，今據圖版改排。

☑戌朥入月廿二日己巳起

2000ES7SF1：89A
（圖一六八）

　　按：“戌”《額簡》作“戊”；“入”《額簡》作“八”；“朥”爲“臘”之古體。

☑八月十七日
☑十八日庚午中伏八月廿八日
☑□日庚辰後伏八月八日

2000ES7SF1：89B
（圖一六八）

　　按：第二行“中伏”與“八月”之間和第二行“後伏”與“八月”之間《額簡》衍留白，今删。

聞詣言願謹□慎輒☒

2000ES7SF1：90
（圖一六八）

☒臣奉世若盧更長臣廣□☒

2000ES7SF1：91
（圖一六九）

……日……☒

2000ES7SF1：92
（圖一六九）

　　按："日"《額簡》作"□日"；簡末斷簡符號"☒"《額簡》未標注。

臨之隧長毛平當適載赤☒

2000ES7SF1：93
（圖一六九）

☒己舉

2000ES7SF1：94
（圖一七〇）

十八日	己	戊	戊☒
	□	□	□☒

2000ES7SF1：95
（圖一七〇）

　　按：第四欄第二行"□"《額簡》漏標；第二行簡末斷簡符號"☒"《額簡》未標注。

☒癸丑　丑建　丑建建丑　建□☒

2000ES7SF1：96
（圖一七〇）

按："丑建　丑建建丑　建□"《額簡》作"千聿　又建尹又　建"。

☑……
☑……郭

2000ES7SF1：97
（圖一七〇）

☑□巳庚☑

2000ES7SF1：98
（圖一七〇）

按："□"《額簡》未標注。

……宣……郡大守諸侯相☑
……　　　　　　　☑

2000ES7SF1：99
（圖一七〇）

按："大"《額簡》作"六"；"守諸侯相☑"《額簡》未釋。

□日時［在檢中］☑

2000ES7SF1：100
（圖一七一）

按："在檢中"乃根據文例補出，參見《額簡》2000ES9SF4：16A"日時在檢中"之例。

☑□内屋梁聞□☑

2000ES7SF1：101
（圖一七一）

☑遺豐疾遷豐

2000ES7SF1：102A
（圖一七一）

☑下☑

2000ES7SF1：102B

（圖一七一）

　　按：簡末斷簡符號“☑”《額簡》未標注。

等急行☑

2000ES7SF1：103

（圖一七一）

甲渠候官

2000ES7SF1：104

（圖一七一）

☑候望不得☑

2000ES7SF1：105A

（圖一七二）

☑毋它因□☑

2000ES7SF1：105B

（圖一七二）

　　按：“□”《額簡》未標注。

十二日☑

2000ES7SF1：106

（圖一七二）

☑□□☑

2000ES7SF1：107

（圖一七二）

☒入䅏☒

2000ES7SF1：108
（圖一七二）

⊠望小積薪（上端有小孔）

2000ES7SF1：109
（圖一七二）

☒□食□□ ☒

2000ES7SF1：110A
（圖一七二）

☒……☒

2000ES7SF1：110B
（圖一七二）

（有殘存筆迹不可辨識）

2000ES7SF1：111
（圖一七二）

（有圖像）

2000ES7SF1：112
（圖一七三）

……☒
紅焉☒

2000ES7SF1：113
（圖一七三）

按：第一行簡末斷簡符号"☒"《額簡》未標注。

官報子春爲春□☑

2000ES7SF1：114A
（圖一七三）

按："報"《額簡》作"□"；"□"《額簡》未標注。

伐胡隧長□□☑

2000ES7SF1：114B
（圖一七三）

按：簡末之"□"《額簡》未標注。

☑使□☑

2000ES7SF1：115
（圖一七三）

☑其……十四完
☑□廿五少三　　　□☑

2000ES7SF1：116
（圖一七三）

按：第二行簡首斷簡符號"☑"《額簡》未標注；簡末之"□☑"《額簡》置於第一行末，今據圖版改。

（無字，有紅漆痕迹）

2000ES7SF1：117
（圖一七三）

▨望□☑（上端有孔）

2000ES7SF1：118
（圖一七三）

按："□"《額簡》未標注。

☑廷叩頭☑

☑拜坐前頃☑

2000ES7SF1：119A

（圖一七四）

按：第二行"拜"《額簡》作"並"；"頃"《額簡》作"□"。

☑□□譚□☑
☑今故遣□☑
☑趙卿□☑

2000ES7SF1：119B

（圖一七四）

按：第一行"譚"後之"□"和第二行"遣"後之"□"《額簡》均未標注。

☑□□遣詣官四月己巳☑

2000ES7SF1：120

（圖一七四）

☑□久叩頭

2000ES7SF1：121

（圖一七四）

☑日月數□☑

2000ES7SF1：122

（圖一七四）

按："□"《額簡》未標注。

☑蒼頡作書以教後嗣幼子承詔☑

2000ES7SF1：123 ＋ 2000ES7SF1：124

（圖一七四）

按：此簡由兩枚編號分別爲 2000ES7SF1：123 和 2000ES7SF1：124 的斷簡綴合

而成，《額簡》174 頁此簡的放大圖漏標其中一枚斷簡簡號 "2000ES7SF1：123"，當補。

居延甲渠第廿五隧長▨

2000ES7SF1：125
（圖一七五）

按："延"《額簡》誤作 "廷"；"隧" 原簡作 "𤲬"，今改爲通行體。

迫致不得欲相見□□

2000ES7SF1：126A
（圖一七五）

按："□"《額簡》未標注。

……▨
……起居平善▨

2000ES7SF1：126B
（圖一七五）

始建國三年三月中亭卒郭黨得粟武所至▨
日武使卒莊通梁粟得十二石五斗武以封十二▨
吞遠過使▨三日還到□▨

2000ES7SF1：127
（圖一七五）

□丈□完▨

2000ES7SF1：128
（圖一七五）

按："完"《額簡》漏釋。

▨□官□□▨

2000ES7SF1：129
（圖一七五）

⊠橐蚩銅鏃百（上端有孔）

2000ES7SF1：130
（圖一七六）

（無字）

2000ES7SF1：131
（圖一七六）

第十七隧長張多⊠

2000ES7SF1：132
（圖一七六）

⊠七⊠

2000ES7SF1：133
（圖一七六）

按：“七”《額簡》作“十”。

戍卒[淮阳郡]陽夏公乘武陽里房相年廿五

2000ES7SF1：134
（圖一七六）

　按：“［淮陽郡］”《額簡》作“□□□”，查《漢書·地理志》，陽夏縣屬淮陽郡，今據之補釋；《額簡》於“陽夏”之前衍留白，今刪；“相”《額簡》作“咀”。

（無字）

2000ES7SF1：135
（圖一七六）

☑義報王子春再反召不肯［穀］是何毋意它作

2000ES7SF2：1A
（圖一七七）

　　按：“［穀］”《額簡》作“□”，其字形與同簡 B 面“穀”字相類，據之補釋。

☑子春言歸蓋臧田不穀君大怒□□政貸研書數札叩頭☑

2000ES7SF2：1B
（圖一七八）

　　按：簡首“子”《額簡》未釋。

元延元年九月乙未朔戊辰之☑
敢言之☑

2000ES7SF2：2A
（圖一七九）

　　按：第二行簡末斷簡符號“☑”《額簡》未標注。

永伏地言☑
君公令從所來尉卿安遠平☑

2000ES7SF2：2B
（圖一七九）

　　按：第一行簡末斷簡符號“☑”《額簡》未標注。

☑□民武即從嚴立買白布綺一兩直三☑

2000ES7SF2：3
（圖一八〇）

　　按：“□”《額簡》未標注。

季恭叩頭言丿謹☑

2000ES7SF2：4A
（圖一八〇）

按：符號"丿"《額簡》漏標。

非常强滄食貧☑

2000ES7SF2：4B
（圖一八〇）

按："滄"《額簡》作"滄"。

☑☐☐　☐☐☐它☐☐☑

2000ES7SF2：5
（圖一八一）

按：簡末斷簡符号"☑"《額簡》未標注。

☑束直十
☑出錢五十隧長長賓出錢二百卅七（右下側有一個刻齒）

2000ES7SF2：6A
（圖一八一）

按："賓"《額簡》作"實"；括弧内的說明文字"右下側有一個刻齒"《額簡》未標注。

☑☐甚善良尊自今

2000ES7SF2：6B
（圖一八一）

按："☐"《額簡》未標注；"甚"《額簡》作"其"。

居延卅井遮竟隧☑
　　　　居延☑

2000ES7SF2：7
（圖一八一）

　　按："隧"原簡作"隊"，今改爲通行體；《額簡》於簡末居中置一斷簡符號，今改爲各行均標注。

　　☐☐☐告李☐☐

2000ES7SF2：8A
（圖一八二）

　　☐☐☐☐☐

2000ES7SF2：8B
（圖一八二）

　　☐☐令均先教☐

2000ES7SF2：9
（圖一八二）

　　按："☐"《額簡》未標注；"均"《額簡》作"於"。

　　☐☐　喪　喪☐

2000ES7SF2：10
（圖一八二）

　　第十二隧卒上官登　四月食三石☐

2000ES7SF2：11
（圖一八二）

　　☐☐☐☐☐千五百十☐

2000ES7SF2：12
（圖一八三）

　　☐☐病

2000ES7SF2：13
（圖一八三）

按："□"《額簡》未標注。

☑掾再拜☑

2000ES7SF2: 14A
（圖一八三）

☑毋鹽可☑

2000ES7SF2: 14B
（圖一八三）

☑□廿二幼□☑

2000ES7SF2: 15
（圖一八三）

（有字迹未能辨識）

2000ES7SF2: 16
（圖一八三）

（有字迹未能辨識）

2000ES7SF2: 17
（圖一八三）

（有字迹未能辨識）

2000ES7SF2: 18
（圖一八三）

▨望大積薪（上端有孔，四周有邊框）

2000ES7S: 1
（圖一八三）

按：括弧內的說明文字"四周有邊框"《額簡》未標注。

⊠望塢上（上端有孔）

2000ES7S: 2A

（圖一八四）

　　　按：此簡僅殘存右半。

⊠封土一斗（上端有孔）

2000ES7S: 2B

（圖一八四）

　　　按："封土"《額簡》誤作"望"；此簡僅殘存左半。

豐叩頭言守丞仁　　皆皆仁　　令史敞之⊠
子威坐前善毋恙頃者起居得毋有它⊠　（"守丞"以下字爲第二次書写）

2000ES7S: 3A

（圖一八五）

　　　按：第二行"威"《額簡》作"嚴"。

……百五十伏地百□□□□⊠

不●　　　庚午
　　　辛未　　　　　令百　　　再計⊠
　　　辛甲申　令史　　敞之令史計令史威伏地再拜白承⊠　（習字簡）

2000ES7S: 3B

（圖一八六）

　　　按：第一欄"不●"《額簡》排於第二欄第二行之首，今據圖版改排；第二欄
第三行"申"《額簡》作"甲"；第三欄第二行和第三行《額簡》合排爲"令史令
百敞之令使再計計令史威伏地再拜白承"，今據圖版改排；第三行和第四行簡末斷
簡符號"⊠"《額簡》均未標注；括弧內的說明文字"習字簡"《額簡》未標注。

十一月壬戌張掖大守融守部司馬橫行長史事守部司馬焉行丞事下部都尉
　　承書從事下當用者

書到明白大扁書鄉亭市里門外謁舍顯見處令百姓盡知之如詔書 = 到言

2000ES7S: 4A
（圖一八七）

七十

2000ES7S: 4B
（圖一八七）

按："七十"《額簡》誤作"十七"。

第七隧
蘭冠一完

2000ES7S: 5
（圖一八四）

按：第一行"隧"原簡作"隊"，今改爲通行體。

☒能不宜其官今居延甲渠塞有秩候長代☐義

2000ES7S: 6A
（圖一八八）

按："宜"《額簡》誤作"宣"；"代☐"《額簡》作"代　☐"，衍留白，今刪。

☒☐☐☐☐前宜☐☐宣☐爲☐私印　令令

2000ES7S: 6B
（圖一八八）

按：簡首斷簡符號"☒"《額簡》未標注。

☒☐

2000ES7S: 7
（圖一八九）

糸承弦八完☐

2000ES7S：8

（圖一八九）

　　按："糸"《額簡》作"系"。

☐☐☐隧☐出卅枚
☐卿☐出卅枚　　　令史
☐卿☐☐十二☐出
☐出☐☐千六十五　小史宗

2000ES7S：9A

（圖一八九）

　　按：第二行"☐卿☐出卅枚"《額簡》漏釋；《額簡》衍最末一行"☐☐☐之令史"，今删。

☐令史之令史
☐☐詣聞☐詣聞之☐嗛之令史　延延水居就
☐皆之之之詷之（習字簡）

2000ES7S：9B

（圖一八九）

　　按：第一行"☐令史之令史"和第三行"☐皆之之之詷之"《額簡》漏釋；第二行"☐詣聞☐詣聞之☐嗛"《額簡》作"☐詷☐☐☐之嗛"；括弧內的說明文字"習字簡"《額簡》未標注。

卅五里
马　　　☐
马甲致

2000ES7S：10

（圖一九○）

　　按：第一行"卅五"《額簡》誤作"卅☐"。

●十五吉得福事　　　　●十四凶訟畜生飲食事

2000ES7S: 11
（圖一九○）

……☑

次仲坐前頃勞塞上□☑

2000ES7S: 12A
（圖一九一）

　　按：第一行"………☑"《額簡》未標注；第二行簡首《額簡》衍斷簡符號"☑"，今删；第二簡末"□☑"《額簡》未標注。

因去不相見甚﹦恨﹦叩﹦頭﹦☑

……☑

2000ES7S: 12B
（圖一九○）

　　按：第一行"甚﹦恨﹦"《額簡》作"甚恨"，漏標重文號"﹦"；第二行"……☑"《額簡》未標注。

臨道亭長龔昌　　　　將軍騎吏☑（右下側有一個刻齒）

2000ES7S: 13
（圖一九一）

　　按："龔"爲"龔"的異體；括弧內的說明文字"右下側有一個刻齒"《額簡》未標注。

第七隧蓬承七丈索一完（上端左側有缺口）

2000ES7S: 14A
（圖一九二）

　　按："承"後之"七"《額簡》作"十"；"隧"原簡作"隊"，今改爲通行體；《額簡》衍簡末斷簡符號"☑"，今删。

■第七隧承索七丈一完（上端右側有缺口）

2000ES7S: 14B

（圖一九二）

　　按："隧"原簡作"隊"，今改爲通行體；"索"後之"七"《額簡》作"十"。

▨第七隧糸承弦一完

2000ES7S: 15A

（圖一九三）

　　按："隧"原簡作"隊"，今改爲通行體；"糸"《額簡》作"系"。

▨第七隧糸承弦一完

2000ES7S: 15B

（圖一九三）

　　按："隧"原簡作"隊"，今改爲通行體；"糸"《額簡》作"系"。

▨口日蚤食起萬歲▱

2000ES7S: 16A

（圖一九三）

　　按："口"《額簡》未標注；"萬歲"《額簡》作"萬萬"。

▱必行▱

2000ES7S: 16B

（圖一九三）

建平元年十一月己丑▱
敢言之▱

2000ES7S: 17

（圖一九四）

●第七隧服一完☒（上端左右有缺口用以繫繩）

2000ES7S: 18
（圖一九四）

按："隧"原簡作"隊"，今改爲通行體；括弧內的說明文字"繫"《額簡》作"系"，未改繁體。

☒隧
☒完

2000ES7S: 19
（圖一九四）

按：第二行"完"《額簡》作"□"；《額簡》誤將此簡圖版豎置，當橫排。

☒離合苣火毋絶至明甲渠三十井塞上☒
☒堠上二苣火毋絶至明殄北三十井塞上☒
☒表一燔一積薪夜入燔一積薪乘堠上☒

2000ES7S: 20
（圖一九四）

☒甬

2000ES7S: 21
（圖一九四）

按："甬"《額簡》誤排作"甬☒"。

☒上塢用長斧☒

2000ES7S: 22
（圖一九五）

七月四日戊戌卒十七人●☒

2000ES7S: 23
（圖一九四）

☑□丙申大☑
☑□月丙寅大壬午☑
☑月丙□小庚戌□☑

2000ES7S: 24A
（圖一九五）

按：第一行、第二行和第三行簡末斷簡符號"☑"《額簡》均未標注。

☑……☑

2000ES7S: 24B
（圖一九五）

按：簡末斷簡符號"☑"《額簡》未標注。

被書（上端兩側有缺口用以繫繩）

2000ES7S: 25
（圖一九五）

按：括弧內的說明文字"繫"《額簡》作"系"，未改繁體。

（存殘字迹不可辨識）

2000ES7S: 26
（圖一九五）

☑盡時□☑

2000ES7S: 27
（圖一九六）

□□行職事□□以來☑□詣曹……
有蓬火知
……未……者……日孝至……梁……

2000ES7S: 28
（圖一九五）

　　按：第一行“□詣曹……”《額簡》作“詣曹”；第二行“蓬”原簡及《額
簡》作“薰”，今改爲通行體；第三行“者”《額簡》未釋；“梁”後之“……”
《額簡》未標注。

　　☑……長受
　　☑□付□□亭卒都界中卅里
　　☑□□中程

　　　　　　　　　　　　　　　　　　　　　2000ES7S: 29
　　　　　　　　　　　　　　　　　　　（圖一九六）

　　⊠［望］☑（文字僅剩左半）

　　　　　　　　　　　　　　　　　　　　　2000ES7S: 30
　　　　　　　　　　　　　　　　　　　（圖一九六）

　　按：“［望］”《額簡》作“望”；括弧内的說明文字“文字僅剩左半”《額簡》
未標注。

　　▣（封檢背面有圖形）

　　　　　　　　　　　　　　　　　　　　　2000ES7S: 31A
　　　　　　　　　　　　　　　　　　　（圖一九六）

　　按：封泥印槽符號“▣”《額簡》未標注；括弧内的說明文字“圖形”《額
簡》誤作“圓形”。

　（圖形）

　　　　　　　　　　　　　　　　　　　　　2000ES7S: 31B
　　　　　　　　　　　　　　　　　　　（圖一九六）

　　按：括弧内的說明文字“圖形”《額簡》作“畫像”，今據上文 A 面描述文字
“封檢背面有圖形”改。

　　☑□□□☑

　　　　　　　　　　　　　　　　　　　　　2000ES7S: 32A
　　　　　　　　　　　　　　　　　　　（圖一九六）

☑☐☐☐☑

2000ES7S: 32B
（圖一九六）

☑☐☐☑
☑五絜憲君☐☑
☑報遣使來☐☐☐☑

2000ES7S: 33
（圖一九六）

　　按：第一行簡末斷簡符號"☑"《額簡》未標注。

●功令第卅五士吏候長蓬隧長常以令秋射發矢十二以六爲程過若不骍賜奪

　　勞矢☑

2000ES7SH1：1
（圖一九七）

⊠望塢上表（上端有孔）

2000ES7SH1：2
（圖一九八）

⊠望塢上火（上端有孔，四周有邊框）

2000ES7SH1：3
（圖一九八）

　　按：括弧內的說明文字"四周有邊框"《額簡》未標注。

☑界亭常月十日廿日晦日夜舉苣火各一通從☑

2000ES7SH1：4
（圖一九八）

十月辛……☑
□□□……☑

2000ES7SH1：5
（圖一九八）

威文君足下良苦田事□□☑
辟小人毋行所悔□者首☑
□□寬忍文大夫過失令愚者☑

2000ES7SH1：6A
（圖一九九）

□□君☑
以知威……☑

2000ES7SH1：6B
（圖一九九）

　　按：第一行和第二行簡末斷簡符號"☑"《額簡》均未標注；第二行"以知威"《額簡》作"□知藏"。

☑□欲二者便厨火桼持火者介子推□☑

2000ES7SH1：7
（圖一九九）

　　按："介"《額簡》作"爪"。

☑□九月肉十斤□□☑

2000ES7SH1：8
（圖二〇〇）

　　按："斤"後之"□□"《額簡》作"●凡"；簡末斷簡符號"☑"《額簡》未標注。

☑□難縛束謹備司毋令得逐☑

2000ES7SH1：9

（圖二〇〇）

　　按："□"《額簡》未標注。

□☑

2000ES7SH1：10A

（圖二〇〇）

令☑

2000ES7SH1：10B

（圖二〇〇）

☑□十三日
☑建甲申二日

2000ES7SH1：11

（圖二〇一）

　　按：第一行"□"《額簡》未標注。

☑□建戊辰九日乙酉□☑
☑壬午十日□□☑

2000ES7SH1：12

（圖二〇一）

　　按：第一行"□建"《額簡》未釋；第一行和第二行簡末斷簡符號"☑"《額簡》均未標注。

☑襦一領
☑裘一領

2000ES7SH1：13

（圖二〇〇）

　　按：《額簡》於簡首居中置一斷簡符號，今改爲各行均標注。

第六隧☑

2000ES7SH1：14

（圖二〇一）

☑□里□□之廿里……☑

2000ES7SH1：15

（圖二〇一）

按：簡首斷簡符號"☑"《額簡》未標注；"之"後之"廿里"《額簡》未釋。

☑曰善☑

2000ES7SH1：16

（圖二〇一）

☑袍一領☑
☑□一領☑

2000ES7SH1：17

（圖二〇一）

按：《額簡》於簡首、簡末各居中置一斷簡符號，今改爲各行均標注

☑□它叩頭
☑□□

2000ES7SH1：18A

（圖二〇二）

☑……
☑奉厚

2000ES7SH1：18B

（圖二〇二）

　　　按：第一行"☑……"《額簡》未標注。

……小月☑

2000ES7SH1∶19
（圖二〇二）

　　　按："……"《額簡》未標注。

☑□里☑

2000ES7SH1∶20
（圖二〇二）

☑□望之園下□☑

2000ES7SH1∶21
（圖二〇二）

☑□錢六百□☑

2000ES7SH1∶22
（圖二〇二）

（人面像）

2000ES7SH1∶23
（圖二〇二）

（人面像）

2000ES7SH1∶24
（圖二〇二）

■甲渠第七隧長日迹檮

2000ES7SH1∶25A
（圖二〇三）

■甲渠第七隧長日迹檮

2000ES7SH1：25B
（圖二〇三）

■甲渠第七隧長日迹檮

2000ES7SH1：25C
（圖二〇三）

■甲渠第七隧長日迹檮

2000ES7SH1：25D
（圖二〇三）

☑╱掾陽尉史譚

2000ES7SH1：26
（圖二〇四）

☑時君昨日卒至今不敢☐它少☐

2000ES7SH1：27
（圖二〇四）

☑☐九

2000ES7SH1：28
（圖二〇四）

☑☐所指走☑

2000ES7SH1：29
（圖二〇四）

　　按："☐"《額簡》未標注。

延壽伏地再拜請☑

……☒（削衣）

2000ES7SH1：30
（圖二〇五）

按：第二行"……☒"《額簡》未標注。

☒第八隧長☒

2000ES7SH1：31
（圖二〇五）

☒□

2000ES7SH1：32
（圖二〇五）

☒□以……☒

2000ES7SH1：33
（圖二〇五）

按："……"《額簡》作"□□"。

■第七隧卒日迹檮

2000ES9SF1：1A
（圖二〇五）

■第七隧卒日迹檮

2000ES9SF1：1B
（圖二〇五）

■第七隧卒日迹檮

2000ES9SF1：1C
（圖二〇五）

■第七隧卒日迹檮

2000ES9SF1：1D
（圖二〇五）

☑□□長張可謁□□載☑
☑侯□若即見□□□☑

2000ES9SF1：2
（圖二〇六）

按：第二行"即見"《額簡》作"□□"；"見"後之"□□"分別存左半字迹"犬"和"岡"。

☑第三候史［竝］第九隧長［陵己巳］☑

2000ES9SF1：3
（圖二〇七）

按："［竝］"《額簡》作"□"；"［陵己巳］"《額簡》作"□□□"。

☑隧長王子贛賣第八卒☑
☑已任者李子長知券約☑（左上側有五個刻齒）

2000ES9SF1：4
（圖二〇七）

☑迫未□☑

2000ES9SF1：5A
（圖二〇七）

☑薛卿之原☑
☑……☑

2000ES9SF1：5B
（圖二〇七）

按：第二行簡末斷簡符號"☑"《額簡》未標注。

☐……☐

2000ES9SF1：6
（圖二〇八）

☐☐☐

2000ES9SF1：7
（圖二〇八）

　　　　　　堅表
堅堅堅　　一久　北高里
　　　　　　　　　楊取
　　　再拜請子文
　　　　　　　　生☐五☐
　　　　　伏地再拜請　　（習字簡）

2000ES9SF1：8
（圖二七七）

　　按：此簡圖版及釋文《額簡》排在第 277 頁。

●吏卒謹候望即見匈奴入起居如蓬火品約

2000ES9SF3：1
（圖二〇八）

　　按："入"《額簡》作"人"；"蓬"原簡及《額簡》作"薰"，今改爲通行
體。

始建國三年三月癸亥朔壬戌第十隧長育敢言之謹移卒不任候望
名籍一編敢言之

2000ES9SF3：2A
（圖二〇九）

　　按：此簡編號"2000ES9SF3：2A"《額簡》誤作"2000ES9SF3：2（上）"。

六十七

2000ES9SF3：2B

（圖二〇九）

按：此簡編號“2000ES9SF3：2B”《額簡》誤作“2000ES9SF3：2（下）”。

●匈奴入即持兵刃功亭吏拔劍助卒閉戶重關下戍

2000ES9SF3：3

（圖二一〇）

按：“入”《額簡》作“人”；根據文意，“功”當讀作“攻”。

建武四年九月戊子從史閎敢言之行道以月十日到橐他候官遇橐他守尉馮
　　承言今月二日胡虜入酒泉□□□☑

2000ES9SF3：4A

（圖二一一）

按：簡末斷簡符號“☑”《額簡》未標注。

入肩水塞略得焦鳳牛十餘頭羌女子一人將西渡河虜四騎止都倉西放馬六
　　十餘騎止金關西月九日＝蚤食時……☑

2000ES9SF3：4B

（圖二一二）

按：簡末斷簡符號“☑”《額簡》未標注。

前輩到金關西門下掾誼等皆在金關不得相聞閎等在候官即日餔時塵烟火
　　到石南亭昏時火遂……☑

2000ES9SF3：4C

（圖二一三）

按：簡末斷簡符號“☑”《額簡》未標注。

恐爲胡虜所圍守閎即夜與居延以合從王常俱還到廣地胡池亭止虜從靡隨

河水草北行虜□……☑

2000ES9SF3：4D

（圖二一四）

按：簡末斷簡符號"☑"《額簡》未標注。

……□請居延郭候寫移□□驚當□……☑

2000ES9SF3：4E

（圖二一五）

按：簡末斷簡符號"☑"《額簡》未標注。

學大夫奉聖里附城滿昌等皆曰
明詔深閔百姓强弱相□欲均富之方略萬端臣昌等竊見元年十一月丁酉均
　詔書曰其行

2000ES9SF3：5

（圖二一六）

按：第一行"滿昌"《額簡》作"滿　昌"，衍空白，二字之間係編繩處，不
當留白；第二行"□"《額簡》作"扶"。

入橐他檄一　　始建國三年三月甲寅下餔三分第九卒虞檀受第十卒張同

2000ES9SF3：6

（圖二一七）

□豐棺乃復食至

2000ES9SF3：7

（圖二一八）

⊠　　第九隧承索七丈
　　元延元年十二月所作治（上端有孔且繫有麻繩，中有界欄）

2000ES9SF3：8

（圖二一八）

按：第一行"隧"原簡作"𤇾"，今改爲通行體；括弧內的說明文字"繫"《額簡》作"系"，未改繁體；"中有界欄"《額簡》未標注。

⊠　居延甲渠第九隧
　　稾矢銅鍭百完

2000ES9SF3：9A
（圖二一九）

按：第一行"隧"原簡作"隊"，今改爲通行體。

⊠　居延甲渠第九隧
　　稾矢銅鍭百完（上端有孔）

2000ES9SF3：9B
（圖二二○）

按：第一行"隧"原簡作"隊"，今改爲通行體；括弧內的說明文字"上端"《額簡》作"頂端"。

　　　　車一兩牛一頭黄字
　　　　齒九歲詣城倉
●□甲溝官　　載轉

2000ES9SF3：10
（圖二二二）

第九隧
　　　　　　□
小鐘一完

2000ES9SF3：11
（圖二二二）

按：第一行"隧"原簡作"𤇾"，今改爲通行體。

第九隧
瓦箕二（上端有孔，有界欄和邊框）

2000ES9SF3：12

（圖二二三）

　　按：第一行“隧”原簡作“㒸”，今改爲通行體；括弧內的說明文字“（上端有孔，有界欄和邊框）”《額簡》未標注。

　　⊠轉射（上端有孔）

2000ES9SF3：13

（圖二二一）

　　⊠　第九隧檠弩
　　　　白繩卅二完（上端有孔，存繫繩，中有界欄）

2000ES9SF3：14

（圖二二一）

　　按：第一行“隧”原簡作“㒸”，今改爲通行體；括弧內的說明文字“繫”《額簡》作“系”，未改繁體；“中有界欄”《額簡》未標注。

　　　　　　　　蘭冠二毋緣
　　第九隧長莊宣　牛屎橐幣
　　　　　　　　地蓬鹿盧一盖隨

2000ES9SF3：15A

（圖二二三）

　　按：第一欄“隧”原簡作“㒸”，今改爲通行體；第二欄第二行“橐”《額簡》作“索”；第三行“蓬”原簡及《額簡》作“薫”，今改爲通行體；“盖”《額簡》作“蓋”。

　　　　　　　稾矢干𠯣呼卅七
　　長史君舉
　　　　　　　㽙矢廿七干𠯣呼

2000ES9SF3：15B

（圖二二四）

　　按：“長史君舉”《額簡》置於第一行之首，今據圖版改。

⊠　居延甲渠第九隧
　　蘭冠一完

2000ES9SF3∶16A
（圖二二四）

按：第一行"隧"原簡作"隊"，今改爲通行體。

⊠　居延甲渠第九隧
　　蘭冠一完（上端有孔，存繫繩）

2000ES9SF3∶16B
（圖二二五）

按：第一行"隧"原簡作"隊"，今改爲通行體；括弧内的說明文字"繫"
《額簡》作"系"，未改繁體。

君仁門下

2000ES9SF3∶17
（圖二二四）

☑自言省日

2000ES9SF3∶18（1）
（圖二二六）

☑大目黑色髮髭白勉行初亡□☑

2000ES9SF3∶18（2）
（圖二二六）

按："大目"《額簡》作"皆"；"亡"後之" □"《額簡》未標注；簡末斷簡
符號"☑"《額簡》未標注；以上兩簡編號2000ES9SF3∶18（1）和2000ES9SF3∶18
（2）不同於其他簡號，根據《額簡》整理者李均明先生介紹，《額簡》即將成書
時發現這兩簡編號重復，爲了方便排版，分別加注（1）、（2）以示區別。

卒周充六石具弩一今力六石二☑

2000ES9SF3：19

（圖二二五）

■右橐矢銅鏃☑

2000ES9SF3：20

（圖二二六）

謀反扶恩義里劉登□□☑

2000ES9SF3：21

（圖二二六）

（無字）

2000ES9SF3：22

（圖二二七）

第九隧膠二鋌重十三兩（上端兩側有缺口）

2000ES9SF3：23A

（圖二二七）

少一錢少錢

2000ES9SF3：23B

（圖二二七）

　　按：《額簡》作“少一錢　少錢”，衍空白。

十一月丁亥□□□大保□□以秩次行大尉事□□下官縣丞書從事……當
　　用者明白扁
鄉亭市里顯見處令吏民盡知之具上壹功蒙恩勿治其罪人名所坐罪別之如
　　詔書

2000ES9SF4：1

（圖二二八）

　　按：第一行"丞"當讀作"承"；第二行"壹功"之"功"疑爲"切"的誤寫。"壹切"又作"一切"，如《史記·酷吏列傳》"禁奸止邪，一切亦皆彬彬質有其文武焉"，《漢書·酷吏傳》作"壹切禁奸，亦質有文武焉"。"一切勿治"、"一切勿案"等是漢代赦令中的慣用句式，如始建國四年，王莽下書曰："諸名食王田，皆得賣之，勿拘以法。犯私買賣庶人者，且一切勿治"（《漢書·王莽傳中》）。建武五年五月丙子，光武帝詔曰："其令中都官、三輔、郡、國出繫囚，罪非犯殊死一切勿案，見徒免爲庶人"（《後漢書·光武帝紀上》）。下同。

閏月丙申甲溝候獲下部候長等丞書從事下當用者明白扁書亭隧顯見處令吏

卒盡知之具上壹功蒙恩勿治其罪者罪別之會今如詔書律令

　　　　　　　　　　　　　　　　　　　　2000ES9SF4：2

　　　　　　　　　　　　　　　　　　　　（圖二二九）

　　按：第一行"丞"當讀作"承"；第二行"壹功"之"功"爲"切"的誤寫。

扁書鄉亭市里顯見處令吏民盡誦之具上吏民壹功蒙恩勿治其罪者名會今罪別

以齎行者如詔書＝到言　　　　　　　　　　　書佐曷

　　　　　　　　　　　　　　　　　　　　2000ES9SF4：3

　　　　　　　　　　　　　　　　　　　　（圖二三〇）

　　按：第一行"壹功"之"功"爲"切"的誤寫。

始建國二年十一月甲戌下

十一月壬午張掖大尹良尹部騎司馬武行丞事庫丞習行丞事下部大尹官縣丞書從事下當用者明白

　　　　　　　　　　　　　　　　　　　　2000ES9SF4：4

　　　　　　　　　　　　　　　　　　　　（圖二三一）

　　按：第二行"丞"當讀作"承"。

因騎置以聞符第一

2000ES9SF4：5

（圖二三二）

咸得自薪同心並力除滅胡寇逆虜爲故購賞科條將轉下之勉府稽吏民其
　　□□□
□□□務賞菫其當上二年計最及級專心焉上吏民大尉以下得蒙壹功無治
　　其罪吏坐

2000ES9SF4：6

（圖二三二）

　　按：第一行"薪"當讀作"新"；"同心"《額簡》作"息"；第二行"菫"當讀作"謹"；"壹功"之"功"爲"切"的誤寫。

兩脅諸發兵之郡雖當校均受重當亦應其勞大尹大惡及吏民諸有罪大逆
無道不孝子絞蒙壹功治其罪因徙［遷］皆以此詔書到大尹府日以……

2000ES9SF4：7

（圖二三三）

　　按：第一行"諸"《額簡》作"謁"；"重當"之"當"當讀作"賞"；第二行"壹功"之"功"爲"切"的誤寫；"［遷］"《額簡》誤排作"遷□"；"……"《額簡》未標注。

邊竟永寧厥功伇焉已封□苞爵宣公即拜爲虎耳將軍封伇爲揚威公即拜爲
虎賁
將軍使究其業今詔將軍典五將軍五道並出或潰虜智皆匄腹或斷絕其兩肩
拔抽

2000ES9SF4：8

（圖二三四）

　　按：第一行"邊竟"之"竟"當讀作"境"；"厥功伇焉"之"伇"當讀作"佼"；"封"《額簡》作"鼓"；"虎耳將軍"《漢書》作"虎牙將軍"；第二行"匄"當讀作"胸"；"肩"《額簡》作"肋"。

□大且居蒲妻子人衆凡萬餘人皆降餘覽喜拜之□□□□□符蒲等
其□□□□質修待子入餘□□入居……仮奏辯詔命宣揚威□安雒□

2000ES9SF4: 9
（圖二三五）

按：第一行"大且"《額簡》作"下旦"；第二行"待"爲"侍"的誤寫。

校尉苞□□度遠郡益壽塞徼召餘十三人當爲單乎者苞上書謹□□爲單乎
者十三人其一人葆塞稽朝候咸妻子家屬及與同郡虜智之將業

2000ES9SF4: 10
（圖二三六）

按：第一行"校尉苞□□"《額簡》作"校尉苞　□□"，衍留白；"謹□□
爲"《額簡》作"謹□□　爲"，衍留白；第二行"稽朝侯"《額簡》作"稽　朝
候"，衍留白；第一行"單乎"《額簡》作"單手＜于＞"，"乎"、"于"二字上
古音同，均爲匣母魚部平聲，故可相通，下同；第二行"咸"《額簡》作"威"。

者之罪惡深臧發之□匈奴國土人民以爲十五封稽侯廐子孫十五人皆爲單
乎
在致盧兒候山見在常安朝郎南爲單乎郎將作士大夫廐南【單】乎子蘭苞
副有書

2000ES9SF4: 11
（圖二三七）

按：第一行和第二行"單乎"《額簡》作"單手＜于＞"；第二行"南【單】乎
子"，《額簡》作"南手＜于＞子"，根據文意，"南"下脱"單"字。

☑張掖大尹□虜皆背畔罪　　皆罪……
☑……塞守徼侵□□□將之日……

2000ES9SF4: 12
（圖二三八）

按：第一行和第二行簡首斷簡符號"☑"《額簡》均未標注；第一行"大尹"

後之"□"《額簡》留白未標注。

九月　第三候長　敢言之謹錄移敢言之

2000ES9SF4: 13
（圖二三九）

☑謹飲藥五齊不愈唯治所請醫診治☑

2000ES9SF4: 14
（圖二四〇）

按："愈"当读作"愈"；簡首和簡末斷簡符號"☑"《額簡》均未標注。

正月中省卒治炭日與卒具之第八隧殺狗與諸皆反候史房賢與卒用故卒多
　□□
去年五月甲戌第六隧卒尹湯取□一直四百伯一直百五十　一直千七百
　……
……庭□□詐言亡□私□亡因卒……積二□□詣言爲甲……

2000ES9SF4: 15A
（圖二四一）

二月旦始署持第六卒彭□□□□……爲□
五月四日從相卒焦晏之遮虜田舍至月廿日復上十五宿去之遮虜
五月八日私作養卒焦忠……

2000ES9SF4: 15B
（圖二四二）

萬歲候長候史□^{辛酉日入}遣　　□朝遣鄣卒郅輔代武遣之部日時在檢中☑

（"辛酉日入遣"五字書於封泥槽）

2000ES9SF4: 16A
（圖二四三）

按：書於封泥槽内的第二欄第一行 "辛酉日人" 和第二行 "遣"《額簡》排爲一行，今據圖版改。

閏月辛酉官告萬歲候長候史遣第三隧□▨

2000ES9SF4：16B

（圖二四四）

按：《額簡》於簡首衍釋 "遣" 字，今删；"史" 後之 "遣"《額簡》作 "□"；"隧" 後之 "□"《額簡》未標注。

行候長事郅卿治所　□　居攝三年五月戊午第六隧長宣敢言之［隧］
　　　　　　　　　　　官請醫診治敢言之

2000ES9SF4：17AB

（圖二四五、圖二四六）

按：封泥印槽符號 "□"《額簡》未標注；第二欄第一行 "隧長" 之 "隧" 原簡作 "𤍤"，今改爲通行體；此簡編號 "2000ES9SF4：17AB"《額簡》作 "2000ES9SF4：17A"，因其包括了兩面簡文，今改；"［隧］"《額簡》作 "［候］"。

居攝二年正月乙酉朔甲辰甲渠候放謂第□▨
到聽書牒署從事如律令▨

2000ES9SF4：18A

（圖二四七）

正月廿日迹至二月廿四□□□　　掾譚令史▨

2000ES9SF4：18B

（圖二四八）

▨……公乘□玄成等廿一人貰賣吏民所證財物不以
▨……

2000ES9SF4：19

（圖二四九）

按：第二行"☑……"《額簡》未標注。

☑……移一時府令所常承用書到明白扁
☑……有意毋狀者行法如詔條律令

2000ES9SF4：20A
（圖二五〇）

按：第一行"移"前《額簡》衍"有意"，今刪；第二行"毋狀"前《額簡》，漏釋"有意"，今補。

☑掾譚令史兼尉史宏

2000ES9SF4：20B
（圖二四九）

按："宏"《額簡》作"閎"。

隧給□壔廿石致官載居延鹽廿石致吞遠隧倉☑

2000ES9SF4：21
（圖二五一）

☑第九隧卒史義角布一匹賈錢五百約至八月錢必已錢即不必☑

2000ES9SF4：22
（圖二五二）

按："必"當讀作"畢"。

☑動作由禮舉錯由義興敬讓疾虛偽考績□☑
☑自言功勞者與計偕吏千石以下及比者自☑

2000ES9SF4：23A
（圖二五三）

按：第一行"動作由禮"《額簡》作"勤作用禮"；"由義"《額簡》作"時義"；"□"《額簡》作"紂"。此簡編號"2000ES9SF4：23A"《額簡》誤作"2000ES9SF4：1－23A"。

☑二☑

2000ES9SF4：23B
（圖二五三）

☑竭忠處國君臣同心上下繆力☑
☑□꓿安大化成令曰☑

2000ES9SF4：24
（圖二五三）

按："□꓿安"《額簡》誤作"□安꓿"。

⊠木面衣（頂端有孔，孔內塞一木棍）

2000ES9SF4：25
（圖二五三）

☑七月甲庚　　　　　九月戊己　　　　十【一】月丁癸
☑[八]月乙辛　　　　十月丙壬　　　　十二月戊己

2000ES9SF4：26
（圖二五四）

按：第一欄第二行"［八］"《額簡》作"□"，根據文例"月"前可補"八"；根據文例，第三欄第一行"十"後脫"一"。

復日　　正月甲庚　　三月戊己　　　　五月丁癸☑
反支　　二月乙辛　　【四月】丙壬　　六月戊己☑

2000ES9SF4：27
（圖二五四）

按：《額簡》衍簡首斷簡符號，今刪；根據文例，第三欄第二行"丙壬"前脫"四月"。27簡和26簡可以綴連如下：

　　復日　正月甲庚　三月戊己　　五月丁癸　七月甲庚　九月戊己　十【一】月
　　丁癸

反支　二月乙辛　【四月】丙壬　六月戊己　［八］月乙辛　十月丙壬　　十二月戊己

2000ES9SF4: 27 + 2000ES9SF4: 26

☒□卒張償凡迹廿八日莫行書來取□□□之

2000ES9SF4: 28A
（圖二五五）

☒		丙		乙	乙	甲	甲	甲	癸	癸	壬
☒		［申］		丑	未	子	午	子	巳	亥	辰

2000ES9SF4: 28B
（圖二五五）

　　按：第二行"［申］"《額簡》作"□"，今据文例補。

第四候史郅譚有方二一□□☒

2000ES9SF4: 29A
（圖二五六）

第九隧卒王當第八隧卒李同☒

2000ES9SF4: 29B
（圖二五六）

☒三月壬申自取官

2000ES9SF4: 30
（圖二五七）

左前騎士肩水里蓋寫☒

2000ES9SF4: 31
（圖二五七）

☒會正月十三日至子張母未到□☒

2000ES9SF4: 32

（圖二五七）

　　詣官　都吏薛卿☑

九日　　　　使之居延☑

　　取禄　……☑

2000ES9SF4: 33

（圖二五八）

　　按：第三欄第三行"……"《額簡》作"□□□"；第一、二、三行簡末斷簡符號"☑"《額簡》均未標注。

市☑（"市"字橫寫）

2000ES9SF4: 34

（圖二五八）

　　按：括弧內的說明文字"市"《額簡》誤排作"［市］"，今改。

　　　　癸　　癸　　壬☑

十五日

　　　　酉　　卯　　申☑

2000ES9SF4: 35

（圖二五八）

　　按：《額簡》於簡末居中置一斷簡符號，今改爲各行均標注。

七日候史遣任褒□☑

2000ES9SF4: 36A

（圖二五八）

（有字迹未能辨識）

2000ES9SF4: 36B

（圖二五八）

　　按：括弧內的說明文字《額簡》衍"簡背"二字，今删。

大　皇大后詔曰可☑

2000ES9SF4：37

（圖二五九）

☑庚　己　己☑
☑午　亥　巳☑

2000ES9SF4：38

（圖二五九）

　　按：《額簡》於簡首和簡末居中各置一斷簡符號，今改爲各行均標注；第一欄第二行"午"《額簡》誤作"子"；據張培瑜《三千五百年曆日天象》和陳垣《二十史朔閏表》可推知，38簡和35簡均屬西漢平帝元始元年曆譜，因此兩簡可綴連補釋如下：

十五日	癸	癸	壬	[壬	辛	辛	庚	庚]	庚	己	己	[戊]
	酉	卯	申	[寅	未	丑	午	子]	午	亥	巳	[戌]

2000ES9SF4：35 + 2000ES9SF4：38

☑七☑

2000ES9SF4：39

（圖二五九）

☑丁　丁☑
☑卯　酉☑

2000ES9SF4：40A

（圖二五九）

　　按：《額簡》於簡首和簡末居中各置一斷簡符號，今改爲各行均標注。

☑☑☑七月☑卯☑

2000ES9SF4：40B

（圖二五九）

☑☐☐☑

2000ES9SF4：41
（圖二五九）

☐載塢廿石☑

2000ES9SF4：42
（圖二五九）

☑完爲城旦故不☑

2000ES9SF4：43
（圖二五九）

☑食時受☑
☑☐力☑

2000ES9SF4：44
（圖二六〇）

　　按：第二行簡末斷簡符號"☑"《額簡》未標注。

（正背面皆有殘存字迹）

2000ES9SF4：45
（圖二六〇）

☑☐☑

2000ES9SF4：46
（圖二六〇）

☐北去第八隧北界
●南去其隧一里百五十步
●南去其隧一里百五十步
●北去第九隧一里百五十步

●葆天田四里百五十步（下端左右兩角各有一孔，上下左設黑邊線，行間設朱砂欄）

2000ES9SF4: 47

（圖二六〇）

按：括弧内的說明文字"下端"《額簡》誤作"上端"。

郭候察便御隧塢上苣火見火候以下亟以檄言府以時逐督以急疾爲故☑

2000ES9S: 1

（圖二六一、二六二）

按："隧"原簡作"𤒹"，今改爲通行體。

居延甲渠箕山隧長居延累山里上造華商年六十　始建國地皇上戊三年正月癸卯除　史

2000ES9S: 2

（圖二六三）

十五日建亥　廿三日丁未直收

2000ES9S: 3

（圖二六四）

按："未直"《額簡》作"未　直"，衍留白。

☑戊歸及田時☑

2000ES9S: 4

（圖二六五）

第九隧▣（原設二簡號，今綴合爲一封檢）

2000ES9S: 6 + 2000ES9S: 7

（圖二六四）

按：封泥印槽符號"▣"《額簡》誤置於簡首。

☑□血也三日捕斬胡虜凡截頭百五級胡虜盜

2000ES9S: 8

（圖二六六）

●即晝見匈奴入田□☑

2000ES9S: 9

（圖二六五）

按："晝"《額簡》誤作"畫"。

●匈奴人即至塢下用縛☑

2000ES9S: 10

（圖二六七）

☑以橐矢射之☑

2000ES9S: 11

（圖二六七）

☑隧長或不史不能知案民田官皆就☑

2000ES9S: 12

（圖二六七）

●□□田□□□□　□

2000ES9S: 13

（圖二六七）

☑□□□三日復舉苣火二通不……殄北隧謹察皆以騎發候☑

2000ES9S: 14

（圖二六八）

☑毋令得逐亡

2000ES9S: 15

（圖二六八）

■右遣候☑

●殄北塞外☑

☑卒閉戶重關下戊□楪椎□☑

第三隧長薛宏☑

　　　按：簡末斷簡符號“☑”《額簡》未標注。

☑□九百黃金九十斤下功☑

☑□錢一千二□☑

一日己［未］☑
二日庚［申］☑
三日辛酉☑
四日壬戌　　日中☑

2000ES9S：21A
（圖二六九）

按：第一行“［未］”和第二行“［申］”《額簡》未補釋；第三行“酉”《額簡》作“未”；第四行“戌”《額簡》作“申”；《額簡》於簡末居中置一斷簡符號，今改爲各行均標注。

三月小　　　六日甲午☑
一日己丑　　七日乙未☑
二日庚寅　　八日丙申☑
三日辛卯　　九日丁酉☑

2000ES9S：21B
（圖二六九）

按：《額簡》於簡末居中置一斷簡符號，今改爲各行均標注。

☑……☑
☑□何時起之一當日中餔時乃第九隧□□☑

2000ES9S: 22A
（圖二七〇）

按：第一行“☑……☑”《額簡》未標注。

☑……別……☑

2000ES9S: 22B
（圖二七〇）

☑□逐□□止毋舉火表檄言府馬☑

2000ES9S: 23
（圖二六九）

☑□□□□上墥望寇舉蓬如品約☑

2000ES9S: 24
（圖二七〇）

按："蓬"原簡及《額簡》作"蘌"，今改爲通行體。

▨旦少四斗□▨

2000ES9S：25 A

（圖二七〇）

▨斗斗斗□□▨

2000ES9S：25 B

（圖二七〇）

建平三年　建平三年
　　　　　建平元　九月癸丑▨

2000ES14SF1：1 A

（圖二七一）

右槀矢䖵矢銅鏃□完完完完　▨

2000ES14SF1：1 B

（圖二七一）

未到唯令史毆遣□▨

2000ES14SF1：3

（圖二七一）

即不在知責家中見▨（右側有刻齒）

2000ES14SF1：4

（圖二七二）

按：括弧内的說明文字"右側有刻齒"《額簡》未標注。

▨一分石膏二分□□二分□參一分弓一分厚朴一分杏亥中人一分并合▨

2000ES14SF1：5

（圖二七二）

按：根據文意，"弓"當讀作"芎"；"亥"當讀作"核"；"人"當讀作"仁"；簡末斷簡符號"☑"《額簡》未標注。

作鍾者視其何鍾中以合其☑

2000ES14SF1：6
（圖二七二）

☑治所言官☑

2000ES14SF1：7
（圖二七三）

☑□［墧上］

2000ES14SF1：8
（圖二七三）

☑第五盧卒鉼庭里☑

2000ES14SF1：9
（圖二七三）

按：簡末斷簡符號"☑"《額簡》未標注。

孫建叩頭白　　胡延叩頭白　　再拜白☑
……☑

2000ES14SF2：2A
（圖二七三）

按："建"《額簡》作"匡"；第二行簡末斷簡符號"☑"《額簡》未標注。

［孫建叩頭白］
范卿坐前善毋恙頃久不相見舍中☑

2000ES14SF2：2B
（圖二七四）

按：第一行"［孫建叩頭白］"《額簡》未釋，今參照 A 面簡文補。

　　●　第十四隧
　　　　脂二斤　　　　　囗

2000ES14SF2：4
（圖二七四）

　　按：第一行"隧"原簡作"隊"，今改爲通行體；封泥印槽符號"囗"《額簡》未標注。

　　☑帛匹八尺四寸　　　　（羊偉一枚）
　　☑絮十斤四兩
　　☑布匹八尺

2000ES14SF2：5
（圖二七五）

　　出米二斗☑
　　黄米二石☑

2000ES14SF2：6A
（圖二七五）

　　按：第一行和第二行簡末斷簡符號"☑"《額簡》均誤置於簡首。

　　廷所遣□☑
　　軍當以廿七日□☑

2000ES14SF2：6B
（圖二七五）

　　按：第一行"遣"後之"□"和第二行"日"後之"□"《額簡》均未標注。

　　☑□褒皆在毋削減虜……☑

2000ES14SF2：7
（圖二七六）

☑□石七十六石☑
☑□大石二百卅石☑

2000ES14SF2：8
（圖二七六）

按：第二行“大”前之“□”《額簡》未標注；《額簡》於簡末居中置一斷簡
符號，今改爲各行均標注。

第十一隧戍卒宜新里秦和

□襜褕一領☑
韋單綺一兩☑
韋單衣一領☑
□履一兩　☑

2002ES11SH1：1
（圖二七八）

按：第一欄“秦”原簡及《額簡》作“奔”，今改爲通行體；第二栏第一行
“襜褕”《額簡》作“□□”；第四行“□履一兩”《額簡》作“□□個一領”；各
行簡末斷簡符號“☑”《額簡》均未標注。

☑第十二隧迹虜月□簿☑

2002ES12SH1：1
（圖二七八）

按：“迹虜”《額簡》作“□□”；“簿”《額簡》作“□”。

☑……二長二丈大二韋卧内屋梁與炊内屋相□☑

2002ES12SH1：2
（圖二七九）

（有字迹無法辨認）

2002ES12SH1：3
（圖二七七）

☑五十六少……

□第廿六隧刑

2002ES12SH1：4

（圖二八○）

按：第二行"廿"《額簡》誤作"二十"；"隧"《額簡》誤作"不"。

……☑

□十五日☑

2002ES12SH1：5A

（圖二八○）

按：第一行和第二行簡末斷簡符號"☑"《額簡》均未標注。

（有字迹無法辨認）

2002ES12SH1：5B

（圖二八○）

按：《額簡》衍"……"，今删。

☑……日以詔書增秩☑

☑……六十四日以詔書增☑

2002ES12SH1：6

（圖二八○）

按：第一行和第二行簡末斷簡符號"☑"《額簡》均未標注。

（人面像）

2002ES16SH1：7

（圖二八一）

正月六日第十□隧卒王尋迹□☑

2002ES18SH1：1

（圖二八一）

按："十"後之"□"《額簡》作"六"。

第廿一隧王尊　正月食三石三斗三升少☒

2002ES18SH1：7
（圖二八一）

　　按：簡末斷簡符號"☒"《額簡》未標注。

涇陽到酈百里　涇陽到高平百口☒（左右側中部有刻齒）

2002ES18SH1：8
（圖二八二）

　　按："百"後之"口"《額簡》未標注；括弧內的說明文字"左右側中部有刻齒"《額簡》未標注。

（字迹不清）

2002ES18SH1：9
（圖二八二）

（字迹不清）

2002ES18SH1：10
（圖二八二）

●敕作子前令小奴舍於次譚枉舍中盡

2002ESCSF1：1
（圖二八三）

●欲急行出邑禹步三唬皋祝曰土五光今日利以行゠毋死　已辟除道莫敢
　義當獄史　壯者皆道゠旁

2002ESCSF1：2
（圖二八四）

　　按："皋"原簡及《額簡》作"睪"，今改爲通行體；"義"當讀作"我"，二字上古音同，均爲疑母歌部，故可通假。

冬三月毋北鄉゠者凶☑

2002ESCSF1：3A

（圖二八二）

按：簡末斷簡符號“☑”《額簡》未標注。

第☑

2002ESCSF1：3B

（圖二八二）

按：“第”《額簡》作“□”；此簡 B 面圖版《額簡》倒置。

☑南方火即急行者越此物行吉

2002ESCSF1：4

（圖二八三）

按：“即急”《額簡》作“即　急”，衍空白，兩字之間係編繩處，不當留白。

卯東南有得西北凶辰東大吉南有得西北凶巳東毋行南大吉西凶北有得午
東北有☑

2002ESCSF1：5A

（圖二八五）

按：“吉西”《額簡》作“吉　西”，衍空白，兩字間係編繩處，不當留白。

第廿☑

2002ESCSF1：5B

（圖二八六）

按：“廿”《額簡》作“申”；簡末斷簡符號“☑”《額簡》未標注。

大垔田章新君耳桓公曰田章天下☑

2002ESCSF1：6

（圖二八六）

☑復有乘記到閱出言被記報☑

2002ESCSF1：7

（圖二八六）

　　按："閱"《額簡》漏釋。

鐵鞬鍪□☑

2002ESCSF1：8

（圖二八七）

　　按：簡末斷簡符號"☑"《額簡》未標注。

（有字無法辨認）

2002ESCSF1：9

（圖二八七）

（有字無法辨認）

2002ESCSF1：10

（圖二八七）

⊠卅☑

2002ESCSF1：11

（圖二八七）

☑□掾□☑
☑□□□☑

2002ESCSF1：12

（圖二八七）

（人面像）

2002ESCSF1：13

（圖二八七）

☑持水北行持☑

2002ESCSF1: 14

（圖二八七）

下一苣火一通●八月庚戌　☑

2002ESCSF1: 18A

（圖二八八）

　　按：簡末斷簡符號"☑"《額簡》未標注。

八月五日辛亥☑

2002ESCSF1: 18B

（圖二八八）

☑……［敢言］之

2002ESCSF1: 45

（圖二八七）

第九（器物上刻字）

2000ES9SF3: 13

（圖二八九）

　　按：括弧内的說明文字"器物上刻字"《額簡》未標注。

（捕鼠器）

2000ES7SF1: 202

（圖二九〇）

附：額濟納漢簡人名索引訂補

赵寵亮、莊小霞

人名	職官	漢簡編號	原書頁碼
羕	令史	2000ES9SF4：20B	249
□如		2000ES7SF1：11	145
□玄成		2000ES9SF4：19	249
□義		2000ES7S：6A	188
安主	士吏	99ES17SH1：36	129
苞	校尉	2000ES9SF4：8、10	234、236
褒	第十候史	99ES16ST1：10	77
竝	第三候史	2000ES9SF1：3	207
博	第十候長	99ES16SF3：1A	101
蔡惲	門卒	99ES17SH1：2	110
曹詡	士吏	99ES16ST1：12	80
龔昌	臨道亭長	2000ES7S：13	191
長安		2000ES7SF1：28	155
長賓	隧長	2000ES7SF2：6A	181
常憚		99ES17SH1：23A	124
敞	令史	2000ES7S：3A	185
敞	候史	99ES17SH1：15	120
程竝	第十候史	99ES16ST1：11A、B	78、79
充	候長	99ES17SH1：36	129
次仲		2000ES7S：12A	191
樊	督烽掾	99ES17SH1：6A	114
范□	第三十六車父	2000ES7SF1：21	151
范彭		99ES16ST1：12	80

续表

人名	職官	漢簡編號	原書頁碼
范卿		2000ES14SF2：2B	274
房賢	候史	2000ES9SF4：15A	241
房相	戍卒	2000ES7SF1：134	176
放	甲渠候	2000ES9SF4：18A	247
豐		2000ES7S：3A	185
馮褒		2000ES7SF1：57	161
馮承	橐他守尉	2000E97SF3：18A	211
馮得	終古隧卒	2000ES7SF1：84	164
馮卿		99ES16SF5：2	109
奉世		2000ES7SF1：91	169
盖	第十七隧長	99ES17SH1：11B	118
宮	大司徒	99ES17SH1：19	122
恭		99ES17SH1：26	125
廣□	若盧更長	2000ES7SF1：91	169
廣至	卅井候長	2000ES7SF1：85A	165
郭黨	亭卒	2000ES7SF1：127	175
郭卿	候長	99ES17SH1：3	111
郭遂成		99ES16SF2：3	94
漢彊	甲渠障候	99ES17SH1：36	129
和	第十一隧戍卒	2002ES11SH1：1	278
曷	書佐	2000ES9SF4：3	230
橫	守部司馬	2000ES7S：4A	187
宏	尉史	2000ES9SF4：20B	249
閎	從史	2000ES9SF3：4A、C、D	211、213、214
候禮	候長	2000ES7SF1：55	160
胡延		2000ES14SF2：2A	273
華商	箕山隧長	2000ES9S：2	263
桓公		2002ESCSF1：6	286
獲	甲溝候	2000ES9SF4：2	229

续表

人名	職官	漢簡編號	原書頁碼
稽朝候咸		2000ES9SF4：10	236
伋		2000ES9SF4：8、9	234、235
季		99ES16ST1：19	85
季恭		2000ES7SF2：4A	180
焦鳳		2000ES9SF3：4B	212
焦晏	相卒	2000ES9SF4：15B	242
焦忠	養卒	2000ES9SF4：15B	242
介子推		2000ES7SH1：7	199
京（景）公		99ES18SH1：1	134
駿		2000ES7SF1：11	145
李奴		2000ES7SF1：86	166
李同	第八隧卒	2000ES9SF4：29B	256
李子長		2000ES9SF1：4	207
良	第十六隧長	99ES16SF3：1A	101
良	張掖大尹	2000ES9SF4：4	231
林	佐	99ES16SF2：8	100
臨		2000ES7SF1：87	166
陵	第九隧長	2000ES9SF1：3	207
劉登		2000ES9SF3：21	226
滿昌	附城	2000ES9SF3：5	216
毛平	臨之隧長	2000ES7DF1：93	169
猛	士吏	99ES16ST1：11A	78
彭□	第六卒	2000ES9SF4：15B	242
平	候史	99ES17SH1：15	120
秦和	第十一隧戍卒	2002ES11SH1：1	278
仁	守丞	2000ES7S：3A	185
任褒		2000ES9SF4：36A	258
融	張掖大守	2000ES7S：4A	187
如		2000ES7SF1：11	145

续表

人名	職官	漢簡編號	原書頁碼
上官登	第十二隧卒	2000ES7SF2：11	182
史義	第九隧卒	2000ES9SF4：22	252
宋		99ES17SH1：26	125
孫建		2000ES14SF2：2B	274
孫建		2000ES14SF2：2A	273
孫卿		2000ES7SF1：27B	154
譚	令史	99ES16SF2：8	100
譚	第十七隧長	99ES16SF3：1C	101
譚	尉史	2000ES7SH1：26	204
譚	掾	2000ES9SF4：18B	248
牰介	第十一隧長	99ES16SF2：2	94
田章		2002ESCSF1：6	286
完卿	官令史	99ES17SH1：3	111
王□	第十二隧卒	99ES16SF3：1B	101
王常		2000ES9SF3：4D	214
王敞	第卅一隧卒	2000ES7SF1：11	145
王當	鉼庭隧卒	2000ES7SF1：40	158
王當	第九隧卒	2000ES9SF4：29B	256
王豐	第十隧長	2000ES7SF1：8	142
王輔	隧卒	2000ES7SF1：26B	154
王君		2000ES7SF1：69	162
王立	隧長	99ES17SH1：11A	118
王良	第十三隧長	99ES16ST1：13	79
王普	第十六隧長	99ES16SF1：2	91
王如意	第十隧卒	99ES16SF3：1B	101
王書	省卒	99ES17SH1：2	110
王宣	驚虜隧長	2000ES7SF1：3	139
王尋	第十□隧卒	2002ES18H1：1	281
王子春		2000ES7SF2：1A、B	177、178
王子贛		99ES16ST1：9	76
王子贛	隧長	2000ES9SF1：4	207

续表

人名	職官	漢簡編號	原書頁碼
王宗	令史	2000ES7SF1：10	144
王尊	第廿一隧卒	2002ES18SH1：7	281
望	掾	99ES16SF2：8	100
韋卿	第十六隧長	99ES16SF2：5A、B	97、98
吳何	終古隧長	2000ES7SF1：84	164
武	騎司馬	2000ES9SF4：4	231
武		2000ES7SF1：127	175
武		2000ES9SF4：16A	243
習	庫丞	2000ES9SF4：4	231
蕭並	第十候史	99ES16ST1：9	76
蓋寫	左前騎士	2000ES9SF4：31	257
徐彊	第廿隧長	99ES17SH1：10	117
宣	第六隧長	2000ES9SF4：17A、B	245
薛宏	第三隧長	2000ES9S：19	268
薛卿	都吏	2000ES9SF4：33	258
焉	守部司馬	2000ES7S：4A	187
严立		2000ES7SF2：3	180
延壽		2000ES7SH1：30	205
晏子		99ES18SH1：1	134
陽	掾	2000ES7AH1：26	204
楊耐	第十一隧卒	99ES16SF3：1B	101
誼	掾	2000ES9SF3：4C	213
誼	甲渠候	99ES16SF1：4	92
尹湯	第六隧卒	2000ES9SF4：15A	241
永		2000ES7SF2：2B	179
虞檟	第九卒	2000ES9SF3：6	217
育	第十隧長	2000ES9SF3：2	209
張	府五官掾	99ES16ST1：11A	78
張償	卒	2000ES9SF4：28A	255
張多	第十七隧長	2000ES7SF1：132	176
張可		2000ES9SF1：2	206

续表

人名	職官	漢簡編號	原書頁碼
張齊		99ES16F2：1	93
張同	第十卒	2000ES9SF3：6	217
張孝	隧長	99ES16ST1：12	80
張翊	終古隧卒	2000ES7SF1：84	164
趙卿		2000ES7SF1：119B	174
趙宣	省卒	2000ES7SF1：6B	141
趙宣	止北隧長	2000ES7SF1：13	147
鄭卿	都吏	2000ES7SF1：6A	140
郅輔	鄣卒	2000ES9SF4：16A	243
郅卿		2000ES9SF4：17A、B	245
郅譚	第四候史	2000ES9SF4：29A	256
周充	卒	2000ES9SF3：19	225
周卿	都烽史	2000ES7SF1：6A	140
周翊	第七隧卒	2000ES7SF1：1A	136
朱齊		99ES17SH1：32	127
朱卿		2000ES7SF1：87	166
朱子元	第十七吏	99ES16SF5：2	109
莊通	卒	2000ES7SF1：127	175
莊宣	第九隧長	2000ES9SF3：15A	223
子賓		99ES16SF5：3A	109
子春		2000ES7SF1：114A	173
子推		2000ES7SF1：2A	138
子威		2000ES7S：3A	185
子張		2000ES9SF4：32	257
自當		2000ES7SF1：31	156
宗	小史	2000ES7S：9A	189
尊	第十隧長	2000ES7SF1：26A	154
左偃	終古隧卒	2000ES7SF1：84	164

下　篇

額濟納漢簡研究

居延漢代烽燧的調查發掘及其功能初探

魏堅　昌碩

居延遺址位於額濟納河流域，其地南起甘肅省金塔縣鼎新（舊稱毛目），北至内蒙古自治區阿拉善盟額濟納旗蘇古淖爾南端的宗間阿瑪，全長 250 餘公里。其中，在額濟納旗境内分佈約 230 公里。其主要遺存均位於額濟納河下游西至納林河、東到居延澤的寬約 60 公里的範圍之内。在這一區域内，目前發現有漢代亭燧障塞遺址上百座，是内蒙古西部重要的大型遺址之一，屬全國重點文物保護單位。

居延地區先秦時稱爲“弱水流沙”，秦漢以後始稱“居延”。據學者考證，“居延”爲匈奴語，是“天池”或“幽隱”之意。《書・禹貢》記大禹治水，爲疏通九浚大川，曾“導弱水至於合黎，餘波入於流沙”。“弱水”即今日之額濟納河，“合黎”應爲河西走廊以北的合黎山，“流沙”則爲居延澤。當兩漢之時，漢朝的主要威脅來自北方的匈奴。西漢武帝北逐匈奴後，除在陰山一線重新修繕秦蒙恬長城外，也特別重視西北方的邊塞防務。漢武帝太初三年（公元前 102 年），爲遮斷匈奴入河西之路，“武帝使伏波將軍路博德築居延，禦匈奴”，史稱“遮擄障”[1]。因此，居延一線成爲防禦匈奴、屏蔽河西走廊的戰略要地，其塞防工事向東與五原塞外列城相接，向西南沿弱水（額濟納河－黑河）、疏勒河，抵敦煌境内的玉門關，是漢代最重要的防線[2]。

在漢代文獻中，“長城”是上述塞防的總稱，而具體的一段往往稱爲某塞[3]。漢代居延地區的塞防分屬於張掖郡肩水、居延兩都尉統轄。其中肩水都尉治所在今大灣古城（中瑞西北科學考察團編號 A35，下同），所轄範圍在查科爾帖（A27）向南至甘肅省金塔縣鼎新之間。居延都尉下轄三個候官：甲渠候官塞從察汗松治（A2）至 T21，候官治所在破城子（A8）；卅井候官塞自布肯托尼（A22）至博羅松治（P9），候官治所在博羅松治；殄北候官塞位於居延都尉防區的最北端，從宗間阿瑪（A1）至 T29，候官

---

①　《漢書・地理志》，中華書局，1976 年版。

②　孫機：《漢代物質文化資料圖說》，文物出版社，1990 年版。

③　同上。

治所在宗間阿瑪（圖一）。每個候官下各領有幾十個烽燧不等。在甲渠候官下轄的烽燧中，若干個烽燧組成一個"部"，是介於"候"與"燧"之間的建制。部設候長，烽燧設燧長，各司候望之職。殄北塞以南、甲渠塞以東、卅井塞以北和居延澤以西的地區，爲漢代居延縣（K710）和居延都尉府（K688）所在，也是當時主要的屯田區①。

一　居延漢代烽燧考古簡述

居延地區漢代亭燧障塞遺址的考古工作，開始於上個世紀二三十年代。1927 年至1933 年，瑞典人斯文·赫定曾率中瑞西北科學考察團調查過居延遺址。其中於 1930年，考察團成員、瑞典人貝格曼在居延地區發現了眾多的亭燧障塞，並對一些障塞進行了發掘，出土的上萬枚漢簡現存於臺灣。同時他還發現了認爲是文明史上最早的紙，以及第一支完整的毛筆②。

新中國成立後，甘肅省文物考古研究所在額濟納旗劃歸甘肅建制時，於 1972 年至1976 年對居延地區的漢代塞防遺迹進行了調查③，發掘了"甲渠候官（A8）"、"肩水金關（A32）"和甲渠塞"第四燧（P1）"。甲渠候官治所破城子因出土了近兩萬枚漢簡而揚名中外④。中國社會科學院考古研究所也於 20 世紀 80 年代初調查了居延遺址，獲得了兩百余枚漢簡⑤。

對居延遺址全面的調查測繪、試掘清理和規劃保護集中於 1998 年至 2002 年的五年間。這期間，內蒙古自治區文物考古研究所匯同阿拉善盟博物館和額濟納旗文物管理所組成的聯合考古隊，先後六次進入居延地區開展考古工作。聯合考古隊在全面復查和測繪的基礎上，爲配合地方公路改線，先後搶救發掘了甲渠塞"第十六燧（T9）"、"第七燧（T14）"、 "第九燧（T13）"、 "第十四燧（T10）"和卅井塞的察干川吉烽燧（T116），清理了甲渠塞部分烽燧東側的灰土堆，出土了一批漢簡和其他漢代遺物⑥。

二　居延漢代烽燧的形制與佈列

烽燧，又稱亭燧，以候望舉烽報警而得名，是邊塞防線上的最小建制單位。目前，

---

①　《中國大百科全書·考古學》，中國大百科全書出版社，1992 年版。

②　沃爾克·貝格曼：《考古探險手記》，新疆人民出版社，2000 年版。

③　甘肅省文物工作隊：《額濟納河下游漢代烽隧遺址調查報告》，《漢簡研究文集》，甘肅人民出版社，1984年版。

④　甘肅居延考古隊：《居延漢代遺址的發掘和新出土的簡冊文物》，《文物》1978 年 1 期。

⑤　出土漢簡現藏中國社會科學院考古研究所。

⑥　魏堅：《額濟納旗漢代居延遺址調查與發掘述要》，《額濟納漢簡》，廣西師範大學出版社，2005 年版。

在居延地區發現的漢代烽燧有近百座，相關的漢代遺址還有古城兩座、障城八座。這些烽燧和障城，因據分佈地域和地形地貌的不同而採取不同的構築和排列方式，大致可以分爲以下三類：

第一類　平地疊砌式。障城和烽燧均直接在平地上以土坯分層橫豎相間，逐層疊砌，向上漸收，每隔 3 至 6 層夾一層芨芨草、蘆葦或紅柳，外觀呈覆斗狀，現存高度多在 3 至 5 米之間。

這類障城和烽燧多位於地勢平坦、視野開闊的河岸和戈壁地帶。地處伊肯河西岸的甲渠候官（破城子）及所領烽燧即屬此類。此列烽燧沿河岸東北－西南向"一"字形佈列，烽燧之間一般相距近 1.3 公里（約合漢里三里），烽火臺建在烽燧的東北角，與烽燧連爲一體，烽燧周圍建有長方形的塢牆。建築規格整齊劃一，排列有序。伊肯河東岸保存基本完好的紅城障（F84）亦屬此類。

第二類　夯土包砌式。先在地表以黃土夯築起較高的夯土臺基，一般高在 3 至 5 米之間，障城或烽燧建於臺基之上。臺基外側以土坯橫豎錯縫包砌，向上漸收，與上端牆體平齊，隔幾層土坯夾一層芨芨草、蘆葦或紅柳，保存高度多在 5 至 8 米之間。

這類障城和烽燧多位於土層較厚、地形高低起伏、周圍佈滿連續的紅柳沙包的風蝕地帶。地處甲渠塞南北兩端的肩水都尉所轄廣地候官（小方城，A24）和殄北候官（宗間阿瑪，A1）及其各自左近的烽燧屬於此類。小方城位於額濟納河東岸的河灘地帶，地勢較爲低窪，河岸東南側即是起伏的丘陵。宗間阿瑪周圍則是沙丘廣佈，河渠縱橫，在夯土臺基周圍還挖有人工環壕，並與南側水渠相通，可見環壕兼有防護功能。

第三類　臺地分築式。利用戈壁沙原上突起的孤立疊層砂岩小山包，一般高 20 米左右，在山頂高處以土坯疊砌梯形烽火臺（有的烽火臺周圍還建有簡單的房屋），在山包偏下的平坦向陽處，一般建有較爲完整的院落，即是將烽火臺和生活區分開修築。

這類障城和烽燧多建在廣袤的鹽鹼灘和風蝕的沙原之中，周圍的視野較爲開闊，烽燧間距往往因取決於地形條件而不等。位於居延澤南端的卅井候官（博羅松治，P9）及其西北端的察干川吉烽燧（T116）應屬此類。博羅松治位於居延都尉防線的最東端，因其地處古居延澤的南側，故周圍均爲鹽澤荒漠及間或突立的紅砂岩風蝕臺地。所在臺地東西長約 100 米，南北寬約 60 米，高約 20 米。察干川吉位於博羅松治西北約 13 公里處，亦是建於一座高於周圍沙原戈壁約 15 米的平頂山體之上，梯形烽火臺靠近山溝處以石塊疊砌邊緣，以爲加固。

在對居延遺址的調查和發掘中，在烽燧的周圍還發現有一些配套的塞防設施，例如天田、積薪、虎落等。額濟納旗境內發現的天田有兩段，分別位於甲渠塞的西側和卅井塞的南側。天田一般寬約 9 米餘（約合漢尺四丈），距離烽燧 10 餘米至 50 餘米不等。在甲渠塞第九燧的發掘中，出土了記載其燧"葆天田四里百五十步"的木牌[1]，印證了烽燧戍卒"以沙佈其表，且視其迹以知匈奴來入"[2]，專司候望之職的戍守實態。

三　居延漢代烽燧的結構與功能

現以經過發掘的甲渠塞第十六燧爲例，對居延漢代烽燧的結構作一簡要地介紹，並在此基礎上對烽燧結構所具有的功能進行初步的探討。

（一）烽燧結構

甲渠塞第十六燧位於額濟納旗所在地達來庫布鎮西南約 6 公里處的伊肯河西岸的戈壁上。地理座標爲東經 101°00′08″，北緯 41°53′58″。其西面爲納林河，兩條河的岸邊均生長有茂密的胡楊林，烽燧周圍的戈壁上亦有稀疏的紅柳叢和乾枯的梭梭。

該烽燧因風沙填埋剝蝕，外觀已呈渾圓的土丘狀，僅在東北側可見土坯、芨芨草和木質門框外露。1999 年 10 月，聯合考古隊對這座烽燧進行了發掘。

烽燧的平面呈長方形，東西長 14 米，南北寬 11 米。在烽燧的東北角向北延伸出烽火臺，東西長 4.5 米，南北寬 3 米，方向 355 度。烽燧的建築結構由外牆、過道、房屋、臺階和烽火臺等組成（圖二）。

烽燧均以長 37、寬 17、厚 12 釐米的土坯壘砌。外牆爲豎放疊砌，逐層臺階式收分，每層收分 12 至 15 釐米至頂部，頂部土坯橫砌作房屋外牆，土坯間以 3 至 5 釐米厚的膠泥坐漿。北牆與西牆底部寬 1.4 米，南牆寬 2.5 米，東牆寬 2 米，牆頂部均寬 0.4 米。烽火臺凸出部分牆底寬約 1.1 米，中間填土至頂部。東牆保存高度 2.2 米，南牆保存高度 2.1 米，西牆保存高度 1.2 米，北牆保存高度在 2 米左右。

烽燧的門道位於東牆的中部，寬 60 釐米，進深 75 釐米，現存高度 50 餘釐米。門道外原應有一小型房屋，已遭破壞，僅存西北角牆壁和粉刷的白粉。在門道外側出土木制轉射兩件。

門道內向西爲門廳，東西長 5.2 米，南北寬 1.4 米，殘高 0.7 至 2 米。門廳北側緊靠烽火臺是通往烽火臺頂的臺階，以土坯壘砌，寬約 75 釐米，共 7 級，略有損壞，高度和寬度各不相同。在一、二級臺階距地面上方 0.9 米處，是一長 2.4 米，寬 0.75 米，高 1.35 米的"通道"，與烽火臺相連，"通道"口留有木制的門框，其內壁燒成磚紅色，裏側積有較厚的木炭和灰土。在殘高約 2.3 米的烽火臺頂部，遺留有紅燒土和粗大

---

① 魏堅主編：《額濟納漢簡》二六〇頁，廣西師範大學出版社，2005 年版。
② 《漢書·晁錯傳》顏師古注引蘇林語，中華書局，1976 年版。

的木柱，在臺頂四角有四根直徑約 18 釐米的木樁，已殘斷。在門廳填土內，出土有少量漢簡和鐵器、陶片等。在門廳東北角的臺階底部，堆放有大量的蘆葦、茇茇草和牛馬糞。門廳的牆壁經 7 至 8 次抹草拌泥，每層厚約 0.5 釐米，且每次均經粉刷。

門廳的南側和西端是兩組房屋建築。南側爲一條"通道"和三間串聯的房屋。其中，門廳南側東端的"通道"，南北長 4.5 米，寬 0.9 米，其南端伸入南壁的部分深 0.5 米，寬 1.5 米，殘高 1.2 米。"通道"牆壁多次用厚 0.5 釐米的草拌泥抹過，且每次抹過後均用白粉粉刷，最多處可見有 18 層之多。填土出土的漢簡中，有寫有"第十六燧長王普"字樣的簡，同時出土有一層蘆葦和直徑約 6 至 10 釐米的圓木 5 根。此"通道"裏側向西的門道曾被封堵過。

南側與"通道"相連的三間房屋，由東向西依次編號爲 F1、F2 和 F3。三間房屋的南壁即烽燧之南牆，頂部寬爲一土坯長度，約有 40 釐米，北壁厚約 50 釐米，保存高度在 2 米左右。三間房屋均有門道相通。

F1 由於西壁以單層土坯斜向壘砌，厚約 25 釐米，故平面呈北寬南窄的梯形，南北長 3.4 米，北端寬 2.9 米，南端寬 2.4 米。與東側"通道"相隔的土坯牆，厚約 1.5 米，其南側有一門道，寬 70 釐米；北壁偏東處有一門道及閘廳相通，寬 70 釐米，門道臺階高 30 釐米；西壁偏北處與 F2 相通的門道寬 50 釐米，臺階高 20 釐米；南壁偏西處，在壁上開挖一弧頂土龕，其內有燒烤痕迹，且有草木灰，龕高 1 米，寬 50 釐米，深 40 釐米。F1 居住面除北部門道處外，均以土坯採用兩豎一橫分三排平鋪而成，厚約 15 釐米。室內堆積爲灰白色沙土及屋頂塌落的蘆葦、茇茇草和大量的膠泥土等，底部有較多的木頭。居住面上出土有幾枚漢簡及少量陶器殘片。

F2 位於 F1 西側，西鄰 F3。由於東壁斜向壘砌，房屋呈南寬北窄的梯形，南北長 3.4 米，北端寬 2.55 米，南端寬 3.05 米。和 F3 相通的門道位於西壁南端，寬約 60 釐米，臺階高 20 釐米。東壁門道南側立有一根殘高約 70 釐米的木樁，應爲門框。F2 地面由草拌泥抹制而成，厚約 6 釐米，與牆壁之草拌泥相接。室內西北部居住面上有一方形灰坑，邊長 65 釐米，深 70 釐米，形制規整，填土爲灰黑色；在西南部居住面上，有一直徑約 16 釐米，高約 35 釐米的用圓木挖空的木桶埋於地下，其內裝有細末狀牲畜糞。室內東南角設有竈臺，平面呈扇形，向東延長 1.15 米，向南延長 80 釐米，高出地表 40 釐米。竈臺中部爲外寬內窄平面如梯形的火膛，與煙道相連，頂部蓋有石板。竈臺所在牆角處砌有一個四分之一圓柱體狀的煙道，上部封頂，煙火沿南壁向西進入 F3，再折向北，順 F3 西壁到西北角煙囪冒出，由此構成火牆。火牆是用蘆葦以三列麻繩編制成葦簾，兩面抹泥後，斜立於火牆底部的二層臺階上。臺階寬約 10 釐米，距地表高約 40 釐米，葦簾下端與臺階外側平齊，上端斜靠於牆壁之上，形成中部斜向空間，用於走煙取暖。葦簾高約 1 米，厚 5 釐米，外側抹泥加厚與牆壁成一斜向平面。室內堆積出土有漢簡、陶器殘片和木制構件等。

F3 位於 F2 西側，平面呈長方形，南北長3.4米，東西寬2米，東壁南端的門道與 F2 相通，門道兩側保存有安裝木門的痕迹。地面抹草拌泥，與牆壁之草拌泥相連，厚約5釐米。北壁存高約1.5米，東壁以單坯縱砌，厚約25釐米，南壁和西壁爲火牆。F3 室内出土有較多的直徑在5至8釐米、長約2米的圓木，同時出土的還有一些漢簡、木器構件和用草繩捆成柱狀的蘆葦草束等。

門廳西端的房屋分爲前後兩間，由東向西編號爲 F4 和 F5，分別與南側的 F2 和 F3 相對應。

F4 位於北側房屋的東部，東壁及門廳相連。由於 F4 東壁向西斜砌，故房屋平面北寬南窄略成梯形，北壁長3.6米，南壁長3.25米，南北長3.1米。門道位於東壁南端，寬60釐米，臺階高30釐米。門道南側轉角處，留有木制門樞。北壁即爲烽燧之北牆，現存高度約1.75米；東壁與西壁均是單坯橫砌，東壁高約2米，厚約40釐米；西壁與 F5 共用，高約1.65米，厚約40釐米；南壁則與南側房屋共用，單坯橫砌，厚約50釐米，高約1.5至2米。在南壁略偏西，距地面1.35米高度的壁中，安裝有一直徑10至12釐米的中部挖空的木管，其長度與壁厚相等。室内四壁及地面均抹有厚3至5釐米的草拌泥。F4 東北角建有扇形竈臺，半徑約1.5米，竈臺中部爲火膛，煙火通過煙道與北壁的火牆相連，穿過隔牆向西進入 F5，又南折到西南角由煙囱冒出，構造與南側的 F2 和 F3 完全相同。室内出土有漢簡、尖狀木棍、麻鞋、陶器殘片及大量的從屋頂塌落的蘆葦、芨芨草和圓木梁架等。

F5 位於 F4 西側，平面呈長方形，南北長3.1米，東西寬2.9米，門道位於東壁南部，寬65釐米，臺階高25釐米。門道裏側有一木制門樞。地面抹草拌泥與四壁相連，厚約3至4釐米。北壁和西壁爲火牆，頂部寬50釐米。在室内西壁下，發現一根長2.2米，直徑約15釐米的圓木。室内堆積中出土有漢簡、陶器殘片和較多的蘆葦、芨芨草等。

烽燧外圍修建有塢牆。據現場觀測，西側塢牆與烽燧西牆平齊，長30米，南牆長46米，北牆與烽火臺北牆平齊，長32米，東牆長44米。門址應在東牆的正中部。因風沙剝蝕，塢牆僅是隱約可見，構築方式不明。在東牆門址外北側，留有直徑約15米，高約50釐米的灰堆，亦做清理，出土少量殘損漢簡和日用器具。

（二）烽燧功能

烽燧作爲漢代塞防線上的最小建制單位，擔負著候望示警的職能，同時，也是塞防線上吏卒們居住生活的場所。因此，烽燧的結構按其功能的不同可以劃分爲值戍和生活兩個區域。

通過對烽燧牆壁多次塗抹草拌泥並粉刷，以及部分房屋的門道有封堵痕迹的觀察可以推知，甲渠塞第十六燧延續使用時間較長，因而對其結構和功能的探討，應具有一定的代表性。

1. 生活區域

甲渠塞第十六燧有房屋五間，其中四間設置有火牆，即 F2、F3、F4 和 F5。其中，在 F2 的東南角和 F4 的東北角建有竈臺。從烽燧結構來看，竈臺除用作生火取暖外，還應同時具有烹煮食物的用途，即 F2 和 F4 兼具廚房和居室的雙重功能。F2 和 F4 的室內堆積中出土有較多的陶器殘片，其中，在 F4 室內發現了陶釜的口沿殘片，而陶釜是漢代使用最爲普遍的炊器。在 F2 西北部的居住面上有一方形窖穴，形制規整，填土呈灰黑色，推測應爲貯藏食物的窖穴；同時在 F2 的西南部，即竈臺的正後方，有一裝有細末狀牲畜糞的木桶埋於地下。牲畜糞是居延地區常用的燃料之一，木桶內的牲畜糞應該是供給竈臺使用的燃料。F2 貯藏食物的窖穴中雖然沒有發現糧食，但在察干川吉（T116）F1 室內的堆積中卻出土有較多的麥粒。由此還可以推測，小麥應該是兩漢時期居延屯田區的主要糧食作物之一。

不同於 F2 至 F5 的居住面抹草拌泥，F1 除北端靠近門道處因供行走出入而保留有原生地面外，均用土坯平鋪成一厚約 15 釐米的"炕"。F1 內雖沒有火牆，但在其南壁偏西處有一弧頂壁龕，內有燒烤痕迹和草木灰，可能專爲生火取暖而設置的壁龕。

據漢簡有關資料研究，一般情況下，凡烽燧有燧長 1 人，燧吏 1 至 3 人，燧卒 2 至 6 人，每燧一般不超過 10 人；又，漢代兵吏五人一戶竈，置一伯，稱戶伯，漢簡中亦稱"伍伯"[①]。甲渠塞第十六燧有竈 2 個，按 1 竈 5 人計算，各項均取最大值，即甲渠塞第十六燧應有燧長 1 人，燧吏 3 人，燧卒 6 人，共計 10 人。第十六燧有火牆的房屋四間，面積分別爲：F2，9.5 平方米；F3，6.8 平方米；F4，10.6 平方米；F5，9 平方米；無火牆的 F1 面積爲 9 平方米，但其鋪有土坯的面積僅 7 平方米左右。

首先確定燧長和燧吏居住的房屋。正常邏輯下，燧長應選擇暖和、安全和安靜的單人房屋居住，因此位於烽燧西南角的 F3 應具有最大的可能性。F3 距離烽火臺最遠，既有火牆又沒有竈，同時烽燧的南牆底寬 2.5 米，是四面牆中最爲厚實的。而 F5 作爲另一間有火牆且沒有竈的房屋，可能會作爲三個燧吏的居所。

其次來看燧卒的居住房屋。F2 和 F4 是兼有廚房和居住功能的居室，在 F2 和 F4 之間的隔牆上，距地面 1.35 米處安裝有一個貫穿牆壁的直徑約 10 釐米的中空木管，可能作爲通話孔使用，便於兩側的吏卒隨時聯絡。作爲 F3 和 F5 外間的 F2 和 F4，都可以各自容納 2 至 3 個人居住，很有可能都是燧卒的居住場所。

最後來分析 F1。F1 和燧卒居住的 F2 僅一門之隔，且 F1 的門道直對門廳，距離烽

① 程喜霖：《漢唐烽堠制度研究》，三秦出版社，1990 年版。

火臺最近。考慮到 F1 是不設火牆而只有壁竈、但相對獨立且距烽火臺最近的房屋，大抵可以這樣推測：F1 應當是需要夜晚輪流值戍的燧卒值班的房屋。

　　2. 值戍區域

　　（1）烽具存放場所

　　一般情況下，烽燧內還應設有供儲存烽具的房屋。根據以上的推論，甲渠塞第十六燧可以使用的區域就只有門廳南側東端南北長 4.5 米，東西寬 0.9 米的"通道"了。

　　"通道"較爲狹長，略呈曲尺形，與門廳和 F1 相通。其填土中出土有一層蘆葦和直徑在 6 至 10 釐米的圓木 5 根。對以上出土物可以解釋爲屋頂塌落所致，蘆葦和圓木的數量還不足以判定此區域爲存放烽具的場所。此區域裏側向西的門道曾被封堵，有可能在後期作爲居住場所使用過。

　　這一區域可能作爲存放烽具的場所，有以下兩點可以提供佐證。

　　首先，這一區域的牆壁多次用厚近 0.5 釐米的草拌泥抹過，且每次抹後均用白粉粉刷，最多處可見有 18 層，是整個第十六燧抹草拌泥層數最多的區域。定期在牆壁上塗抹草拌泥是漢代邊塞戍卒的勞作之一，漢簡上稱之爲"馬矢塗"。在牆壁上抹草拌泥是爲了防止地下水滲透而使牆面潮濕，影響室內濕度，進而加速牆體的鹽鹼化，而抹草拌泥，可以達到防潮的目的①。這一區域的使用時間應該不比其他房屋更長，但塗抹草拌泥的層數卻明顯多於其他房屋（門廳祇有 7 至 8 層），原因可能是這一區域更需要防潮。烽具作爲示警的必需品，大部分需要燃燒使用，如果烽具受潮，必然會影響到使用效果，甚至延誤軍情。

　　其次，從這一區域的結構看，其南端向南壁伸入的部分深 0.5 米，寬 1.5 米，殘高 1.2 米，形制類似於壁竈，便於存放物品。這一區域的北端和門廳相通，正對著通往烽火臺的臺階；西側經過一門道和 F1 相通。F1 經上文的推斷應是值戍燧卒的房屋，與 F1 相通便於燧卒在緊急時刻拿取烽具。綜上，這一區域有可能是存放烽具的場所。

　　（2）煙竈

　　甲渠塞第十六燧門廳北側緊靠烽火臺處是通往烽火臺頂的臺階，在臺階上方距地面 0.9 米處有一長 2.4 米、寬 0.75 米、高 1.35 米的"通道"，與烽火臺頂部相連。根據其內壁燒成磚紅色，裏側積有較厚的木炭和灰土可以推斷，此設施內部有過長期的燃燒過程，推測這一設置可能與煙竈有關。

　　漢代烽火信號有烽、表、煙、苣火和積薪五類。其中的施煙裝置由煙竈和冪板組成。漢簡"莫當燧守禦器簿"中（EJT37.1544）："烽火冪板一 煙造一"。"造"通"竈"，"冪"，蒙覆之意，冪板覆蓋煙囪口或開啓，以控制形成一煙、二煙的烽火信號，

---

① 陳菁：《兩漢時期河西地區烽燧亭障規劃營建芻議》，《甘肅社會科學》2006 年 2 期。

凡烽燧均配備煙竈、羃板一套。煙竈傍烽火臺而築，竈在臺下，煙囪出臺上堞牆二尺。漢簡 EPS4T2.56："墩上煙寶，突出坤坭二尺"。"煙寶"即煙囪，"坤坭"即堞牆。甘肅居延考古隊曾在甲渠塞第四燧烽火臺的西南角發現有竈，高 1.1 米，面積 0.7×0.6 平方米，圓形竈腔，竈連烽火臺壁，壁上挖寬 0.6、深 0.3 米的槽作煙囪，外敷草拌泥，沿烽火臺壁通向上方。此竈即爲煙竈，在竈腔內燃柴草、牛馬糞等，煙火藉煙囪施煙於烽火臺頂①。

2002 年，聯合考古隊在對卅井塞察干川吉烽燧的發掘中，也發現有類似煙竈的設施。察干川吉 F2 西北角有一向西突出的建築，東西長 2.5 米，裏側寬 0.8 米，外側寬 1.1 米，殘高 0.8 米，其內壁經長期燒烤呈紅褐色，堆積有較多的雜草和草木灰。此設施雖然與烽燧相距 2.5 米，但考慮到察干川吉建築於一座高約 15 米的平頂山體之上，煙竈的位置可能受到地形條件的影響而沒有貼近烽火臺。

甲渠塞第十六燧烽火臺的周圍沒有發現明確的煙竈遺迹，而最有可能作爲煙竈使用的應該就是臺階處的"通道"。"通道"外烽火臺的臺階底部堆放有大量的蘆葦、芨芨草和牛馬糞，應該是供給施煙的燃料。此"通道"較長，似乎比一般竈的形制略大，但觀察其西側土坯的壘砌方式，爲縱向排列，與其周圍原來橫向排列的土坯明顯不同，或許這一部分是後期改建的結果。如果除去外側可能加築的長約 1.8 米的這一部分，此"通道"裏側的長度約在 0.6 米左右，可能是適合作爲煙竈使用的。

四　結　語

近百年來，居延地區的考古工作在前後幾代考古工作者的不懈努力下已經取得了長足的進展。特別是 1998 年至 2002 年聯合考古隊的調查、測繪及發掘工作，使得居延漢代塞防設施的面貌逐漸趨於明瞭。

首先，通過對居延地區現存漢代亭燧障塞的考古調查與測繪，我們基本搞清楚了居延地區漢代城障，特別是烽燧的分佈規律及相互關係，並在此基礎上，進一步總結出坐落於不同地域的障城和烽燧，存在著根據地形條件的不同而採取平地壘砌、夯土包砌和臺地分砌等幾種不同的構築方式。

其次，通過對居延漢代烽燧遺址的發掘，我們瞭解到烽燧主要由烽火臺和居室兩部分組成，部分烽燧外圍建有塢牆，周圍還有天田等塞防設施。同時，烽燧內部的火牆、竈臺等遺迹和烽具、生活用品等遺物的發現和出土，爲進一步探討烽燧結構的功能提供了基礎材料。

---

① 程喜霖：《漢唐烽堠制度研究》，三秦出版社，1990 年版。

再次，居延漢代烽燧的結構分爲生活和值戍兩個部分。通過對火牆的設置、竈臺的功用、房屋的分配，以及烽具存放場所、煙竈的位置等的探討和推測，可以初步描繪出邊塞戍卒輪流值戍、施煙示警的生活場景，大致復原出邊塞將士們“斥候望烽燧不得臥，將吏被介胄而睡”[①] 的緊張、繁重、艱苦的生活狀態。

居延像一部卷帙浩繁的史書，封存於茫茫戈壁沙漠之中，保存著最爲詳實而生動的歷史事實，等待我們進一步地發掘與研究。

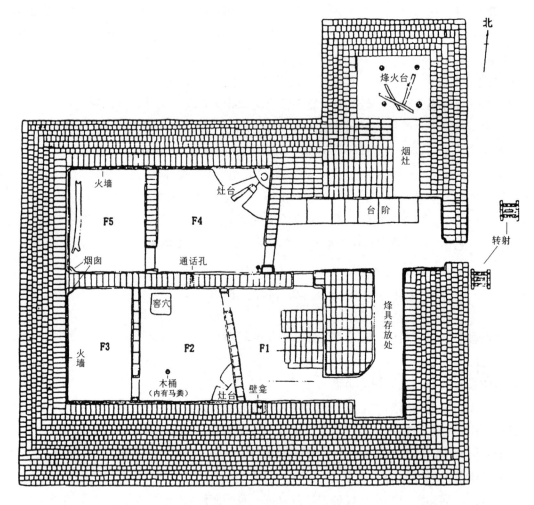

图一　居延甲渠塞第十六燧平面图

---

① 《漢書·賈誼傳》，中華書局，1976 年版。

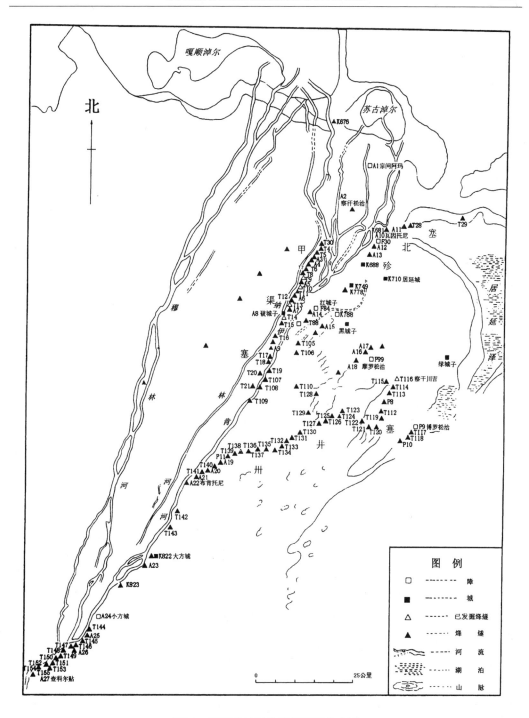

图二　居延遗址汉代亭燧障塞分布图

額濟納漢簡訂誤

謝桂華

例一：五月丙子士吏猛對府還受……●有所驗□□□
　　　府五官張掾召第十候史程並記到便道馳詣府會丁丑旦毋得以它爲解
　　　　　　　　　　　　　　　　　99ES16ST1：11A（○七八頁）
　　　第十候史程並①行者走　　　　99ES16ST1：11B（○七九頁）

　　按："還受"後面的"……"，係整理者衍釋，應予刪除。A面屬於兩行，内容是有關召見第十部候史程並對府的記。第一行"還受"之後留白，改爲另起一行擡頭頂格書寫，以示對都尉府或郡太守府的尊敬。又"●有所驗□□□"，應改作"●有所驗……"，是第十部候史程並收到士吏猛帶回府五官張掾的記後所做的記録，以備日後考課，本應接排在"毋得以它爲解"之後，但因左側已經寫滿，祇好抄寫在右側，並在這段文字之前加"●"隔開，以示與正文區别。故此簡釋文應讀作："五月丙子，士吏猛對府。還受府五官張掾召第十候史程並，記到，便馳道詣府，會丁丑旦，毋得以它爲解。●有所驗……"

例二：☑東方　　東☑　99ES16ST1：24A（○八七頁）
　　　☑候望不得☑　99ES16ST1：24B（○八七頁）

　　按：細看圖版，99ES16ST1：24B及放大圖："☑候望不得☑"，與99ES16ST1：24A不僅簡牘材質、形制不合，且内容和書體亦不相類，其圖版和釋文，又與一七二頁的2000ES7SF1：105A重復，當更換作釋文爲"☑下土種良☑"的圖版，它和A面："☑東方東☑"均屬術數簡。

例三：關都里張齊十三畝　　已得荽錢三百六十　　●
　　　今糴粟小石六石直三百六十　　丙申入　　丙申自取

---

① 按："並"字《額簡》中作"竝"。

99ES16SF2：1（〇九三頁）

　　按：此簡係關都里張齊糶（賣出）粟換錢繳納荍錢的帳簿。"張齊"與"十三畝"之間，漏釋了一個"田"字。

　　從圖版來看，其中第一欄兩行和第二欄第一行簡文："關都里張齊田十三畝，今糶粟小石六石，直（值）三百六十，已得荍錢三百六十。"均用工整的隸體書寫，疑為預先寫好。而"已得荍錢三百六十"後面的點驗符號"●"，和第二欄第二行"丙申入"，以及第三欄左下側"丙申自取"，均係張齊於丙申日領取糴（糶）粟小石六石的現錢，繳清應繳納的荍錢後，由經手的吏員記載下來的。〇九四頁的99ES16SF2：3："安樂里郭遂成，口一，田一頃八十七畝，入糴粟小石廿六石直千五，癸巳入，已得☒，已得☒，已得☒。"不僅與此簡同出土於第十六隧，且簡牘材質、形制、文書內容、格式、筆迹，均完全相類，當屬於同一件帳簿。據99ES16SF2：1"今糶粟小石六石，直（值）三百六十"，折合賣出粟小石每石值錢六十，99ES16SF2：3"入糴粟小石廿六石，直（值）千五"之後可補作"［百六十］"。

　　"丙申自取"之"取"，非是。"取"寫作"耶"，"耳"疑為"取"的左偏旁，"乛"為右邊旁，讀作"予"字或為符號"乛"，"耶"當為"取"字和"予"字（或為符號"乛"）的合文。

　　王俊梅博士據99ES16SF2：3"入糴粟小石廿六石直千五"的文例，指出99ES16SF2：1"今糶粟小石六石直（值）三百六十"，其"今"字應改釋作"入"，甚是。

例四：☒蒼頡作書以教後嗣幼子承詔☒

　　　　　　　　　2000ES7SF1：123　　　2000ES7SF1：124（一七四頁）

　　按：此簡原由兩枚斷簡綴合而成，其裂痕圖版上可以看出，在"教"字與"後"字之間，但一七四頁此簡的放大圖，漏記2000ES7SF1：123這枚斷簡的簡號，應當補記。

例五：▨望塢上（上端有孔）　2000ES7S：2A（一八四頁）

　　　　▨望一斗（上端有孔）　2000ES7S：2B（一八四頁）

　　按：B面"望一斗"之"望"，係"封土"兩字的誤釋，屬於形近而誤。

例六：　十一月壬戌張掖太守融守部司馬橫行長史事守部司馬焉行丞事下部都尉

　　承＝書從事下當用者

　　書到明白大扁書鄉亭市里門外謁舍顯見處令百姓盡知之如詔書＝到言

　　　　　　　　　　　　　　　2000ES7S：4A（一八七頁）

　　十七

2000ES7S：4B（一八七頁）

按：此簡 A 面當讀作"十一月壬戌，張掖太守融、守部司馬橫行長史事、守部司馬焉行丞事下部都尉承書從事下當用者。書到，明白大扁書鄉亭里門外謁舍顯見處，令百姓盡知之，如詔書，書到言。"乃詔書行下之文。張掖太守融，即張掖郡太守竇融，由郡太守和兩位主要佐貳官等三人共同署名往下下達，可以想見詔書的重要性。

B 面"十七"為詔書行下之文的編號。"十七"乃合文"七十"的誤釋。《額簡》99ES16ST1：14A"☑父母，爲天下至。定號爲新，普天莫匪新土，索＜率＞土之賓，[莫]匪新臣。明☑"，99ES16ST1：14B"☑十四　七十五"。2000ES7SF1：2A"坙焉介山木槐毋人單可以為犪梗耳故子推徒梗鬼食不肯與人食"，2000ES7SF1：2B"七十二"。2000ES9SF3：2A"始建國三年三月癸亥朔壬戌，第十隧長育敢言之。謹移卒不任候望名籍一編敢言之"，2000ES9SF3：2B"六十七"。雖然其中 A 面的文書，或為詔書行下之文，或為詔書本文，或為上行文書，內容不盡相同，但 B 面的文書編號，均與此簡相類。這裏附帶指出，2000ES9SF3：2A 在《額濟納漢簡》二〇九頁中誤作"2000ES9SF3：2（上）"，應予訂正。其放大圖簡號相應需改作"2000ES9SF3：2（A）放大圖（上）"和"2000ES9SF3：2（A）放大圖（下）"。"2000ES9SF3：2（下）"需改作"2000ES9SF3：2（B）"。

例七：☑隧

　　☑□　　　　　　　　　　　2000ES7S：19（一九四頁）

按：此簡屬於殘楬，現圖版豎置，當改為橫排。"☑隧"，似可補釋作"☑七隧"。"☑"下之"□"，可補釋作"一完"。"七隧"與"一完"之間，尚有一豎綫作為界隔，《額簡》2000ES9SF3：12"第九隧，瓦箕二"，2000ES9SF3：8"⊠第九隧承索七丈，元延元年十二月所作治（上端有孔且繫有麻繩）"，2000ES9SF3：14"⊠第九隧槃弩白繩卅二完（上端有孔，存繫繩）"等，均與此簡相類。

例八：☑……有意移一時府令所常承用書到明白扁書

　　☑……毋狀者行法如詔條律令　　　　2000ES9SF4：20A（二五〇頁）

按：此簡屬於兩行，上半段簡文已經缺佚，據殘留筆迹和文例，"毋狀"之上似可補釋"有意"兩字，讀作"☑……有意毋狀者，行法如詔條律令。"《新簡》E. P. T6：59"趣作治，會月十三日，課有意毋狀者，如律令。"其文例與此簡相類。

例九：隧給□墼廿石致官載居延鹽廿石致吞遠隧倉☑2000ES9SF4：21（二五一頁）

按："□"，筆畫殘存甚少，但據同簡文例，似可補作"載"，簡文讀作"隧給載墼廿石致官，載居延鹽廿石致吞遠隧倉☑。"《額簡》2000ES9SF4：42 "載墭廿石"，與此簡文例亦相類。"墭"，《說文·土部》："堊，白涂也。從土，亞聲。"段注："以白物涂白之也。《周禮》曰：其桃則守祧幽堊之。注云，幽讀為黝，黝，黑也。堊，白也。《爾雅》曰：地謂之黝。牆謂之堊。郭云，黑飾地，白飾牆也。《釋名》曰：堊，亞也。亞，次也。先泥之，次以白灰飾之也。按謂涂白為堊。因謂白土為堊，古用蜃灰。《周禮》：共白盛之蜃。注云，謂飾牆使白之蜃也，今東萊用蛤，謂之叉灰云。"可見，墭作為名詞即為白土，乃亭隧之常設物品之一，《額簡》99ES17SH1：10 "第廿隧長徐彊，墭少八石如故☑"即是其證。

例十：☑勤作用禮舉錯時義興敬讓疾虛僞考績紅☑

　　☑自言功勞者與計偕吏千石以下及比者自☑　　　2000ES9SF4：1－23A（二五三頁）

　　按：此簡屬於兩行，上、下簡文均已殘佚。從殘存簡文來看，疑為詔書殘簡。郚文玲博士指出第一行前兩句 "勤作用禮，舉錯時義"，當改釋作 "動作由禮，舉錯由義"，並舉出《列女傳》卷二《賢明傳·周宣姜后》："周宣姜后者，齊侯之女也。賢而有德，事非禮不言，行非禮不動。……頌云：嘉茲姜后，厥德孔賢。由禮動作，匹配周宣。……"為證，雖尚難成定論，或可暫備一說。

　　這裏附帶指出，此簡和放大圖簡號均應將 "2000ES9SF4：1－23A" 改作 "2000ES9SF4：23A"。又同頁之 "2000ES9SF4：24"，第二行之簡文 "☑□安＝大化成令曰☑"，應改作 "☑□＝安大化成令曰☑"。

例十一：●即畫見匈奴入田□☑　　　　　2000ES9S：9（二六五頁）

　　按："畫" 是 "畫" 字的誤排。所謂 "匈奴入田" 之 "田"，是指葆塞的 "天田"，如《額簡》2000ES9SF4：47 "□北去第八隧北界：●南去其隧一里百五十步，●南去其隧一里百五十步，●北去第九隧一里百五十步，●葆天田四里百五十步。（上端左右兩角各有一孔，上下左設黑邊綫，行間設朱砂欄。）"按：從圖版來看，"左右兩角各有一孔" 應在其下端，"上端" 是 "下端" 的誤排。它是一塊大體方正的木板，已經頗為破舊，除了下端左右各有一孔外，其他部位也還有洞，或者破爛。木板上面所記載的內容，當為居延新簡曾經見到過的 "亭閒道里簿"，如《新簡》E. P. S4. T2：159 "☑亭閒道里簿　☑，☑去第四隧九百奇百一十七步☑，☑去河二百卅步　☑，☑廣二百二步　☑" 即是其證。饒有興趣的是，《額簡》99ES17SH1：12 "☑葆塞天田延袤三里七十□，用枰柱五百一十七枚，用絞千七百五十二丈。"按："延袤"，南北長曰袤。延袤即連綿，伸展之意。《史記》卷八十八《蒙恬列傳》："秦已並天下，乃使蒙恬將三十萬眾北逐戎狄，收河南。築長城，因地形，用制險塞，起臨洮，至遼東，延袤萬餘里。”此簡對葆塞天田的長度和所需柃柱的數量，以及絞繩的長度，都有具體的規定，在居延漢簡中尚屬首見。

值得特別注意的是，如果僅從文書內容和文例來看，這枚斷簡和下列幾枚整簡或斷簡均有密切的關係。如：

簡1：●吏卒謹候望即見匈奴人起居如薰火品約　　　2000ES9SF3：1（上）（二〇八頁）

按：此簡中的“人”，乃是“入”的誤釋。應當讀作：“●吏卒謹候望，即見匈奴入起居如薰火品約。”似為該薰火品約的標題簡。

簡2：●匈奴人即持兵刃功亭吏拔劍助卒閉戶重關下戊　　　2000ES9SF3：3（上）（二一〇頁）

按：此簡中的“人”，亦是“入”的誤釋。應當讀作：“匈奴入，即持兵刃功〈攻〉亭，吏拔劍助卒閉戶，重關下戊。”同書二六八頁之《額簡》2000ES9S：18：“☑卒閉戶，重關下戊☑楪椎☑☑”，亦與此相類。“☑楪”疑可補作“接楪”。“接楪”和長椎或木椎，均為亭隧的守御器，參見《合校》506.1（《圖》八一）即大灣（A35）出土的《守御器簿》和居延新簡中於肩水金關出土的“莫當隧守御器簿”（《新簡》EJ37.1537－1558）。

簡3：●匈奴人即至塢下用縛☑　　　2000ES9S：10（二六七頁）

簡4：●☑以槀矢射之☑　2000ES9S：11（二六七頁）

按：簡3和簡4這兩枚斷簡，雖因裂痕有缺佚而不能完全吻合，但疑仍應綴合。“人”亦是“入”的誤釋，應當讀作：“●匈奴入，即至塢下，用縛☑，☑以槀矢射之☑。”

簡5：●殄北塞外☑　　　2000ES9S：17（二六八頁）

簡6：鄣候察便御塢上苣火見火候以下亟以檄言府以時逐督以急疾爲故☑

2000ES9S：1（上）（二六一頁）

按：同書二六九頁之《額簡》2000ES9S：23：“☑☑逐☑☑止，毋舉火表，檄言府。馬☑”，文意與此相類。

此外，同書二六八頁之《額簡》2000ES9S：14：“☑☑☑三日復舉苣火二通不……殄北隧謹察，皆以騎發候☑”，2000ES9S：15：“毋令得逐亡”，2000ES9S：16：“■右遣候☑”，二七〇頁之《額簡》2000ES9S：24：“☑☑☑☑☑上墝望寇，舉薰如品約”，以及《額簡》2000ES9S：22A：“☑☑何時起之一，當日中、餔時，乃第九隧☑☑☑”，2000ES9S：22B：“☑……別……☑”（按：這是一枚殘觚，“之一”是“卅一”的誤釋。）等，其文意亦與上述諸簡相類。

眾所周知，目前我們所能見到的西北邊塞最完整的一件薰火品約，就是由破城子第十六號房屋出土，共有十七枚簡組成的"塞上薰火品約"：

- ●匈人奴〈奴人〉晝入殄北塞，舉二薰，□煩薰一，燔一積薪；夜入，燔一積薪，舉燧上離合苣火，毋絕至明。甲渠、三十井塞上和如品。
- ●匈人奴〈奴人〉晝［入］甲渠河北塞，舉二薰，燔一積薪；夜入，燔一積薪，舉堠上二苣火，毋絕至明。殄北、三十井塞和如品。
- ●匈奴人晝入甲渠河南道上塞，舉二薰、塢上大表一，燔一積薪；夜入，燔一積薪，舉堠上二苣火，毋絕至明。殄北、三十井塞上和如品。
- ●匈奴人晝入三十井降虜隧以東，舉一薰，燔一積薪；夜入，燔一積薪，舉堠上一苣火，毋絕至明。甲渠、殄北塞上和如品。
- ●匈奴人晝入三十井候遠隧以東，舉一薰，燔一積薪，堠上煙一；夜入，燔一積薪，舉，堠上一苣火，毋絕至明。甲渠、殄北塞上和如品。
- ●匈奴人渡三十井縣索關門外道上隧天田失亡，舉一薰、塢上大表一，燔二積薪；不失亡，毋燔薪，它如約。
- ●匈奴人入三十井誠勢北隧縣索關以內，舉薰燔薪如故；三十井縣索關誠勢隧以南舉薰如故，毋燔薪。
- ●匈奴人入殄北塞，舉三薰；後復入甲渠部，累舉旁河薰；後復入三十井以內，部累舉堠上直上薰。
- ●匈奴人入塞，守亭鄣，不得下燔薪者，旁亭為舉薰燔薪，以次和如品。
- ●塞上亭隧見匈奴人在塞外，各舉部薰如品，毋燔薪；其誤，亟下薰滅火，候、尉、吏以檄馳言府。
- ●夜即聞匈奴人及馬聲，若日且入時見匈奴人在塞外，各舉部薰，次亭晦不和；夜入，舉一苣火，毋絕盡日，夜滅火。
- ●匈奴人入塞，候、尉、吏亟以檄言匈奴人入薰火傳都尉府，毋絕如品。
- ●匈奴人入塞，承塞中亭隧舉薰燔薪□□□□薰火品約；官□□□舉□□薰，毋燔薪。
- ●匈奴人即入塞，千騎以上，舉薰，燔二積薪；其攻亭鄣塢壁田舍，舉薰，燔二積薪。和如品。
- ●縣田官吏令、長、丞、尉見薰火起，亟令吏民□□□誠勢北隧部界中民田畜牧者□□……為令。
- ●匈奴人入塞，天大風，風及降雨不具薰火者亟傳檄告，人走馬馳，以急疾為故。①

---

① 按：查對《新簡》作"以急疾為□"，先生文中補缺字為"故"，似是據文例補出。

●右塞上蓬火品約。

以上是居延都尉殄北、甲渠，三十井三塞臨敵報警、燔舉蓬火的品約。該品約規定了在匈奴人攻入的不同部位、人數、時間、意圖、變動以及天氣異常等各種情況下，各塞燧燔舉蓬火的類別、數量、如何傳遞應和，以及發生失誤，如何糾正。

而這次《額簡》中從第九隧中新出的蓬火品約，雖然遠不如上述塞上蓬火品約完整，且級別亦低，前者是三塞聯防，屬於都尉府或候官一級，後者當屬於部或隧一級，兩者正好互相印證和補充，構成一個完整的蓬火品約體系。饒有興趣的是，其中從第九隧中新出土的，除了蓬火品約外，還對匈奴人攻入亭隧的各個部位，諸如天田、塢下和用兵攻亭等等，如何和敵人戰鬥，都有具體規定，這在居延漢簡中尚屬首見，亦可填補載籍的空白。

例十二：范卿坐前善毋恙頃久不相見舍中☒　　　　2000ES14SF2：2B（二七四頁）

　　按：此簡屬於書信，據殘留筆跡和文例，於"范卿坐前"右側似可補一行："孫 建 叩頭白"，當讀作"孫 建 叩頭白：范卿坐前，善毋恙。頃久不相見，舍中☒。"又同書二七三頁之《額簡》2000ES14SF2：2A："孫匡叩頭白　胡延叩頭白　再拜白☒……"，其"孫匡"之"匡"，亦應改釋作"建"。

例十三：

□□□一領

韋單綺一兩

第十一隧戍卒宜新里夆和　　章單衣一領　　　　2002ES11SH1：1（二七八頁）

□□個一領

　　按："□□個一領"疑當改釋作"□履一兩"。此簡屬於戍卒衣物名籍，依次記載戍卒的單位、籍貫、姓名和衣物的名稱、數量。《合校》303.34（《圖》二七）："田卒淮陽郡長平平里公士李行年廿九：襲一領，綺一兩，犬絑一兩，私絑一兩，自取。"《合校》303.47（《圖》二七）："田卒昌邑國邠成里公士□叩之年廿四：袍一領，單衣一領，枲履一兩，綺一兩，卩。"均與此簡相類。

例十四：☒第十二隧□□月□□☒　　　2000ES12SH1：1（二七八頁）

　　按："隧"下第一個"□"，疑可補釋作"迹"，同書二四八頁《額簡》2000ES9SF4：18B："正月廿日迹至二月廿四□□□，掾譚、令史☒"，其"迹"字亦如此作。

附記：

2005 年 9 月 25 日，中國人民大學國學院 "額濟納漢簡" 讀書班開班。時任國學院特聘教授的謝桂華先生，先就百年簡帛研究歷程作一提綱挈領式的介紹，內容主要涉及簡帛研究的意義及研究方法等；接着，先生又公開發表《〈額濟納漢簡〉訂誤》一文——係《額濟納漢簡》一書的最早校釋性文字。先生不惜以今日之我攻昨日之我，對自己參與整理的《額簡》重作校正，舉出有誤或可商榷的釋文十多例。文章圍繞《額簡》釋文展開，或訂正訛誤，或進行斷句，或闡明新意，言之成理，可信可從。正因為此，文章內容之主體均被讀書班採納，詳見《額濟納漢簡釋文校正》文。隨着《額濟納漢簡》讀書活動的深入進行，先生文也部分吸取讀書班的成果，故在原稿的基礎上又有所修訂。後來，先生身體每況愈下，參加讀書班也愈少。2006 年 6 月 12 日凌晨，先生因病不治逝世，享年六十八歲。是文以先生修訂之手稿復印件為據，盡可能保存先生文章之原貌，存疑處則在腳注按語中加以說明。謹以此紀念簡帛學專家謝桂華先生。

（張忠煒整理）

額簡釋讀獻疑二則

趙寵亮

一 "莫敢義當" 當讀作 "莫敢我當"

新近公佈的《額濟納漢簡》中有這樣一支簡：

·欲急行出邑，禹步三，唬"皋"，祝曰："土五光，今日利以行，行毋死。已辟除道，莫敢義當，獄史、壯者皆道道旁。"　　　　　　　　　　2002ESCSF1：2

根據其內容，判斷此簡當為一數術簡。其大意是因急事需出行，為辟邪，而進行的一組表演。但簡文中的"莫敢義當"中的"義"字則頗難解。從圖版上看，此字略微不清楚，但釋為"義"字，問題似乎不是很大。聯繫整支簡的內容，我們認為這裏的"義"當讀作"我"，即義、我在此通假。

按：我、義，上古音相同，均為疑母歌部①，故可通假。我，《說文》："施身自謂也。"朱駿聲《說文通訓定聲·隨部第十·我條》說："我"可假借為"義"。義，《說文》："己之威義也。"王筠《釋例》："義下當云'我亦聲'。"《說文通訓定聲·隨部第十·我條》："從我羊。……按字從祥省，與善同意。我聲。"文獻中多見以"我"、"義"為聲符的字通假互用，如蛾與蟻、峨與巇通假等②。

又《漢書·王莽傳中》所注剛卯印之銘文"庶役剛癉，莫我敢當"，《續漢書·輿服志下》中"庶疫剛癉，莫我敢當"，而居延漢簡中則寫作"庶役岡單，莫我敢當"，③三者雖有文字差異，但"莫我敢當"則是一致的，所以這裏的"莫敢義當"讀為"莫

---

① 參見董作賓《上古音手冊》，江蘇人民出版社，1982年版，第136、155頁；郭錫良：《漢字古音手冊》，北京大學出版社，1986年版，第27、66頁。

② 實際上這種通假是很複雜和靈活的，如義、儀、議三字間的相互通假，義、我與峩（峨）通假，儀、議與俄通假等等。古人用字時，一般情況下，祇是注重音的相同或相似，而對字義則是不太看重的。參見高亨《古字通假會典》，齊魯書社，1989年版，第657~658頁。

③ 謝桂華、李均明、朱國炤：《居延漢簡釋文合校》下冊，文物出版社，1987年版，第565、645頁。

敢我當"是合適的①。

義、我通假，在考古發現中也有反映。如郭店楚簡《唐虞之道》:我（義）而未态（仁）也。《語叢（一）》:怠（仁）生於人，我（義）生於道。《語叢（三）》:不我（義）而瓹（加）者（諸）已，弗受也。同篇:亡（毋）意（意），亡（毋）古（固），亡（毋）義（我），亡（毋）必。這裏的我、義即互為通假使用。又郭店楚簡的義字又寫作悲或誉，皆與"我"有關，我、義皆為歌部疑紐，疑母雙聲，歌部疊韻，屬雙聲疊韻通假，故可以互通。

綜上所述，我、義古音相同，使用時多有通用假借現象。有學者認為:董仲舒說"義者，謂宜在我者。宜在我者，而後可以稱義。故言義者，合我與宜以為一言。以此操之，義之為言我也"（《春秋繁露·仁義法》）的解釋"實合乎義之古意"②。如此，額簡所見"莫敢義當"，則應確為"莫敢我當"。

二 "單手"應釋為"單乎"讀作"單于"

額簡中有疑為原屬於同一簡冊的12枚簡，其中兩簡內容如下:

校尉苞□□度遠郡益壽塞，徵召餘十三人當為單手〈于〉者。苞上書謹□□為單手〈于〉者十三人，其一人葆塞，稽　　朝候威妻子家屬及與同郡虞智之將，業

2000ES9SF4:10

者之罪惡，深臧發之。□匈奴國土人民，以為十五，封稽侯廏子孫十五人皆為單手〈于〉，在致盧兒候山見在常安朝，郎南為單手〈于〉郎將作士大夫廏南手〈于〉子，蘭苞副，有書

2000ES9SF4:11

整理者認為這裏的"單手"義通"單于"。義為"單于"，根據上下文及《漢書·王莽傳中》的有關記載，應是正確的。但"單手"中的"手"字釋文不通，因為手、于兩字，義、音均無可通之處。原簡漫漶，字已難識。疑"手"字應為"乎"字，手、乎祇是一橫與兩點之差，若兩點連寫成橫，則兩字難辨。所以我們認為這裏的"單手"應當釋為"單乎"讀作"單于"，即乎、于在此通假。

按:乎、于，上古音相同，均為匣母魚部平聲③，故可通假。乎，《說文》:"語之餘也。"段注:"乎餘疊韻，意不盡，故言乎以永之。"于，《說文》:"於也。"段注:"羽俱切，五部。按今音于，羽俱切。於，央居切。烏，哀都切。古無是分別也。自周時已分別於為屬辭之用。"文獻中多見"乎"、"于"通假互用，如《呂氏春秋·審

---

① "莫敢我當"與"莫我敢當"字序雖不同，但所表達的意思是一樣的，即"莫敢當我"。

② 羅新慧:《郭店楚簡與儒家的仁義之辨》，《齊魯學刊》1999年5期。

③ 參見董作藩《上古音手冊》，第49、159頁;郭錫良:《漢字古音手冊》，第93、111頁。

應》："然則先生聖于?"高誘注："于,乎也。"《列子·黃帝》："今汝之鄙至此乎?"
《釋文》："乎,本又作于。"《公羊傳·哀公十九年》："此受命乎君而伐齊。"《白虎
通·三軍》引乎作于。《論語·為政》："吾十有五而志于學。"《漢石經》、《論衡·實
知》引于作乎①。文獻中多見以"乎"、"于"為聲符的字通假互用,如吁與呼,《莊
子·在宥》："鴻蒙仰而視雲將曰:'吁!'"《釋文》："吁亦作呼。"關於"于"、"乎"
假借在考古中的反映,有學者認為馬王堆漢墓出土帛書《老子》甲種、乙種及《經法》
和銀雀山漢簡中共有六處通假②。

　　至於上述兩簡中"于"寫作"乎"的原因,推測有兩種可能。一種可能僅僅就是
"乎"作為"于"的借字,是當時通假使用的一次反映。另一種可能就和王莽時期改地
名、改數字的寫法(如將"長安"改為"常安","甲渠"改為"甲溝","七"寫作
"柒","四"作"三"等)的情況有關。但究竟為哪種原因,尚待以後更多的材料來
證明。

　　附記:本文請劉樂賢先生審閱並提出寶貴意見,謹致謝忱。

---

　　①　關於于、乎通假例,可參見高亨《古字通假會典》,第 824 ~ 825 頁。另據筆者不完全統計,在《全漢賦》
中,于、乎假借達 20 多次,又乎、於假借也有 10 多次。參見費振剛等輯校《全漢賦》相關各賦的"校記",北京
大學出版社,1993 年版。但也有學者認為:"于、乎作為表疑問之語末助詞,無所謂正借。"參見鄭權中遺著,塗
宗濤等整理修訂《通借字萃編》"整理者塗注",天津古籍出版社,1990 年版,第 612 頁。
　　②　李玉:《秦漢簡牘帛書音韻研究》,當代中國出版社,1990 年版,第 28 頁。

額簡始建國二年詔書冊"壹功"試解

鄔文玲

在新出額濟納漢簡始建國二年詔書冊涉及赦免有罪吏民的簡文中，有"蒙壹功〔無〕治其罪"、"上吏民大尉以下得蒙壹功無治其罪"、"具上吏民壹功蒙恩勿治其界者名"、"具上壹功蒙恩勿治其罪人名"、"具上壹功蒙恩勿治其罪者"等語①。其中"壹功"一詞多次出現，且於文意難通，頗有爭議。一種意見認爲"壹功"即"一旦立功"之意②；另一種意見認爲"壹功"意指"一件功勞"③。但是，考慮到此詔頒佈的背景，這兩種解釋均似未安。

始建國二年，王莽發動了大規模討伐匈奴的軍事行動，意圖消滅匈奴單于知的勢力。其行動方案實際上包括三個步驟。第一步，從各地抽調精鋭部隊，招募天下囚徒、丁男和甲卒三十萬，分別向邊境進發，到沿邊各指定地點集結。同時徵發人力從各郡向邊境運輸糧草、兵器。第二步，各路兵馬、糧草在邊境集結完畢之後，三十萬人軍兵分十路，攜帶三百天的糧草，在規定的時間同時"十道並山"，追擊匈奴單于知，將其趕到丁零之地。第三步，落實"分匈奴國土人民以爲十五，立稽侯狦子孫十五人爲單於"的治理方略。即采取分化政策瓦解匈奴的勢力，將匈奴分爲十五部，把呼韓邪單於的十五個兒子均封爲單於，各自統領一部④。

額濟納漢簡始建國二年詔書冊中關於赦免有罪吏民之事，可與《漢書·王莽傳》中始建國二年"募天下囚徒"從軍之事相印証。爲了補充兵力，湊滿三十萬大軍之數，新莽下令招募囚徒從軍，即赦免罪囚的刑罰，令他們從軍打仗。《王莽傳》只是籠統地稱"募天下囚徒"，額濟納漢簡始建國二年詔書冊則提供了更詳細的內容，稱"吏民諸有罪、大逆無道、不孝子絞，蒙壹功〔無〕治其罪……以咸得白新，同心并力除滅胡寇逆虜爲故。"可見，本次招募和赦免的對象可能主要是犯有大逆無道罪、不孝罪等當

---

① 魏堅主編：《額濟納漢簡》，廣西師範大學出版社，2005 年版。

② 李均明：《額濟納漢簡法制史料考》，《額濟納漢簡》，廣西師範大學出版社，2005 年版。

③ 沈剛：《額濟納漢簡王莽詔書令冊排列新解》，簡帛網，2006 年 1 月 2 日。

④ 《漢書》卷 99《王莽傳》，《漢書》卷 94《匈奴傳》。

處絞刑的重罪死囚。此乃有條件的赦免，免除他們死罪的條件是到邊境從軍殺敵，戴罪立功。詔文還勉勵他們改過自新，同心并力除滅胡寇逆虜，而且如果他們殺敵立功，還可以跟普通士兵一樣受到獎賞。

據此，王莽頒佈本次赦令時，還處在對匈戰爭的籌備階段，大規模的戰事尚未開始，這些有罪吏民還没有機會立功，也就談不上因功蒙受皇帝的大恩獲得赦免。王莽頒佈赦令的目的是爲了補充兵力，凑足三十萬之數。願意從軍是有罪吏民獲得赦免的條件，反過來説，獲得赦免也是有罪吏民願意從軍的條僕。因此，只要有罪吏民願意從軍，他們就能够立即獲得赦免，並非要等到他們殺敵立功之後才能得到赦免，所以"壹功"似不能作"一旦立功"解。如作"一旦立功"解，則意指有罪吏民只有在殺敵立功之後才能得到赦免。同理，如作"一件功勞"解，亦須在立功之後才能得到赦免。這與王莽頒佈此道詔書的意旨不其相符。而且，從赦免罪人令其從軍的傳統做法來看，其邏輯順序通常是赦罪在前，從軍在後。比如秦二世二年赦驪山刑徒以擊周章軍①。高祖十一年秋七月，淮南王布反。上赦天下死罪以下皆令從軍②。武帝元封六年，益州、昆明反，赦京師亡命令從軍③。這些接受赦令從軍的罪人，當是完全消滅了刑罰，並解除罪人身份，他們應該是以自由人的身份在軍隊中服役。這也正是簡文中所謂"勿治其罪"的意含。

那麽，簡文中"壹功"一詞，究竟應當如何理解呢？今從字形、文例、詞義等幾個方面來看，"壹功"當作"壹切"解。

首先，根據圖版，"壹功"之"功"字，左旁不甚清晰，憑肉眼和放大鏡均難辨識，右旁則非常清楚，確寫作"力"。單從字形上講，釋爲"功"字應該足有道理的。但是在漢隸階段，"刀"旁和"力"旁經常相混，比如漢印"動"字利"勛"字的"力"旁均寫作"刀"旁④。因此，簡文"壹功"或可徑作"壹切"，正是漢隸階段"刀"和"力"二旁相混的表征，或者是因爲"功"、"切"二字形近而訛。"壹切"又作"一切"，如《史記·酷吏列傳》"禁姦止邪，一切亦皆彬彬質有其文武焉"，《漢書·酷吏傳》作"壹切禁姦，亦質有文武焉"。

其次，根據文例，"一切勿治"、"一切勿案"、"一切勿問"、"一切勿論"等是漢代赦令中的慣用句式，如始建國四年，王莽下書曰："諸名食王田，皆得賣之，勿拘以法。犯私買賣庶人者，且一切勿治"⑤。建武五年五月丙子，光武帝詔曰："其令中部

①　《史記》卷6《秦始皇本紀》，第270頁。
②　《漢書》卷1下《高帝紀下》，第73頁。
③　《漢書》卷6《武帝紀》，第198頁。
④　羅福頤：《漢印文字征》，文物出版社，1978年版，卷13。
⑤　《漢書》卷99中《王莽傳中》，第4130頁。

官、三輔、郡、國出繫囚，罪非犯殊死一切勿案，見徒免爲庶人"。建武七年春正月丙申，"詔中都官、三輔、郡、國山繫囚，非犯殊死，皆一切勿案其罪。見徒免爲庶人。耐罪亡命，吏以文除之"①。永平十七年秋八月丙寅，"令武威、張掖、酒泉、敦煌及張掖屬國，繫囚右趾己下任兵者，皆一切勿治其罪，詣軍營"②。初平四年夏，詔曰："灾异屢降，陰雨爲害，使者啣命宣佈恩澤，原解輕微，庶合天心。欲釋冤結而復罪之乎！一切勿問。"③ 等等。

第三，關於"壹切"的含義，前人多有注解。"壹切"即暫且、權時之意。《漢書·張敞傳》"願得壹切比三輔尤异"條注引如淳曰："壹切，權時也。"《漢書·路温舒傳》"偷爲一切，不顧國患"條注引如淳曰："偷，苟且也。一切，權時也。"《後漢書·光武帝紀》五月丙子詔"其令中都官、三輔、郡、國出繫囚，罪非犯殊死一切勿案，見徒免爲庶人"條注引《前書音義》雲："一切謂權時，非久制也。"《漢書·平帝紀》"元始元年春正月，賜天下民爵一級，吏在位二百石以上，一切滿秩如真"條注引師古曰："一切者，權時之事，非經常也。猶如以刀切物，苟取整齊，不顧長短縱橫，故言一切。他皆放此。"額簡始建國二年詔書冊中"壹切"一詞的含義與此相同，也即權時、暫且之意，强調本赦令赦免犯有人逆無道、不孝子絞等罪行的效力是暫時的，而非永久的。王莽時期的一道詔令可以看作是對"壹切"一詞之義的最好詮釋，其文雲："惟設此壹切之法以來，常安六鄉巨邑之都，枹鼓稀鳴，盗賊衰少，百姓安土，歲以有年，此乃立權之力也。今胡虜未滅誅，蠻僰未絶焚，江湖海澤麻沸，盗賊未盡破殄，又興奉宗廟社稷之大作，民衆動摇。今復壹切行此令，盡二年止之，以全元元，救愚姦。"④

---

① 《後漢書》卷1上《光武帝紀上》，第39頁；卷1下《光武帝紀下》，第51頁。

② 《後漢書》卷2《顯宗孝明帝紀》，第122頁。

③ 《後漢書》卷72《董卓列傳》，第2335頁。

④ 《漢書》卷99下《王莽傳下》，第4163頁。

初讀額濟納漢簡

謝桂華

　　內蒙古自治區文物考古研究所的考古工作者，一九九九年、二○○○年、二○○二年先後三次深入漢代居延烽燧遺址，進行考古調查和發掘，共採獲漢簡五百餘枚，因均出土於額濟納河流域，故命名爲額濟納漢簡。

　　額濟納漢簡，是繼一九三○至一九三一年首次發現一萬餘枚居延漢簡，一九七二至一九八二年期間，調查、採集、發掘、覆查再獲近兩萬枚居延新簡之後，發現的第三批居延漢簡。從出土簡數而言，僅爲首批居延漢簡的二十分之一，第二批居延新簡的四十分之一，無法與前兩批居延漢簡進行比擬，但對於內蒙古自治區而言，卻是從無到有的歷史突破，無疑爲今後居延漢簡繼續出土拉開了序幕，奠定了堅實可靠的基礎。

　　額濟納出土的五百余枚漢簡中，有明確紀年的簡有：

漢宣帝	神爵三年	99ES16SD1：1
漢元帝	永光二年	99ES17SH1：13
	建昭二年	99ES17SH1：44
	建昭五年	99ES16SF1：4
漢成帝	河平二年	99ES17SH1：1
	陽朔元年	99ES16ST1：18A
	永始三年	2000ES7SF1：85A
	元延元年	2000ES7SF2：2A
	［綏］和元年	99ES17SH1：20
	綏和二年	2000ES7SF1：17
漢哀帝	建平元年	2000ES7S：17
		2000ES14SF1：1A
	建平三年	2000ES14SF1：1A
	建平五年	2000ES7SF1：1A
		2000ES14SF1：1A

```
孺子嬰    居攝二年    99ES16SF2：5A、B
                      99ES17SH1：2
                      2000ES9SF4：18A、B
          居攝三年    2000ES9SF4：17A、B
新（王莽）  始建國二年  2000ES9SF4：4
          始建國三年  2000ES7SF1：127
                      2000ES9SF3：2A
                      2000ES9SF3：6
          始建國三年  99ES16ST1：10
          始建國地皇上戊三年  2000ES9S：2
漢光武帝    建武四年    2000ES9SF3：4A
```

其中，以西漢宣帝神爵三年（公元前59年）爲最早，東漢光武帝建武四年（公元28年）爲最晚，前後達八十七年之久。就其出土地點而言，首批一萬餘枚居延漢簡，共三十個出土地點，其中破城子（編號A8）出土五千二百一十六枚，肩水金關（編號A32）出土八百五十枚，地灣（編號A33）出土兩千枚，大灣（編號A35）出土一千五百枚。這四個地點合計出土九千五百六十六枚，占了絕大多數，而從序數命名的第四燧（編號P1），僅出土了一枚居延漢簡。第二批約兩萬枚居延新簡，共三個出土地點，其中除從序數命名的甲渠塞第四燧，開了兩個探方（編號EPS4T1、EPS4T2），共出土一百九十五枚外，其餘均出土於破城子和肩水金關。而五百餘枚額濟納漢簡，其中除2002ESCSF1：1—18A、B從卅井塞（察干川吉）出土外，其餘則分別是從第七燧、第九燧、第十一燧、第十二燧、第十四燧、第十六燧、第十七燧、第十八燧等以序數命名的甲渠候官統轄下的烽燧遺址出土的，這正是額濟納漢簡的一個顯著特點。

據《居延新簡》（以下簡稱《新簡》）EPF22·174—186，已經判明：甲渠候官共統轄十個部，依次爲萬歲部、第三部、第十部、第十秦部、第二十三部、鉼庭部、推木部、誠北部、吞遠部、不侵部。其中萬歲、鉼庭、推木、城北、吞遠、不侵等六個部爲實名部，第三、第十、第十秦、第二十三等四個部爲序數部。

序數部各自統轄的序數燧，可從下列的部長、候史日跡簿知其大概：

《居延漢簡釋文合校》（以下簡稱《合校》）簡6·7：

☑候長充：六月甲子盡癸巳積卅日，日跡從第四燧南界北盡第十九燧北界，毋越塞蘭出入天田跡。

《新簡》EPT56·25：

候長充、候史誼：三月戊申盡丁丑積卅日，日跡從第四燧南界北盡第九燧北界，毋蘭越塞出入天田跡。

《新簡》EPT56·26：

☑閏月己卯盡丁卯積廿九日，日跡從第九隧北界盡第四隧南界，毋越塞蘭出入天田跡。

《新簡》EPT56·22：

候長壽、候史勝之：七月丙午日跡盡乙亥積卅日，從第十隧南界盡第十六隧北界，毋越塞天田出入☑。

《新簡》EPT56·32：

候長□：閏月……積□□日，日跡從第廿三隧南界盡第廿九隧北界，毋蘭越塞天田出入跡。

候史□：……丁未積□□日，□□從第廿九隧□□盡第廿三隧南界，毋蘭越塞天田出入跡。

從上述候長、候史日跡簿所記錄他們負責巡視天田的管轄範圍，大體可以推定：第四部，共統轄從第四至第九等六個序數隧；第十部，共統轄從第十至第十六等七個序數隧；第廿三部，共統轄從第廿三至第廿九等七個序數隧。第十七部所統轄的序數隧，因前兩批出土的居延漢簡沒有明確記錄而無法推定，但《額濟納漢簡》（以下簡稱《額簡》）99ES17SH1：41 載云：

☑跡盡壬辰積卅日，從第十二隧北界盡☑（"十"疑當釋作"廿"）

根據這枚候長、候史日跡簿所記錄其負責巡視天田的管轄範圍，當爲第十＜廿＞二隧北界盡第十七隧南界，從而推定第十七部共統轄第十七至第廿二等六個序數隧，可補前兩批出土的居延漢簡之缺。

又據

《新簡》EPT50·12：

［入三千

　　　　（以上爲第一欄）

第四隧長□望三百　　第九隧長張□□百
第五隧長張臨三百　　臨桐隧長王審三百
第六隧長徐武三百　　鴻嘉二年十二月壬
　　　　　　　　　　申候長弘受

　　　（以上爲第二欄）

此簡出土於破城子，即漢代甲渠候官治所。簡的右半縱裂闕佚。這是第四部候長弘於西漢成帝鴻嘉二年（公元前 19 年）十二月壬申日，赴甲渠候官領取第四部吏俸錢的簿錄，通常候長每月俸錢千二百，候史每月俸錢六百至九百，隧長每月俸錢六百，三百相當隧長半月俸錢。第一欄記載領取俸錢的總計爲三千，現在除保存第四、第五、第六、第九、臨桐等五位隧長半月的俸錢千五百外，其餘千五百當爲候長（六百）、候史（三百）和第七、第八隧長（各爲三百）等四位部吏半月的俸錢。通過上述領取俸錢的簿錄，證實第四部除統轄着第四至第九等六個序數隧外，還統轄着一個實名隧——臨桐隧。

《合校》簡24·2：

第廿三部卒　十二月

廩　名

　　　　廿二人

　　　（以上爲第一欄）

第廿三卒李嬰　　　第廿四卒張猛

第廿三卒蘇光　　　第廿五卒曹逢

第廿三卒郭長　　　第廿五卒韓意

第廿四卒成定　　　第廿五卒張肩

第廿四卒石關　　　第廿六卒張建

　　　（以上爲第二、三欄）

第廿六卒壽安　　　第廿八卒羊實

第廿六卒韓非人　　第廿八卒馬廣

第廿七卒張願　　　第廿九卒□□

第廿七卒石賜　　　第廿九卒褒贛

第廿八卒曾相熹　　第廿九卒左償

　　　（以上爲第四、五欄）

箕山卒鍾昌

箕山卒高關

　　　（以上爲第六欄）

此簡屬於甲渠候官第廿三部卒某年十二月廩名籍，亦證實第廿三部除統轄着第廿三至第廿九等七個序數隧外，還統轄有一個實名隧——箕山隧。

另一方面，甲渠候官下屬的實名部，除了統轄着實名隧外，亦統轄有序數隧。如

《合校》簡24·15：

候長武光、候史拓、七月壬子盡庚辰積廿九日，日跡從第卅隧北盡鉼庭隧北界，毋蘭越塞天田出入跡。

《新簡》EPT52·82：

候長武光、候史拓：閏月辛亥盡己卯積廿九日，日迹從第卅隧北盡鉼庭隧北界，毋蘭越塞天田出入跡。

上引兩枚簡文，說明鉼庭部除了統轄有實名隧外，還統轄有第卅隧這個序數隧。

又

《合校》簡28・13：

入鹽八斗七升，給鉼庭部卒卅人閏月食。陽朔五年正月辛亥，第卅三卒夏奇、第卅四卒范客子受守閣卒音。

此簡係成帝陽朔五年（鴻嘉元年）正月辛亥（二十七日），第卅三卒夏奇和第卅四卒范客子向甲渠候官守閣卒音領取陽朔五年閏十二月鉼庭部卒廩鹽的帳薄，說明第卅三和第卅四這兩個序數隧，亦屬鉼庭部統轄。

又

《新簡》EPT51・193：

　　　　　　　萬歲隧刑齊自取第一隧長王萬年自取

出錢三千六百　卻適隧長壽自取第三隧長願之自取

　　　　　　　臨之隧長王紋自取候史李奉自取

　　　　（以上爲第一欄）

初元年三月乙卯令史延年付第三部吏六人二月奉錢三千六百

　　　　（以上爲第二欄，此簡左上側有刻齒）

此簡亦出土於破城子，係甲渠候官付給第三部吏員月俸錢的出納簿。第一欄第一段記載月俸錢的總計，第二段分別記載六位領取月俸錢的吏員的職務、姓名和領取方式（是“自取”或由他人代領）。第二欄記載付給的年、月、日，由誰付給，以及支付的項目和錢數。“初元年”，可能在“元”字後漏寫了一個重文號，疑當爲初元元年（前四八年），漢元帝的年號。三月丁酉朔（初一），乙卯爲十九日。令史延年爲甲渠候官屬吏。第三部吏員，依次爲萬歲、卻適、臨之等三位實名隧長和第一、第三等兩位序數隧長，以及一位候史，共計六人，二月俸錢三千六百，平均每人每月俸錢六百。其中明確記載第一和第三這兩個序數隧，屬於序數部第三部統轄。

但

《額簡》2000ES9SF4：16：

萬歲候長候史□　辛酉日入遣（以上五字書於封泥槽）

閏月辛酉官告萬歲候長候史□第三隧☑

□朝遣鄣卒郅輔代武遣之部日時在檢中☑

此觚爲封檢，內容爲甲渠候官告其下屬萬歲部的遣書。第一欄題署“萬歲候長、候史□”，指遣書送達萬歲部，由萬歲部候長或候史拆閱。第二欄書於封泥槽內的“辛酉日入遣”，指遣書發出的日期和時刻。第三欄爲甲渠候官告萬歲部的遣書，“閏月辛酉”指遣書簽發的月日。遣書大意是今派遣甲渠候官鄣卒郅輔，前往萬歲部接替第三隧長武的職務，派遣的日期和時刻，已在封檢中寫明。顯然，序數隧第三隧，已改屬實名部萬歲部統轄。

　　通過上面的考察和論證，儘管我們對甲渠候官下屬序數部和實名部統轄烽隧的建置和變動詳情，迄今尚無法全部準確判明，但此次額濟納出土的五百余枚漢簡，再加上前兩批從甲渠塞第四隧出土的一百九十六枚漢簡，無疑爲我們最終探討上述問題提供了豐富的第一手資料和新的契機。

一

　　由於《額簡》和居延《舊簡》、《新簡》，均是從漢代居延烽隧遺址出土的，所以，無論就文書的内涵，或者簡牘的形制，總的來說，基本相類，或互相印證，或互爲補充。

　　例一，四月癸未，大司徒宮下小府、大傅、大司馬、大□☑。

《額簡》99ES17SH1：19

　　此簡爲詔後行下之辭。大司徒宮，係指馬宮。據《漢書·百官公卿表》哀帝元壽二年"五月甲子，丞相光（按：指孔光）爲大司徒，九月辛酉爲太傅。右將軍馬宮爲大司徒。"又平帝元始五年"四月乙未，太師光薨，大司徒馬宮爲大司馬，八月壬午免。十二月丙午，長樂少府平晏爲大司徒。"可知馬宮從哀帝元壽二年（公元前1年）九月辛酉（一日），因丞相孔光遷爲太傅，而由右將軍接替孔光擔任大司徒職務起，直到平帝元始五年（公元5年）四月乙未（一日），因太師孔光薨，而由大司徒改任大司馬止，前後任大司徒一職達四年零七個月之久，與《額簡》詔後行下的"四月癸未"有關的共有平帝元始元年至四年。據陳垣《二十史朔閏表》，元始元年四月戊子朔，三年四月丙午朔，四年四月庚子朔，四月均無癸未日。唯有元始二年四月壬午朔，四月癸未爲四月二日。故推斷此簡由大司徒宮下達詔書的日期，當爲平帝元始二年四月癸未（二日）。

　　由大司徒宮下達的詔書，亦曾見於居延《舊簡》和《新簡》。如《合校》53·1A、B："八月辛丑，大司徒宮下小府、安漢公、大傅、大司馬、大師、大保車騎☑，置監御史佰主□中二千石、州牧、郡大守、諸侯相，承書從事，下當☑。"據陳垣《二十史朔閏表》，元始元年八月丙戌朔，辛丑爲十六日。二年八月庚辰朔，辛丑爲二十二日。三年八月甲辰朔，四年八月己亥朔，八月均無辛丑日。故推斷由大司徒馬宮下達詔書的日期，當爲平帝元始元年八月十六日或元始二年八月二十二日。《漢書·百官公卿表》平帝元始元年（一）"二月丙辰，太傅孔光爲太師，大司馬王莽爲太傅，大司馬車騎將軍王舜爲太保車騎將軍"。元始二年（二）"二月癸酉，太司空王崇（爲）病免。四月丁酉，少（府）[傅]左將軍甄豐爲大司空"。同書《平帝紀》元始二年"郡國大旱，蝗，青州尤甚，民流亡。安漢公、四輔、三公、卿大夫、吏民爲百[姓]困乏獻其田宅者二百三十人，以口賦貧民"。師古注引張晏曰："王莽爲太傅，孔光爲太師，王舜爲太保，甄豐爲少傅，是爲四輔。莽復兼大司馬，馬宮爲司徒，王崇爲司空，是爲三公。"可見《舊簡》中之"大司徒宮"即指馬宮，"小府"，即指"少府"，"安漢公、太傅、大司馬"，即指王莽，"大保車騎☑"，當補作"太保、車騎將軍"，即指王舜。又如《新簡》EPS4T1·11："元始三年六月乙巳朔丙寅，大司徒宮、大司空、少傅豐☑，車騎將軍、左將軍、□□□□□中二千石、州牧、郡大守☑"，六月乙巳朔，丙寅爲二十二日。"大司空、少傅豐"，即指甄豐。此簡用兩行抄爲，因僅存上半段，究竟是屬於大司徒馬宮和大司空、少傅甄豐兩人聯名，抑或是由大司徒、大司空、大司馬三公聯名下達的詔書，則無法確知。另外，由大司徒馬宮聯名下達的詔書，還見於懸泉漢簡中的"泥牆題記西漢元始五年《四時月令詔條》"：

五月……大司徒宮、大司□……大師，承書從事下當用……到言。五月辛巳，義和丞通下中二千石下郡大守、諸侯相……從事下當用者，如詔書。（第九十三至九十六行）即是其證。

　　例二，●功令第卅五：士吏、候長、薰燧長常以令秋射，發矢十二，以六爲程，過若不䎽，賜奪勞矢☑。　　　　《額簡》2000ES7SH1：1

　　　　關於功令第四十五條條文，亦屢見於《舊簡》和《新簡》。《合校》45·23："●功令第卅五：候長、士吏皆試射，射去埻䎽、弩力如發弩，發十二矢，中䎽矢六爲程，過六，矢賜勞十五日。"《合校》285·17："●功令第卅五：士吏、候長、烽燧長常以令秋試射，以六爲程，過六，矢賜勞十五日。"《新簡》EPT11·1："☑□□□□中䎽六爲程，過六及不滿六，賜奪勞矢各十五日。"《新簡》EP56·337："☑□弩，發矢十二，中䎽矢六爲程，過六若不䎽六，矢賜奪勞各十五日。"均可互相印證。且《額簡》最後缺佚部分，可據《新簡》補作"過若不䎽，賜奪勞矢各十五日"，而《新簡》上端缺佚和模糊不清的條文，亦可據《額簡》得知其大概。

　　例三，☑離合苣火毋絕至明甲渠三十井塞上☑
　　　　　☑堠上二苣火毋絕至明殄北三十井塞上☑
　　　　　☑表一燔一積薪夜入燔一積薪舉堠上☑　　　　《額簡》2000ES7S：20

此薰火品約殘簡，出土於甲渠候官第十七部統轄的第十七隧。據現在殘存的簡文來看，它和居延新簡中從甲渠候官所在地破城子房屋一六號遺址所發現的由十七枚簡組成的塞上薰火品約的內容，是完全一致的。《額簡》三行薰火品約前後缺佚的簡文，據《新簡》EPF16·1—3可以補齊作：

　　●匈人奴（或應作）"匈奴人"）晝入殄北塞，舉二薰□煩薰一，燔一積薪；夜入，燔一積薪，舉堠上離合苣火，毋絕至明。甲渠、三十井塞上和如品。

●匈人奴（或應作"匈奴人"）晝［入］甲渠河北塞，舉二薰，燔一積薪；夜入，燔一積薪，舉埻上二苣火，毋絕至明。殄北、三十井塞上和如品。

●匈奴人晝入甲渠河南道上塞，舉二薰，塢上大表一，燔一積薪；夜入，燔一積薪，舉埻上二苣火，毋絕至明。殄北、三十井塞上和如品。

這三條薰火品約，對匈奴人白天或夜晚攻入殄北塞、甲渠河北塞、甲渠河南道上塞時，有關燔舉烽火的類別、數量以及傳遞、應和等，都作了明確和具體的規定。《額簡》薰火品約殘簡的發現，說明塞上的薰火品約，不僅下達給甲渠、三十井和殄北候官一級，同時還要下達給這些候官統轄的部和燧，讓全體吏卒熟練背誦和準確無誤地遵照執行。如果有哪位燧卒沒有掌握薰火品約，必須如實記錄在案，追究其燧長的責任。《合校》46·9A："☑竟：卒三人。一人病，二人見。卒符憚，月廿三日病傷汗。卒范前〈萬〉不知薰火品。"即是其證。

例四，☑甲渠鄣候漢疆告尉謂士吏安主、候長充等☑

《額簡》99ES17SH1：36

此簡上、下端均已缺佚，從殘存簡文來看，當爲甲渠鄣候漢疆所下書也。"告"和"謂"，均爲上告下的專門用語。誠如王國維在《流沙墜簡·簿書二十五》中所云："凡漢時文書云告者，皆上告下之辭。""甲渠鄣候漢疆"，爲甲渠候官之長，"尉"，指甲渠塞尉，"士吏"，指甲渠候官派遣駐部的屬吏，"候長"，指甲渠候官下轄各部之長。與此簡相類的文書，亦見於《舊簡》，如《合校》38·17："十一月壬寅，甲渠鄣候漢疆告尉謂士吏常∠安主、候長"即證。"安主"乃士吏的名字，亦屢見於《新簡》，如EPT52·195A："☑□渠士吏安主以私印行候事謂士吏章、候☑"，EPT56·34："部官□□□以甲寅日有……官謹下塞尉何齊、士吏安主、□長"，EPT56·365："☑……［士］吏安主、候長充等檄到"，EPT58·24："士吏輔∠安主、候長充□等寫移，如府☑"，均可互相印證。

例五，行候長事郅卿治所☑

居攝三年五月戊午，第六隧長宣敢言之［候］☑官，請醫診治敢言之。

《額簡》2000ES9SF4：17

謹飲樂五齊不愈，唯治所請醫診治☑。

《額簡》2000ES9SF4：14

九月　第三候長　敢言之。謹錄移敢言之。

《額簡》2000ES9SF4：13

第一枚屬於兩面書寫的觚，第二枚和第三枚均屬於簡，雖然形制不同，但均出土於第九隧，且內容互相關聯，疑屬於同一組上行文書。"居耴（攝）三年（八年）五月戊午（十二日），第六隧長宣敢言之候官，請醫診治敢言之。"這是上行文書的始發文，內容爲第六隧長宣請求甲渠候官派遣醫生給他治病的報告。《合校》58·26："病年月日、署所、病偷，不偷，報名籍候官，如律令。”按照律令規定，凡是戍邊的吏卒一旦患病，必須將他們患病的年月日、署所、是否病癒的名籍上報給候官，稱之爲“吏卒病名籍”。因第六隧長宣，屬於第三部統轄，不能越過他的直接上司第三候長徑直向候官報告。由於第四候長不在署或缺任，所以這份報告被送到當時代行候長事務的郅卿治所，再由郅卿轉呈候官。“謹飲樂五齊（劑）不愈（愈），唯治所請醫診治☑。”可能是抄錄第六隧長宣的報告。“九月　　第三候長　　　敢言之。謹錄移敢言之。”疑爲郅卿向候官轉呈第六隧長宣報告的文書底稿和副本。據同隧《額簡》2000ES9SF4：29A：“第四候史郅譚有方二一□☑”，疑“行候長事郅卿”即時任第四候史的郅譚，其治所亦在第九隧。

　　《新簡》中曾發現如下一件完整冊書：

　　建武三年三月丁亥朔己丑（三日），城北隧長黨敢言之。

　　廼二月丙午（十九日）病，加兩脾雍種（腫）匈（胸）脅丈滿，不耐食

　　　　　　　　　　　　　　　　　　《新簡》EPF22・80

　　飲，未能視事，敢言之。　　　　　　　　《新簡》EPF22・81

　　三月丁亥朔辛卯（五日），城北守候長匡敢言之。謹寫移隧長黨

　　病書如牒，敢言之。今言府請令就醫　　　　《新簡》EPF22・82

　　整個冊書分爲：（1）城北隧長黨病書牒抄件（《新簡》EPF22・80、81）；（二）城北守候長匡轉呈甲渠候官的報告（《新簡》EP22・82：“三月丁亥朔辛卯，………謹寫移隧長黨病書如牒，敢言之。”）；（三）甲渠候官之長甲渠鄣候的處理意見（《新簡》EPF22・82：“今言府請令就醫”）。相當於“首長批示”。上引《額簡》雖非如《新簡》爲一件完整冊書，但可互相印證。又《合校》157・28：“臨木候長報官醫張卿，卿前許爲問事，至今未蒙教”。簡文中之“官醫”，或爲“候官之醫”的略稱，或爲“官府之醫”的通稱，均可證實居延都尉府和候官等機構中設置有從事醫務工作的專職吏員，當非虛妄也。

　　例六，涇陽到酆百里　　涇陽到高平百☑　　　《額簡》2002ES18SH1：8

　　此簡記載從涇陽到酆（？）的路程爲漢制百里，而從涇陽到高平的路程爲百☑，疑屬於從涇陽到酆和高平的驛置道里簿殘簡，雖然不完整，但彌足珍貴。

　　《漢書・地理志下》安定郡條：高平，莽曰鋪陸。涇陽，幵頭山在西，《禹貢》涇水所出，東南至陽陵入渭，過郡三，行千六十里，雍州川。師古注曰：“幵音苦見反，又音牽。此山在今靈州東南，土俗語訛謂之汧屯山。”酆（？），無載。

　　從涇陽到高平的路程，因百字下簡文殘缺而不知其確切里數，殊爲可惜。但據《新簡》EPT59・582：

　　長安至茂陵七十里　　　月氏至烏氏五十里

茂陵至茯置卅五里　　　烏氏至涇陽五十里

茯置至好止七十五里　　涇陽至平林置六十里

好止至義置七十五里　　平林置至高平八十里

………　　　　　　　………

（以上爲第一欄）

媼圍至居延置九十里　　刪丹至日勒八十七里

居延置至觻里九十里　　日勒至均著置五十里

觻里至衛次九十里　　　鈞著置至屋蘭五十里

衛次至小張掖六十里　　屋蘭至氐池五十里

（以上爲第二欄）

　　所載漢代從長安至氐池共二十個驛置的里程簡，依次途經京兆、右扶風、北地、安定、武威、張掖等七個郡，不僅對確定京城長安以西、敦煌郡以東的交通路線具有劃時代的意義，且詳細地記載了有關安定郡境內的驛置里程："月氏至烏氏五十里，烏氏至涇陽五十里，涇陽至平林置六十里，平林置至高平八十里。"可證《額簡》中從涇陽到高平的確切里程，當爲漢制百四十里。

　　高平這個縣名，亦見於《新簡》EPF22·325A："●范君上月廿一日過當曲言：竇昭公到高平，還道不通。●天子將兵在天水，聞羌、胡欲擊河以西。今張掖發兵屯諸山谷，麥熟石千二百，帛萬二千，牛有賈，馬如故。七月中，恐急忽忽吏民未安。"這是一枚刺探軍情的簡牘，"竇昭公"，是指竇融的胞弟竇友，"天子"是指光武帝。《後漢書·竇融列傳》："融即復遣鈞上書曰：'臣融竊伏自惟，幸得託先後末屬，蒙恩爲外戚，累世二千石。至臣之身，復備列位，假歷將帥，守持一隅。以委質則易爲辭，以納忠則易爲力。書不足以深達至誠，故遣劉鈞口陳肝膽。自以底裏上露，長無纖介。而璽書盛稱蜀、漢二主，三分鼎足之權，任囂、尉佗之謀，竊自痛傷。臣融雖無識，猶知利害之際，順逆之分。豈可背真舊之主，事姦僞之人，廢忠貞之節，爲傾覆之事，棄已成之基，求無冀之利。此三者雖間狂夫，猶知去就，而臣獨何以用心！謹遣同產弟友詣闕，口陳區區。'友至高平，會囂反叛，道絕，馳還，遣司馬席封間行通書。帝復遣席封賜融、友書，所以慰籍之甚備。"又同《列傳》："（建武）八年夏，車駕西征隗囂，融率五郡太守及羌虜小月氏等步騎數萬，輜重五千餘兩，與大軍會高平第一。"唐李賢注："高平，今原州縣，《郡國志》云高平有第一城。"

　　例七，復日　正月甲庚　三月戊己　五月丁癸☒

　　　　　　反支　二月乙辛　　丙壬　　　六月戊己☒

　　　　　　　　　　　　　　　　　　　　　《額簡》2000ES9SF4：27

　　☒七月甲庚　九月戊己　十月丁癸

☑□月乙辛　十月丙壬　十二月戊己

《額簡》2000ES9SF：26

此兩枚“復日”斷簡，均出土於第九隧，可以綴合爲一枚整簡，詳細記載了每月復日所值的天干。“復日”簡，亦見於《新簡》EPT27·2：

復日　甲庚　乙辛　戊己　丙壬　丁癸　未　戊己

　　　　甲庚　乙辛　戊己　丙壬　丁癸

劉昭瑞《居延新出漢簡所見方術考釋》一文（《文史》第四十三輯，中華書局，1997年8月）已經指出：“‘復日’，忌日，亦見歷代方術書，以爲該日忌爲凶事，利爲吉事，見《臞仙肘後經》‘直日吉神’。後代每月復日所值天干與漢簡同，如《協紀辨方書》卷五引《曆例》：‘復日者，正、七月甲庚，二、八月乙辛，四、十月丙壬，五、十月丁癸，三、九、六、十二月戊己日也。’漢簡所抄重復一遍，並多抄出‘未、戊己’三字，亦屬衍文。”均甚是。《額簡》“復日”簡，不僅又爲劉說提供了一個有力的新證，且《額簡》所抄的“復日”簡文中，“反支”當屬衍文，“丙壬”，應該補作“四月丙壬”，“□月乙辛”，應該補作“八月乙辛”。

值得補充的是，《額簡》中除了“復日”簡可與《新簡》互相印證外，還新出土了《舊簡》和《新簡》中所不見的術數資料。如：

☑東方　東☑

☑下土種良☑

　　　　　《額簡》99ES16ST1：24A、B

勝官　高遷

　　　　　《額簡》99ES16SF4：1

☑膏□者且束□　膏長者吉言治　膏舍音吉　膏□者吉言得　膏☑

　　　　　《額簡》2000ES7SF1：15

☑□天□者大吉　膏□☑

☑□

　　　　　《額簡》2000ES7SF1：58

●壬癸膏見水及黑物且有得它膏☑

　　　　　《額簡》2000ES7SF1：79

☑●十五吉得福事　●十四凶訟畜生飲食事

　　　　　《額簡》2000ES7S：11

●欲急行出邑禹步三嘬罜祝曰土五光今日利以行毋＝死　已辟除道莫敢義當獄史壯者皆道＝旁

　　　　　《額簡》2002ESCSF1：2

冬三月毋北鄉=者凶

　□⊠

　　　　　　《額簡》2002ESCSF1：3A、B

南方火即　　急行者越此物行吉

　　　　　　《額簡》2002ESCSF1：4

卯東南有得西北凶辰東大吉南有得西北凶巳東毋行南大吉　　西凶北有得午東北有⊠

　　　　　　　　　　　　　　　　　　　　　　　　　　　第申

　　　　　　《額簡》2002ESCSF1：5A、B

等，均可補居延《舊簡》和《新簡》之闕。

<h1>二</h1>

　　儘管《額簡》和居延《舊簡》、《新簡》在宏觀上具有基本相類的一面，但在微觀上卻又能推陳出新，不僅內涵頗爲豐富和精彩，且在簡牘形制上亦有新的突破，現聊舉數例略作介紹和說明。

　　例八，⊠父母，爲天下至。定號爲新，普天莫匪新土，索（率）土之賓匪新臣。

　　　明

　　　⊠十四　七十五⊠　　《額簡》99ES16ST1：14A、B

　　此簡雖無明確紀年，但據 A 面簡文所載"⊠父母，爲天下至。定號爲新。"確知其爲王莽於始建國元年簒漢立新，即真天子位時向全國頒佈的登基詔書斷簡。B 面的"七十五"疑爲烽隧抄寫詔書的編號。

　　《漢書·王莽傳上》：初始元年，"戊辰，莽至高廟拜受金匱神嬗。御王冠，謁太后，還坐未央宮前殿，下書曰：'予以不德，託於皇初祖考黃帝之後，皇始祖考虞帝之苗裔，而太皇太后之末屬。皇天上帝隆顯大佑，成命統序，符契圖文，金匱策書，神明詔告，屬予以天下兆民。赤帝漢氏高皇帝之靈，承天命，傳國金策之書，予甚祇畏，敢不欽受！'以戊辰直定，御王冠，即真天子位，定有天下之號曰新。其改正朔，易服色，變犧牲，殊徽幟，異器制。以十二月朔癸酉爲建國元年正月之朔，以雞鳴爲時。服色配德上黃，犧牲應正用白，使節之旄旛皆純黃，其署曰'新使五威節'，以承皇天上帝威命也。"可與簡文互相印證。

　　"普天莫匪新土，率土之賓匪新臣"，其原型當爲《詩·小雅·北山》："溥天之下，莫非王土，率土之濱，莫非王臣。"《左傳》昭公七年，"古之制也，封畧之內，何非君土，食土之毛，誰非君臣。故《詩》曰：'普天之下，莫非王土，率土之濱，莫非王臣。'"又《孟子·萬章章句上》："《詩》云：普天之下，莫非王土，率土之濱，莫非王臣。"均已將"溥"改寫作"普"。《額簡》中的"匪"與"非"通，"賓"與"濱"音同。"普天莫匪新土"，疑爲"普天之下，莫匪新土"的縮寫。"率土之濱匪新臣"，在"賓"與"匪"之間，漏抄了一個"莫"字，疑亦應爲"率土之濱，［莫］匪新臣"的縮寫。《後漢書·班彪列傳》附班固《東都賦·明堂詩》："於昭明堂，明堂孔陽，聖皇宗祀，穆穆煌煌。上帝宴饗，五位時序；誰其配之，世祖光武。普天率土，各以其職；猗與緝熙，允懷多福。"將"普天之下，莫非王土，率土之濱，莫非王臣"一句，濃縮作"普天率土"四個字，可資佐證。

新莽登基詔書斷簡中所載"普天莫匪新土，率土之濱［莫］匪新臣"一句，未見於史書記載，可補載籍之闕。亦爲王莽喜好托古改制，增添了新的例證，殊足珍貴。

例九，

　　　三月　　錢四百　　　　　……
出　　　　　　入兩行二百　　　居攝二年正月壬戌省卒王書付門卒蔡愴
　　　財用　　檄廿三尺札百

（右上側有三個刻齒）

《額簡》99ES17SH1：2

此簡出土於第十七隧，如同第四隧又是第四部的治所一樣，該隧亦可能是第十七部的治所。因簡的上側有三個刻齒，當屬於符券一類。整個簡文分爲四欄：第一欄僅寫一個"出"字，意即出納或支出；第二和第三欄依次記載支出錢財的時間、數目和購進物品的名稱、數量；第四欄記錄此券於居攝二年正月壬戌由省卒王書經手交給門卒蔡愴。

首先，關於此券的名稱和用途，可由居延新簡得到印證和確認。據《新簡》EPT2·9A、B："☐庚辰朔戊申，第十㭒候長良敢言之。謹移卒輪官財用券墨如牒敢言之。連局令校。　　即日尉史萬發門下。"該簡出土於甲渠候官治所破城子，係第十㭒部候長良派遣部卒給甲渠候官送去財用券的上呈報告。整個上呈報告爲主件，用墨寫的卒輪官財用券作爲附件（牒）是一道送交甲渠候官的。且據此簡B面的"連局令校"和"即日尉史萬發門下"等簡文來看，當候官收到報告時有關拆封和檢查驗收的屬吏以及拆封時間和處所，均要詳細記錄在案，以便日後查詢，這也從一個側面反映漢代邊塞行政文書和財務管理制度的精密和嚴格。由於《額簡》墨寫卒輪官財用券實物（牒）的出土，正好和上引《新簡》的上呈報告，構成一件完整的文書，提供了一個《額簡》和《新簡》既互相印證又互爲補充的典型例證。

其次，兩行、檄、尺札等書寫材料，從以往出土的敦煌和居延漢簡來看，均是由各部、隧請求候官直接配給實物的。如：

淩胡隧、厭胡隧、廣昌隧，各請輪札、兩行，隧五十，繩廿丈，須寫下詔書

（簡面）

　　淩胡以次寫傳至廣昌縣，便處令都尉到兼可得（簡背）

　　　　　　　　　《流沙墜簡·屯戍叢殘·烽隧類》簡二十九

　　虜：杞檀五十，繩十丈，癸未回行。

　　　　　　　　　《敦煌漢簡》1

　　按：此簡上、下端均已殘缺，隧名僅剩下一個"虜"字。"杞檀"，乃是"札、橛"的誤釋。

　　青堆：札百五十，繩廿丈，兩行廿。

　　　　　　　　　《敦煌漢簡》1402

　　　　　　兩行卅，橛三，

　　驪喜隧：札百，　八月己酉輸。回

　　　　　　繩十丈，

　　　　　　　　　《合校》7·8

　　安漢：回

　　　　　　　　　《合校》10·7

　　回繩十丈，札二百，兩行五十。

　　　　　　　　　《合校》10·8

　　按：簡10·7和簡10·8，出土於同一地點，材質和寬度亦相同，內容相類，疑能綴合。

　　安漢隧：札二百，兩行五十，繩十丈，五月輸。回

　　　　　　　　　《合校》138·7，183·2

　　薰火治所：胏寇隧，繩十丈，札五十，橛二，以亭次傳行，毋留。

　　　　　　　　　《合校》273·1

　　　　　　兩行

　　回月輸　札三百回

　　　　　　橛廿□

　　　　　　　　　《新簡》EPT52·726

　　兩行部百，書繩部十丈，卒封閣財回

　　　　　　　　　《新簡》EPT65·60

　　但從此次《額簡》中新發現的卒輸官財用券來看，亦有由各部、隧用現金購買書寫材料，再向所屬候官報銷的。用墨寫的卒輸官財用券，就是向候官報銷時的憑證。

　　例十，居攝二年三月乙未第十部吏□買弩一具與第十六隧長韋卿

　　　　　　　　　《額簡》99ES16SF2：5A

　　居攝二年三月乙未第十六隧長韋卿從第十部吏買弩一具買□一百□□

　　　　　　　　　《額簡》99ES16SF2：5B

　　居攝爲漢孺子嬰的年號，居攝二年爲公元七年，三月甲申朔，乙未爲十二日。第十部吏名無法確認。簡文中買和賣均寫作買，但從行文中大體可以認定，A面中的買，當讀作賣，即第十六隧長韋卿爲買主，B面中的買，當讀作買，即第十部吏某爲賣主。這是第十部吏某和第十六隧長韋卿共同簽訂的一份貰買弩一具的債券。

　　王國維在《流沙墜簡·屯戍叢殘考釋·雜事類》曾舉出如下一簡：

　　五十六　木簡出蒲昌海北長二百四十三米里邁當廣十三米里邁當

　　（上缺）五伯阼一口礎一合司景元年四年八月八日幕下史索盧靈□兼將張祿（簡面）

　　（上缺）錄事掾關（簡背）

　　並接著考釋說："右簡中五伯即伍伯，阼字即師。礎字雖從石作，然恐非《說文》厲石之礎，而爲䃺之別字也。合字下罸乃同字之半。此簡乃取予文書，故先書同字於中，後分爲兩，以爲符驗也。《周禮·小宰》：'聽稱責以傅別'，鄭注：'傅別，謂爲大手書於一札，中字別之。'《釋名》：'莂，別也，大書中央，中破別之也。'此簡同字半在他簡，猶古傅別遺制，但古傅別，字字皆大書，而中剖之，此則僅剖一字耳。漢晉兵符，每字中分，以爲合符時之驗，唐之魚符，則於兩符作牝牡二同字。制雖不同，猶當自此出也。前《廩給類》第二十八、二十九、三十四三簡，《器物類》第六十八簡及此下第五十八、六十五兩簡均有線四道，以此簡例之，亦皆同字之半也。"

　　《雜事類》第五十六簡，在林梅村編《樓蘭尼雅出土文書》的釋文中編號爲330號，將簡面"五伯"之"五"，改釋作"出"，簡背"錄事掾關"之"關"，改釋作"闕"。胡平生《木簡出入取予券書制度考》一文（以下略稱《胡文》），將簡面"礎一合"改釋作"磑一合"，"索盧靈"下之"□"，補釋作"付"，均甚是。

　　關於漢晉簡牘中的古代傅別遺制，由王國維在《流沙墜簡·屯戍叢殘考釋》中肇其端倪，《胡文》在前人研究的基礎上，以"出入"合同券書爲中心，通過對已發表漢晉簡牘的考察，探討當時的契約符書制度，又有新的詮釋和見解。但誠如該文末尾所云："本文集中討論以'出'、'入'二字冠首的取予文書制度，在漢晉木簡中，還有許多取予文書不用'出'、'入'二字冠首的形式，有關制度留待將來再作陳述。"

　　從額濟納出入的這枚貰買弩一具的債券，和以往漢晉簡牘中以"出"、"入"二字冠首的取予券書，有着明顯的不同。第一，債券券首既不書"出"字，也不書"入"字，中間既不大書"同"字，也不劃多道橫線。第二，券書不是書於一面，而是分別書於正面和背面，爲了區別買方和賣方，行文卻略有不同。第三，券書的四個刻齒均位於簡的上端右側，以刻齒的位置和數目是否符合爲驗。和以"出"、"入"二字冠首的取予券書相比，傅別的實質雖然沒有改變，但是破莂的方式卻完全不同，即不是左、右破莂，而是上、下破莂。尤爲珍貴的是，這枚債券出土時，還保持着絶大部分已經剖開但尚未完全分開的原始狀態，爲上、下破莂這種形式，提供了一個非常有說服力的實物證據。且這枚債券的紀年爲漢孺子嬰居攝二年（七年），比有的學者所認定的，即今天所能看到的最早合同契——曹魏後期遺物（即前引《流沙墜簡・屯戍叢殘考釋・雜事類》第五十六簡中的"景元四年（二六三年）"券書），又提前了二百五十六年。

例十一，與者半京公召晏子問之曰子先治奈何晏子合曰始治築壞塞缺姦人惡之斬渠通

《額簡》99ES18SH1：1

□隨民惡之止男女之會淫民惡之送迎

《額簡》99ES18SH1：2

這是兩枚《晏子春秋》殘簡，均從第十八隧外灰堆出土。惟第二枚簡文上端缺一字無法釋讀，其餘均清晰可辨，且兩簡文意前後銜接，實屬珍貴。衹可惜兩簡前後簡文均已缺佚，未能窺其全豹。

簡文中的"京公"，應爲"景公"的假借。"晏子合曰"的"合"，應爲"答"字。臨沂銀雀山出土的《晏子春秋》簡本正如此作，如"●景公飲酒［□］，三日而後發。晏子見曰：'君病酒乎？'公曰：'□三日而後發。'晏子合（答）曰：'古之飲酒也，足以道□合好而已矣。故男不群樂以［□］事，女不群樂□。……觴五獻，過者死。君身服之，故上無怨治，下［□□□□］一日飲酒，三日（寢）之，國治怨□外，左右亂乎內。以刑罰自妨（防）者，勸乎爲非；以賞譽自勸者，隋（惰）乎爲善。上離德……'"即是其證。根據《額簡》現存簡文，大概屬於晏子治理阿的傳說故事。

關於晏子前後兩治阿（或稱東阿）的傳說故事，分別見於今本《晏子春秋》的《內篇雜上第五》和《外篇重而異者第七》。前者章名爲《晏子再治阿而信見景公任以國政第四》，其文云：

景公使晏子爲東阿宰，三年，而毀聞於國。景公不說，召而免之。晏子謝曰："嬰知嬰之過矣，請復治阿三年，而譽必聞於國。"景公不忍，復使治阿，三年而譽聞於國。景公說，召而賞之。辭而不受。景公問其故，對曰："昔者嬰之治阿也，築蹊徑，急門閭之政，而滛民惡之；舉儉力孝弟，罰偷窳，而惰民惡之；決獄不避貴彊，而貴彊惡之；左右所求，法則予，非法則否，而左右惡之；事貴人體不過禮，而貴人惡之。是以三邪毀乎外，二讒毀乎內，三年而毀聞乎君也。今臣謹更之。不築蹊徑，而緩門閭之政，而滛民說；不舉儉力孝弟，不罰偷窳，而惰民悅；決獄阿貴彊，而貴彊說；左右所

求言諾，而左右說；事貴人體過禮，而貴人說，是以三邪譽乎外，二讒譽乎內，三年而譽聞於君也。昔者嬰之當誅者宜賞，而今之所以當賞者宜誅，是故不敢受。"景公知晏子賢，廼任以國政，三年而齊大興。

後者章名爲《晏子再治東阿上計景公迎賀晏子辭第二十》，其文云：

晏子治東阿，三年，景公召而數之曰："吾以子爲可，而使子治東阿。今子治而亂，子退而自察也，寡人將加大誅於子。"晏子對曰："臣請改道而行，不治，臣請死之。"景公許之，於是明年上計。景公迎而賀之曰："甚善矣，子之治東阿也。"晏子對曰："前臣之治東阿也，屬託不行，貨賂不至，陂池之魚，以利貧民。當此之時，民無饑者，君反以罪臣。今臣後之治東阿也，屬託行，貨賂至，並重賦斂，倉庫少內，便事左右，陂池之魚，入於權家。當此之時，饑者過半矣，君廼反迎而賀臣。臣愚不能復治東阿，願乞骸骨，避賢者之路，再拜，便辟。"景公廼下席而謝之曰："子彊復治東阿，東阿者，子之東阿也，寡人無復與焉。"

阿，春秋時齊國柯邑。《春秋》莊公十三年，魯莊公會齊侯盟於柯，即此。漢置東阿縣，位於今山東省陽谷縣東北。將《額簡》本和傳世本《晏子春秋》進行對照，它們至少在以下三個方面都是共同的：

第一，均是選擇晏嬰前後兩次治阿作爲故事的題材；

第二，均是採用齊景公和晏嬰之間的問答文體；

第三，整個故事的結構都是分爲兩部分，前一部分敘述晏子第一次秉公執法治阿，其結果是"毀聞於國"，受到景公的責罰。後一部分敘述第二次治阿，則反其道而行之，即徇私枉法，結果卻"譽聞於國"，反而受到景公的獎賞。

所不同的是，這三個版本所敘述的晏嬰前後兩次治阿所採取的具體措施的內容，則均不一致。但從《額簡》本目前錢存的有關第一次治阿的部分簡文，如"始治築壞塞缺，姦人惡之；斬渠通□，隨民惡之；止男女之會，淫民惡之；送迎"這一段，與《晏子再治阿而信見景公任以國政第四》章所云："昔者嬰之治阿也，築蹊徑，急門閭之政，而淫民惡之；舉儉力孝弟，罰偷窳，而惰民惡之；決獄不避貴彊，而貴彊惡之；右右所求，法則予，非法則否，而左右惡之；事貴人體不過禮，而貴人惡之。"其句式、遣詞和用語，則頗爲相類。《額簡》本《晏子春秋》殘簡的出土，說明晏子兩次治阿這個膾炙人口的故事，無論從時間或空間的範圍，其流傳是甚爲廣泛的。正因爲如此，推測它可能不限於一個或兩個版本，而是有多個版本。《額簡》是否又提供了一個既相類又不完全相同的新版本呢？

在《額簡》以前，居延新簡中亦曾發現過另一段《晏子春秋》的佚文：

也外不在諸侯不則貪也晏子溉然而大息其心甚憂笑而應之曰固也夫齊與魯連竟同土齊不有魯恐爲之下往世不

《新簡》EPT51·393

雖有學者對此進行過考證，但它與傳世本《晏子春秋》的關係，比《額簡》本的差距更大。

難能可貴的是，此次《額簡》除發現《晏子春秋》的佚文外，還出了一枚《田章簡》斷簡：

大垫田章斬君耳桓公曰田章天下☑

《額簡》2002ESCSF1：6

這爲主張田章是齊桓公時的人的學者，增添了一個新的有力證據。

另外，又出土有蒼頡篇和醫方殘簡，如：

蒼頡作書以教後嗣幼子承詔☑

《額簡》2000ES7SF1：123 ＋ 2000ES7SF1：124

☑一分石膏二分□□二分□參一分弓一分厚朴一分杏亥中人一分幷合

《額簡》2000ES14SF1：5

綜上所述，雖然《額簡》僅出土五百餘枚，爲數甚少，無法與《舊簡》和《新簡》等量齊觀，但其學術價值，與《舊簡》和《新簡》相比，則各有千秋，毫不遜色。具體表現在：

一、就考古學而言，《額簡》的發現，爲今後漢代居延烽隧遺址的更大規模考古調查、發掘和保護，積累了新的經驗，奠定了堅實可靠的基礎。

二、就歷史學而言，《額簡》的發現，爲研究西漢後期至東漢初期特別是新莽時期的政治、軍事、法律、漢匈關係和居延邊塞屯戍、社會生活等方面，均提供了豐富的第一手資料，或者與史書記載互相印證，或者補載籍之闕。

三、就文獻學而言，《額簡》和《舊簡》、《新簡》一樣，大多屬於居延邊塞屯戍的行政文書。但《額簡》此次不僅出土了蒼頡篇、曆譜、術數、醫方等小學術數方技類書籍，而且出土了《晏子春秋》和《田章簡》等佚文，種類和簡數也都不少。

四、就簡牘制度學而言，凡是《舊簡》和《新簡》中已經發現的，《額簡》中基本都有。但另一方面，《額簡》中還發現了《舊簡》和《新簡》中所沒有的。除了前面已經舉出的用墨寫的卒輸官財用券和採用上、下破荊方式的賈買弩一具的債券外，還有"第十候史日跡檮"（《額簡》99ES16SF2：4A、B、C、D），"第十六隧長〔日跡檮〕"（《額簡》99ES16SF4：2A、B、C、D），"甲渠第七隧長日跡檮"（《額簡》2000ES7SH1：25A、B、C、D），"第七隧卒日跡檮"（《額簡》2000ES9SF1：1A、B、C、D）等。特別值得興奮的是，《額簡》中竟出土了兩件新莽時期的冊書，共二十枚簡。其中由八枚簡組成的一件冊書，兩道編繩還依舊完整地繫聯在簡冊上，保存着兩千餘年前的原始狀態，成爲研究昔日簡牘制度的鮮活資料。所以說用“少而精”這一句話來評價新出土的《額簡》，大概還是恰如其分的吧！誠然，這僅是個人初讀《額簡》的膚淺體會，旨在拋磚引玉，不當之處，懇請學界同仁和廣大讀者，不吝賜教。

額濟納漢簡數術資料考

劉樂賢

新近出版的《額濟納漢簡》中有一些零散的數術資料，這裏試按選擇、厭劾、曆日三類對較為完整一些的幾條簡文略做考釋。

1. 選擇

選擇在《漢書·藝文志》中屬於“五行”，是古代數術中最為流行的一類。出土文獻中的選擇材料很多，尤以各地所出《日書》最為知名。額濟納漢簡中也有幾條簡文是以選擇時日吉凶為目的，與《日書》性質相類，例如：

冬三月毋北鄉（向），鄉（向）者凶。（2002ESCSF1：3A）

第☒（2002ESCSF1：3B）

卯，東、南有得，西、北凶。辰，東大吉，南有得，西、北凶。巳，東毋行，南大吉，西凶，北有得。午，東、北有☒（2002ESCSF1：5A）

第廿（2002ESCSF1：5B）

上一條簡文以冬三月不可向北而行，類似說法也見於睡虎地秦簡《日書》甲種一三一簡正：“歸行：凡春三月己丑不可東，夏三月戊辰不可南，秋三月己未不可西，冬三月戊戌不可北。”下一條簡文以十二支占測出行東南西北四方的吉凶禍福，類似內容也見於睡虎地秦簡《日書》和馬王堆帛書《出行占》[1]。

值得注意的是，這兩條簡的背面都寫有文字。整理者將上一條簡的背面釋作“□☒”，將下一條簡的背面釋作“第申”。從照片（原書誤將上一條簡背面的照片倒置）看，其實應分別釋為“第☒”和“第廿”[2]，都是表示簡的編號。這兩枚簡的出土地點相同，正面文字書寫風格一致，內容都與選擇時日吉凶相關，背面都記有編號，它們原來很可能屬於同一冊書。

此外，2000ES9SF4：27 和 2000ES9SF4：26 可以拼合成一支整簡，它記載了復日的運

---

① 參看劉樂賢：《簡帛數術文獻探論》，武漢：湖北教育出版社，2003 年版，第 128～130 頁。
② “廿”字有塗改痕跡，故整理者以為是“申”字。

行週期①，也與選擇時日吉凶相關。復日在出土文獻中已多次出現，學者們已作過不少討論②，這裏就不重複了。

2. 厭劾

厭劾是以驅鬼去邪和趨吉避凶為目的，在《漢書·藝文志》屬於"雜占"。額濟納漢簡中有一支講"出邑"儀式的簡文可以歸入厭劾，其釋文是：

●欲急行出邑，禹步三，唬"皋"，祝曰："土五光，今日利以行，行毋死。已辟除道，莫敢義當，獄史、壯者皆道道旁。"（2002ESCSF1：2）

與此相近的說法也見於多種出土及傳世文獻，這裏只舉睡虎地秦簡《日書》甲種一一一簡背至一一二簡背講"出邦門"儀式的一段為例：

行到邦門困（閫），禹步三，勉壹步，譹（呼）："皋，敢告曰：某行毋（無）咎，先為禹除道。"即五畫地，掫其畫中央土而懷之③。

參照睡虎地秦簡《日書》及其他相關資料，上引額濟納漢簡的大意不難明白。下面，試對其中個別字句略作解釋：

"唬"，應與睡虎地秦簡《日書》的"譹（呼）"相當。"唬"字見於《說文解字》，但說文學家對它的認識頗不一致：朱駿聲取今本《說文》"讀若曷"之說，認為"唬"是會意字，並將其古音歸入宵部；段玉裁認為"唬"是從"虎"得聲的形聲字，將其古音歸入魚部。按，楚簡中有"虖"字，根據古字結構不定的規律，"虖"與"唬"很可能就是一個字。據考察，"虖"在楚簡中有三種讀法：第一種是讀為"乎"或"呼"；第二種是讀為"號"；第三種是讀為"虐"。我們在釋讀額濟納漢簡的"唬"字時，應該參考楚簡"虖"字的這三種讀法。若結合文義考慮，讀"虐"之說可以首先排除。其餘兩種，顯然以讀"呼"之說更為合適，但讀"號"之說也不能排除。讀"唬"為"呼"，一則文義通暢，二則恰與睡虎地秦簡《日書》的"譹（呼）皋"二字連用一致。因此，這是一種十分合理的讀法。讀"唬"為"號"，"號"可訓為"呼"，在意思上與前面的讀"呼"之說其實沒有差別。因此，這種讀法也可以考慮。在這兩種讀法中，我們更傾向於採用前一種讀法，即將"唬"直接讀作"呼"④。

"皋"，整理者按原形隸作上四下羊，實為漢代"皋"字的常見寫法。"皋"在這

---

① 謝桂華：《初讀額濟納漢簡》，載《額濟納漢簡》，廣西師範大學出版社，2005 年版，第 32～53 頁。

② 劉昭瑞：《居延新出漢簡所見方術考釋》，《文史》第 43 輯，中華書局，1997 年版，第 49～59 頁；劉樂賢：《尹灣漢墓出土曆譜及其相關問題》，《華學》第 3 輯，紫禁城出版社，1998 年版，第 247～257 頁；黃一農：《從尹灣漢簡看中國社會的擇日傳統》，《中央研究院歷史語言研究所集刊》第 70 本第 3 分（1999 年），第 589～626 頁。

③ 睡虎地秦墓竹簡整理小組：《睡虎地秦墓竹簡》，文物出版社，1990 年版，第 223 頁。

④ 關於"唬"字更詳細的討論，可參看劉樂賢《額濟納漢簡的"唬"字與楚簡的"虖"字》，《古文字研究》第 26 輯，中華書局，2006 年版，第 488～490 頁。

裏是一個擬音詞,《儀禮・士喪禮》注:“皋,長聲也。”[①]

“土五光”,或可讀為“土五横”。古代的出行巫術儀式中除了做“禹步”外,往往還要畫“四縱五横”[②],簡文的“土五横”或與此有關。

“行毋死”的“死”與通常寫法略有差異,也可能是“咎”字之省。按,秦漢時代的“咎”字有作上“艸”下“咎”形者[③],此處所謂“死”字也可以看作是一個上“艸”下“处”的字,其下部的“处”可能是“咎”之省。從文義看,“行毋咎”比“行毋死”更為合適。

“已辟除道”,即已開闢道路之意。

“莫敢義當”,即“莫敢我當”[④]。

此外,還有兩枚殘簡也與厭劾有關:

> ☐南方火,即急行者越此物行吉。(2002ESCSF1:4)
>
> ☐持水北行,持(2002ESCSF1:14)

這兩支簡都殘損嚴重,較為完整的記載見於周家台秦簡三六三簡:“有行而急,不得須良日,東行越木,南行越火,西行越金,北行越水,毋須良日可也。”敦煌卷子中也有類似說法,如伯2661《諸雜略得要抄子一本》說:“東行越木,南方越火,西方越金,北方越水是也。”

3. 曆日

曆日[⑤]在《漢書・藝文志》屬於“曆譜”,出土文獻中多見,額濟納漢簡中也有少量殘簡。下面對其中兩件殘曆的釋讀略作討論,並嘗試推定其年代。

(1)始建國三年曆日

從形制、書寫風格和出土地點等看,以下各簡應屬於同一曆日編冊:

> 十三日 □ (2000ES7SF1:50)
>
> □桼日 戊立春 丁 丁 丙 丙 乙 乙 甲 甲 癸 癸 壬 壬 (2000ES7SF1:9A[⑥])
>
> 十八日 己□ 戊□ 戊☐(2000ES7SF1:95)
>
> 十九日 戌 卯 (2000ES7SF1:46)

---

① 關於“皋”字的用法,可參看劉樂賢《睡虎地秦簡日書研究》,文津出版社,1994年版,第212~217頁。

② 參看胡文輝:《中國早期方術與文獻叢考》,中山大學出版社,2000年版,第145~158頁。

③ 參看劉樂賢:《簡帛數術文獻探論》,湖北教育出版社,2003年版,第276~277頁。

④ 這是趙寵亮在中國人民大學國學院額濟納漢簡讀書班上提出的意見,可從。

⑤ 秦漢出土“曆日”以前多叫“曆譜”,現從鄧文寬說改稱為“曆日”,參看鄧文寬《出土秦漢簡牘“曆日”正名》,《文物》2003年4期,第44~47頁。

⑥ 該簡B面還有文字,因與曆日推算無關,這裏不作討論。

　　　　☑□　亥　□　□　辰　酉（2000ES7SF1：7）

這種形式的曆日在以往多有發現，研究者稱之為“編冊橫讀式”。從照片看，這幾支簡有的只存左邊，有的只存右邊，顯得較為特別。例如，2000ES7SF1：9 號初看起來像是一枚整簡，但據字跡和內容判斷，它其實祇是一支簡的右半部。仔細觀察，至少2000ES7SF1：7、2000ES7SF1：9 和 2000ES7SF1：50 不像是由於自然損害而變成了左右兩半，而像是被人有意剖成了左右兩半。在以往出土的漢簡曆日中似乎還沒有看到過類似現象，其原因值得研究。

　　既然知道現存各簡都祇是原簡的一半，我們在做釋文時除了辨認現存文字外，還應該用符號將失去的另一半標出。上引整理者釋文的 2000ES7SF1：95 條，就是這樣做的。但是，整理者在做另外四簡的釋文時卻忽視了這一點。因此，嚴格地說，這四簡的釋文都不準確，有待修正。以 2000ES7SF1：46 為例，其釋文應修正為：

　　　　十九日　　□　　□　　☑
　　　　　　　　戌　　卯

　　該曆日雖然殘損嚴重，但根據現存內容仍然可以推知其確切年代。例如，由該年正月、二月十八日的天干為己、戌，可以推知正月、二月十九日的天干為庚、己；又由正月、二月十九日的地支為為戌、卯，可以推知正月、二月十八日的地支為酉、寅。這樣就可以確定該年正月十八日是己酉，十九日是庚戌；二月十八日是戌寅，十九日是己卯。由此逆推，可求得該年正月朔日為壬辰，二月朔日為辛酉。再據 2000ES7SF1：9A 有“桼”字，可以斷定該曆日是新莽或東漢初年之物（這一時期的簡牘都用“桼”而不用“七”）。根據這兩個條件並查閱推算古代曆日的工具書（如陳垣《二十史朔閏表》、張培瑜《三千五百年曆日天象》），很容易確定該曆日的年代為始建國三年。另外，2000ES7SF1：9A 有關於立春日的記載，也有助於推定其年代。該簡首字整理者未釋，這裏應先作討論。按，該簡所記日期只有十七日和二十七日兩種可能。從照片看，“桼”前祇有一個字的位置，可以斷定該日原來不可能是寫作“二十桼日”。又據新莽簡好用“二十”而不用“廿”的習慣，可以斷定該日原來也不大可能是寫作“廿桼日”。從照片“桼”前一字尚存一橫道看，該日原來最有可能是寫作“十桼日”。查張培瑜《三千五百年曆日天象》，始建國三年的立春日正好是正月十七日。因此，可以肯定“桼”前一字確實就是“十”字。

　　知道簡文所載是始建國三年曆日後，很容易將原來看不清楚或已經缺失的一些干支釋出或補全。不過，其中 2000ES7SF1：7 簡的天干還無法確定。因為從曆日推算看，該年七月至十二月的第六日和第十八日的地支都可以作“午、亥、巳、戌、辰、酉”。所以，單憑現有資料還不能斷定 2000ES7SF1：7 到底是第六日的殘簡還是第十八日的殘簡。此外，上引整理者的 2000ES7SF1：9A 的釋文中有十三個天干，表明該曆日似乎包括了一個閏月。但是從各種資料看，始建國三年祇有十二個月，不可能有閏月①。這是怎麼回事呢？仔細觀察 2000ES7SF1：9A 的照片，其末端"癸"與"壬"之間有一些黑色印記，整理者大概是以為這些印記之中有一個"壬"字。經仔細辨認，在這些黑色印記之間實在看不出有明顯的字跡，整理者的意見未必可信。我們認為，該簡末端"癸"字之後很可能只有一個"壬"字，也就是說，該曆日其實並無閏月。

綜合上文所說，始建國三年曆日的幾支殘簡可以補釋為（在下面劃有黑線的字係據曆日推算補出，2000ES7SF1：7 因無法確定為六日還是十八日，暫附列於最後）：

| 十三日 | 甲辰 | 癸酉 | 癸卯 | 壬申 | 壬寅 | 辛未 | 辛丑 | 庚午 | 庚子 | 己巳 | 己亥 | 戊辰 |

（2000ES7SF1：50）

| 十柰日 | 戊申立春 | 丁丑 | 丁未 | 丙子 | 丙午 | 乙亥 | 乙巳 | 甲戌 | 甲辰 | 癸酉 | 癸卯 | 壬申 |

（2000ES7SF1：9A）

| 十八日 | 己酉 | 戊寅 | 戊申 | 丁丑 | 丁未 | 丙子 | 丙午 | 乙亥 | 乙巳 | 甲戌 | 甲辰 | 癸酉 |

（2000ES7SF1：95）

| 十九日 | 庚戌 | 己卯 | 己酉 | 戊寅 | 戊申 | 丁丑 | 丁未 | 丙子 | 丙午 | 乙亥 | 乙巳 | 甲戌 |

（2000ES7SF1：46）

| ☑ | □午 | □亥 | □巳 | □戌 | □辰 | □酉 | （2000ES7SF1：7）

（2）建武八年或永元十一年曆日

這件曆日只存一簡，整理者原釋作：

一日己

二日庚

三日辛未　　　　☑

四日壬申　　日中　（2000ES9S：21A）

三月小　　　　六日甲午

_____

① 查陳垣《二十史朔閏表》、張培瑜《三千五百年曆日天象》等工具書，都是始建國二年有閏月，始建國三年無閏月。簡牘資料中的朔閏記載也是如此（但始建國二年應是閏十一月而不是像陳、張所說的閏十月），參看任步雲《甲渠候官漢簡年號朔閏表》，載《漢簡研究文集》，甘肅人民出版社，1984 年版，第 446～447 頁；薛英群《居延漢簡通論》，甘肅教育出版社，1991 年版，第 487 頁；俞忠鑫《漢簡考曆》，文津出版社，1994 年版，第 147～149 頁。

　　一日己丑　　　　七日乙未

　　二日庚寅　　　　八日丙申

　　三日辛卯　　　　九日丁酉（2000ES9S：21B）

　　從照片看，B 面的釋讀準確，但 A 面的釋讀卻存在問題。A 面第四日的地支是"戌"而不是"申"，第三日的地支祇有頂端一橫尚存，應是"酉"字之殘。據此，A 面的釋文可以訂補為：

　　一日己【未】

　　二日庚【申】

　　三日辛酉

　　四日壬戌　　　日中

　　己未與 B 面的三月朔日己丑相隔三十天，A 面所記顯然是與 B 面同一年的二月曆日。據 B 面"三月小"可知，該年四月朔日當為戊午。這樣，可以確定該曆日二、三、四月的朔日分別為己未、己丑、戊午。查看各種推算曆日的工具書可知，兩漢時期有武帝後元元年、建武八年、永元十一年符合條件。從居延漢簡的總體情況看，武帝時期的簡較少，故該曆日為武帝後元元年曆日的可能性較小，更可能是建武八年或永元十一年曆日。

額濟納《專部士吏典趣輒》簡册釋名

王子今

《額濟納漢簡》編號為99ES16ST1：1－8 的八枚簡，為一完整簡册。簡文内容為：

(1) ·專部士吏典趣輒

(2) 告士吏候長候史壞亭隧外内

(3) 告候尉賞倉吏平斗斛毋侵

(4) ·扁書胡虜講賞二亭扁一毋令編幣絶

(5) ·察數去署吏卒候長三去署免之候史隧長五去署免輔廣士卒數去從署三十井關外

(6) ·察士吏候長候史多省卒給為他事者

(7) 告隧長卒謹晝夜候有塵若警塊外謹備之

(8) ·察候長候史雖毋馬廩之

《額濟納漢簡》編者注："以上八簡為一册書，尚存兩道編繩"。

簡 (1)"專部士吏典趣輒"是簡册題名。"專"應讀作"布"。李均明的意見是正確的①。《説文》寸部："專，布也。"段玉裁注："《漢書》《上林賦》：'布結縷'，《史記》'布'作'專'。""必有法度而後行，故從寸。"《説文》玉部："其聲舒揚，專以遠聞。"這裡"專"之字義與"專部士吏典趣輒"之"專"相同，有宣傳、公告的意思。

"典趣輒"語意似未能明朗。

在這裡，"典"有主持、掌管、負責之義。而語氣較一般的主管似乎更為威嚴。《釋名·釋典藝》："典，鎮也，制教法所以鎮定上下。"王先謙《疏證補》："'典''鎮'古音本近，漢時猶然。"《夏承碑》："累葉牧守，印綬典據十有餘人，皆德任其位，名豐其爵。"《曹全碑》："出典諸郡，彈枉糾邪。"《鮮于璜碑》："出典邊戎，民用

---

① 李均明：《額濟納漢簡法制史料考》，《額濟納漢簡》，廣西師範大學出版社，2005 年版，第 63 頁。

永安。"又秦漢官職有使用"典"字者。居延新簡又可見"典主"稱謂①。其中"典"的字義大體相近。

"趣"即督促。《管子·輕重己》："趣山人斷伐，具械器；趣渔人薪藿葦，足蓄積。"《韓非子·外儲説右下》："救火者，令吏挈壺甕而走火，則一人之用也；操鞭箠指麾而趣使人，則制萬夫。"《公羊傳》定公八年所謂"趣駕"，"趣"也有催促的意思。《史記·陳涉世家》："趣趙兵亟入關。"司馬貞《索隱》："上音'促'。'促'謂催促也。"秦漢史籍中確可看到"督趣"文例。如《漢書·食貨志上》"馳傳督趣"，《翟方進傳》"不宜移書督趣司隸"等。敦煌懸泉置出土漢簡也有"督趣"文例：

> （9）十月己卯，敦煌太守快、丞漢德敢告部都尉卒人，謂縣：督盜賊史赤光、刑（邢）世寫移今□□□□□部督趣，書到各益部吏，□洩□捕部界中，明白大編書鄉亭市里□□□□，令吏民盡知□□。（I 0309（3）：222）②

又《四時月令五十條》中，也使用了"趣"字：

> （10）·……收，務蓄采，多積聚。
> 　　　　　　　·謂【趣】收五穀，蓄積……（59行）
> （11）·乃勸□麥，毋或失時，失時行□毋疑。
> 　　　　　　　·謂趣民種宿麥，毋令□……（60行）③

居延漢簡亦多見行使職責時使用"趣"字。尤以"趣作治"句式最為醒目：

> （12）☑前所□□□趣作治（4.13A）
> （13）十月壬寅甲渠鄣候喜告尉謂不侵候長赦等
> 　　　寫移書到趣作治已成言會月十五日詣言府如律令/士吏宣令史起
> 　　　　　　　　　　　　　　　　　　　　　　　（139.36，142.33）
> （14）趣作治□☑（188.12）
> （15）☑人趣作□☑（433.51）
> （16）趣作治功再通持詣官會月柰日如律令□□（E. P. T6：56）
> （17）趣作治會月十三日課有意毋狀者如律令（E. P. T6：59）

---

① 如 E. P. T20：22，E. P. T68：66，E. P. T68：89，E. P. F22：149，E. P. F22：68 等。
② 胡平生、張德芳《敦煌懸泉漢簡釋粹》，上海古籍出版社，2001 年版，第 22～23 頁。
③ 胡平生、張德芳《敦煌懸泉漢簡釋粹》第 196 頁。

（18）☑到趣作治具言不已狀會月☑（E. P. T51：478）

（19）☑第十候長相等寫移書到趣作治毋出

　　　☑□如律令／掾□令史誼尉史譚（E. P. T59：553）

（20）當作治燧靳幡部候長王良數告尊趣作治幡（E. P. T68：167）

"趣作治"似可與《開通褒斜道摩崖》"典力乍"對照讀。"典""趣"的關係也可以討論。最後一例（20）值得特別注意。其中不僅説明了"當作治"與"趣作治"的關係，而且"部候長王良數告尊趣作治"事中所説"告"某某"趣作治"，正可以幫助我們理解《專部士吏典趣輒》簡册標題强調"趣"而内容中三次説到"告"，即（2）"告士吏候長候史壞亭隧外内"，（3）"告候尉賞倉吏平斗斛毋侵"，（7）"告隧長卒謹晝夜候有塵若警塊外謹備之"的情形。其實（9）和（13），也都體現了"告"與"趣"的關係。

　　"輒"則是指糾止。《穀梁傳》昭公二十年："'輒'者何也？曰：兩足不能相過。齊謂之'綦'，楚謂之'�'，衛謂之'輒'。"陸德明《釋文》："'輒'，本亦作'縶'。劉兆云：'如見絆縶也。'"《莊子·達生》："輒然忘吾有四枝形體也。"成玄英《疏》："輒然，不敢動貌也。""輒然不動，均於枯木。"也有注家直接釋"輒"為"止"："輒然句：輒，止。輒然，不動的樣子。"① 册題"輒"很可能與内容中有關"察"的條文相對應。居延漢簡中有言及"考察"的簡例，如：

（21）五年正月癸未守張掖居延都尉曠行丞事騎司馬敏告兼勸農掾兵馬掾☑

　　　書到宜考察有毋四時言如守府治所書律令　　兼掾丹守屬☑（16.10）

（22）爵疑者　作士督臧者考察無令有姦聖恩宜以時布縣廄置驛騎行詔

　　　書臣稽首以聞（E. P. F22：64A）

（23）侍祠者齋戒務以謹敬鮮絜約省為故褒尚考察不以為意者輒言如律令

　　　　　　　　　　　　　　　　　　　　　　　（E. P. F22：154）

（24）加慎務如將軍令方循行考察不以為意者必舉白毋忽如律令

　　　　　　　　　　　　　　　　　　　　　　　（E. P. F22：168）

值得注意的是，（21）"言"，（22）"以聞"，（23）"輒言"，（24）"必舉白毋忽"，都説"考察"發現違法違紀現象應立即上報。然而《專部士吏典趣輒》簡册中有三條言"察"，即（5）"·察數去署吏卒候長三去署免之候史隧長五去署免輔廣士卒數去徙署

─────────────

① 曹礎基：《莊子淺注》，中華書局，1982 年版，第284 頁。

三十井關外"，（6）"·察士吏候長候史多省卒給為他事者"，（8）"·察候長候史雖毋
馬廩之"，均沒有上報的明確要求，而（5）似是説部士吏已經有予以處分的權力。大
概"察"與"考察"仍有不同。

　　（21）"書到宜考察有毋四時言"采用了固定文例，居延漢簡出現"有毋四時言"
者尚有多例。如：

　　　　（25）不如舊時行錢法□自政法罰令長吏知之及鑄錢所依長吏豪彊者名有無四
　　　　　　時言●謹案
　　　　　　部吏毋鑄作錢者敢言之（E. P. F22：41）
　　　　（26）匿之明告吏民諸作使秦胡盧水士民畜牧田作不遣有無四時言●謹案部吏
　　　　　　毋作使
　　　　　　屬國秦胡盧水士民者敢言之（E. P. F22：43）
　　　　（27）建武四年五月辛巳朔戊子甲渠塞尉放行候事敢言之府移使者□
　　　　　　所詔書曰毋得屠殺馬牛有無四時言●謹案部吏毋屠殺馬牛者敢
　　　　　　□□（E. P. F22：47A）
　　　　（28）建武四年五月辛巳朔戊子甲渠塞尉放行候事敢言之詔書曰吏民
　　　　　　毋得伐樹木有無四時言●謹案部吏毋伐樹木者敢言之（E. P. F22：48A）
　　　　（29）建武四年五月辛巳朔戊子甲渠塞尉放行候事敢言之府書曰吏民毋犯四
　　　　　　時禁有無四時言●謹案部吏毋犯四時禁者敢言之（E. P. F22：50A）
　　　　（30）建武六年七月戊戌朔乙卯甲渠鄣守候　敢言之府書曰吏
　　　　　　民毋犯四時禁有無四時言●謹案部吏毋犯四（E. P. F22：51A）
　　　　　　時禁者敢言之（E. P. F22：51B）
　　　　（31）建武六年七月戊戌朔乙卯甲渠鄣候　　敢言之府書曰吏
　　　　　　民毋得伐樹木有無四時言●謹案部吏毋伐樹木（E. P. F22：53A）

這些簡出土地點集中，也反映了紀律督察的制度，特別是（28）至（31）涉及生態保
護，更值得研究者注意[1]。然而《專部士吏典趣輒》簡册言"察"者，此多言"案"，
或許體現了制度的時代差異。

　　《專部士吏典趣輒》簡册的性質，白音查干、特日格勒理解為"士吏行政規範"。
又有如下説明："以上為一部册書，是候官派駐各處烽燧的士吏們的工作條款。簡文的
内容很自然地分為兩類，一類為頂端有黑點，是士吏們必須完成的工作内容，第二類為

---

　　①　參看王子今：《漢代居延邊塞生態保護紀律檔案》，《歷史檔案》2005 年 4 期。

文首有‘告’字者，是士吏們要完成的提醒工作。"① 李均明也説，"内容為邊塞當局依法律並結合當地實情頒布的行政規範。"② 現在看來，這是公布部士吏工作要點的文書。大略"趣"與"輒"分别對應着"告"（2）、（3）、（7）與"察"（5）、（6）、（8）。至於是"典"—"趣""輒"，即負責"趣""輒"，還是"典"與"趣""輒"為並列關係，也依然有討論的必要。

由於"典趣輒"文字不僅在簡文中是首次發現，在傳世文獻中也没有看到對應的内容，《專部士吏典趣輒》簡册可以説是極獨特的文書形式。本文僅僅試探性地提出初步意見，以為引玉之磚。

---

① 白音查干、特日格勒：《額濟納漢簡概述》，《額濟納漢簡》第 30 頁。
② 李均明：《額濟納漢簡法制史料考》，《額濟納漢簡》第 63 頁。

扁書試探

馬　怡

　　在西北邊陲漢簡中，屢見有關扁書的記載。對於扁書的性質，研究者一般無歧見，認為是漢代頒佈詔書和公告政令、條規的一種形式。但對於扁書的樣式，卻說法不一。一種意見認為，扁書書於木板或版圖①；另一種意見認為，扁書書於泥牆，敦煌懸泉置遺址的《四時月令詔條》就是突出的例證②；還有一種意見認為，漢代起初將通行詔書等書於鄉亭牆壁，或書於簡冊、掛於牆壁；後來改為書於木板、掛於牆壁；書於簡冊和木板而掛於牆壁的都是扁書③。三種意見各有道理，但也都有不足之處。不久前發表的額濟納漢簡為此項研究又提供了一些線索。筆者擬以新舊簡牘資料為基礎，結合文獻資料，試對扁書這一漢代官文書的公佈形式作進一步的探討。有一點先要說明：學者們通常將漢簡所記載的"扁"與"大扁"叫作"扁書"，這種叫法其實未必准確；本文和標題中的"扁書"一詞，僅為敍述方便，用作"扁"與"大扁"的統稱。

一

　　在漢簡資料中，關於扁書的記載可分為"大扁"與"扁"兩類。"大扁"的例子

---

　　①　勞榦指出，"故門外署書，或作扁書，或作板書，亦或作版書矣"；勞榦：《簡牘之制·版書》，《居延漢簡考證》，歷史語言研究所專刊之四十《居延漢簡考釋之部》，1960年，第3頁。陳槃認為，"簡策之文縣於門戶者，皆可以扁稱之"，漢代的詔文、教令等"每署書木版，懸鄉市門亭顯見處"，而這種木版就是"扁"；陳槃：《漢簡賸義之續·扁書》，《漢晉遺簡識小七種》，《歷史語言研究所專刊》之六十三，1975年，第95～96頁。大庭脩認為，詔令最初頒佈時，為使人民曉喻，"寫在板上，公示於里門等人口聚集之處"；（日）大庭脩：《木簡》，學生社，1979年版，第152頁。初師賓認為，扁書是"題署門庭的匾額或較大的木板、木牌"，"戍所亭隧所備露布用具"；初師賓：《漢邊塞守禦器備考略》，《漢簡研究文集》，甘肅人民出版社，1984年版，第215頁。李均明認為，"扁書即寫在版圖上的文書，由其載體材料而得名"；李均明：《簡牘文書學》，廣西教育出版社，1999年版，第222頁。
　　②　胡平生認為，"扁原來可能是以木板或簡冊製作的，但也許很快就被以泥牆製作的扁取而代之了"，"以泥牆為扁的時代決不自漢代始"；胡平生：《"扁書"、"大扁書"考》，中國文物研究所等編《敦煌懸泉月令詔條》，北京：中華書局，2001年版，第51～53頁。
　　③　汪桂海：《漢代官文書制度》，廣西教育出版社，1999年版，第157～159頁。

如下：

[簡一] 五月壬辰，敦煌太守彊、長史章、丞敝下使都護西域騎都尉、將田車師
戊己校尉、部都尉、小府官縣：承書從事，下當用者。書到，白大扁書
鄉亭市里高顯處，令亡人命者盡知之。上赦者人數太守府，別之，如詔
書。（II 0115②：16，《敦煌懸泉漢簡釋粹》一五一，第 115 頁）①

[簡二] 十一月壬戌，張掖太守融、守部司馬橫行長史事、守部司馬焉行丞事
下部都尉：承書從事，下當用者。書到，明白大扁書鄉亭市里門外謁
舍顯見處，令百姓盡知之，如詔書，書到言。（2000ES7S：4A，《額濟
納漢簡》第 187 頁）②

[簡三] 知令重，寫移，書到，各明白大扁書市里、官所、寺舍、門亭、隧堠
中，令吏卒民盡訟（誦）知之。且遣郡吏循行，問吏卒凡［不］知
令者，案論尉丞、令丞以下。毋忽，如律令。敢告卒人。（《敦煌漢簡
釋文》1365，第 142 頁）③

[簡四] 十月己卯，敦煌太守快、丞漢德敢告部都尉卒人，謂縣督盜賊史赤
光、刑世：寫移，今□□□□部督趣。書到，各益部吏，□泄□捕
部界中，明白大編（扁）書鄉亭市里□□□□，令吏民盡知□□。（I
0309③：222，《敦煌懸泉漢簡釋粹》二一，第 22—23 頁）

[簡五] 五月甲戌，居延都尉德、庫丞登兼行丞事下庫城倉⊘用者，書到，令
長、丞候、尉明白大扁書鄉市里門亭顯見⊘（139.13，《居延漢簡釋
文合校》第 230 頁）④

以上關於 "大扁" 的 5 枚簡中，[簡一] 出自敦煌懸泉置遺址，是詔書的下行文，該詔
書大約是對 "亡人命者" 的赦令。[簡二] 出自甲渠候官第七隧，⑤ 也是某詔書的下行

① 胡平生、張德芳編撰《敦煌懸泉漢簡釋粹》，上海古籍出版社，2001 年版。
② 魏堅主編《額濟納漢簡》，廣西師範大學出版社，2005 年版。
③ 吳礽驤、李永良、馬建華釋校《敦煌漢簡釋文》，甘肅人民出版社，1991 年版。
④ 謝桂華、李均明、朱國炤：《居延漢簡釋文合校》上冊，文物出版社，1987 年版。
⑤ 該簡的前編號 "2000ES7S" 中，"2000" 指 2000 年，"E" 指額濟納，"S" 指烽隧，此後之 "7S" 指第七隧。

文，而内容不詳。值得注意的是：本簡所記"大扁"的公佈地點，除一般情況下都會有的"鄉亭市里"之"顯見處"外，還包括了"門外謁舍"之"顯見處"，則該詔書的内容或涉及行旅之人。[簡三]出自敦煌酥油土漢代烽隧遺址①，是"令"的下行文。對於該"令"，不僅要求"吏卒民盡訟（誦）知之"，還要派鄣吏巡查，"問吏卒凡[不]知令者，案論尉丞、令丞以下"，可知其内容必非常重要。[簡四]亦出土自敦煌懸泉置遺址，其主文書的内容大約與通緝、搜捕命令有關。[簡五]出自甲渠候官遺址，②其主文書的内容可能與官庫、官倉有關。

漢簡資料中關於"扁"的例子如下：

[簡六] 制可。永始三年七月戊申朔戊辰□☑，下當用者。七月庚午，丞相方
進下小府、衛將軍、將軍、[中]二千石、二千石、部刺史、郡大
守……十月己亥，張掖大守譚、守郡司馬宗行長史☑書從事，下當用
者，明篇（扁）叩（鄉）亭顯處，會（令）吏民皆知之，如詔書。
十一月己酉，張掖肩水都尉譚、丞平下官：下當用者，如詔。十一月
辛亥，肩水候憲下行尉事謂關嗇夫、吏：承書從事，明扁亭隧□處，
如詔書。士吏猛。（74. EJF16，《居延新簡釋粹》第 103 頁）③

[簡七] 始建國二年十一月甲戌下。十一月壬午張掖大尹良、尹部騎司馬武行
丞事、庫丞習行丞事下部大尹官縣：丞（承）書從事，下當用者，明
白扁書鄉亭市里顯見處，令吏民盡誦之。具上吏民壹功蒙恩勿治其罪
者名，會今，罪別，以齎行者，如詔書，書到言。書佐曷。十一月丁
亥，□□□大保□□以秩次行大尉事、□□下官縣：丞（承）書從
事?? 當用者，明白扁[書]鄉亭市里顯見處，令吏民盡知之。具上
壹功蒙恩勿治其罪人名，所坐罪別之，如詔書。閏月丙申，甲溝候獲
下部候長等：丞（承）書從事，下當用者，明白扁書亭隧顯見處，令
吏卒盡知之。具上壹功蒙恩勿治其罪者，罪別之，會今，如詔書律
令。（2000ES9SF4：4、2000ES9SF4：3、2000ES9SF4：1、2000ES9SF4：
2，《額濟納漢簡》第 228—231 頁）

① 見"新中國建立後出土漢簡索引表"；吳礽驤、李永良、馬建華《敦煌漢簡釋文》第 400 頁。
② 本簡出土於 A8，即甲渠候官遺址破城子，見"居延漢簡出土地點表"，中國社會科學院考古研究所編《居延漢簡甲乙編》下冊，中華書局，1980 年版，第 323 頁。
③ 甘肅省文物考古研究所編《居延新簡釋粹》，蘭州大學出版社，1988 年版；並參胡平生：《"扁書"、"大扁書"考》所引本條釋文，見《敦煌懸泉月令詔條》第 48 頁。

［簡八］閏月乙亥，張掖肩水都尉政、丞□☑，承書從事，下當用者。書到，明白扁書顯處，令吏民盡知之，嚴教，如詔書律令。／掾半、屬政、書佐鳳。（74.EJT31：64，《居延新簡釋粹》第 93 頁）

［簡九］☑……有意，移一時府令所常承用，書到，明白扁
☑……毋狀者，行法，如詔條律令。（2000ES9SF4：20A，《額濟納漢簡》第 250 頁）

［簡十］十一月丙戌，宣德將軍張掖大守苞、長史丞旗告督郵掾□□□□□都尉官□：寫移，書到，扁書鄉亭市里顯見處，令民盡知之。商□起察，有毋四時言，如治所書律令。（16.4A，《居延漢簡釋文合校》第 25 頁）

［簡十一］扁書亭隧顯處，令盡諷誦知之。精候望，即有峰（烽）火，亭隧回度舉毋（《敦煌漢簡釋文》1557，第 161 頁）

［簡十二］扁書胡虜購（購）賞，二亭扁一，毋令編幣絶。（99ES16ST1：4，《額濟納漢簡》第 73 頁）

［簡十三］寫移，檄到，具寫檄扁傳輸亭隧高顯處，令吏卒明（《敦煌漢簡釋文》1376，第 143 頁）

［簡十四］常□年，寫移，書到，明白扁書高顯處，令吏☑（《疏勒河流域出土漢簡》506，第 64 頁）①

　　以上關於"扁"的 9 枚簡中，除［簡六］和［簡八］出自肩水金關遺址外②，其餘都出自烽隧遺址③。［簡六］是"永始三年詔書"册的下行文，該詔書的主要內容是

---

① 林梅村、李均明編《疏勒河流域出土漢簡》，文物出版社，1984 年版。
② 這 2 枚簡的前編號 "74.EJ" 中，"74" 指 1974 年，"E" 指額濟納，"J" 指金關。
③ ［簡七］、［簡九］出土於甲渠候官第九隧遺址（參《額濟納漢簡》凡例）；［簡十］出土於 A7，甲渠候官遺址破城子之北最近的一個烽臺（見 "居延漢簡出土地點表"，中國社會科學院考古研究所編《居延漢簡甲乙編》下册第 323、292 頁）；［簡十一］出土於敦煌漢代烽隧遺址（見 "新中國建立前出土漢簡索引表"，《敦煌漢簡釋文》第 405 頁）；［簡十二］出土於甲渠候官第十六隧遺址（參《額濟納漢簡》凡例）；［簡十三］出土於敦煌酥油土漢代烽隧遺址（見 "新中國建立後出土漢簡索引表"，《敦煌漢簡釋文》第 400 頁）；［簡十四］出土於疏勒河流域漢代烽隧遺址（見《疏勒河流域出土漢簡》附表及《疏勒河流域漢代邊塞遺址概述》，《疏勒河流域出土漢簡》第 128、17～18 頁）。

"除貸錢它物律"①。有一點應當提到，本簡關於"扁"的記述與它簡略有不同：本簡為"明扁……處"，而它簡則多為"明白扁書……處"。〔簡七〕是"始建國二年詔書"冊的下行文，該詔書的主要内容是向匈奴發兵、赦免罪徒令其參戰等②。以上兩簡都寫明要將詔書最終以"扁"的形式公佈於亭隧。〔簡八〕、〔簡九〕、〔簡十〕都是"律令"的下行文。〔簡十一〕的文字涉及亭隧候望與舉烽，其主文書當和防務有關，或係邊防守則、烽火品約之類。〔簡十二〕摘自簡冊"專部士吏典趣輒"，該簡冊的性質是官吏的職權條例（詳後）。本簡表明，邊亭（隧）所張示的"胡虜購賞"為"扁書"，"二亭扁一"。〔簡十三〕應是檄書的下行文。由本簡可知，亭隧所張示的檄書稱為"檄扁"。〔簡十四〕因文字太少，無法推測其主文書內容。

　　另外還有4枚簡，從其簡文推測，當與扁書有關，亦附記於此：

　　　　〔簡十五〕五月辛巳，羲和丞通下中二千石，二千石下郡太守、諸侯相
　　　　　　　　　……從事下當用者，如詔書。〔書〕到言。　兼掾惲□……八月
　　　　　　　　　戊辰，敦煌長史護行大守事……護下部都尉、勸□□……隆文
　　　　　　　　　學史崇□□□崇□縣，承書從事，下當用事者□□……〔顯見
　　　　　　　　　處〕，如詔書、使者書，書〔到〕言。（《敦煌懸泉月令詔條》
　　　　　　　　　第8頁）

　　　　〔簡十六〕☑處，令吏民盡知之，務☑　（16.12，《居延漢簡釋文合校》第26頁）

　　　　〔簡十七〕☑長政以私印兼行候文書事下尉部士吏□、候長□等：下當用者，
　　　　　　　　　明□☑
　　　　　　　　　☑知之，如詔書。書到言。掾相。（240.2A，240.22A，《居延漢簡
　　　　　　　　　釋文合校》第400頁）

　　　　〔簡十八〕……倉顯處，毋令過留界中不得，如詔書。書到言。令史明。（《敦
　　　　　　　　　煌漢簡釋文》699，第71頁）

以上4條材料中，〔簡十五〕其實並非簡牘文字，而是敦煌懸泉置遺址的泥牆題記，有

　　　① "永始三年詔書"冊的全文，見《居延新簡釋粹》第102~104頁。
　　　② "始建國二年詔書"冊的全文，見《額濟納漢簡》第228~238頁。

研究者認為此即"大扁"。其餘3枚簡則出自漢代烽隧遺址①，因簡文殘缺，未能確定所記載的是"大扁"還是"扁"。

通過上面的梳理，可以看出，漢簡中有關扁書的記載大多出自重要官文書的下行文。這些官文書的種類不一，有詔書、律令、檄文等，也有各種條規。從數量看，以詔書為最多，可確認者有9條，包括［簡一］、［簡二］、［簡六］、［簡七］、［簡八］、［簡九］、［簡十五］、［簡十七］、［簡十八］；其次為律令，可確認者有5條，包括［簡三］、［簡七］、［簡八］、［簡九］、［簡十］，其中3條亦屬於詔書（［簡七］、［簡八］為"詔書律令"、［簡九］為"詔條律令"）；涉及檄文者有2條，包括［簡四］、［簡十三］；涉及條規者有2條，包括［簡十一］、［簡十二］；另有3條性質不明，包括［簡五］、［簡十四］、［簡十六］。這些官文書的內容為各種政令，包括法律的頒佈與廢除，赦令，月令，軍事動員，搜捕罪人，購求賞格，邊防守則以及官吏職權條例等。在下行文中，各級地方官員命令下級機關在收到上述重要公文後，要以扁書的形式向基層進行公佈。公佈地點為人群聚集或流動的鄉亭、市里、官所、驛站和亭隧等，位於"高顯處"，使民眾"盡誦知之"、"盡知之"。可知扁書是官府向基層吏民發佈政令、進行宣諭的一種文告的樣式。

漢簡所記載的扁書，從名稱看，有"大扁"與"扁"之別。顧名思義，前者的形制當大於後者。而且，在提到"大扁"時，必曰"明白大扁書"；在提到"扁"時，卻未必皆附加"明白"二字。從數量看，"大扁"為5例，"扁"為9例，前者少於後者。從內容看，用"大扁"移寫的文書，有涉及逃犯和重要律令者，其急要程度可能較高。而用"扁"移寫的文書，除政令、法律等，也包括各種條規，不一定皆屬急要。從公佈地點看，二者也似乎有所不同。關於"大扁"的材料，除上文所列5例外，還應加上［簡十五］，即被考訂為"大扁"實例的"四時月令詔條"。而"四時月令詔條"與［簡一］、［簡四］都出自敦煌懸泉置遺址，它們占了目前所知6例關於"大扁"的材料的一半。"置"是道路上較大的驛站，不僅人群聚集，更是其流動的地點。［簡二］雖不是出自"置"，但其簡文所記"大扁"的公佈地點包括了"謁舍"。"謁舍"即客舍，也是人群流動的地點，此與"置"有相似之處。而在關於"扁"的材料裏，卻沒有1例涉及"置"或"謁舍"。它們全部出自邊關和烽隧遺址，以後者為多。在這9例中，［簡六］、［簡七］、［簡十一］、［簡十二］、［簡十三］都寫明要將"扁"發佈於亭隧。亭隧的性質大致相當於邊防哨所，人員不多，流動亦有限。這表明，

---

① ［簡十六］出土於A7，甲渠候官遺址破城子之北最近的一個烽臺（見"居延漢簡出土地點表"，中國社會科學院考古研究所編《居延漢簡甲乙編》下冊第323、292頁）；［簡十七］出土於A21，額濟納河東岸漢代烽隧遺址（見"居延漢簡出土地點表"，中國社會科學院考古研究所編《居延漢簡甲乙編》下冊第326、292頁）；［簡十八］出土於敦煌馬圈灣漢代烽隧遺址（見"新中國建立後出土漢簡索引表"，《敦煌漢簡釋文》第381頁）。

“扁”的功能不限於宣傳和公示，也有教諭和備忘的作用。總之，“大扁”與“扁”二者相比，“大扁”的宣傳力更強，急要程度也更高，其發佈地點大概多在道路或要闕之處；而“扁”則應用範圍更廣，數量也更多，在亭隧一邊地防禦組織的最基層，“扁”的出現頻率要遠高於“大扁”。

二

在額濟納漢簡中，有一件由 8 枚木簡組成的簡冊，即〔簡十二〕所屬的“專部士吏典趣輒”[①]。承主持額濟納漢代居延遺址發掘工作的魏堅先生告知：該簡冊是在甲渠候官第十六隧遺址的一個房間內發現的，出土時平攤於房間東北角通往烽臺的臺階上。簡冊幾完好無損，文字為墨書，筆跡清晰，一簡一行：

---

① 《額濟納漢簡》第 73 頁，99ES16ST1：1—8。

〔第1行〕●專部士吏典趣輒

〔第2行〕告士吏、候長、候史壞亭隧外內。

〔第3行〕告候、尉賞倉吏平斗斛毋侵。

〔第4行〕●扁書胡虜講（購）賞，二亭扁一，毋令編幣絕。

〔第5行〕●察數去署吏卒：候長三去署免之；候史、隧長五去免；輔廣士卒數去，徙署三十井關外。

〔第6行〕●察士吏、候長、候史多省卒給為它事者。

〔第7行〕告隧長、卒謹晝夜候有塵若警塊外，謹備之。

〔第8行〕●察候長、候史雖毋馬廩之。（《額濟納漢簡》99ES16ST1：1—8）

"專部士吏典趣輒"7字位於第1行，大約是本簡冊的標題。"專輒"，專斷，專職。《北齊書·楊愔列傳》："專輒之失，罪合萬死。""典"，常法。《周禮·天官·大宰》："大宰之職，掌建邦之六典。"鄭玄注："典，常也，經也，灋也。""趣"，督促。《漢書·成帝紀》："遣丞相長史、御史中丞持節督趣逐捕。"顏師古注："趣讀曰促。""士吏"，候官派到各部從事督察的吏員。甲渠候官共有十部，部的長官為候長，副貳為候史。第十六隧是甲渠候官第十部候史的駐地①，或許也充當過士吏的辦公處所。在標題之下，本簡冊開列了士吏到部督察時的諸項職權，其宣諭性質與扁書頗為相符。文中提到"徙署三十井關外"，"三十"不作"卅"，表明本簡冊為新莽時物。值得注意的是，其第四行有這樣的規定："扁書胡虜講（購）賞，二亭扁一，毋令編幣絕。"要求以"扁書"來公示購求胡虜的賞格，每兩個"亭"一個"扁"，不得使"編"破敗斷開。據此，可以推知兩點：第一，研究者們通常所說的"扁書"，其真正名稱應是"扁"（〔簡六〕中的"明扁"、〔簡十三〕中的"檄扁"亦可作為證據），而"扁書"的本義只是用"扁"的形式書寫。《續漢書·百官志》："凡有孝子順孫，貞女義婦，讓財救患，及學士為民法式者，皆扁表其門，以興善行。"這是張示於門戶的"扁"在文獻中的例子。此"扁表其門"的"扁"字，與漢簡中"扁書胡虜講（購）賞"、"扁書鄉亭市里"的"扁"字用法類似。第二，"扁"用編繩，這表明"扁"不是書於木板或牆壁，其樣式當與冊書略同。

在本簡冊的8枚簡中，除第7枚簡的下端略殘，長約21釐米外，其餘7枚簡的長度大致相等，為23–23.5釐米，相當於漢尺1尺；寬1.2–1.4釐米，約相當於漢尺半寸。諸簡似皆未見契口。簡冊有兩道編繩，從右向左編聯，繩為麻質，徑約0.15釐米。兩道編繩相距7–8釐米，亦各距簡冊的上下端7–8釐米。當簡冊展開時，8枚木簡並

---

① 承謝桂華先生在中國人民大學國學院額濟納漢簡讀書班上賜教。

列，總寬度約 12.5 釐米。特別應當指出，本簡冊的編繩與眾不同。一般的冊書，就目前所見編繩完整者之照片推測，其編聯方法大致是這樣的：先將編繩對折，然後套入第 1 枚簡，簡身頂在編繩的對折處（即冊書的右端；編繩對折，故此處無繩頭），扭轉編繩固定；再套入第 2 枚簡，扭轉編繩固定；再套入第 3 枚簡……由右向左，到編完最末 1 枚簡後，將編繩打結繫緊，餘下的繩頭留在冊書的左端。繩頭往往較長，可用來捆紮卷起的冊書，亦可根據需要續編新簡。例見肩水金關簡之“勞邊使者過界中費”冊，懸泉漢簡之“陽朔二年車輦簿”冊、“失亡傳信冊”，居延漢簡之“永元器物簿”冊、“寧書”冊等①。本簡冊的編聯方法亦如此。所不同者，一是餘下的繩頭較短，二是簡冊兩端各有兩個編繩結的小環。右端是編簡前預留的，左端是編完後再結的，一共四環。從繩頭較短來看，本簡冊不是一件需要收卷的普通冊書，也不需要續作添補；從繩環的作用來看，本簡冊應當是能夠懸掛和固定的。將以上特點與“專部士吏典趣輒”的文字內容結合起來考慮，似可做出這樣的判斷：本簡冊有可能是一個用來張掛的“扁”，也就是人們所說的扁書。

　　漢簡中有邊隧以簡冊抄錄詔書的記載，似亦可作為證據：

　　　　［簡十九］淩胡隧、厭胡隧、廣昌隧各請輸札、兩行，隧五十，繩廿丈，須寫
　　　　　　　　下詔　　書。（《疏勒河流域出土漢簡》146，第 41 頁）

“札、兩行”，普通的木札和較寬的可寫下兩行字的木札；“繩”，這裏指書繩。按此，邊隧在抄錄詔書的時候，要使用製作簡冊的材料“札、兩行”與“繩”，而不是書於木板或牆壁。邊隧處在荒僻之地，每隧僅數人而已。其抄寫詔書的主要目的應當不是收存，而是“令吏卒盡誦知之”、“盡知之”，故抄下的詔書應當掛起來宣諭。上文所舉［簡一］、［簡二］、［簡六］、［簡七］、［簡八］、［簡九］、［簡十五］等簡都顯示，詔書在傳送到鄉亭、市里、官所、驛站和亭隧等基層組織之後，往往要用“扁”來公佈。這也從旁證明，邊隧用以抄錄詔書的簡冊或就是“扁”。假如上面的推測皆不誤，則［簡十九］和“專部士吏典趣輒”便印證了《說文》冊部對“扁”字的解釋：“扁，署也，從戶、冊。戶冊者，署門戶之文也。”“戶”，單扇門，引申為出入之口。可知“扁”是“署”，題署；又是“戶冊”，其樣式為“冊”，張示於門戶。

---

　　①　“勞邊使者過界中費”冊（74. EJT21：2－10）、“陽朔二年車輦簿”冊（I0208②：1－10）的照片，見馬建華主編《河西簡牘》，第 34、35 頁，重慶出版社，2003 年版；“失亡傳信冊”（Ⅱ90DXT0216②：866－870）的照片，見《出土文獻研究》第七輯，圖版第 11 頁，上海古籍出版社，2005 年版；“永元器物簿”冊（128.2）、“寧書”冊（2553）的照片，見中國社會科學院考古研究所編《居延漢簡甲乙編》上冊甲圖版壹、甲圖版壹捌貳，中華書局，1980 年版。並可參看何雙全：《簡牘》彩圖 15、16，敦煌文藝出版社，2004 年版。

現今可以確定的 "扁" 字，大約始見於西周。師毀簋作 "🀆"，從 "戶"，從 "冊"，與《說文》小篆同。在戰國文字中，郭店楚簡作 "🀆" 之形，中間從 "曰"，是 "戶" 的訛變，其情形與 "牖" 作 "牖" 相似。總之，古文字形表明，"扁" 從 "戶"，從一 "冊" 或二 "冊"，本義是將簡冊掛在戶上或戶旁①。此外，從語言上看，"徧" 字與 "扁" 字同源。《說文》彳部："徧，帀也，從彳，扁聲。" 徐鍇繫傳：徧，"帀行之也"。②《爾雅·釋言》郭璞注："宣、徇，徧也。"③ "徧" 是古 "遍" 字，其本義为周遍，宣广，此與 "扁" 的作用相當接近。"扁"、"徧" 二字可通。《讀書雜志·荀子第一·修身》："'扁善之度'，念孫案：'扁'，讀為 '徧'。"④ 在漢簡所記 "扁書鄉亭市里顯見處，令吏民盡知之" 等公文套語裏，若將 "扁" 字換成 "徧" 字，文意仍可通。由 "專部士吏典趣輒" 這一實例，或可推知："扁" 的樣式大致與一般的簡冊相仿⑤，亦用編繩編聯（編繩應結實，勿使 "幣絕"；編聯應緊密，以免滑脫）；左右兩端應有可供懸掛和固定之物，如繩環之類；簡面不應過窄，以便 "明白" 書寫；可不必餘留用來收卷和續編的長繩頭。

"扁" 的書體也值得注意。《說文》敘："自爾秦書有八體：一曰大篆，二曰小篆，三曰刻符，四曰蟲書，五曰摹印，六曰署書，〔蕭子良云：署書，漢高六年，蕭何所定，以題蒼龍、白虎二闕。〕七曰殳書，八曰隸書。漢興有艸書。《尉律》：學僮十七已上始試，諷籀書九千字乃得為吏。又以八體試之，郡移太史並課，最者以為尚書史。" 是 "署書" 為 "秦書" "八體" 之一，漢時亦用。按前引《說文》曰 "扁，署也"，則 "扁" 的書體或即 "署書"。"專部士吏典趣輒" 的字大而方正、清楚，屬隸書，但略具楷意。有的字已無明顯波磔，出鋒收筆，撇、捺似接近楷書。《顏氏家訓集解·雜藝》註引衛恆《四體書勢》："（韋）誕善楷書，魏宮觀多誕所題。明帝立陵霄觀誤先釘榜，乃籠盛誕，轆轤長絙引上，使就題之。"⑥ 韋誕是曹魏時人。宮觀上的題字當為 "署書"，是知韋誕寫在陵霄觀榜上的 "署書" 是 "楷書"。因 "扁" 的宣諭功能，其書寫應當規範而且 "明白"，以易於辨識。但對於 "扁" 的書體是否有具體的制度規

---

① 關於 "扁" 字在金文和楚簡中的字形及解釋，係承趙平安先生賜教。並參郭沫若：《兩周金文辭大系考釋》，《郭沫若全集》考古編第八卷，科學出版社，2002 年版，第 245 頁；劉國勝：《郭店竹簡釋字八則》，《武漢大學學報》，1999 年 5 期；陳偉：《郭店楚簡〈六德〉諸篇零釋》，《武漢大學學報》，1999 年 5 期。

② 徐鍇：《說文解字繫傳》通釋第四，中華書局，1987 年影印本，第 36 頁。

③《爾雅注疏》卷 3，中華書局，1980 年影印十三經注疏本，第 2581 頁。

④ 王念孫：《讀書雜志》，江蘇古籍出版社，2000 年影印本，第 635 頁。

⑤ 李均明《額濟納漢簡法制史料考》一文認為，"專部士吏典趣輒" 是 "邊塞當局依法律並結合當地實情頒佈的行政規範"，"'扁'，舊說通 '匾'，寫在大塊木板上的文告，但此處簡文云 '毋令編幣絕'，知此扁尚以編繩繫聯，由多枚組合，未見實物"。《額濟納漢簡》第 63 頁。疑其說未安。

⑥ 顏之推撰、王利器集解：《顏氏家訓集解》第 7 卷《雜藝》，上海古籍出版社，1980 年版，第 509 頁。

定，其與楷書有否關聯，還需要進一步的研究。

在懸泉漢簡中，有將"大扁"寫為"大編"的例子。見［簡四］："明白大編（扁）書鄉亭市里□□□□，令吏民盡知□□。"《說文》糸部："編，次簡也。""扁"作"編"，在這裏既可能是假借，也可能是指編聯之冊。而後者則可作為一個提示："大扁"的情況亦与"扁"相似，其樣式或與冊書略同。懸泉漢簡又記載：

> ［簡二十］詔書必明白大書，以兩行著故恩澤詔書。無嘉德，書佐方宜以二尺
> 　　　　　兩行與嘉德長短等者，以便宜從事，毋令刺史到，不謹辦致案，毋
> 　　　　　忽。（II 0114（③：404，《敦煌懸泉漢簡釋粹》二，第 2 頁）

這是用 2 尺長的"兩行"抄寫詔書的規定。"嘉德"，疑指新莽尺。新莽尺 1 尺合 23.3 釐米，與漢尺幾無差別，故可"便宜從事"，用漢尺來替代①。［簡四］與［簡二十］都出自敦煌懸泉置遺址，而該遺址是有關"大扁"的材料發現較多的地方。此外，就現存的漢代西北邊塞簡冊實物來看，一般的詔書並不寫在 2 尺長的簡上，而是往往寫在 1 尺長的簡上，例見居延漢簡"元康五年詔書"冊、額濟納漢簡"始建國二年詔書"冊、肩水金關漢簡"永始三年詔書"冊等②。因此，本簡所記以"二尺兩行"書寫、刺史來時將會查看的"明白大書"之詔書，很可能是"大扁"。又《漢書·諸葛豐傳》記載："不待時而斷姦臣之首，縣於都市，編書其罪，使四方明知為惡之罰。"顏師古注："編謂聯次簡牘也。""編書其罪"，且與斷首一同示眾，可知是用編聯之冊來發佈文告；而發佈地點是在"都市"，可知此編聯之冊亦可能是"大扁"。

出自敦煌懸泉置遺址的"四時月令詔條"被認作"大扁"的一個實例，这大概是不错的。該詔條存留於遺址內一倒塌破碎的牆壁上。牆面塗以白堊，畫有邊框，框裏有赭石色的豎行分欄線。"詔條"共 101 行，在分欄線內逐行書寫；字體為隸書，工整而嫻熟③。邊框為黑色，長 222 釐米，約合漢尺 9 尺餘；通高 48 釐米，約合漢尺 2 尺。這與［簡二十］所記"詔書必明白大書"，并使用 2 尺長的"兩行"來抄寫的規定大體相符。研究者認為，這種將詔書、政令、律令等書寫於牆壁的樣式"從'簡策之文'發

---

① 參《敦煌懸泉漢簡釋粹》第 3 頁注釋。
② 居延漢簡"元康五年詔書"冊諸簡（包括 10.27、10.29～33、332.26、5.10 等 8 簡，參（日）大庭脩著、徐世虹譯：《漢簡研究》，廣西師範大學出版社，2001 年版，第 20 頁），其長度參看中國社會科學院考古研究所編《居延漢簡甲乙編》上冊甲圖版拾壹、拾陸、拾柒、壹三零，中華書局，1980 年版。額濟納漢簡"始建國二年詔書"冊諸簡（2000ES9SF4：1-12），其長度參看《額濟納漢簡》第 228～238 頁圖版。肩水金關漢簡"永始三年詔書"冊諸簡，因下端曾遭遇火焚，其長度為 9.2～22.5 釐米（見《居延新簡釋粹》第 102 頁）。從餘留的簡文判斷，該詔書當未用 2 尺簡，而是以 1 尺簡書寫。
③ 《敦煌懸泉月令詔條》第 38～39 頁及書中所附圖版。

展演變而來"①，這個見解是正確的。但應指出，書於牆壁恐非"大扁"的唯一樣式。如前所述，以長簡製作的大型簡冊來書寫的文告應當就是"大扁"。而敦煌懸泉"四時月令詔條"長逾百行，篇幅較巨，其內容又是四季推行的月令，故採取了泥牆題壁的樣式。另外，［簡一］記載："書到，白大扁書鄉亭市里高顯處。""白大扁"在簡牘資料中僅此一見，不知是"白"前脫"明"字，本應作"明白大扁書"，還是當時確有"白大扁"這一文告樣式。若為後者，則"白大扁"就很可能是將文告題寫於白色的牆面，如同敦煌懸泉置的"四時月令詔條"。因現有材料太少，姑且存疑。

　　將詔書和重要的公文、文告等書於牆壁的作法，亦見文獻記載。《後漢書·宗室四王三侯列傳·齊武王縯》："伯升遂進圍宛，自號柱天大將軍。王莽素聞其名，大震懼，購伯升邑五萬戶，黃金十萬斤，位上公。使長安中官署及天下鄉亭皆畫伯升像於塾，旦起射之。"李賢註引《字林》："塾，門側堂也。"王莽下令畫劉伯升像於"天下鄉亭"之"塾"，可能是畫於"塾"的箭靶或牆壁。而同時發佈的購求劉伯升的賞格，則亦應同書於牆壁，或扁書而懸掛於牆壁。《太平御覽》卷五九三引應劭《風俗通》曰："光武中興以來，五曹詔書題鄉亭壁，咸輔（補）正，多有闕謬。永建中，兗州刺史過翔篋撰卷別，改著板上，一勞而九逸。""永建"，漢順帝年號。可知在東漢的前半葉，地方官府一度將頒下的詔書書於"鄉亭壁"公佈。書於牆壁的好處是可寫較大的字，醒目而鮮明，還可以畫圖。但因不易維護保管，也不便更新，故不大可能、也不宜長期單一地採用這種樣式。《太平御覽》卷四九六引崔寔《政論》："故里語曰：州郡記，如霹靂；得詔書，但掛壁。"崔寔是漢獻帝時人。可知在東漢末年，詔書傳至地方基層單位後往往"掛壁"，即用"扁"或板來懸掛，而不是書於牆壁。不過，將詔書和重要的公文、文告等書於牆壁的作法卻并未終止。直到唐宋時代，"粉壁"仍然是公佈詔敕政令的重要載體。《通典》卷一百六十五："文明元年四月，勅：律令格式，内外官人退食之暇，各宜尋覽。仍以當司格令，書於廳事之壁，俯仰觀瞻，使免遺忘。"李元弼《作邑自箴》卷一："通知條法，大字楷書，榜要鬧處，曉告民庶。鄉村粉壁，如法謄寫。"②

　　在居延新簡中，有關於"傳榜書"的記載：

　　　　［簡二一］古薪二石，沙一，破烽一，馬矢二石，沙二石，槍卅，傳榜書③，
　　　　　　　　表三，戶戍，戶關二，汲器□。（74.EPT31:67，《居延新簡釋粹》，
　　　　　　　　第85頁）

---

① 胡平生：《"扁書"、"大扁書"考》，《敦煌懸泉月令詔條》第53頁。
② 李元弼：《作邑自箴》，《續修四庫全書》卷753《史部·職官類》，上海古籍出版社，2000年影印本。並參高柯立：《宋代粉壁考述——以官府詔令的傳佈為中心》，《文史》2004年第1期。
③ "傳榜書"，初師賓《漢邊塞守禦器備考略》一文引作"傳榜書一"，見《漢簡研究文集》第181頁。

有研究者認為"傳榜書"是"指張貼告示的宣傳欄，簡曰大扁"①。本簡大約是某"守禦器簿"的残篇。"榜"即"牓"。《玉篇》片部："牓，牌也。"②《廣韻》蕩韻："牓，題牓。"③ 從字義看，"傳榜書"確是牌牓。依常理推想，張示於門戶的"扁"，或應安放在一個既顯著而又能有所遮護、且易於固定的裝置上。直接在大塊木板上書寫文告雖無不可，但似嫌浪費，也不大方便。舊說以為扁書是書於木板，這大概是因為"扁"、"匾"二字相通的緣故。但如前所述，"扁"的本義是"署"，是"戶冊"，而"匾"的本義亦非門墙上的題字木牌。《類篇》匚部："器之薄者曰匾。"④《玉篇》匚部："匾，匾。"⑤《廣韻》銑韻："匾，匾匪，薄也。"⑥ "扁"字的確可用為"扁薄"，如《詩·小雅·白華》："有扁斯石，履之卑兮。"《後漢書·東夷列傳》："兒生欲令其頭扁，皆押之以石。"但"匾"字之用為"匾額"，卻大約要到宋元以後。故"傳榜書"應當不是"大扁"，而是用來安放"扁"的木板，即所謂"宣傳欄"。或者，它也可以用來張示其他樣式的文告。

　　"扁"、"牓"可能曾有過一個共用或通用的時期，但後者逐步取代了前者。《說文》竹部："篇，書也。一曰，關西謂榜曰篇。""扁"、"篇"二字亦通。《詩·衛風·淇奧》"篇竹"陸德明釋文："篇，本亦作扁。"⑦ 又前引《四體書勢》所記韋誕題寫的陵霄觀"榜"，其實就是匾額。目前所見漢簡實物的年代，多不遲於東漢前期。有關"牓"、"榜"（按"榜"用"牌牓"之義）的記載，漢簡中較為罕見，而文獻中卻頗多。例如，《後漢書·崔駰列傳附崔寔傳》："靈帝時，開鴻都門榜賣官爵。"《後漢書·酷吏列傳》："乃僵磔甫屍於夏城門，大署牓曰'賊臣王甫'。"《三國志·吳書·宗室傳》註引《惠別傳》："牓題道衢，招求其人。"《晉書·李特載記》："冉大怒，遣人分牓通逵，購募特兄弟，許以重賞。"《南史·孝義列傳上》："南豫州舉所統西陽縣人董陽三世同居，外無異門，內無異煙。詔榜門曰'篤行董氏之閭'。""牓"（"榜"）的大量出現約在東漢中期以後，其性質、作用以及發佈地點都與漢簡裏的扁書相似。作為文告形式的扁書卻幾乎不見於東漢以後的史料。"扁"的字義也開始發生變化，漸漸不再指"戶冊"，而是局限於匾額。從時間上看，這種現象可能與同時期紙的使用和推廣有關。與簡牘文書相比，紙文書輕而易攜，便於書寫，自東漢開始不斷普及。尤其是，紙

---

　　① 《居延新簡釋粹》第 85 頁注釋。初師賓認為，傳榜書"與匾書近似"。初師賓：《漢邊塞守禦器備考略》，《漢簡研究文集》第 215 頁。

　　② 《大廣益會玉篇》，中華書局，1987 年影印本，第 131 頁。

　　③ 《宋本廣韻》，中國書店，1982 年影印本，第 293 頁。

　　④ 《類篇》，中華書局，1984 年影印本，第 472 頁。

　　⑤ 《大廣益會玉篇》第 132 頁。

　　⑥ 《宋本廣韻》第 269 頁。

　　⑦ 陸德明：《經典釋文》，中華書局，1983 年影印本，第 61 頁。

文書可寫"明白"的大字，製作快捷，這一點對文告來說相當重要。書於紙面的文告無須編聯而完整如"牓"，且較"扁"與"大扁"更需要"牓"的承托，或許便由此而被徑稱為"牓"。這可能是後來"牓"增多的一個原因。

西漢與新莽時期政府信息傳播媒介

——額濟納漢簡"扁書"探析

吳旺宗

一

我國古代政府組織信息的傳達，是將"官文書"通過"驛傳"發佈到各級政府機構的形式進行，"以郵行"、"以次行"、"以輕足行"等傳遞信息的郵傳制度在古代也有較為完整的運作系統。這種組織信息通過郵傳傳達給各級官僚機構以後，一些需要向廣大群衆公佈的內容，政府機構是如何組織實施傳播的呢？也就是說，官文書中的部分內容是通過什麽形式的媒介傳播給最末端的受衆達到宣傳目的的呢？

西漢以前，政府組織信息的這類宣傳媒介有鑄鼎、刻石。《左傳》載禹鑄九鼎，以示天下："昔夏之有方德也，遠方圖物。貢金九牧，鑄鼎象物。百物而爲之備，使民知神奸。"秦始皇統一中國以後，在泰山頂上立碑，歌功頌德，曉諭天下，每到一處，均要刻石以樹威德、服四方。東漢至魏晉，類似媒介多爲"露布"，《後漢書·李雲傳》稱："雲素剛，憂國將危，心不能忍，乃露布上書。"宋承高《事物紀原》云："近代桓溫北伐，需露布文，喚袁宏，……"唐宋史籍中亦出現"邸報"與"粉壁"之說。相對來講，西漢與新莽時期的官方記載中，對官民之間的信息傳播形式極少記錄，正史之中的記載多以"布告天下"而代之，如《漢書·蕭何傳》有關漢武帝元狩中"下詔御史，以酇戶二千四百封何曾孫慶爲酇侯，布告天下，令明知朕報蕭相國德也"。具體的傳播形式就不得而知了。

漢簡的研究使我們對西漢時期官文書的大衆傳播有了較為清晰的認識。近年來出土的額濟納漢簡中關於新莽時期的"扁書"的記載，更是從民間的角度透露了扁書這種信息傳播媒介的使用在這一時期的廣泛性與普遍性。

二

所謂扁書，從形式上講，就是懸之于門戶的簡冊。按照《說文》，"扁，署也，從戶、冊者，署門戶之文也。"蕭子良曰：署書，漢高祖六年蕭何所定，以提蒼龍、白虎二闕。陳槃《漢晉遺簡識小七種》云：冊即簡冊。簡冊之文懸於門戶者皆可以扁書稱之。這些解釋強調的都是"扁"字本意的宣示功能。

那麼為什麼說扁書是當時官方組織信息傳播的"大衆"媒介呢？這是由其在整個信息傳播環節中所處的特殊的地位和位置決定的。從額簡等關於扁書的記載來看，這個時期的扁書使用情況體現了這一特性。簡文中關於扁書的空間分佈，明確指出公佈於"顯見處"、"高顯處"，"鄉亭市里門外謁舍顯見處"，"令民吏盡誦之"，充分標明了扁書信息傳播的目的性。所謂"鄉亭市里"、"寺舍官所"的"高顯處"多指這些場所的"門外"之處，因為這些地方多是地方交通要道或是繁華地段，人流量大，人員相對集中，人多易見，便於加強信息傳播力度，增加宣傳效果。這標誌著扁書在當時承擔著官府與廣大群衆之間信息傳播的任務這一媒介特性。

扁書的空間分佈同時注重了加強向基層生活組織的延伸，漢簡中對扁書的分佈強調"鄉"、"亭"、"市"、"里"，都是政府政權延伸的終端地帶，再往下直接面對的是最廣大的百姓，也就是說扁書這個信息媒介面對的受衆是廣大群衆。扁書無疑是官方表達統治意志的重要方式，同時扁書也必定是當時社會基層平民瞭解政治信息和官方統治意向的主要途徑，它集中體現了扁書媒介的大衆性質。

從漢簡中出現的對扁書的運用情況來看，以扁書作為官方組織信息宣傳的手段似是西漢和新莽時期的通制。《風俗通義》佚文"光武中興以來，五曹詔書題鄉亭壁，歲補正，多有缺謬。永建中，兗州刺史過翔箋撰卷別，改諸版上，一勞而久逸。"說的是光武以前是把通行詔書寫在鄉亭牆壁上讓百姓觀看。這種題壁公佈詔令文書的形式在漢代的確存在，從漢簡反映的情況來看，這種題壁的方式似乎不如扁書普遍，而說光武中興以後才"改諸版上"，顯然不合史實。

三

結合其他地區出土的西漢時期的簡牘材料，這裏列舉和分析一下在西漢與新莽時期，扁書所傳達的信息主要內容：

第一是皇帝的"詔書"及上級官府的通告需"百姓盡知之"者。例如額濟納漢簡有："十一月壬戌，張掖太守融、守部司馬橫行長史事、守部司馬焉行丞事下部都尉承書從事下當用者，書到，明白大扁書鄉亭市里門外謁舍顯見處，令百姓盡知，之如詔書。"① 這支簡所言詔書的具體內容不得而知，但它交待了詔書到達地方後逐級傳達的

---

① 《額簡》2000ES7S: 4A。

程式和宣傳詔書内容的形式——扁書宣傳。在敦煌出土的漢簡中也有相似内容，如"五月壬辰，敦煌太守強、長史章、丞敞下都護西域騎都尉、將田車師戊己校尉、部都尉、小府官縣，承書從事下當用者。書到白大扁書鄉亭市里高顯處，令亡人命者盡知之，上赦者人數太守府別之，如詔書。"① 意思也是將詔書層層下達，最後用扁書將詔書内容明示百姓。

　　第二是官府律令條文需"令吏民盡誦之"者。額濟納漢簡中有："閏月丙申……丞書從事下當用者，明白扁書亭隧顯見處，令吏卒盡知之，具上壹功蒙恩勿治其罪者，罪別之，會今如詔書律令。"② "扁書鄉亭市里顯見處，令吏民盡誦之，具上吏民壹功蒙恩勿治其罪者……"③ 以上額簡所記扁書宣傳内容是上級官府下達的新行律令或原來律令的更改條文，比如簡文"蒙恩壹功勿治其罪"，就是新莽時期為了進攻匈奴招募士卒的鼓勵性條令，在宣傳這些信息時採用的也是扁書這一傳播形式。其他地區漢簡如敦煌漢簡中一支記載："知令重寫移書到，各明白大扁書市里官所寺舍門亭隧候中，令吏卒民盡誦知之，且遣都吏循行問吏卒不知令者……"④ 也是政府公佈命令並明令使用扁書宣傳的例證。

　　第三是官府部門的規章制度以及約定的信息需吏民"盡諷誦知之"者。額簡有："扁書胡虜購賞，二亭扁一，毋令編幣絕"⑤ 的記載，這是當時邊境守軍獎勵制度或約定在烽隧中的公示與宣傳，規定為"二亭扁一"，使烽隧吏卒諷誦銘記。此類扁書疏勒河流域出土漢簡中也有記載，如"扁書亭隧顯見處，令盡諷誦知之，警候望……"⑥ 對此類規章性的信息雖然規定了一定的宣傳範圍，但是依舊用的是扁書的形式。

　　類似内容的漢簡還有很多，這些漢簡所呈現的史料補充了文獻資料的不足，我們從而也得以推斷，當時官文書中需要公示的組織信息的内容，基本包含在扁書這一傳播媒介之中；從另一個角度我們也不難發現，承擔著傳播這些信息的任務的扁書作為一種傳播信息的手段，在當時的運用是十分廣泛的，可以說扁書就是當時組織信息的主要的傳播手段之一。

　　隨著社會和科學的發展，東漢以後類似的信息傳播媒介不斷增多，前述"露布"、"粉壁"之功能和形式便與扁書相似。但是扁書這種信息傳播形式並沒有隨著社會的發

---

① 胡平生、張德芳：《敦煌懸泉漢簡釋粹》，上海古籍出版社，2001 年版，第 115 頁，簡一五一（Ⅱ0115 ②：16）。

② 《額簡》2000ES9SF4：2。

③ 《額簡》2000ES9SF4：3。

④ 李均明、何雙全：《散見簡牘合輯》，文物出版社，1990 年版，第 20 頁，簡 178。

⑤ 《額簡》99ES16ST1：1-8。

⑥ 林梅村、李均明：《疏勒河流域出土漢簡》，文物出版社，1984 年版，第 34 頁，簡 19。

展而消失，《唐大詔令集》卷一一四《榜示〈廣濟方〉敕》中有“宜命郡縣長官就《廣濟方》中逐要者，與大板上件錄，當村坊要路榜示。”當是扁書的公告形式。後來的“榜”不管是什麼材質，應當亦是扁書的延續。

"介子推簡"試釋

孫家洲

在《額簡》中較少見到"書籍類"簡文，與晏子相關的兩支簡（原簡編號99ES18SH1：1，99ES18SH1：2），受到謝桂華先生的特別重視，在其所著《初讀額濟納漢簡》①一文中，以大約二千字的篇幅，加以考證和說明。此類簡文，對於瞭解漢代戍邊士卒的精神生活，意義十分重要。對此，李振宏先生在其論著中，已有論說②，可以參看。

我認為，《額簡》中的兩支簡，可能是與介子推有關的書籍簡。為了便於討論問題，將原簡（此下徑直稱之為"介子推簡1"，"介子推簡2"）徵引如下：

"介子推簡1"

坒焉介山木槐毋人單可以爲巇梗耳故子推徒梗鬼食不肯與人食　　　2000ES7SF1：2A

七十二　　　2000ES7SF1：2B

本簡無殘斷。在研讀班上，孫家洲推測此簡與介子推有關。

"介子推簡2"

□□欲二者便（梗？）廚火柰持火者介子推□□　　　　　　　　　2000ES7SH1：7

簡文上下兩端皆殘斷。其中的"介"字，《額簡》釋作"爪"字，在研讀班上，鄔文玲主張改釋為"介"字；其中的"便"字，疑作"梗"字為是。簡文內容雖然難以臆測，但是，"持火者介子推"五字，可以提示我們注意它與"介子推簡1"的聯繫。

仔細比較兩簡，不難認定它們的形制相同、字跡相同。特別是其中的"介"、"子"、"推"三字以及"梗"字的右半邊，兩簡的字跡完全一樣，極有可能出於一人之手。再從出土地點考查，兩簡皆出於第七隧，雖然分置於1號房屋、1號灰堆，依然

---

① 謝桂華：《初讀額濟納漢簡》，《額濟納漢簡》第○三二——○五三頁。

② 李振宏：《漢代居延屯戍吏卒的精神文化生活》，收入所著《歷史與思想》，中華書局，2006年版，第343～360頁。

可以推測兩簡可能係同一簡冊的遺物。

　　"介子推簡1"正面的字迹工整，有較高的書法水平；形制很爲規正，在"彘"與"梗"、"人"與"食"之間，有兩道明顯的編繩痕迹，背面有"七十二"三字，是該簡原有的編號。據此推測，此簡應該是長篇"書籍類"簡冊中的一支。

　　"介子推簡1"的文字內容，斷句和通釋均有困難，但是，其中的幾個關鍵字所透露的信息，卻極爲重要——它應該是與介子推相關的一部古代書籍殘簡。勉强爲之斷句如下：

　　　　坙焉介山。木槐毋人單可以爲彘梗耳。故子推徒梗鬼食，不肯與人食。

　　其中，需要特別關注的關鍵字，除去"子推"名號之外，尚有如下：

　　坙焉介山："坙"爲"葬"的異體字。介山，即綿山，坐落於今山西介休市東南約二十公里，位於山西介休和靈石縣的交界處。因爲傳說是介子推的退隱、身死之所，而成爲歷史文化名山。山巔有介子推塚墓和紀念祠。

　　木槐：槐樹，或許可以推測爲傳說中的介子推被焚死之前所抱的樹木。

　　梗：字意甚多。比較諸說，我認爲有兩種解釋可列入選擇範圍：

　　其一，梗爲一種榆樹，又稱梗榆、刺榆。《說文》："山枌榆，有刺。"段注："山枌榆，又枌榆之一種也。有刺，故名梗榆。即《齊民要術》所謂刺榆者也。《方言》：'凡草木刺人，自關而東或謂之梗。'郭注：'今云梗榆是也。'"

　　此解或爲"梗"之本義，但與上下文皆無法通釋，故不取。

　　其二，梗爲偶像，或專指木偶。此解在先秦文獻中多有例證。

　　《戰國策·齊策三·孟嘗君將入秦》載有寓言一則："有土偶人與桃梗相與語。桃梗謂土偶人曰：'子，西岸之土也，挺子以爲人，至歲八月，降雨下，淄水至，則汝殘矣。'土偶曰：'不然。吾西岸之土也，土則復西岸耳。今子，東國之桃梗也，刻削子以爲人，降雨下，淄水至，流子而去，則子漂漂者將何如耳。'"

　　《戰國策·趙策一·蘇秦說李兌》也載有大致相同的寓言："夜半，土梗與木梗鬥曰：'汝不如我，我者乃土也。使我逢疾風淋雨，壞沮，乃復歸土。今汝非木之根，則木之枝耳。汝逢疾風淋雨，漂入漳、河，東流至海，泛濫無所止。'"

　　《齊策》所言"桃梗"，是指以桃木所製作的木偶；《趙策》徑直以"土梗"與"木梗"並稱，可以推測"梗"爲偶像的泛稱，不論其製作材料是土質還是木質。

　　結合上文"彘"字，我傾向於此處的"梗"字爲"偶像"。彘梗，彘（豬）形木偶。彘（豬）一直是古代的主要祭祀用牲，至於爲何用彘形木偶作爲祭祀介子推的象徵，只好暫且存而不論。

鬼食：用於祭祀的食物。

不肯與人食：不肯與常人共進食物。此處所指或許就是所謂"寒食"之俗的由來。

如果以上關鍵字的理解不誤，那麼，與介子推傳說相關的地名、人名、特殊風俗現象，就同時具備了，基本可以鎖定該簡與介子推的關係。

仔細斟酌此簡內容，它的文化意義更在於，可藉以梳理介子推傳說的形成過程，特別是其中有關"割股啖君"、"焚死綿山"和"寒食"的環節。

關於介子推傳說的研究，首推裘錫圭先生的名文《寒食與改火——介子推焚死傳說研究》[1]，資料搜羅殆盡，論證細緻縝密。張勃先生《介子推傳說的演變及其文化意義》[2] 一文，也頗有建樹。而我們正在討論的"介子推簡"，可以與文獻和傳說材料相互印證。為了便於展開討論，特將相關的歷史背景及主要資料擇要條述如下：

介子推，春秋中期晉國的著名賢士。據《左傳·僖公二十四年》記載，在"驪姬之亂"之時，公子重耳逃亡出奔，身邊追隨的賢人中就有介子推。後來，公子重耳返國為君（即晉文公），重賞從亡功臣，"介之推不言祿，祿亦弗及"。並且對其他從亡功臣借機求賞的行為頗不認同，斥責為："竊人之財，猶謂之盜，況貪天之功以為己力乎？下義其罪，上賞其奸，上下相蒙，難與處矣。"于是與其母親一道出逃歸隱。其結局是："遂隱而死。晉侯求之不獲，以綿上為之田，曰：'以志吾過，且旌善人。'"《左傳》中介子推的記載，相當簡潔，並沒有後世傳說中的兩大重點——"割股啖君"和"焚死綿山"，也就沒有那般的"壯烈"與動人。

《呂氏春秋·季冬紀·介立》對介子推的記載有所豐富，除了增加了一段"自為賦詩"的內容（即後來為司馬遷所沿用的"龍蛇之詩"），特別強調介子推拒絕重賞而終身隱居的傳奇經歷，而且感歎"今得之而務疾逃之，介子推之離俗遠矣。"

《史記·晉世家》兼采《左傳》與《呂氏春秋》之說，記載了介子推隱退之後"至死不復見"。但是，關於"龍蛇之詩"的作者，卻由介子推本人變成了他的追隨者，"介子推從者憐之，乃懸書宮門"，結局同樣沒有"焚死"之說。

《史記·仲尼弟子列傳》的"序"，記載了孔子所經常稱道的四個賢人：臧文仲、柳下惠、銅鞮伯華、介山子然。其中的"介山子然"就是介子推。《大戴禮記·衛將軍文子》記述孔子稱道幾位賢人的原因，關於介子推的頌詞是："易行以俟天命，居下位而不援其上，觀于四方也，不忘其親，苟思其親，不盡其樂，以不能學為己終身之憂，

① 裘錫圭：《寒食與改火——介子推焚死傳說研究》，原載《中國文化》2 期（1990 年 6 月）；後收入所著《古代文史研究新探》，江蘇古籍出版社 1992 年版、2000 年版。

② 張勃：《介子推傳說的演變及其文化意義》，《管子學刊》2002 年 3 期（2002 年 8 月）。

蓋介山子推之行也。”顯然，其中沒有“割股”“焚死”的蛛絲馬迹。

如果我們相信《左傳》、《史記》的信史價值，加以《呂氏春秋》的佐證，介子推的可信記載，不過如此而已。

但是，介子推“割股啖君”與“焚死”的傳說，在戰國時代已經流傳開來。《莊子·雜篇·盜跖》的記載最為直截了當：“介子推至忠也，自割其股以食文公，文公後背之，子推怒而去，抱木而燔死。”《韓非子·用人》也佐證了“割股”之說：“介子推無爵祿而義隨文公，不忍口腹而仁割其肌，故人主結其德，書圖著其名。”當然言詞最為沉痛、也最令人刻骨銘心的是屈原的《九章·惜往日》：“介子忠而立枯兮，文君寤而追求。封介山而為之禁兮，報大德之優遊。思久故之親身兮，因縞素而哭之。”對晉文公雖有體諒之意，但已經坐實了“誤傷”大德的罪過。

這兩個很有悲劇特徵的傳說，確實有撼動人心的效果，雖然於“正史”無載，但至漢代卻大行其道。《韓詩外傳》卷十記載“重耳無糧，餒不能行，子推割股肉以食重耳，然後能行”。《韓詩外傳》卷七又有“子推登山而燔”之說。又見於《說苑》卷十七，《新序·節士》的記載相當詳盡而且富有“人情味”，如說到“焚死”的特殊成因：“遂去而之介山之上。文公使人求之不得，為之避寢三月，號呼期年。……文公待之不肯出，求之不能得，以謂焚其山宜出，及焚其山，遂不出而焚死。”《漢書·丙吉傳》記載，一位宵小人物為了表彰丙吉的護主之功，而有“雖介之推割肌以存君，不足以比”之說，表明到西漢後期，“割股”的傳說已經是家喻戶曉的典故了。

在有關介子推的傳說演變中，至漢代最為引人注目的變化，可能是“禁火”之俗的出現。它最初只是限於太原一郡，後來的發展演變則擴大至更大區域，最終演變為全國性的“寒食”風俗。

《後漢書·周舉列傳》記載：“（周）舉稍遷並州刺史。太原一郡，舊俗以介子推焚骸，有龍忌之禁。至其亡月，咸言神靈不樂舉火，由是士民每冬中輒一月寒食，莫敢煙爨，老小不堪，歲多死者。舉既到州，乃作吊書以置子推之廟，言盛冬去火，殘損民命，非賢者之意，以宣示愚民，使還溫食。於是眾惑稍解，風俗頗革。”周舉，是東漢中期人，主要仕宦活動在順帝時期。作為太原郡的特殊人文風俗，在介子推被焚死的月份全部禁火，被稱之為“舊俗”，而戰國——秦代的文獻未見相應的記載，那麼這種風俗的形成可以推測出現在西漢時期。

額濟納漢簡的時間跨度為西漢中期到東漢早期，本文所討論的“介子推簡”的寫定時間雖然不宜遽斷，但考慮到作為“書籍簡”所具備的“非時效性”（應該是不同於“文書簡”的區別之一），而應該有一段流傳的時間，它比同出的文書簡形成時間要早，我推測它成書於西漢的可能性是很大的。如果我們把此簡中的“子推徒”理解為與《史記·晉世家》“介子推從者”的含義相同，即介子推的追隨者和崇拜者，結合以上對幾個關鍵字的試釋，那麼，此簡可以啓示我們：關於介子推的傳說，在西漢時期已經具備了"焚死介山"和"禁火寒食"的兩大傳奇要素。可以與依據《後漢書·周舉列傳》記載所做出的推測，相互印證。如果對"木槐"兩字做一個大膽的推測：在當時的傳說中，介子推被焚死之時所抱持的大樹是介山上的槐樹，而且這棵槐樹成為介子推崇拜者心目中的"靈物"，以至於將使用其枝椏所做的彘形木偶當作祭祀介子推的寄託。那麼，我們確實可以說，我們藉助於"介子推簡"而對相關傳說可以給予還原與豐富。

　　"介子推簡"所代表的這部古書，能夠遠播到遙遠的居延地區，並在屯戍的吏卒之間傳閱，使我們不得不重新思考漢代邊境戍卒的精神生活也許要比我們先前的估計要豐富得多。甚至於我們不妨藉以遐思漢代中原文化向邊境地區的輻射路徑。

額濟納漢簡膠鞖及相關問題

王子今

額濟納漢簡可見涉及"膠"的簡例。据《額濟納漢簡》提供的釋文：

(1) 第九隧膠二鞖重十三兩（上端兩側有缺口）（2000ES9SF3：23A）

少一錢少錢（2000ES9SF3：23B）①

正如整理者所特別說明的，木簡上端兩側刻有缺口，似用以繫繩，如駢宇騫先生總結"楬之繫聯"時所指出的形式之一："契口繫繩，如《居延漢簡甲乙編》甲 1335 所見，楬之上端兩側刻三角形契口。繩索繞圈繫於契口處，另延伸出之繩索達 7 釐米以上。"②若干種簡牘學論著都說到"楬"③。《周禮·天官冢宰》："職幣掌式法以斂官府都鄙，與凡用邦財者之幣，振掌事者之餘財，皆辨其物而奠其錄，以書楬之，以詔上之小用賜予。""典婦功掌婦式之法，以授嬪婦，及內人女功之事齎，凡授嬪婦功，及秋獻功，辨其苦良，比其小大而賈之，物書而楬之，以共王及后之用，頒之于內府。""典絲掌絲入而辨其物，以其賈楬之，掌其藏與其出，以待興功之時，頒絲于外內工，皆以物授之。凡上之賜予亦如之。及獻功則受良功而藏之，辨其物而書其數，以待有司之政令，上之賜予。""典枲掌布緦縷紵之麻草之物，以待時頒功而授齎，及獻功受苦功，以其賈楬而藏之，以待時頒，頒衣服授之。賜予亦如之。"《地官司徒》："泉府掌以市之征布，斂市之不售，貨之滯於民用者，以其賈買之物楬而書之，以待不時而買者。"《秋官司寇》："職金掌凡金玉錫石丹青之戒令，受其入征者，辨其物之媺惡，與其數量，楬而璽之，入其金錫于為兵器之府，入其玉石丹青于守藏之府。""司厲掌盜賊之任器貨賄，辨其物，皆有數量，賈而楬之，入于司兵。"《周禮》所見"楬"的作用是明確的，即儲備物品價位、質量、數目的必要標識。本文討論的這枚簡正是"楬"。其文字

① 魏堅主編：《額濟納漢簡》，廣西師範大學出版社，2005 年版，第 227 頁。

② 駢宇騫：《簡帛文獻概述》，萬卷樓圖書股份有限公司，2005 年版，第 77 頁。

③ 林劍鳴編譯：《簡牘概述》，陝西人民出版社，1984 年版，第 45～46 頁；鄭有國編著：《中國簡牘學綜論》，華東師範大學出版社，1989 年版，第 32 頁；〔日〕大庭脩編著：《木簡——古代からのメッセージ》，大修館書店，1998 年版，第 40～42 頁。

說到"膠"的儲用情形及計量單位，如所謂"膠二"，告訴了我們有關漢代器用的新的知識，因此值得重視。

漢簡資料中有關"膠"的內容，可見：

　（2）出錢千三百卅　　買膠廿三斤
　　　　□□兩大□□　　其十□五□五尉史
　　　　□□□□　　九斤八兩斤六十　　（229.8）

　（3）漆一斤□膠一斤醇酒財足以消膠＝消內漆撓取沸（265.41）

　（4）出錢六十七　　八月丁巳付尉史壽＝以買膠三斤（267.12）

　（5）汲桐二直卅　　　　　　檠弩繩卅二丈直五十　　膠二斤十五
　　　　梟長弦四直百　　　　　繩廿丈廿　　　　　　　揚弩繩一直十
　　　　桐繩二困折橐二直百五十　服二直廿　　　　　　楯革一直十（326.6A）
　　　　上火革二直十
　　　　●凡直四百廿四交錢二百卅　　●凡六百六十
　　　　少八十　　　　　　二石弩　　　　　　　（326.6B）

　（6）　五石具弩一故傷一淵一膠
　　　　□□□
　　　　四石具弩一故小傷一淵（E. P. S4. T1：7）

（2）（4）都說到"買膠"。一兩膠的單價，（1）57.83錢，（4）則23.33錢，高低如此懸殊，或許因為時代不同以致供求關係有所變化，或許因為膠的質量有別。（3）言及以"醇酒""消膠"事。由（5）所見膠與弩、楯等兵器並說，應當也屬於守備器具。

《孫子·作戰》："千里饋糧，則內外之費，賓客之用，膠漆之材，車甲之奉，日費千金，然後十萬之師舉矣。"杜牧注："車甲器械完緝修繕，言'膠漆'者，舉其微細。"王晳注："'膠漆''車甲'，舉細與大也。"張預注："'膠漆'者，修飾器械之物也。"可見"膠"在軍事生活中的作用。

睡虎地秦簡有整理者定名《秦律十八種》的內容①，其中的《司空律》涉及"脂""膠"：

　（7）官長及吏以公車牛稟其月食及公牛乘馬之稟可殹官有金錢者自為買脂

_____

① 已有學者提出《秦律十八種》中可析出《興律》，則應改題《秦律十九種》。王偉：《〈秦律十八種·徭律〉應析出一條〈興律〉說》，《文物》2005年10期。

膠毋金錢者乃月為言脂膠期（128）

為鐵攻以攻公大車。　　　司空（129）

（8）一脂攻閒大車一兩用膠一兩脂二錘攻閒其扁解以數分膠以之為車不勞

稱議脂之　　司空（130）

整理小組釋文：

（9）官長及吏以公車牛稟其月食及公牛乘馬之稟，可殴（也）。官有金錢者自
為買脂、膠，毋（無）金錢者乃月為言脂、膠，期（128）。為鐵攻
（工），以攻公大車。司空（129）

（10）一脂、攻閒大車一兩（輛），用膠一兩、脂二錘。攻閒其扁解，以數分
膠以之。為車不勞稱議脂之。　　　　司空（130）

整理小組注釋：“脂，指車輛潤滑用的油脂。膠，黏接車輛木製部件用的膠，古時製
車多用膠黏接。”“鐵工，當指鐵工作坊。”今按，《周禮·考工記·輪人》：“容轂必
直，陳篆必正，施膠必厚，施筋必數，幬必負幹。”所謂“施膠必厚”，正是製車用
膠的證明。整理小組譯文：“官長和吏可以用官有牛車領取自己每月的口糧和官有駕
車牛馬的飼料。有錢財的官府應自為車輛購買脂、膠，沒有錢財的可每月報領脂、
膠，以足用為度。要設立鐵工作坊，來修繕官有的大車。”“每加油和修繕一輛大車，
用膠一兩、脂三分之二兩。修理車輛開膠，按開膠的多少分膠使用。如車運行不快，
可酌量加油。”①

　　居延漢簡可見車輛“折傷”的記錄，如“永光四年十月盡五年九月戍卒折傷牛車出
入簿”（E. P. T52：394），“●甘露元年十一月所假都尉庫折傷承車軸刺”（E. P. T65：459），
“其七兩折傷□□可繕六兩完”（E. P. T56：135），“其六十五兩折傷卅二兩完”
（582. 16），“掖甲渠正月盡三月四時出折傷牛車二兩吏失亡以□□□”（甲附30）等。
敦煌懸泉漢簡《傳車氈（氈）舉簿》：“……□敦煌……故完，可用。……乘，敞，可
用。第四傳車一乘，敞，可用。第五傳車一乘，舉完，輪轅敞盡，會福（輻）四折傷，
不可用。……第六傳車一乘，舉左軸折，輪轅敞盡不可用……氈（氈）舉一，左軸折。
氈（氈）舉一，左軸折。氈（氈）舉一，左軸折。陽朔二年閏月壬申朔癸未，縣
（懸）泉置嗇夫尊敢言之，謹移傳車氈（氈）舉薄（簿）一編，敢言之。”（Ⅰ0208

　　①　睡虎地秦墓竹簡整理小組：《睡虎地秦墓竹簡》，文物出版社，1978 年版，第 82～83 頁；《睡虎地秦墓
竹簡》，文物出版社，1990 年版，第 50 頁。

（2）:1－10）① 説到較具體的車輛"折傷"情形。"其六十五兩折傷卅二兩完"，折傷率高達67.01%。② "折傷"數量如此之多，必須"爲鐵攻（工），以攻公大車"即"要設立鐵工作坊，來修繕官有的大車"方可以完成維修任務。這種集中維修，不是（1）"第九隧"可以承擔的。當然，也不能完全排除"隧"需隨時對所使用車輛"加油和修繕"的可能。額濟納漢簡所見關於"脂"的簡文：

（11）　● 第十四隧
　　　　　脂二斤　（2000ES14SF2：4）③

居延漢簡可以看到"買脂"或"脂錢"的文字，如133.10，237.46，E. P. T40：163，E. P. T43：263，E. P. T51：381，E. P. T52：21 等。"脂"除了作爲食品和護膚化妝品外，也作爲軍備物資。如127.22 言"第十六隧"事，"毋脂"與"夆一不任事，□關折"，"大積薪二上□□，小積薪一上□□，□□皆破，□陽□□隨，狗籠皆破"等並説，285.18 言"第廿七燧"事，"脂少一杯"與"鋸一不任事，斧一不任事，釜一不任事，轉櫨皆毋柂，□六石具弩一□□□"等並説。《禮記·月令》説"季春之月"事："是月也，命工師令百工審五庫之量，金鐵、皮革、筋角、齒羽、箭幹、脂膠、丹漆，毋或不良。"④ 鄭玄注："工師，司空之屬官也。五庫，藏此諸物之舍也。量，謂物善惡之舊法也。幹，器之木也。凡輮幹有當用脂。良，善也。"鄭玄所謂"凡輮幹有當用脂"，我們在理解"脂"的作用時可以爲參考。應當注意，此所謂"五庫"之"庫"，應取"庫"之本義，即軍備物資儲存處所。《説文·广部》："庫，兵、車藏也。"段玉裁注："此'庫'之本義也。"《禮記·曲禮下》："在庫言庫。"鄭玄注："'庫'，謂車馬兵甲之處也。""庫"藏兵、藏車，更重要的是藏兵。《墨子·七患》："庫無備兵，雖有義不能征無義。"

　　"第九隧"所有的"膠"的用途，更可能是用以維修兵器。《周禮·考工記·弓人》説："弓人爲弓，取六材必以其時。⑤ 六材既聚，巧者和之。⑥ 幹也者，以爲遠也。角也者，以爲疾也。筋也者，以爲深也。膠也者，以爲和也。絲也者，以爲固也。漆也者，以爲受霜露也。"鄭玄解釋説："六材之力相得而足。"而其中一"材"，就是"以

① 胡平生、張德芳編撰：《敦煌懸泉漢簡釋粹》，上海古籍出版社，2001 年版，第 85～87 頁。
② 參看王子今：《秦漢交通史稿》，中共中央黨校出版社，1994 年版，第 109 頁，第 123 頁。
③ 魏堅主編：《額濟納漢簡》，廣西師範大學出版社，2005 年版，第 274 頁。
④ 又《呂氏春秋·孟春紀》："是月也，命工師令百工審五庫之量，金鐵、皮革、筋角、齒羽、箭幹、脂膠、丹漆，無或不良。"《淮南子·時則》："命五庫令百工審金鐵、皮革、筋角、箭榦、脂膠、丹漆，無有不良。"
⑤ 鄭玄注："取幹於冬，取角以秋，絲漆以夏，筋膠未聞。"
⑥ 鄭玄注："聚猶具也。"

爲和也"的"膠"。怎樣選用"膠"呢？《考工記》又寫道："凡相膠，欲朱色而昔。昔也者，深瑕而澤，紾而摶廉①。鹿膠青白，馬膠赤白，牛膠火赤，鼠膠黑，魚膠餌，犀膠黃②。凡昵之类不能方。""斯挚必中，膠之必均③。斯挚不中，膠之不均，則及其大脩也，角代之受病。夫懷膠於内而摩其角，夫角之所由挫，恒由此作。"又説到"鬻膠欲孰而水火相得，然則居旱亦不動，居濕亦不動"的技術要求。完好的成品是"九和之弓"："九和之弓，角與幹權，筋三侔，膠三鋝，絲三邸，漆三斜，上工以有餘，下工以不足。"鄭玄解釋説："權，平也。侔，猶等也。角幹既平，筋三而又與角幹等也。鋝，鍰也。邸、斜，輕重未聞。"《韓詩外傳》卷八説到這樣一個有關製作弓的工藝的故事："齊景公使人爲弓，三年乃成。景公得弓，而射不穿三札。景公怒，將殺弓人。弓人之妻往見景公曰：'蔡人之子，弓人之妻也。此弓者，太山之南烏號之柘，騂牛之角，荆麇之筋，河魚之膠也。四物者，天下之練材也，不宜穿札之少如此。且妾聞，奚公之車不能獨走，莫耶雖利不能獨斷，必有以動之。夫射之道在手若附枝，掌若握卵，四指如斷短杖，右手發之，左手不知。此蓋射之道。'景公以爲儀而射之，穿七札。蔡人之夫立出矣。《詩》曰：'好是正直。'"其中所謂"河魚之膠"，"天下之練材"，也强調了"膠"於弓弩製作的意義。"膠"於製作弓弩極爲重要，對維修弓弩的作用自然也可以想見。如（6）所謂"五石具弩一故傷一淵一膠"即是實例④。

　　特別值得我們注意的，是（1）簡文"第九隧膠二鞓重十三兩"中"鞓"的涵義。

　　"膠二鞓"之"鞓"，在這裡應是量詞，而《玉篇·革部》："鞓，皮帶鞓。鞓，同鞓。"⑤《字彙·革部》："鞓，皮帶。"應是指皮帶除去帶扣的皮革部分。形式如"皮帶"的"鞓"或"鞓"，怎樣成爲計數"膠"單位的量詞？前引《考工記》説"膠三鋝"。《説文·金部》："鋝，十一銖二十五分之十三也。""《周禮》曰：'重三鋝'，北方以二十兩爲鋝。"《周禮·考工記·冶氏》説到戈"重三鋝"。鄭玄注："鄭司農曰：'鋝，量名也。'玄謂許叔重《説文解字》云：'鋝，鍰也。'今東萊稱或以大半兩爲鈞，十鈞爲環，環重六兩大半兩。鍰、鋝似同矣，則三鋝爲一斤四兩。"《小爾雅·廣衡》："二十四銖曰兩，兩有半曰捷，倍捷曰舉，倍舉曰鋝。鋝謂之鍰。"宋咸注："舉

---

① 鄭玄注："摶，圜也。廉瑕，嚴利也。"
② 鄭玄注："皆謂煮用其皮，或用角。餌，色如餌。"
③ 鄭玄注："挚之言致也。中，猶均也。"
④ 《太平御覽》卷七六六引《中洲記》："以鳳喙及麟角合煎作膠，名曰'集絃膠'，一名'連金泥'。膠青色，如碧玉。漢武時西王母使獻靈膠四兩，帝不知其妙，以付庫。帝幸上林苑射虎，而弩弦斷，使從駕因取一分膠，口濡續弦以射虎。而帝使武士對挽，終不脱，勝於舊弦。""靈膠""續弦"雖是神話，但是也曲折反映了膠用以維修弓弩的作用。
⑤ 唐李賀《酬答二首》之一："金魚公子夾衫長，密裝腰鞓割玉方。"王琦注："鞓，曾本、二姚本作'□'，同一字耳。"曾本即曾益本，二姚本即姚文燮、姚佺本。吳正子《箋注評點李長吉歌詩》卷三："'鞓'音町，與'□🈹'同，皮帶也。"

三兩，鋝六兩。"《尚書·呂刑》："其罰百鋝。"孫星衍疏引馬融曰："賈逵説：'俗儒以鋝重六兩。'《周官》劍重九鋝，俗儒近是。"又引鄭康成曰："鋝，六兩也。"戴震《辨〈尚書〉〈考工記〉鋝鋝二字》："鋝讀如刷，六兩大半兩。"如果以"鋝六兩"、"環重六兩大半兩"、"鋝……六兩大半兩"計，則可以説"膠二鋝重十三兩"的"鋝"，重量與"鋝"、"環"、"鋝"相當接近。《考工記》"膠三鋝"和額濟納漢簡"膠二鋝"，很可能在數量計算單位的使用方面有某種內在的聯繫。

古代文獻所見"膠"的使用單位，有：斤①、兩②、錢③、分④、寸⑤、片⑥、條⑦、丸⑧、方⑨、塊⑩等，或以重量，或以形狀。片、條、丸、方、塊等，都説"膠"製作成較規範的形狀。《齊民要術》卷九有"煮膠"條，説到"膠"的製作過程及成品形制：

煮膠法：煮膠要用二月、三月、九月、十月，餘月則不成。熱則不凝，無作餅。寒則凍瘃，令膠不粘。

沙牛皮、水牛皮、豬皮為上，驢、馬、駝、騾皮爲次。其膠勢力，雖復相似，但驢、馬皮薄毛多，膠少，倍費樵薪。破皮履、鞋底、格椎皮、靴底、破鞍、靮，但是生皮，無問年歲久遠，不腐爛者，悉皆中煮。然新皮膠色明淨而勝，其陳久者固宜不如新者。其脂肕、鹽熟之皮，則不中用。譬如生鐵，一經柔熟，永無鎔鑄之理，無爛汁故也。唯欲舊金大而不渝者。金新則燒令皮著底，金小費薪火，金渝令膠色黑。

法：於井邊坑中，浸皮四五日，令極液。以水淨洗濯，無令有泥。片割，著釜中，不湏削毛。削毛費功，於膠無益。凡水皆得煮，然鹹苦之水，膠乃更勝。長作木匕，匕頭施鐵刃，時時徹底攪之，勿令著底。匕頭不施鐵刃，雖攪不徹底，不徹底則焦，焦則膠惡，是以尤須數數攪之。水少更添，常使澹沛。經宿晬時，勿令絶火。候皮爛熟，以匕瀝汁，看末後一珠，微有黏勢，膠便熟矣。為過傷火，令膠焦。取淨乾盆置竈埵上以漉米牀加盆，布蓬草於牀上，以大杓挹取膠汁，寫著蓬草

① 如唐孫思邈《備急千金方》卷二八。
② 如《太平御覽》卷三四八引《十洲記》。
③ 如明孫一奎《赤水元珠》卷六。
④ 如宋張君房《雲笈七籤》卷七八。
⑤ 如明徐謙《仁端錄》卷一六。
⑥ 如晉葛洪《肘後千金方》卷五。
⑦ 如唐王燾《外臺秘要方》卷二七。
⑧ 如宋羅願《新安志》卷一〇。
⑨ 如明朱橚《普濟方》卷二一三。
⑩ 如明朱橚《普濟方》卷三八八。

上，濾去滓穢。挹時勿停火。淳熟汁盡，更添水煮之；攪如初法。熟復挹取。看皮垂盡，著釜燋黑，無復黏勢，乃棄去之。

膠盆向滿，异著空靜處屋中，仰頭令凝。蓋則氣變成水，令膠解離。凌旦，合盆於席上，脫取凝膠。口濕細緊紲以割之。其近盆底土惡之處，不中用者，割却少許。然後十字坼破之，又中斷為段，較薄割爲餅。唯極薄爲佳，非直易乾，又色似琥珀者好。堅厚者既難燥，又見黯黑，皆爲膠惡也。近盆末下，名為"笨膠"，可以建車。近盆末上，即是"膠清"，可以雜用。最上膠皮如粥膜者，膠中之上，第一黏好。

先於庭中竪槌，施三重箔樀，令免狗鼠，於最下箔上，布置膠餅。其上兩重，為作蔭凉，并扞霜露。膠餅雖凝，水汁未盡，見日即消，霜露霑濡，復難乾燥。旦起至食時，卷去上箔，令膠見日。凌旦氣寒，不畏消釋。霜露之潤，見日即乾。食後還復舒箔爲蔭。雨則内敞屋之下，則不須重箔。四五日泡泡時，繩穿膠餅，懸而日曝。

極乾，乃内屋内，懸紙籠之。以防青蠅壁土之污。夏中雖軟相著，至八月秋凉時，日中曝之，還復堅好①。

"笨膠"和"膠清"的區別，或可作為上文說到的"膠"價懸殊的解說。最終成品即"膠餅"，其"唯極薄為佳"的形制特徵，大概也是其量詞用字"□"或"鞓"與"皮帶"有關的原因之一。

簡（1）"膠二鞓"的"鞓"，很可能也是製作成統一的形狀，而並非盛裝在某種容器中。其字從"革"，可能是因為"膠"是以"革"煮製的緣故。

特別值得注意的，是文獻所見"膠"的使用，有"挺"這一量詞。晉葛洪《肘後備急方》卷二"治時氣病起諸勞復方第十四"題下可見："又方：黃連四兩，芍藥二兩，黃芩一兩，膠三小挺，水六升，煮取三升，分三服，亦可内乳子黃二枚。"清徐彬註《金匱要略論註》卷一六："吐血不止者柏葉湯主之。註曰：此重'不止'二字。是諸寒凉止血藥皆不應矣。吐血本由陽虛，不能導血歸經，然血亡而陰虧，故以柏葉之最養陰者為君，艾葉走經為臣，而以乾薑温胃為佐，馬通導火使下為使。愚意無馬通童便亦得。按《本草》載此方，乃是柏葉一把，乾薑三片，阿膠一挺，炙合煮入馬通一升。未知孰是，候參。"所謂"膠三小挺"、"阿膠一挺"的"挺"，與（1）"膠二鞓"的"鞓"之接近，是顯而易見的。這一關係又得到文物資料的說明。承劉樂賢先生見告，馬王堆漢墓出土帛書《五十二病方》一六八行有如下文字：

---

① 據繆啟愉校釋：《齊民要術校釋》，農業出版社，1982 年版。

　　　　以水一斗煮葵種一斗，浚取其汁，以其汁煮膠一廷（梃）半，為汁一參，而
一六八①

　　膠的量詞是"廷"，與額濟納漢簡資料可以互證。整理者讀作"梃"，與前引"膠三小
梃"、"阿膠一梃"的"梃"，亦關係密切。宋人戴侗《六書故》卷四"鋌"條下説：
"五金鍛為條樸者。金曰'鋌'，木曰'梃'，竹曰'筳'，皆取其長。"而因"革"煮
製的膠則曰"鞓"，是我們得到的新知識。由"皆取其長"的説法，我們也可以大畧推
知膠"鞓"的形制。

　　元人吾衍《閑居錄》寫道："造朱黃定子，每朱一兩，用金定膠二定，皂角子仁十
粒。亦煎成膏，與膠調勻，然後和朱。此法甚簡，若雌黃只用半兩，則大小與朱定相同
也。"這裡所謂"金定膠二定"的"定"，也是"膠"的量詞。"定"應即通常所見的
"錠"。藥錠、墨錠的使用方式是常見的。我們知道塊狀物量詞"錠"字，原本是寫作
"鋌"的。錢大昕《十駕齋養心錄》卷一九有"錠"條，其中寫道："古人稱金銀曰
'鋌'，今用'錠'字。"②"膠"的量詞使用"定"字，也是後來的變化。而早期用字，
可能正是簡（1）"膠二鞓"的"鞓"。或許吾衍前後的人們也可以説："古人稱膠曰
'鞓'，今用'定'字。"

---

　　①　馬王堆漢墓帛書整理小組編：《五十二病方》，文物出版社，1979 年版，第 68～69 頁。

　　②　錢大昕又説："鋌"之原義，"俱與銀鋌義不協。元時行鈔法，以一貫為'定'，後移其名於銀，又加
'金'旁。"《嘉定錢大昕全集》，江蘇古籍出版社，1997 年版，第 7 册第 518 頁。

額濟納漢簡 "茭錢" 試解

謝桂華

新出額濟納漢簡中有如下一枚簡文：

關都里張齊十三畝　　　　已得茭錢三百六十 ●
今糴粟小石六石直三百六十　丙申入　　　丙申自取　　（99ES16SF2：1）

按：此簡係關都里張齊糴（賣出）粟換錢繳納茭錢的賬簿。"張齊"與"十三畝"之間，漏釋了一個"田"字。

"今糴粟小石六石，直三百六十"之"今"字，王俊梅博士據《額簡》99ES16SF2：3"入糴粟小石廿六石直千五"的文例指出，應改釋作"入"，甚是。

"丙申自取"之"取"，非是。"取"寫作"耵"，"耳"疑為"取"的右偏旁，"弓"為左偏旁，讀作"予"字或為符號"弓"，"耵"當為"取"字和"予"字（或為符號"弓"）的合文。對於"弓"，學界目前有兩種意見，一種認為是鈎校符號，一種認為是"予"字。我傾向於贊同後者。"丙申自取"當釋作"丙申自取予"。意為張齊本人在丙申日拿到賣給官府六石粟所得的三百六十錢後，又於同一天將其作為"茭錢"繳納給官府。前者即"自取"之義，後者即"自予"之義。由此，"丙申入"是針對官府而言，"丙申自取予"則是針對張齊而言。"自取予"很可能是官府在登記編戶齊民以實物折換為錢交納賦稅的賬簿中所使用的專門術語。

從圖版來看，其中第一欄兩行和第二欄第一行簡文："關都里張齊田十三畝，今糴粟小石六石，直（值）三百六十，已得茭錢三百六十。"均係用工整的隸體抄寫，疑為官府預先已經寫好。而"已得茭錢三百六十"後面的點驗符號"●"和第二欄第二行的"丙申入"，以及第三欄左下側的"丙申自取"，均係張齊於丙申日領取糴（賣出）粟小石六石所得的現錢，償還應繳納的茭錢後，由經手的吏員記錄在案。《額簡》99ES16SF2：3："安樂里郭遂成，口一，田一頃八十七畝，入糴粟小石廿六石直（值）千五，癸巳入，已得□，已得□，已得□。"不僅與此簡同出於第十六隧，且簡牘材質、形制、文書內容、格式、筆迹，均完全相類，當屬於同一件賬簿。據《額簡》99ES16SF2：1："今糴粟小石六石，直（值）三百六十"，折合賣出粟小石每石值錢六十，《額簡》99ES16SF2：3："入糴粟小石廿六石，直（值）千五"之後可補作"［百六十］"。此賬簿中至少有三處"已得"字樣，表明郭遂成的茭錢很可能不是一次繳清，而是分幾次交付的。

"茭"在居延漢簡和敦煌漢簡中屢見不鮮。何為"茭"?《說文解字》："茭，乾芻也"。段注："柴誓曰：峙乃芻茭，鄭注同"。《說文通訓定聲》："茭，乾芻也。按此草牛馬喜食，故凡芻以茭名。"《說文·艸部》："芻，刈艸也。象包束艸之形"。段注："謂可食牛馬者"。可見，茭可能本是一種草，曬乾之後可作牛馬飼料，因牛馬喜食，故把飼養牛馬的各種乾草都統稱爲"茭"，它與秦簡中的"芻稾"名異而實同。漢代西北居延、敦煌一帶係屯戍重地，有大量的軍用馬牛需要飼養，因此對於茭的需求量非常龐大。兩地出土的漢簡中保留下來眾多關於"伐茭"、"輸茭"、"積茭"以及出入茭和買賣茭的資料，據此可知，當時政府對於茭的管理以及價格方面已有比較嚴密的制度[1]。

"茭錢"亦屢見於居延漢簡中，如《居延漢簡釋文合校》中有如下兩個賬簿：

十一月己卯掾強所收五年餘茭錢二千五十五

元年茭錢萬四千五百廿八 ●凡萬六千五百八十三（下從略）　　　　（209.2A）

茭錢六百一十九　　　　　　●凡千卌九

茉錢二百

死卒錢二百卅　　　　　（261.13B，261.27B）

這兩個賬簿中的"茭錢"，當是用於購買茭的專門費用名稱。而前引額濟納漢簡99ES16SF2：1中的"茭錢"含義與此不同，它是作為編戶齊民向官府所繳納田租的附加稅。相當於西漢元帝時御史大夫貢禹奏言的"稾稅"。雲夢秦簡、江陵鳳凰山漢簡和《後漢書·光武帝本紀》，均稱為芻稾。以往芻稾的稅率不明，《東觀漢記》稱光武帝在王莽時曾為他的季父春陵侯"訟地皇元年十二月壬寅前租二萬六千斛，出稾錢若干萬"，在傳世史籍中僅此一條罕見史料，且僅能說明芻稾與田租之間的大概的稅率比例。而額簡99ES16SF2：1記錄了張齊田十三畝，收茭錢三百六十錢。即張齊田十三畝，共收田租的附加稅茭錢是三百六十錢。

關於"茭"的價格，多為按束計價，且茭的價格亦非固定不變，而是隨着地區或者質量的差異有所不同。據《額簡》2000ES7SF1：3"出茭百七十束直錢百七十 驚虜隧長王宣二月己未買願以三月祿償 見"，一束茭的價格為一錢。據《居延漢簡釋文合校》

①　參見王昭義：《居延漢簡中的"茭"》，《西北史地》，1999年2期。

140.18B"出錢卅買茭廿束",一束茭值一點五錢。據同書 312.10A"至觻得出錢五十九買茭廿七束口觻得 ●從居延至觻得馬食用二口 口口口出錢六茭二束",一束茭值大約二點二錢或者三錢。據《居延新簡》E. P. T51：91："第十七部茭萬束十所,出茭三千束,候長取,直九百,入六百● 出茭二千束,候史判取,直六百,已入三百●",一束茭值零點三錢。據同書 E. P. T52：149A"駟望燧茭千五百束直百八十,平虜燧茭千五百束直百八十,驚虜燧茭千五百束直百八十,●凡四千五百束直五百卅,尉卿取,當還卅六☑",一束茭值零點一二錢。

說"財用錢"

趙寵亮

　　《額簡》99ES17SH1：2是為記載"財用錢"使用的一枚簡，據文意應讀作：

　　　　出三月財用錢四百，入兩行二百、檄廿三、尺札百。居攝二年正月壬戌，省卒
　　　　王書付門卒蔡愴。

謝桂華先生認為它為"卒輸官財用券"，是向候官報銷時的憑證①。關於"財用錢"，
孟彥弘先生根據吳簡資料、《續漢書·百官志三》、《後漢書·王渙傳》和《宋書·樂志
三》等認為，"所謂'財用錢'最初正是徵收上來專門用於尚書購置紙、筆、墨、封泥
等'行政辦公'之物，後來則變成了政府一項固定的財稅項目"②。

　　與"財用錢"相關的是"財用"，它不是指一般的"財和物"，而是指政府各級部
門日常辦公所必需的辦公用品。由上引額簡可知，兩行、檄、尺札等這些表示不同規
格、用途的簡牘，均為"財用"（辦公用品）。此外，《漢書》卷八三《薛宣傳》載：
"（薛宣）性密靜有思，思省吏職，求其便安。下至財用筆研，皆為設方略，利用而省
費。"由此可知，"財用"應當還包括"研"。

　　孟彥弘先生據《續漢書·百官志三》"少府·守宮令"條："本注曰：主御紙筆墨，
及尚書財用諸物及封泥。"認為用財用錢所購置的辦公用品中亦包括封泥。筆者認為封
泥似當不在其中。王國維說："故封禪玉檢則用水銀和金為泥，天子詔書則用紫泥，常
人或用青泥（《御覽》六百六引《東觀漢記》）其實一切粘土，皆可用之。"③ 按《太平
御覽》卷六百六引《東觀漢記》曰："鄧訓嘗將黎陽營兵屯狐奴，後遷護烏桓校尉。黎
陽故吏最貧羸者舉國，志訓嘗所服藥北州少乏，又知訓好青泥封書，從黎陽步推鹿車於

---

　　① 參見謝桂華《初讀額濟納漢簡》，《額簡》，第47～48頁。
　　② 孟彥弘：《釋"財用錢"》，北京吳簡研討班編：《吳簡研究》第1輯，崇文書局，2004年版，第222～229
頁。下引孟先生觀點均出此文，不再注明。
　　③ 王國維撰：《簡牘檢署考校注》，胡平生、馬月華校註，上海古籍出版社，2004年版，第102～103頁。又
王國維在《齊魯封泥集存序》中所論與此基本相同。見《簡牘檢署考校注·附錄》，第118頁。

洛陽市藥，還趙國易陽，並載青泥一樸，至上谷遺訓。”鄧訓時為秩比二千石的護烏桓校尉，尚因個人喜好而使用某種封泥。推測當時情況可能是，政府文書因其性質而對封泥有特殊要求，故所用封泥不進入文具市場；普通文書所用封泥原材料則為“一切粘土”，易得，而無需買賣。有學者通過秦、漢封泥泥質比較，認為：“似乎漢代已有專門機構頒用公印封泥所使用的膠泥。”①因此，封泥似乎不必使用財用錢購置。

孟彥弘先生推測財用錢主要用於中央尚書省的辦公費用，用於地方政府的比例可能會小一些。財用錢是否存在中央與地方的分成使用，目前還不清楚，但漢簡卻提供了基層使用這筆錢的實例。

一般情況下，烽隧或部的“財用”均由上級單位配給，而無需自行購買。如《居延漢簡釋文合校》55.16：“☐博卿到部輸財用，急☐”；《居延新簡》EPT5·38：“出書繩百斤、泉九百三十，始建國天鳳一年十一月庚☐”；簡EPT51·337：“告上遣卒武取兩行，來毋留”；簡EPT59·154A：“兩行百、札二百、繩十枚，建昭二年二月癸酉尉史☐付第廿五隧”，等等。但實際情況未必如此。如《居延新簡》EPT8·37：“☐☐財用錢百”；《居延漢簡釋文合校》225.45：“☐前圜泉二千三百，出泉六百五顧治圜財用直，餘泉千六百八十五，當得出付泉千二百五十泉”，及上述《額簡》材料、《宋書·樂志三》、與《漢書》卷六六《楊惲傳》“郎官故事，令郎出錢市財用，給文書，乃得出，名曰‘山郎’”之事例，說明當時社會上應當還有專門製作“財用”的人和買賣“財用”的場所。

關於“財用”的使用分配，似乎也有某种規定。如《居延漢簡釋文合校》7.8：“驪喜隧兩行卅、札百、繩十丈、橛三，八月己酉輸☐”；簡10.8：“繩十丈、札二百、兩行五十”；簡10.9：“禽寇隧札二百、兩☐行五十、繩十丈☐六月為七月”；檢查記錄簡68.105：“☐繩少十丈、……兩行少廿☐”等。再聯繫其他簡牘材料，似乎一個烽燧每月分配的“財用”數量為：繩十丈、兩行五十、札百或二百及橛若干。②當上級部門未能發放“財用”時，下級就用錢來購買，而這筆費用即為“財用錢”；③另一種可能就是上級部門根據“財用”的使用或需求情況，給下級發放的即為“財用錢”，而非“財用”實物。

由於資料所限，我們對“財用”的製作了解不多。這裏僅就“財用”中的簡牘、編繩的製作，略做探討。從漢簡中相關材料，如《居延新簡》EPT52·277：“出錢二百

---

① 周晓陆、路东之编著：《秦封泥集》，三秦出版社，2000年版，第21頁。

② 以上僅指大概情況，實際還是有例外，如《居延漢簡釋文合校》273.1：“昕寇隧繩十丈、札五十、橛二，以亭次傳，行毋留”；簡138.7，183.2：“☐安漢隧札二百、兩行五十、繩十五丈，五月輸☐”。

③ 謝桂華先生說：“但從此次《額簡》中新發現的卒輸官財用券來看，亦有由各部、隧用現金購買書寫材料，再向所屬候官報銷的。”見氏著《初讀額濟納漢簡》，《額簡》，第48頁。

買木一，長八尺五寸，大四韋，以治《罷卒籍》，令史護買"；EPT65·120："尉史並白，教問木大小買。謹問：木大四韋，長三丈，韋七十；長二丈五尺，韋五十五；●三韋木長三丈，枚百六十；橡木長三丈，枚百；長二丈五尺，枚八十。毋檽槧"；EPT52·135："☑　八尺財用五百枚"；簡 EPF22·456："☑往來十日，當會二十八日。良、並二十九日到，謹省數材，得二千八百二十，數屯少百八十，除醜惡五十，凡少二百三十。當致百橡，今致二十六，少秦十三；致檢材五，當橡十。凡少六十三。請令良以藥備教並。賁並復令□備之"等，可知在製作簡牘時，首先是把竹木裁製成一定規格，然後再根據需要削截成各種不同規格的"財用"[1]。EPT57·44 則有編製書繩的記錄："☑其三繆付廄嗇夫章治馬靮絆，一繆治書繩"。而 EPT59·229："⊠○始建國天鳳一年六月以來所受枲、蒲及適槧諸物出入簿"則表明製作"財用"所需原料，須登錄"出入簿"以備察。聯繫當時實際，可以推測戍卒的日常工作中當有製作"財用"的內容。

"財用"及"財用錢"收支的校合，在漢簡中也有反映。如《居延新簡》EPT2·9A："庚辰朔戊申，第十桼候長良敢言之，謹移《卒輸官財用券》墨如牒敢言之。連局令校"；EPT59·229："⊠○始建國天鳳一年六月以來所受枲、蒲及適槧諸物出入簿"；《居延漢簡釋文合校》簡 68.105："☑繩少十丈、……兩行少廿☑"等。這說明像其他財物一樣，"財用"、"財用錢"的收支也是要認真核對的。又，《居延新簡》EPT5·231："☑□□皆臧財用，詣☑"；EPT20·14："黨私使丹持計篋財用助譚，送到邑中，往來三日"；EPF22·505："□自山卒周駿、梁多及三塢卒王尊，財用皆"；《額簡》2000ES7SF1:6B："☑省卒趙宣伐財用，橡到，召□□詣官，毋後司馬、都吏"。可能與"財用"及"財用錢"收支校合有關。

至於孟彥弘先生提出的"財用錢"成為政府固定的財稅項目的時間和徵收數量、標準，以及"財用"、"財用錢"這種特殊含義的使用起止時間諸問題，目前都還不能了解清楚，只好留待以後發現更多材料後再研究。

附記：本文請孟彥弘先生、王子今先生審閱並提出寶貴意見，謹並致謝忱。

---

[1]　參見陳夢家《由實物所見漢代簡冊制度》，《漢簡綴述》，中華書局，1980 年版，第 292～298 頁。

釋新莽"附城"爵稱

莊小霞

新近刊佈的《額簡》中有一枚編號為 2000ES9SF3：5 的簡文：

　　學大夫奉聖里附城滿昌等皆曰

　　明詔深閔百姓強弱相扶欲均富之方略萬端臣昌等竊見元年十一月丁酉均詔書曰
其行

李均明先生認為，"簡文所見為里附城滿、昌等對始建國元年十一月丁酉均詔書的看法，內容不全，或為請詔文之類。"此言大致不差。然而，李先生將"里附城"三字連在一起解釋，認為"'里附城'是新莽爵級稱謂"，①將"滿昌"從中間頓開，疑為二人。此說似可商榷。事實上，"附城"才是新莽爵級稱謂，而不能稱之為"里附城"；此簡中的"滿昌"應為一人之名，即被封為奉聖里附城的滿昌。

　　"附城"單獨為爵稱，是二十等爵制中的關內侯在王莽改革爵制後的稱謂。《漢書》卷99上《王莽傳》載："莽乃上奏曰：'……今制禮作樂，實考周爵五等，地四等，有明文；殷爵三等，有其說，無其文。孔子曰："周監於二代，鬱鬱乎文哉！吾從周。"臣請諸將帥當受爵邑者爵五等，地四等。'奏可。于是封者高為侯伯，次為子男，當賜爵關內侯者更名曰附城，凡數百人。"②此為居攝三年（公元 8 年）事，此段材料在李均明先生文中亦提到。③王莽改制，最愛復古，改二十等爵制為五等爵，是遵循周制；改關內侯為"附城"，也是遵循古制。"附城"來源於"附庸"，《禮記·王制》記載"天子之田方千里，公侯田方百里，伯七十里，子男五十里。不能五十里者，不合於天子，附於諸侯，曰附庸"。④據此，日本學者西嶋定生在其關於秦漢二十等爵制的研究中就曾明確指出，"王莽居攝三年，改爵制，恢復公、侯、伯、子、男五等爵之時，關內侯不入五等爵，改稱附城；此附城，是倣效按王制不足五十里、不合於天子、而附於

---

① 李均明：《額濟納漢簡法制史料考》，《額簡》，第 57、56 頁。
② 《漢書》卷 99 上《王莽传》，第 4089 頁。
③ 李均明：《額濟納漢簡法制史料考》，《額簡》第 56 頁。
④ 朱彬：《禮記訓纂》，中華書局，1996 年版，第 164 頁。

諸侯之附庸之意。”① 他還舉扶陽侯韋玄成的例子，說明 “附城” 與 “附庸” 的聯繫。韋玄成襲父韋賢列侯爵，後因獲罪，降爵為關內侯，作詩感歎：“赫赫顯爵，自我隊之；微微附庸，自我招之。”② 西嶋定生認為，“這裏，需要注意的是：稱關內侯之爵位為附庸。”③

居攝三年，王莽改革爵制，把關內侯改為附城，新莽時一直延續這個稱謂。史籍和出土簡牘中均有 “附城” 之例，除前引《漢書·王莽傳》的材料外，《王莽傳下》還提到中黃門王業 “以省費為功，賜爵附城” 事，《漢書》卷 92《遊俠傳》亦載樓護 “至王莽篡位，以舊恩召見護，封為樓舊里附城。”《敦煌漢簡》④ 中亦出現 “附城” 這一爵稱，簡 99：“始建國天鳳三年正月丁巳朔丁丑戊部將軍純據里附城”⑤。羅福頤先生所作《漢印文字徵》中亦收錄有大量的 “附城”，謹摘錄如下：正行里附城、□逆里附城、通恥里附城、囂成里附城、敦識里附城、善田里附城、樂用里附城、顯美里附城、□衡里附城、樂豈里附城、盛熾里附城、桓武里附城、昭仁里附城、尊寵里附城、便安里附城、持僯里附城、篤固里附城、獻恥里附城、壹陽里附城、思守里附城、心定里附城、恭恪里附城、原利里附城、綽衡里附城、仁勇里附城、揚衡里附城家監之信，等等⑥。

新莽時改關內侯為附城，上面所錄的眾多 “某某里附城” 及《額簡》中的 “奉聖里附城”，這些 “附城” 爵稱前所綴 “某某里” 應作何解呢？我們知道，出土漢簡中多次出現有 “某郡某縣某里 + 爵稱” 這樣的形式，如《居延漢簡釋文合校》43.24：“田卒東郡東阿昌國里官大夫□壽年廿八長七尺”；《敦煌漢簡》2083：“戍卒敦煌興盛里公乘閔赦之年卅八”，等等。如果以上舉漢簡中的形式來理解新莽時爵稱前所綴的 “某某里”，如將其釋為人物之籍貫，似乎順理成章。但是，根據《漢書》的記載與漢印的規律，筆者認為 “某某里附城” 之 “某某里”，只能是附城的封號，如同 “某某侯” 的 “某某” 一樣。原因如下。

第一，《漢書》卷 84《翟方進傳》載：“（王莽）乃遣大夫桓譚等班行諭告當反位孺子之意。還，封譚為明告里附城。”顏師古註：“明告者，以其出使能明告諭於外也。附城，云如古附庸也。”這裏的 “明告” 顯然不是指某里之名。《漢書》卷 99 下《王莽傳下》：“（王莽）因賜治廟者司徒、大司空錢各千萬，侍中、中常侍以下皆封。封都匠

---

① 西嶋定生：《中國古代帝國的形成與結構——二十等爵制研究》，武尚清譯，中華書局，2004 年版，第 64 頁。

② 《漢書》卷 73《韋賢傳》，第 3112 頁。

③ 西嶋定生：《中國古代帝國的形成與結構——二十等爵制研究》，第 64 頁。

④ 甘肅省文物考古研究所：《敦煌漢簡》，中華書局，1991 年版。

⑤ 圖版見《敦煌漢簡》（上）第 10 頁，釋文見《敦煌漢簡》（下）第 224 頁。李均明先生文《額簡納漢簡法制史料考》文中也引用此條材料，簡文中的 “純” 誤作 “屯”。參見《額簡》，第 56 頁。

⑥ 羅福頤：《漢印文字徵》，文物出版社，1978 年版。

仇延為邯淡里附城。"顏師古注："都匠,大匠也。邯音胡敢反。淡音大敢反。豐盛之意"。這兩條材料都有力證明"某某里附城"的"某某里",不是行政區劃的"某某里",而是封爵的封號。

第二,在《漢印文字徵》中收錄的"便安里附城"和"揚衡里附城家監之信"作為官印也被收錄在《秦漢南北朝官印徵存》卷4《新莽官印》之第二《五等爵及世子印》中[①],而漢代官印似乎沒有將籍貫刻入官印之例,新莽時亦未見。王莽改革爵制,取消了二十等爵,代之以公、侯、伯、子、男五等爵,而一般臣民大都只被封為不入五等爵的附城。始建國元年,"天下牧守皆以前有翟義、趙明等領州郡,懷忠孝,封牧為男,守為附城。"始建國四年,"附城千五百一十一人。"地皇元年(20年),"令民入米六百斛為郎,其郎吏增秩賜爵至附城。"[②] 眾多應賜爵者被賜爵為附城,致使附城數量非常多,所以新莽時有大量的附城官印傳世並非偶然。由現在所見是時的史籍、簡牘、官印中"某某里+附城"的封號形式,可知"附城"爵稱前加綴"某某里"的封號,是新莽時特有的固定形式。

王莽改革爵制,由關內侯改為附城,其封號的形式是"某某里",所以封號加爵級的形式就是"某某里附城",其中"某某里"並不是實指行政區劃中的里。《額簡》所謂"奉聖里附城","奉聖里"是封號,作為封號的"奉聖里"是唯一的,爵級是"附城","奉聖里附城"則是學大夫滿昌的封號和爵級連稱。

---

① 羅福頤:《秦漢南北朝官印徵存》,文物出版社,1987年版,第99頁。
② 分見《漢書》卷99中《王莽傳中》、卷99下《王莽傳下》,第4107、4129、4162頁。

簡牘所見 "督烽掾" 試說

王俊梅

在西北地區出土的漢簡中①，發現有多枚與 "督烽掾"② 有關的簡牘。關於督烽掾，在傳世文獻中僅見於《後漢書·西羌傳》："元和三年，迷吾復與弟號吾諸雜種反叛。秋，號吾先輕入寇隴西界，郡督烽掾李章追之，生得號吾。"《通鑒》胡三省注曰："督烽掾，郡掾之督烽隧者"③。陳夢家先生指出："督烽掾" 為太守、都尉屬吏，"與兵馬掾、塞曹及戍曹皆居塞邊郡特設的曹"④。嚴耕望先生也將其與塞曹並列，歸於郡國屬吏系統⑤。新出《額濟納漢簡》中也有幾枚與督烽掾有關的簡牘：

（1）☑官並司馬君都吏鄭卿督薰史周卿行塞即日宿吞遠具吏卒　　2000ES7SF1：6A
　　　☑省卒趙宣伐財用檄到召□□詣官毋後司馬都吏　　2000ES7SF1：6B ⑥
（2）☑言之官移督蓬樊掾檄曰候長將卒受錢
　　　☑者主名督蓬不虛言驗問言毋欨＜劾＞＝甚深　　99ES17SH1：6A
　　　☑……敢言之　　99ES17SH1：6B

似乎對督烽掾可作進一步的解釋說明，本文在前輩學者的基礎上，對督烽掾試作进一步解說，不當之處，尚祈方家指正。

一

從西北地區出土的有關 "督烽掾" 的簡牘來看，督烽掾似乎更多的是直屬於都尉

---

① 本文所引簡牘，引自《居延漢簡釋文合校》、《居延新簡》、《疏勒河流域出土漢簡》、《額济纳漢簡》，为简明，在文中除第一次引用注明外，其他不再出注。

② 在漢簡中，督烽掾的 "烽" 字多作 "蓬"、薰，都是 "烽" 的異体字或別体字。为行文方便，本文一律作 "烽"；引用時遵照原簡的用字。

③ 司馬光：《資治通鑒·漢紀三十九》，中華書局，1956 年版，第 1507 頁。

④ 陳夢家：《漢簡所見太守、都尉二府屬吏》，《漢簡綴述》，中華書局，1980 年版，第 123 頁。

⑤ 嚴耕望：《中國地方行政制度史》甲部《秦漢地方行政制度》，中央研究院歷史語言研究所專刊之四十五 A，1990 年，第 135 頁。

⑥ 魏堅主編：《額濟納漢簡》，廣西師範大學出版社，2005 年版。

系統。如：

（3）建武六年七月己酉居延都尉督薰掾黨有案問移甲渠☐　　E. P. F22：402①

（4）復漢元年十一月戊辰居延都尉領甲渠督薰掾　　敢言之誠北　　E. P. F22.423

（5）五月甲寅守張掖居延都尉譖丞奉告勸農掾禹督薰掾遷等謂官縣寫移書到

　　　如莫府書律令　　　　掾循兼守屬丹書佐萌　　E. P. F22.6②

需要指出的是，在漢簡中督烽掾有時簡稱"督薰"，如：

（6）督蓬不察欲馳詣府自出言狀宜禾塞吏敢言之　　疏768③

（7）南合檄一詣清塞掾治所楊檄一詣府閏月廿日起高沙督蓬印廿一日受沫

　　　　　　　　　　　　　　　909（正面）

督烽即是督烽掾，就如同督郵掾稱"督郵"一樣④。有學者認為督烽和督烽掾是兩種屬吏的稱呼，而一般由督烽掾執行具體任務⑤。從目前所發現的漢簡情況看，督烽當即是指督烽掾，另有督烽燧史、督烽史，當是督烽掾的副貳：

（8）矼北督薰隧史延年五月癸卯　　　　　　　　（合校）148·8⑥

（1）☐官並司馬君都吏鄭卿督烽史周卿行塞即日宿吞遠具吏卒

　　　　　　　　　　　　　2000ES7SF1：6A

督烽掾的主要職責，顧名思義主要就是在自己的管轄範圍內，這個範圍大概也是根據所派往的候官的轄區而定，督察烽燧、烽火器物的使用、管理情況。

（8）……府☐☐☐詣部作治督薰掾行塞☐☐☐　　E. P. F22：679

（9）必行加慎毋忽督蓬掾從矼北始度以☐☐到縣索關

　　加慎毋方循行

　　如律令　　　　　　　　　　　　　421·8

（10）更始三年十一月戊寅甲渠守　　　　　　E. P. F22.282

（11）督掾薰敢言之第廿四隧長王陽從故候張獲謹　　E. P. F22.283

（12）嚴等府遣督盜賊督薰行塞具吏檄到有家屬　　E. P. F22.284

（13）☐盧不調利索幣絕或毋薰或幣絕　　　　E. P. F22.285

（14）甲渠鄣守候黨免冠叩頭死罪死罪奉職數毋狀罪法重疊身死　　E. P. F22.286

（15）厚妻子從隨眾死不足報　　　　　　　　E. P. F22.287

---

①　甘肅文物考古所等：《居延新簡》，文物出版社，1990 年版。

②　已有學者提出《秦律十八種》中可析出《興律》，則應改題《秦律十九種》。王偉：《〈秦律十八種·徭律〉應析出一條〈興律〉說》，《文物》2005 年 10 期。

③　林梅村、李均明編：《疏勒河流域出土漢簡》，文物出版社，1984 年版。

④　陳夢家：《漢簡所見太守、都尉二府屬吏》，《漢簡綴述》，中華書局，1980 年版，第 123 頁。

⑤　徐蘋芳：《居延、敦煌發現的＜塞上烽火品約＞》，載《考古》1979 年第 5 期，第 449 頁。

⑥　謝桂華，李均明、朱國炤：《居延漢簡釋文合校》，文物出版社，1987 年版。

（3）建武六年七月己酉居延都尉督薰掾黨有案問移甲渠☒　　　　E. P. F22：402

（16）省兵物及簿署□□任用不　　　　　　　　　　　　　　　E. P. F21：403

督烽掾可能是由都尉府派遣進駐各候官的，如有臨時需要再抽調上來執行都尉府的命令。如簡（4）提到的甲渠督烽掾當是派駐在甲渠候官的，而簡（12）的督烽掾則是受都尉府派遣和督盜賊一道"行塞"檢查烽燧、器物的保管和使用情況的。

出土於博羅松治的簡（9），規定了督烽掾巡視的大概區域，從珍北到縣（懸）索關，珍北指居延都尉所轄的珍北候官轄區，是居延綠洲的最北端；縣（懸）索關是居延都尉的卅井候官所轄，位於居延綠洲的最南端，也就是說督烽掾的巡行檢查範圍要從居延綠洲的最北端，一直到最南端，要檢查居延都尉所轄的所有區域，這也表明督烽掾是直接對都尉府負責。又：

（17）□督薰掾條如律令　　　　　　　　　　　　　　　　　　E. P. T48：146

此簡表明督烽掾要按照要求把巡查到的情況具文上報。西北邊塞地區是防衛匈奴等少數民族進攻、保衛漢朝領土的最前線，邊郡地區的吏員設置中特設督烽掾這一職位，就是為了要協助都尉加強對烽燧的管理、對烽火器物使用情況的監督，所以督烽掾對整個都尉轄區的巡視檢查應該是經常性的。

邊塞戍卒的日常工作就是"謹候望，備烽火"，平常要維護烽火器物的完好，以保證敵情發生時能即時發送、傳遞信號報警，邊塞的官吏對於塞上的一切器物都有督察管理的職責，在《候史張廣德坐罪刑罰檄》中候史張廣德被舉劾時列舉了在其管轄範圍內種種不符合規定的情況，其中有關烽火器物的：第十三隧"蓬少二，無芮薪、表幣、積薪皆卑、縣索緩"，第十四隧"表幣、積薪皆卑少、天田不畫縣索緩"，第十五隧"蓬少一、積薪皆卑、天田不畫縣索緩"，第十六隧"積薪皆卑、天田不畫縣索緩"，第十七隧"芮薪少三石、表小幣、縣索緩"，第十八隧"蓬少一、蓬三幣、縣索緩、表小幣、積薪六皆卑、小積薪少二"[1]，這些都應該是行塞巡行時應檢查的內容，但是由於沒有按要求巡查，結果上級巡行時發現器物不完備，因此被劾。

簡（10）到簡（15）是一組有關督烽掾巡視過程中發現問題後及時處理的記錄。督烽掾在巡行過程中發現甲渠候官第二十四隧用來張掛表幟——蓬的鹿盧使用不便、繩索斷絕、或者沒有蓬或者蓬破爛不堪，因此加以督責，並上報到都尉府。這是甲渠鄣守候黨對都尉府的檄文作出的回復，應該屬於上行回報文書。在文書裏黨對督烽掾提出的烽火器物破敗問題自認是"奉職數毋狀"，是失職行為，可見平時保證烽火器物完好是各級官吏的職責所在，督烽掾需要時時督察烽火器物的使用保管，起到督課的作用。另外，從時間上來看，更始三年，這時的居延地區正處在竇融控制之下，《後漢書·竇融傳》載：中原亂

---

① 甘肅文物考古所等：《居延新簡》，文物出版社，1990 年版，第 345～346 頁。

起，竇融避地河西，為河西五部大將軍兼張掖屬國都尉，"修兵馬，習戰射，明烽燧之警"，使這一地區的邊塞防禦系統沒有廢弛，這幾枚簡牘也正好證明了這一點。

簡（3）、（16）是一組關於督烽掾黨移文詢問甲渠候官有關兵器的使用情況的簡牘。邊塞地區兵器的管理非常嚴格，在簡牘中有非常多的關於兵器物簿的記載：

（18）■槀盇矢銅鍭百完（上端有小孔及殘留麻繩）　　99ES16SF1：3

（19）■槀矢銅鍭百完

　　　　　少四　　　　　　　　　　　　　　　　E. P. T51：150A

（20）■槀矢銅鍭百完　　　　　　　　　　　　　E. P. T51：150B

烽燧中的烽火器物、武器裝備是重要的軍用物資，必須嚴格管理，因此督烽掾黨下專文核實甲渠候官的兵器管理情況。

以上所列舉的簡牘資料表明，檢查邊塞各種器物的維護和使用情況是各級官吏的職責，已經出土的《塞上烽火品約》使我們得以瞭解在不同情況下烽火如何使用，都有明確細緻的規定，並要求吏卒時時諷誦，因為一旦烽火信號出現誤舉或故意不舉，就會造成嚴重後果。同時在有關督烽掾的簡牘中出現的"條如律令"的字眼，表明都尉府對督烽掾的職責有著嚴格的規定：其職責是直接督察都尉府之下的部、候、隧的工作情況，其中，烽火器物的情況是重點督察的內容，檢查結果直接上報都尉府，都尉府再對相關責任人提出處理意見。

二

督烽掾作為都尉府的屬吏，除了重點檢查烽火器物、兵械器具的使用、管理情況外，在巡視過程中對官吏的瀆職、失職行為，也需要及時向都尉府報告。

（4）復漢元年十一月戊辰居延都尉領甲渠督蓬掾　　敢言之誠北

　　　　　　　　　　　　　　　　　　　　　　　　E. P. F22：423

（18）隧長候倉候長樊隆私去署誠教敕吏無狀罪當死叩頭死罪死罪敢言之

　　　　　　　　　　　　　　　　　　　　　　　　E. P. F22：424

該冊書應該是一個完整的上行文書。誠北隧長候倉、候長樊隆擅離職守被兼領督烽掾一職的居延都尉發現而上報①。"復漢"是隗囂在河西地區的自用年號，以示堅持漢朝正朔、反對王莽的鮮明立場，為何由居延都尉兼領督烽掾一職尚不清楚，但是由於這

---

① 鵜飼昌男先生认为"居延都尉領甲渠督烽掾"，应解作以居延都尉属下的督烽掾兼領甲渠候官的职务。可备一说。見氏著《建武初期河西地区的政治动向——〈後漢書·竇融传〉補遺》，载《简帛研究譯叢》第二辑，湖南人民出版社，1998 年版，第 257 頁。

枚簡的特殊性，即是由較高職位的居延都尉兼領較低職位的督烽掾，因此不能斷言督烽掾"對失職的士吏有權提出治罪的意見"①。

又：

（1）☐言之官移督蓬樊掾檄曰候長將卒受錢

　　☐者主名督蓬不虛言驗問言毋欼＜劾＞＝甚深　　　99ES17SH1：6A

　　☐……敢言之　　　　　　　　　　　　　　　　　99ES17SH1：6B

從該簡的出土地來看，出土於甲渠塞第十七隧的灰堆中，當可肯定這裏的"官"指的是甲渠候官。從整支簡文看應是下一級官吏對甲渠候官所轉發的"督烽掾"檄書的答復。大意是督烽掾在巡行時發現候長帶領戍卒領錢的過程中有違法行為而發文質詢，又由甲渠候官轉發檄文責成下面進行核實，該簡則是核實後的上行回報文書，在文書中特別注明是樊姓督烽掾，表明都尉府的督烽掾不只一名，這也可從側面證明前面的猜測：即督烽掾可能是由都尉府派駐各候官進行督察、管理的。

（19）　　　城倉庫延水居延農甲渠殄北卅井候官督薰
　　☐　　　　　　　　　　　　　　　　　　　　　　E. P. T57：15
　　　　及省卒徒繕治城郭塢辟令丞候尉史遂等三老

從行文來看，這應該是居延都尉下達給轄區內官員關於修繕整治城郭、塢辟等防禦性建築的指令，在官員名單中有"居延農（都尉）、甲渠、殄北、卅井候官、督烽"，表明督烽掾除督管烽燧工作外，城郭、塢辟等防禦性建築的修繕整飭也應在其監督之列。

由於督烽掾是常駐候官督促、檢查工作，因此還有自己的辦公處所：

（20）□□□□私去署之邑中舍因詣督蓬周掾所自言後不欲代詡報

　　　　　　　　　　　　　　　　　　　　　　　　　E. P. T68：208

（21）都蓬□掾在所　　　　□□　　　　　E. P. F22：749

在已出土的西北簡中，還發現有督烽掾的印信：

（22）南合檄一詣清塞掾治所楊檄一詣府閏月廿日起高沙督烽印廿一日受涑

　　　　　　　　　　　　　　　　　　　　　　　　　　釋2396A②

綜上所述可知，簡牘所見督烽掾一般是由都尉府派駐所轄各候官，監督檢查各候官、部、隧的工作，重點監督烽火器物的管理、使用情況，同時還對所轄下級官吏進行督察，其下有督烽隧史、督烽史等，督烽掾這一稱謂可能還不為大家所熟悉，所以在新發表的《額濟納漢簡》最後所列的《人名（含字）索引》中，額簡中出現的督烽樊掾沒有收入，當補。

---

① 徐蘋芳：《居延、敦煌發現的＜塞上烽火品約＞》，載《考古》1979年第5期，第449頁。

② 吳礽驤、李永良、馬建華釋校，甘肅省文物考古研究所編：《敦煌漢簡釋文》，甘肅人民出版社，1991年版。

額濟納漢簡法制史料考

李均明

1999 年至 2002 年間額濟納旗烽燧遺址出土的漢簡，內容大體與 1930 及 1972、1973 年間出土的居延漢簡相類，其中不乏與漢代法制相關的史料，它不僅能印證傳世古籍及此前出土的居延漢簡所見，亦有新的內容可資補充，今一併考述如下。

一 詔書律令

額濟納漢簡中雖未見太多的詔書律令本文，但與之相關的簡文卻不少，如：

（一）☑父母，爲天下至。定號爲新，普天莫匪新土，索＜率＞土之賓，〔莫〕匪新臣。明　　　　　　　99ES16ST1：14A

☑十四　七十五　　99ES16ST1：14B

此例所見當爲新莽詔書或請詔殘文。"定號爲新"事見《漢書·王莽傳》：始建國元年正月，王莽"御王冠，謁太后，還坐未央宮前殿，下書曰：'予以不德，託於皇初祖考黃帝之後，皇始祖考虞帝之苗裔，而太皇太后之末屬。皇天上帝隆顯大佑，成命統序，符契圖文，金匱策書，神明詔告，屬予以天下兆民。赤帝漢氏高皇帝之靈，承天命，傳國金策之書，予甚祇畏，敢不欽受！'以戊辰直定，御王冠，即真天子位，定有天下之號曰新。其改正朔，易服色，變犧牲，殊徽幟，異器制。以十二月朔癸酉爲建國元年正月之朔，以雞鳴爲時。服色配德上黃，犧牲應正用白，使節之旄幡皆純黃，其署曰'新使五威節'，以承皇天上帝威命也。"在定國號爲"新"的同時，出臺相應的一套制度，"普天莫匪（非）新土，索＜率＞土之賓〔莫〕匪（非）新臣。"亦見《漢書·王莽傳》：天鳳三年，王莽所下詔書云"普天之下，莫非王土，率土之賓，莫非王臣"。師古注："莽引《小雅·北山》之詩也。"

（二）……雜作二品。白□

……事。作泉必□　　99ES16SF1：5

此例所見爲新莽時期簡。"泉"乃新莽貨幣稱謂，兩漢皆作"錢"，《新簡》

EPT59.163："枚。縑素上賈一匹直小泉七百枚。其馬牛各且倍平，及諸萬物可皆倍犧和折威侯匡等……"①《金石契》錄新莽大泉母範四種，其一云："右新莽泉母，列泉四枚，二面二漫，篆文曰'大泉五十'，海寧周明府人松霭春所藏，云即竹垞太史見於衍齋者，惟底有篆似'□金'字，何以竹垞跋語不及也。又王述菴先生藏一範與此正同，詳江同年聲跋尾。"②簡文"二品"或指鑄錢二品，新莽曾頒詔實行貨幣改革，《漢書·王莽傳》：始建國元年，莽詔："予前在大麓，至於攝假，深惟漢氏三七之厄，赤德氣盡，思索廣求，所以輔劉延期之（述）[術]，靡所不用。以故作金刀之利，幾以濟之……今百姓咸言皇天革漢而立新，廢劉而興王。夫'劉'之爲字'卯、金、刀'也，正月剛卯，金刀之利，皆不得行。博謀卿士，僉曰天人同應，昭然著明，其去剛卯莫以爲佩，除刀錢勿以爲利，承順天心，快百姓意。"乃更作小錢，徑六分，重一銖，文曰"小錢直一"，與前"大錢五十"者爲二品，並行。欲防民盜鑄，乃禁不得挾銅炭。此次乃廢刀布錢，獨行大錢與小錢二品。《漢書·食貨志》："百姓憒亂，其貨不行。民私以五銖錢市買。莽患之，下詔：'敢非井田挾五銖錢者爲惑眾，投諸四裔以御魑魅。'於是農商失業，食貨俱廢，民涕泣於市道。坐賣買田宅奴婢鑄錢抵罪者，自公卿大夫至庶人，不可稱數。莽知民愁，乃但行小錢直一，與大錢五十，二品並行，龜貝布屬且寢。"此後，王莽曾造寶貨五品，但流通受阻，百姓仍行用二品，《漢書·王莽傳》：始建國二年，"莽以錢幣訖不行，復下書曰：'民以食爲命，以貨爲資，是以八政以食爲首。寶貨皆重則小用不給，皆輕則就載煩費，輕重大小各有差品，則用便而民樂。'於是造寶貨五品，語在《食貨志》。百姓不從，但行小大錢二品而已。盜鑄錢者不可禁，乃重其法，一家鑄錢，五家坐之，沒入爲奴婢。"簡文所見"二品"，或指上引史籍所云大錢、小錢而言。至新莽末之地皇元年，亦有二品之行，《漢書·王莽傳》：地皇元年，"是歲，罷大小錢，更行貨布，長二寸五分，廣一寸，直貨錢二十五。貨錢徑一寸，重五銖，枚直一。兩品並行。敢盜鑄錢及偏行布貨，伍人知不發舉，皆沒入爲官奴婢。"但此二品，一爲貨布，另一爲貨泉，當非簡文所涉。

（三）☑……日，以詔書增秩☑

☑……六十四日，以詔書☑　　　　2002ES16SH1：6

此例所見當爲執行增秩詔書的司法文件殘文，具體時代未詳。"以詔書增秩"指按照詔書的規定增加官吏秩級，如《漢書·宣帝紀》："潁川太守黃霸以治行尤異秩中二千石，賜爵關內侯，黃金百斤。"晉灼注："此直謂二千石增秩爲中二千石耳，不謂滿

---

① 甘肅省文物考古研究所、甘肅省博物館、中國文物研究所、中國社會科學院歷史研究所：《居延新簡——甲渠候官》，中華書局，1994 年版，本文簡稱《新簡》。

② 參見饒宗頤、李均明著《新莽簡輯證》（新文豐出版公司 1995 年版）119 頁關於新莽"大泉"的考證。

不滿也。"師古注："霸舊已二千石矣，今增爲中二千石，以寵異之。此與地節二年增膠東相王成秩，其事同耳。漢制，秩二千石者一歲得一千四百四十石，實不滿二千石也，其云中二千石者，一歲得二千一百六十石。舉成數言之，故曰中二千石。中者，滿也。"此爲針對特定對象的增秩。簡文所見增秩則與勤務時日有關，當具有普遍性，或指定官吏勞積若干時日即可增秩。漢簡中屢見官吏勞積的記載，如《合校》41.10："……歲六月廿七日。西河北部都尉董永勞二歲五月三日。"①《合校》53·7："……九日。信都相長史吳尊，功一、勞三歲六日……。"《合校》：53·8："張掖屬國司馬趙□，功一、勞三歲十月廿六日。漁陽守□司馬宗室劉護……。"這些功勞都是升遷增秩的依據，《漢書·爰盎傳》："君乃爲材官蹶張，遷爲隊帥，功至淮陽守，非有奇計攻城野戰之功。"《漢書·石奮傳》："石奮爲中涓受書謁，積功勞，孝文時官至太中大夫。"《漢書·丙吉傳》："丙吉字少卿，魯國人也。治律令，爲魯獄史。積功勞，稍遷至廷尉右監。"簡文所見，亦當與積功勞增秩升遷相關，但時代未詳。

（四）學大夫奉聖里附城滿昌等皆曰：②

　　　　明詔深閔百姓，強弱相□，欲均富之，方略萬略端。

　　　　臣昌等竊見元年十一月丁酉均詔書曰：其行　　　　　2000ES9SF3：5

此詔令似涉及新莽經濟政策。"附城"爲新莽爵級稱謂③，兩漢稱"關內侯"，亦見於敦煌漢簡，如《敦》84："……車師前附城詡行候事，詡史子外亡，朔當代"④《敦》99："始建國天鳳三年正月丁巳朔丁丑，戊部將軍屯據里附城。"《漢書·王莽傳》：居攝三年，"莽乃上奏曰：'……今制禮作樂，實考周爵五等，地四等，有明文；殷爵三等，有其說，無其文。孔子曰周監於二代，鬱鬱乎文哉！吾從周。臣請諸將帥當受爵邑者爵五等，地四等。'奏可。於是封者高爲侯伯，次爲子男，當賜爵爲關內侯者更名曰附城，凡數百人。"始建國元年，"天下牧守皆以前有翟義、趙明等領州郡，懷忠孝，封牧爲男，守爲附城。"始建國四年，王莽又下詔："……州從《禹貢》爲九，爵從周氏有五。諸侯之員千有八百，附城之數亦如之，以俟有功。諸公一同，有眾萬戶，土方百里。侯伯一國，眾戶五千，土方七十里。子男一則，眾戶二千有五百，土方五十里。附城大者食邑九成，眾戶九百，土方三十里。自九以下，降殺以兩，至於一成。五差備具，合當一則。今已受茅土者，公十四人，侯九十三人，伯二十一人，子百七十一人，男四百九十七人，凡七百九十六人。附城千五百一十一人……。""元年十一月丁酉"爲新莽某年號之元年十一月丁酉日。查陳垣《二

①　謝桂華、李均明、朱國炤：《居延漢簡釋文合校》，文物出版社，1987 年版，本文簡稱《合校》。

②　參見劉樂賢：《"學大夫奉聖里附城滿昌"考》待刊。

③　參見莊小霞：《釋新莽"附城"爵稱》，《歷史研究》2006 年 2 期。

④　甘肅省文物考古研究所：《敦煌漢簡》，中華書局，1991 年版，本文簡稱《敦》。

十史朔閏表》，①新莽諸年號中，居攝、天鳳、地皇之元年十一月皆無丁酉日，唯始建國元年十一月爲己巳朔，當有丁酉日，故簡文所指無疑爲始建國元年十一月丁酉。《漢書·王莽傳》未見始建國元年十一月丁酉詔書本文。均，平均。據簡文所云“閔百姓，強弱相□，欲均富之”義，“均詔書”當與均貧富的舉措相關，此項政策的背景內容見於《漢書·食貨志》，擇其要如“莽乃下詔曰：‘夫《周禮》有賒貸，《樂語》有五均，傳記各有幹焉。今開賒貸，張五均，設諸幹者，所以齊眾庶，抑並兼也。’遂於長安及五都立五均官，更名長安東西市令及洛陽、邯鄲、臨淄、宛、成都市長，皆爲五均司市師。”採取平抑物價政策，“諸司市常以四時中月實定所掌，爲物上、中、下之賈，各自用爲其市平，毋拘它所。眾民賣買五穀、布帛、絲綿之物，周於民用而不讎者，均官有以考檢厥實，用其本賈取之，毋令折錢。萬物卬貴，過平一錢，則以平賈賣與民。其賈氐賤減平者，聽民自相與市，以防貴庾者。民欲祭祀喪紀而無用者，錢府以所入工商之貢但賒之，祭祀無過旬日，喪紀毋過三月。民或乏絕，欲貸以治產業者，均授之，除其費，計所得受息，毋過歲什一。”關於五均事，鄧展注：“《樂語》、《樂元語》、河間獻王所傳，道五均事。”臣瓚注：“其文云‘天子取諸侯之（士）〔土〕以立五均，則市無二賈，四民常均，彊者不得困弱，富者不得要貧，則公家有餘，恩及小民矣。”此後王莽曾多次強調五均事，皆因舉措不當而適得其反，《漢書·食貨志》：“羲和置命士督五均六幹，郡有數人，皆用富賈。洛陽薛子仲、張長叔、臨菑姓偉等，乘傳求利，交錯天下。因與郡縣通姦，多張空簿，府臧不實，百姓俞病。莽知民苦之，復下詔曰：‘夫鹽，食肴之將；酒，百藥之長，嘉會之好；鐵，（曰）〔田〕農之本；名山大澤，鐃衍之臧；五均賒貸，百姓所取平，卬以給澹；鐵布銅冶，通行有無，備民用也。此六者，非編戶齊民所能家作，必卬於市，雖貴數倍，不得不買。豪民富賈，即要貧弱，先聖知其然也，故幹之。每一幹爲設科條防禁，犯者罪至死。’奸吏猾民並侵，眾庶各不安生。”簡文所見爲附城滿昌等對始建國元年十一月丁酉均詔書的看法，內容不全，或爲請詔文之類。

（五）張掖大尹　虜皆背畔，罪

　　　　……塞守繳，侵□□□將之日……　　　2000ES9SF4：12

　　邊竟（境）永寧，厥功佼焉。已鼓□苞爵宣公，即拜爲虎耳將軍；封伋爲揚威公，即拜爲虎賁

　　將軍，使究其業。今詔將軍典五將軍五道並出，或潰虜智皆匈腹，或斷絕其兩肩、拔抽　　2000ES9S F4：8

　　兩脅。謁發兵之郡，雖當校，均受重當（賞），亦應其勞大尹。大惡及吏民諸

　　① 陳垣：《二十史朔閏表》，中華書局，1978 年版。

有罪大逆

無道、不孝子，絞，蒙壹功〔無〕治其罪，因徙遷，皆以此詔書到大尹府日，
以　　2000ES9SF4：7

校尉苞□□度遠郡益壽塞徼召餘十三人當爲單手〈于〉者。苞上書謹□□爲
單手〈于〉

者十三人其一人葆塞稽朝侯威妻子家屬及與同郡虜智之將業　　2000ES9SF4：
10

□旦居蒲妻子人衆凡萬餘人皆降。覽喜拜之□□□□□符蒲等，

其□□□□質修待子入餘□□入居……伋奏辯，詔命宣揚威□安雜□
2000ES9SF4：9

者之罪惡深臧，發之，□匈奴國土人民以爲十五，封稽侯㺜子孫十五人皆爲單
手〈于〉，

在致盧兒候山，見在常安朝郎南，爲單手〈于〉郎將作士大夫廏南手子蘭苞
副，　　有書，　　2000ES9SF4：11

咸得自薪息，並力除滅胡寇逆虜爲故。購賞科條將轉下之府。稽吏民其□□□

□□□務賞。董其當上二年計最及級，專心焉，上吏民大尉以下得蒙壹功無治
其罪吏坐　　2000ES9SF4：6

因騎置以聞。符第一　　2000ES9SF4：5

始建國二年十一月甲下。

十一月壬午，張掖大尹良、尹部騎司馬武行丞事、庫丞習行丞事下部大尹官、
縣丞（承）書從事下當用者。明白　　2000ES9SF4：4

扁書鄉亭市里顯見處，令吏民盡誦之，具上吏民壹功蒙恩勿治其罪者名，會
今，罪別之，

以齎行者如詔書，書到言。書佐曷　　2000ES9SF4：3

十一月丁亥，□□□大保□□以秩次行大尉事□□下官、縣丞（承）書從
事……當用者。明白扁書鄉亭市里顯見處，令吏民盡知之，具上壹功蒙恩勿治其罪
人名，所坐罪別之，如詔書。　　2000ES9SF4：1

閏月丙申，甲溝候獲下部候長等丞（承）書從事下當用者。明白扁書亭隧顯
見處，令吏

卒盡知之，具上壹功蒙恩勿治其罪者，罪別之，會今，如詔書律令。

2000ES9SF4：2

以上十二簡爲新莽詔書行下文殘篇，其中當有脫簡，排列順序亦尚待進一步探討。
內容涉及新莽分匈奴爲十五單于事，內蒙古師範大學歷史系白音查干等先生已對其史實

做了詳細考證（待刊），此不贅述。此冊文書實質當爲戰時特赦令，因由之一爲新莽發動針對匈奴的戰爭，需調動更多的人員和物資，所以鼓勵罪犯立功贖罪，《漢書·王莽傳》：始建國二年底，"更名匈奴單于曰降奴服于。莽曰：'降奴服于知威侮五行，背畔四條，侵犯西域，延及邊垂，爲元元害，罪當夷滅。命遣立國將軍孫建等凡十二將，十道並出，其行皇天之威，罰于知之身。惟知先祖故呼韓邪單于稽侯狦累世忠孝，保塞守徼，不忍以一知之罪，滅稽侯狦之世。今分匈奴國土人民以爲十五，立稽侯狦子孫十五人爲單于。遣中郎將藺苞、戴級馳之塞下，召拜當爲單于者。諸匈奴人當坐虜知之法者，皆赦除之。'遣五威將苗訢、虎賁將軍王況出五原，厭難將軍陳欽、震狄將軍王巡出雲中，振武將軍王嘉、平狄將軍王萌出代郡，相威將軍李棽、鎮遠將軍李翁出西河，誅貉將軍陽俊、討穢將軍嚴尤出漁陽，奮武將軍王駿、定胡將軍王晏出張掖，及偏裨以下百八十人。募天下囚徒、丁男、甲卒三十萬人，轉眾郡委輸五大夫衣裘、兵器、糧食，長吏送自負海江淮至北邊，使者馳傳督趣，以軍興法從事，天下騷動。""壹功蒙恩勿治其罪"乃對赦令之實施而言。壹，一旦，一經，《漢書·燕剌王傳》："大王壹起，國中雖女子皆奮臂隨大王。""壹功蒙恩"猶言一旦立功即可蒙受皇上之大恩，故可"勿治其罪"，即可赦免其罪。不同的罪行，刑罰亦異，故需"罪別之"，即分別罪行上報名單，對於重罪犯，雖可免死但須遷徙流放它處。

> （六）十一月壬戌，張掖大守融、部司馬橫行長史事、守部司馬焉行丞事下部都尉
> 承書從事下當用者。
> 書到，明白大扁書鄉亭市里門外謁舍顯見處，令百姓盡知之，如詔書，書到
> 言。
>
> 　　　　　　　　　　　　　　　　　　　　　2000ES7S：4A

此例所見爲詔書行下文，但未見詔書本文。謁，拜謁、謁見。謁舍、客舍，猶今接待室，《漢書·食貨志》："工匠醫卜祝及它方技商販賣人坐肆列里區謁舍。"如淳注："居處所在爲區。謁舍，今之客舍也。"

> （七）功令第卌五：士吏、候長、蓬隧長以令秋射，發矢十二，以六爲程，過若不
> 帶，賜奪勞矢□☑　　　2000ES7SHI：1

《功令第卌五》屢見於居延漢簡，完整者如《合校》45.23："·功令第卌五：候長、士吏皆試射，射去埻帶弩力如發弩，發十二矢，中帶矢六爲程，過六，矢賜勞十五日。"《合校》285·17："·功令第卌五：士吏、候長，蓬隧長常以令秋試射，以六爲程，過六，賜勞矢十五日。"令文之後半段與本例同者如《新簡》EPT11.1："……中帶六爲程，過六，及不滿六，賜、奪勞矢各十五日。"又《新簡》EPT56.337："……弩，發矢十二，中帶矢六爲程，過六，若不帶六，矢賜、奪勞各十五日。"今見《功令第卌五》諸簡，令文詳略不一，皆爲抄錄件。功令是關於考核嘉獎的法令，《漢書·儒

林傳》："余讀功令，至於廣勵學官之呼，未嘗不廢書而歎也。"而"功令第卅五"是每年例行的對士吏、候長、隧長等中低級官吏的射箭考核，每次考核都有個人成績記錄，以便按條款實施，《新簡》EPT50·18："張掖居延甲渠塞有秩候長樊立，鴻嘉三年以令秋試射，發矢十二，中鄧矢十二。"《合校》312·9："居延甲渠逆胡隧長公乘王毋何，五鳳元年秋以令射，發矢十二，中鄧六，當。"考核結果尚須上報，如《合校》28·15："……月庚戌朔己卯，甲渠鄣候誼敢言之。府書曰：蓬隧長秋以令射，長吏雜試，桌……都尉府。謹都隧長偃如牒，謁以令賜偃勞十五日，敢言之。"獎懲之審批權歸二千石，《合校》267·11："·右以令秋射二千石賜勞名籍及令。"《合校》206·21："右秋射二千石以令奪勞名籍及令。"歷年的考核結果及獎懲情況在個人檔案中皆有體現，如《新簡》EPT50·10："居延甲渠候官第十隧長公乘徐譚功將。中功一、勞二歲、其六月十五日河平二年、三年、四年秋試射以令賜勞。□令。能書會計治官民，頗知律令，文，居延鳴沙里，家去大守府千六十三里，產居延縣，爲吏五歲三月十五日，其十五日河平元年、陽朔元年病不爲勞，居延縣人。"

（八）☑卒去署亡，常夜舉苣火四，殄北隧謹察火，輒以檄言候官，候逐□

　　　2000ES7SF1：12

　　　☑離合苣火，毋絕至明，甲渠、三十井塞上☑

　　　☑堠上二苣火，毋絕至明，殄北、三十井塞上☑

　　　☑表一、燔一積薪；夜入，燔一積薪，乘堠上☑　　　2000ES7S：20

　　●吏卒謹候望，即見匈奴入，起居如烽火品約　　　2000ES9SF3：1

　　鄣候便御隧塢上苣火，見火，候以下亟以檄言府，以時逐督，以急疾爲故

　　2000ES9S：1

　　●即晝見匈奴入田□☑　　　2000ES9S：9

　　●匈奴人即至塢下，用縛☑　　　2000ES9S：10

　　☑□□□三日，復舉苣火二通，不……殄北隧謹察，皆以騎發候 2000ES9S：14

　　☑□□逐□□止，毋舉火、表，檄言府。馬　2000ES9S：23

　　☑□□□□□上橾望寇，舉烽如品約☑　　　2000ES9S：24

以上九簡皆爲烽火品約條款，比較完整的烽火品約見《新簡》EPF16.1 至 17簡，文如下：

　　●匈奴人晝入殄北塞，舉二烽、□煩烽一，燔一積薪；夜入，燔一積薪，舉堠上離合苣火，毋絕至明。甲渠、三十井塞上和如品。

　　●匈奴人晝［入］甲渠河北塞，舉二烽，燔一積薪；夜入，燔一積薪，舉堠上二苣火，毋絕至明。殄北、三十井塞上和如品。

●匈奴人晝入甲渠河南道上塞，舉二烽、塢上大表一，燔一積薪；夜入，燔一積薪，舉堠上二苣火，毋絕至明，殄北、三十井塞上和如品。

●匈奴人晝入三十井降虜隧以東，舉一烽，燔一積薪；夜入，燔一積薪，舉堠上一苣火，毋絕至明。甲渠、殄北塞上和如品。

●匈奴人晝入三十井候遠隧以東，舉一烽，燔一積薪，堠上煙一；夜入，燔一積薪，舉堠上一苣火，毋絕至明。甲渠、殄北塞上和如品。

●匈奴人渡三十井縣索關門外道上隧天田失亡，舉一烽、塢上大表一，燔二積薪；不失亡，毋燔薪，它如約。

●匈奴人入三十井誠勢北隧縣索關以內，舉烽燔薪如故；三十井縣索關誠勢隧以南，舉烽如故，毋燔薪。

●匈奴人入殄北塞，舉三烽；後復入甲渠部，累舉旁河烽；後復入三十井以內，部累舉堠上直上烽。

●匈奴人入塞，守亭鄣，不得下燔薪者，旁亭爲舉烽燔薪，以次和如品。

●塞上亭隧見匈奴人在塞外，各舉部烽如品，毋燔薪；其誤，亟下烽滅火，候、尉、吏以檄馳言府。

●夜即聞匈奴人及馬聲，若日且入時見匈奴人在塞外，各舉部烽，次亭晦不和；夜入，舉一苣火，毋絕盡日，夜滅火。

●匈奴人入塞，候、尉、吏亟以檄言匈奴人入，烽火傳都尉府，毋絕如品。

●匈奴人入塞，承塞中亭隧舉烽燔薪□□□□烽火品約；官□□□舉□□烽，毋燔薪。

●匈奴人即入塞，千騎以上，舉烽，燔二積薪；其攻亭鄣塢壁田舍，舉烽，燔三積薪。和如品。

●縣田官吏令、長、丞、尉見烽火起，亟令吏民□烽□□誠敖北隧部界中民田畜牧者□□……爲令。

●匈奴人入塞，天大風，風及降雨不具烽火者，亟傳檄告，人走馬馳，以急疾爲〔故〕。

●右塞上烽火品約。

簡2000ES7S：20與上引《塞上烽火品約》之1至3簡文字合，或屬同一時期物，品約是對律令的補充，《後漢書·安帝紀》：元初五年詔："舊制律令，各有科、品。""烽火品約"是關於烽火信號的地方性法規，有關地區的吏卒皆須熟悉它，反之則爲不稱職或失職，《合校》46·9："卒范前不知烽火品。"《新簡》EPT59·162："……里上造張熹、萬歲候長居延沙陰里上造郭期不知犢（讀）烽火，兵弩不檠持……"又《新簡》EPT52·66："卒一人檻（讀）烽火品未習。"簡文所云皆爲不規範行爲，故記錄在案，以備懲處。品約所見信號物有苣、烽、表、積薪等。苣，蘆葦把，大小不一。積薪，柴草垛。苣用於夜晚，燃之以其光爲信號。積薪則白天黑夜皆使用，白晝燃之以其濃煙爲信號，黑夜燃之則取其光爲信號。烽、表爲標幟物。烽呈籠狀，《漢書·司馬相如傳》："聞烽舉、燧燔。"孟康注："烽如覆米薁，縣著契皋頭，有寇則舉之。"《漢書·賈誼傳》："斥候望烽燧不得臥。"張晏注："晝舉烽，夜燔燧。"知烽用於白晝，不燃燒。表或爲可垂展之旗幟一類。烽火品約具法律效力，故違者將依法受懲處，如《新簡》EPT68·81 至 92："建武五年十二月辛未朔戊子，令史 勍將褒詣居延獄以律令從事。迺今月十一日辛巳日且入時，胡虜入甲渠木中隧塞天田攻木中隧，隧長陳陽爲舉堠上二烽、塢上大表一，燔一積薪。城北隧助吏李丹候望見木中隧有煙，不見烽。候長王褒即使丹騎驛馬一匹馳往逆辟，未到木中隧所，胡虜四步入，從河中出上岸逐丹，虜二騎從後來，共圍遮略得丹及所騎驛馬持去。●案：褒典主而擅使丹乘用驛馬，爲虜所略得，失亡馬；褒不以時燔舉而舉堠上一苣火，燔一積薪，燔舉不如品約，不憂事邊。"顯然，"燔舉不如品約"是處罰的理由。對於輕微的違規，處罰通常也較輕，常見者如《新簡》EPT65·228："鉼庭候長王獲，坐隊長薛隆誤和受一苣火，適載轉一兩到……"。此處之鉼庭候長王獲乃間接連坐者，對直接責任人隊長薛隆的處罰當更重。《張家山漢簡·二年律令·興律》："守隧乏之，及見寇失不燔隧，燔隧而次隧弗私<和>，皆罰金四兩。"西漢中後期亦當適用此類法律。

（九）迹盡壬辰積卅日，從第十二隧北界盡　　　99ES17SH1：41

此例所見爲日迹簿殘文，與當時實行的《北邊挈令第四》直接相關。居延漢簡多見完整的日迹簿，如《合校》24·15："候長武光、候史拓，七月壬子盡庚辰積廿九日，日迹從第卅隧北盡鉼庭隧北界，毋蘭越塞天田出入迹。"《新簡》EPT56·25："候長充、候史誼，三月戊申積［盡］丁丑積卅日，日迹從第四隧南界北盡第九隧北界，毋蘭越塞出入天田迹。"迹，日迹，每天例行的觀察天田上是否留有足迹的勤務，天田是沿着邊塞等警戒區域鋪設的沙土帶，凡人馬越過，都能留下足迹。而日迹簿即是執行《北邊挈令第四》的書面依據，起司法書證的作用，《合校》10·28："北邊挈令第四：候長、候史日迹及將軍吏勞二日皆當三日。"此令曾得以嚴格執行，個案如《合校》159·14："五鳳三年十月甲辰朔甲辰，居延都尉德、丞延壽敢言之：甲渠候漢彊書言候長賢日迹積三百廿一日，以令賜賢勞百六十日半日。謹移賜勞名籍一編，敢言之。"《疏》317："敦德步廣尉曲平望塞有秩候長敦德亭閒田東武里五士王參，秩庶士，新始建國地皇上戊元年十月乙未迹盡二年九月晦積三百六十日，除月小五日，定三百五十五，以令二日當三日，增勞百柰日半日，爲五月二十柰日半日。"[1]

---

① 林梅村、李均明：《疏勒河流域出土漢簡》，文物出版社，1984 年版，本文簡稱《疏》。

二　行政規範

（十）　●專部士吏典趣輒　　99S16ST1：1

告士吏、候長、候史壞亭隧外內。　　99ES16T1：2

告候、尉：賞，倉吏平斗斛毋侵。　　99ES16T1：3

●扁書胡虜講（購）賞二，亭扁一，毋令編幣絕。　　99ES16ST1：4

●察數去署吏卒：候長三去署，免之；候史、隧長五去，免；輔、廣，士卒，數去，徙署三十井關外。　　99ES16ST1：5

●察士吏、候長、候史多省卒給爲它事者。　　99ES16ST1：6

告隧長、卒謹晝夜候。有塵若警塊外，謹備之。　　99ES16ST1：7

●察候長、候史雖毋馬廩之。　　99ES16ST1：8

以上八簡爲一冊書，編繩尚存，次序未亂，內容爲邊塞當局依法律並結合當地實情頒佈的行政規範。"專"或釋"專"（甘谷漢簡、居延漢簡53·1、隸辨4—20所見"傅"字右旁與此簡寫法同，參見佐野光一《木簡字典》64頁），《說文》："專，布也。"注："布以法度也。""部"爲候官之下的一級組織，每部轄若干烽隧。由於士吏是候官派往諸部進行監督的官吏，所以有關規範托由士吏在諸部傳達。簡99ES16ST1：2至8爲行政規範的具體條款。簡99ES16ST1：2"告士吏、候長、候史壞亭隧外內"之"壞"前，原簡當脫"毋"字。"毋壞亭隧外內"即指要保持亭隧內外的完整無損，以利防禦，《新簡》EPF22·239："省守衞具、塢戶調利有狗不。"可佐證平時保持烽隧及其器具完好無損的重要性。"平斗斛毋侵"乃指公平稱量，不侵犯服務對象的利益。"胡虜講（購）賞"指獎賞與胡虜作戰有功人員的法規，如《新簡》EPF22·222至231："●捕斬匈奴虜反羌購賞科別。●其生捕得酋豪王侯君長將率者一人。☒吏增秩二等，從奴與購如比……有能生捕得匈奴間候一人，吏增秩二等，民與購錢十☒人命者，除其罪……諸有功校，皆有信驗乃行購賞。●右捕匈奴虜購賞。""扁"，文書形式之一，舊說通"匾"，寫在大塊木板上的文告，但此處簡文云"毋令編幣絕"，知此扁尚以編繩繫聯，由多枚組合，未見實物。簡99ES16ST1：5是對脫崗吏卒的懲罰條款，對不同身份的人，要求不同；候長三次脫崗，候史、隧長五次脫崗，即免職；戍卒屢次脫崗，則將被調往條件更艱苦的塞外工作。西漢初年制定的法律有更嚴厲的規定，《張家山漢簡·二年律令·興律》"當戍，已受令而逋不行盈七日，若戍盜去署及亡盈一日到七日，贖耐；過七日耐爲隸臣；過三月，完爲城旦。"居延漢簡亦屢見"私去署"的記載，《新簡》EPF22·423、424："復漢元年十一月戊辰，居延都尉領甲渠督烽掾敢言之。誠北隧長侯倉、候長樊隆皆私去署。誠教敕吏毋狀，罪當死，叩頭死罪，敢言之。""多省卒給爲它事者"乃指利用調集省卒的機會，假公營私，以其勞力爲個人私作，如《新簡》EPT59·548："元壽二年十二月庚寅朔戊申，張掖居延都尉博、庫守丞賢兼行丞事謂甲渠鄣候：言候長楊襃私使卒並積一日，賣羊部吏故貴卅五，不日迹一日以上；隧長張譚毋狀，請斥免，有書。案：襃私使卒並積一日，隧長張……。"知漢代法律規定，凡使用國家在役勞力私作者皆違法，漢初類似案例如《張家山漢簡·奏讞書》："●蜀守瀗（讞）：佐啓、主徒令史冰私使城旦環爲家作，告啓，啓詐簿曰治官府，疑罪。●廷報：啓爲僞書也。"① 簡文"謹晝夜候。有塵若警塊外，謹備之。"乃指日夜加強警戒，一旦發現有煙塵或其他情況，即作好各種警備。與邊塞常見之警檄宗旨同，《合校》278·7："……檄到，循行部界中，嚴教吏卒警烽火，明天田。謹迹候望，禁止往來行者，定烽火輩，送便兵戰鬥具，毋爲虜所萃轟。已先聞知，毋忽如律令。"候長、候史之乘用馬，通常由官方供給飼料，簡文"雖毋馬廩之"乃指候長、候史無馬而冒領飼料的行爲，故在審查的範圍。

　　（十一）居攝二年正月乙酉朔甲辰，甲渠候放謂第□▨

　　　　　　到，聽書牒署從事，如律令。　　　2000ES9SF4：18A

　　　　　　正月廿日迹至二月廿四日□□□▨掾譚、令史　　2000ES9SF4：18B

　　　　　　始建國三年三月乙酉朔己丑，第十候史襃敢

　　　　　　言之。初除，即日視事，敢言之。　　　99ES16ST1：10

　　此例所見反映漢代任命官吏的規範。簡 2000ES9SF4：18A、B 所見爲官吏任命書，居延漢簡所見如《新簡》EPF20·247 至 249："建武五年五月乙亥朔壬午，甲渠候博謂第二隧長臨：書到，聽書牒署從事，如律令。第二隧長史臨，今調守候長，真官到若有代罷。萬歲候長何建，守卅井尉。"簡背："掾譚"。任命書是任命官吏的憑證（司法書證）。簡 99ES16ST1：10 爲到任報告，它簡所見如《敦》770："居攝二年八月辛亥朔乙亥，廣武候長尚敢言之。初除，即日到官視事，敢言之。"到任報告是例行的報道手續，《秦簡·秦律十八種·置吏律》："除吏、尉，已除之，乃令視事及遣之；所不當除而敢先見事，及相聽以遣之，以律論之。嗇夫之送見它官者，不得除其故官佐、吏以之新官。"表明官吏一經任命，即須在一定期限內到任。提交到任報告，即爲到任的憑證。漢制亦承自秦，故見上述簡例。

　　（十二）五月丙子，士吏猛對府還受……●有所驗□□□

　　　　　　府五官張掾召第十候史程並。記到，便道馳詣府，會丁丑旦，毋得以它爲

　　　　　　解。　　　99ES16ST1：11A

----

① 張家山二四七號漢墓竹簡整理小組：《張家山漢墓竹簡［二四七號墓］》，文物出版社，2001 年版，本文稱《張家山漢簡》。

第十候史程並行者走　　99ES16ST1：11B

行者走

陽朔元年三月乙亥，第十候長博謂第十六隧長良：府調卒隊一人詣殄北除沙，常會月☒

第十隧卒王如意、第十一隧卒楊耐、第十二隧卒王☐等三人詣殄北☐☐☒

十七隧長譚以檄言付譚日時。良趣急縣索，令會旦已。候長……☐☒　99ES16SF3：1

☒十六隧卒二百☐☐

☐月……當曲隧以南盡臨木道上行書，不省。

●右部隧十八所，卒六十三人不省。

列隧☐☐及承隧五十八所，所三人，今省作一人，爲五十八人，齎衣裝作，且詣殄北，發郭，除僵落沙，會八月旦。　　99ES17SH1：7

　　以上三簡皆涉及召會事。按時應召是漢代行政的重要原則，每份關於應召的文件皆明確規定應到日時，它爲行政工作的具體實施起了保障作用。漢代對期會的重視尤甚，《漢書·賈誼傳》："而大臣特以簿書不報，期會之間，以爲大故。"師古注："特，徒也。言公卿大臣特以簿書期會爲急，不知正風俗，勵行義。"《漢書·王吉傳》："欲治之主不世出，公卿幸得遭遇其時，言聽諫從，然未有建萬世之長策，舉明主於三代之隆者也。其務在於期會簿書。"唐律對期會有明確的法律規定，《唐律·職制》："事有期會而違者，一日笞三十。"《疏議》："事有期會，謂若朝集使計帳之類。"漢代亦當有類似的規定，勞榦云上述唐律："蓋亦展轉承自漢律者。"[1]　說是。

　　（十三）行塞舉如牒。候史追逐什器、亭隧守御具常設備，今或毋或不

99ES16SF5：1

☒官並。司馬君、都吏鄭卿、督蓬史周卿行塞，即日宿吞遠。具吏卒

☒省卒趙宣伐財用。檄到，召☐☐詣官，毋後司馬、都吏

2000ES7SF1：6

　　上級對下級進行例行的工作檢查亦是漢代行政的重要舉措。行塞，視察邊塞，史籍多稱"行邊"。朝廷常派使者行邊，如《漢書·平帝紀》："使謁者大司農掾四十四人持節行邊兵。"《漢書·王莽傳》："諫大行如普行邊兵。"視察的目的是檢查下級是否稱職，如簡99ES16SF5：1是對部候史擁有的追逐戰鬥用具及亭隧守御器具的檢查。"行塞舉"是對視察過程發現問題的檢舉，漢簡屢見，如《合校》311·3："●甲渠候官初元五年七月行塞舉。"《新簡》EPT50·44："●萬歲部四月都吏☐卿行塞舉。"針對所

　　① 勞榦：《居延漢簡·考釋之部·居延漢簡考證》，中央研究院歷史語言研究所，1986 年版。

發現問題的類別，行塞舉又見"卒兵舉"（《合校》126·26）、"吏去署舉"（《合校》145·5）、"郵書課舉"（《新簡》EPT52·83）等。① 行塞舉的具體内容詳見《新簡》EPT57·108 長檄，文字甚多，其中首行見"候史廣德坐不循行部"句，知不按規定巡視檢查所轄部門的工作乃屬違法或違規行爲。文中對具體烽燧的檢查結果如"●第十五隧長得。●亭不馬、牛矢塗。烽少一。毋深目。羊頭石少二百。馬牛矢少五石。狗籠少一。積薪皆卑。天田不畫、縣索緩。籠罋少一。"對違法違規的具體行爲，則依具體法律條款懲處。

三　民事債務

(十四)　☑季☑有以當錢，少季即不在。知責家見在親☑　　99ES16DT1：19

　　☑隧長王子贛賣第八卒☑

　　☑已，任者李子長知券，約☑　　（左上側有五個刻齒）2000ES9SF1：4

　　即不在，知責家中見☑　　2000ES14F2：4

　　☑第九隧卒史義角布一匹，價錢五百，約至八月錢必已，錢即不必☑

　　　　　　　　　　　　　　　　　　　　　2000ES9SF4：22

以上四簡皆爲買賣契約，俗稱"債券"。簡文"責"通"債"。它簡所見完整的債券如《合校》26·1："建昭二年閏月丙戌，甲渠令史董子方買鄣卒□威裘一領，直七百五十，約至春錢畢已，旁人杜君雋。"此爲買券，債權人所執。又《散》52："元平元年七月庚子，禽寇卒馮時賣橐絡六枚楊卿所，約至八月十日與時小麥七石六斗，過月十五日，以日斗計，蓋卿任。"② 此爲賣券，債務人所執。券可分合，《説文》："券，契也……券，別之書，以刀判其旁，故曰契券。"段注："兩家各一之書牘，分刻其旁，使可兩合以爲信，故契券有左右之名。"《周禮·質人》鄭注："書契，取予市物之券也。其券之象，書兩札，刻其側。"債券之用，亦屢見於史籍，《史記·高祖本紀》："常從王媼、武負貰酒，醉臥，武負、王媼見其上常有龍，怪之。高祖每酤留飲，酒讎數倍，及見怪，歲竟，此兩家常折券棄責。"《史記·孟嘗君列傳》："孟嘗君乃進馮驩而請之曰：'賓客不知文不肖，幸臨文者三千餘人，邑入不足以奉賓客，故出息錢於薛。薛歲不入，民頗不與其息。今客食恐不給，願先生責之。'馮驩曰：'諾'。辭行，至薛，召取孟嘗君錢者皆會，得息錢十萬。乃多釀酒，買肥牛，召諸取錢者，能與息者皆來，不能與息者亦來，皆持取錢之券書合之。齊爲會，日殺牛置酒。酒酣，乃持券如

① 參見李均明、劉軍：《簡牘文書學》，廣西教育出版社，1999 年版。

② 李均明、何雙全：《散見簡牘合輯》，文物出版社，1990 年版，本文簡稱《散》。

前合之，能與息者，與爲期；貧不能與息者，取其券而燒之。曰：'孟嘗君所以貸錢者，爲民之無者以爲本業也；所以求息者，爲無以奉客也。今富給者以要期，貧窮者燔券書以捐之。諸君彊飲食。有君如此，豈可負哉！'坐者皆起，再拜。"債券所書當事人除債權人與債務人之外，尚有"任者"與"旁人"。任者是擔保人，《周禮·大司徒》："使之相保"，鄭玄注："猶任也。"《漢書·鄭當時傳》："當時爲大司農，任人賓客就。"而旁人僅僅是見證人，《漢書·陳遵傳》："妻君寧時在旁，知狀。"師古注："云妻知負博之狀者。"簡 2000ES9SF4：22 所見"必已"通"畢已"。"約至八月錢必（畢）已"爲約定還債之最後期限。"錢即不必（畢）"下文雖缺，尚可知其後當爲對過期不還的懲罰性規定，其制當如上引《散》52 所見"過月十五日，以日斗計"之類。簡文"知責家中見在親"、"知責家中見……"乃指債務人死亡或下落不明時，其家人必須替償債務，它簡所見如《合校》273·12："……石，約至九月必（畢）以（已）。即有物故，知責家中見在者。"

（十五）出茭百七十束，直錢百七十，驚虜隧長王宣二月己未買，願以三月祿償。
見　　2000ES7SF1：3

　　　　居延甲渠止北隧長居延累山里趙宣，入奉泉六百還　　　2000ES7SF1：13

　　　　即留臨三年十月奉錢六百以付朱卿　　　2000ES7SF1：87

以上三簡皆涉及還債事。以俸錢還債乃當時邊塞解決債務問題的常見做法，它簡所見如《新簡》EPT52·88A："陽朔元年七月戊午，當曲隧長譚敢言之。負故止害隧長寧常交錢六百，願以七月奉錢六百償常，以印爲信，敢言之。"凡此類債務，除債務人承諾以某種方式還債外，官方常以強行手段扣除債務人的奉祿以還債，除上引簡 2000ES7SF1：87 所見，又《合校》279·17："出吞遠士吏平四月奉。四月庚戌，令史博付倉曹史孫卿償具麗卒陳……。"

四　司法訴訟

（十六）☑證爰書以☑　　2000ES7SF1：44

　　　　☑……公乘玄成等廿一人貰賣吏民所。證財物不以　　　2000ES9SF4：19

　　　　☑不可得證☑　　　99ES16ST1：26

　　　　☑宋等五人皆證恭朴彊杙上自傷　　　99ES17SH1：26

簡 2000ES7SF1：44 當爲爰書殘文。爰書是當時的司法文種之一，凡對原告、被告、證人言辭乃至現場情況的筆錄皆稱"爰書"，《史記·張湯傳》："傳爰書，訊鞫論報。"蘇林注："謂傳囚也。爰，易也。以此書易其辭處。"韋昭注："爰，換也，古者重刑，嫌有愛惡，故移換獄書，使他官考實之，故曰傳爰書也。"《漢書·張湯傳》師古注："爰，換也。以文書代換其口辭也。"說是。爰書名目繁多，常見者如"自證爰書"（《合校》46·12）、"相牽證任爰書"（《新簡》EPT53·173）、"病診爰書"（《新簡》EPT59·80）、"秋射爰書"（《合校》175·17）、"死馬爰書"（《合校》491·11）、"卒不貰賣爰書"（《新簡》EPT56·82）等。爰書所見凡驗問審訊皆有以相關法律辨告的程序，如《新簡》EPT22·1—3："先以'證財物故不以實，臧五百以上，辭已定滿三日而不更言請者，以辭所出入罪反罪之'律辨告。"《漢書·高帝紀》："吏以文法教訓辨告，勿笞辱。"師古注："辨告者，分別義理以曉喻之。"簡 2000ES9SF4：19 所見"證財物不以"之後所缺或爲"實"字，與它簡所見"爰書"辨告辭相符。對證不言實情，漢律有專門的處罰條款，如《張家山漢簡·二年律令·具律》："證不言請（情），以出入罪人者，死罪，黥爲城旦舂；它各以其所出入罪反罪之。獄未鞫而更言請（情）者，除。吏謹先以辨告證。"漢簡所見訴訟之作證，除自證外，尚有他證，且爲多人共證，簡 99ES17SH1：26 所見即是，又它簡所見如《合校》255·27："……驗亡人所依匿處，必得。得，詣如書。毋有，令吏民相牽證任，爰書，以書言。謹雜與候史廉、驛北亭長歐等八人、戍卒孟陽等十人搜索部界中，□亡人所依匿處。爰書相牽……。"

（十七）☑謹劾，寫移居延獄以律令☑　　　99ES16ST1：21

此例所見爲劾狀殘文。劾狀，起訴狀，《急就篇》："誅罰詐僞劾罪人。"師古注："劾，舉案之也。"完整之劾狀文通常由劾文、狀辭及相關呈文構成，如《新簡》EPT68·54 至 76（順序已有更動）："建武六年三月庚子朔甲辰，不侵守候長業敢言之。謹移劾狀一編，敢言之。乃今月三日壬寅，居延常安亭長王閎、閎子男同、攻虜亭長趙常及客民趙閎、范翁等五人俱亡，皆共盜官兵，臧千錢以上，帶大刀劍及鈹各一，又各持錐，小尺白刀、箙各一，蘭越甲渠當曲隧塞，於邊關徼逐捕未得，它案驗未竟。建武六年三月庚子朔甲辰，不侵守候長業劾移居延獄以律令從事。狀辭曰：公乘居延中宿里，年五十一歲，姓陳氏，今年正月中，府補業守候長，署不侵部，主領吏迹候備寇虜爲職。乃今月三日壬寅，居延常安亭長王閎、閎子男同、攻虜亭長趙常及客民趙閎、范翁等五人俱亡，皆共盜官兵臧千錢以上，帶大刀劍及鈹各一，又各持錐，小尺白刀、箙各一，蘭越甲渠當曲隧塞，從河水中天田出。案：常等持禁物蘭越塞，於邊關徼逐捕未得，它案驗未竟，以此知而劾無長吏使，劾者狀具此，三月己酉，甲渠守候移居延，寫移如律令。掾譚、令史嘉。"本例所見爲劾狀之呈文之一。

五　罪名與刑罰

（十八）謀反扶恩義里劉登□□☑　　　2000ES9SF3：21

謀反，重罪名，皆判極刑。《漢書·高帝紀》：高帝十一年"春正月，淮陰侯韓信謀反長安，夷三族。"又"三月，梁王彭越謀反，夷三族，"《張家山漢簡·二年律令·賊律》："以城邑亭鄣反，降諸侯，及守乘城亭鄣，諸侯人來攻盜，不堅守而棄去之若降之，及謀反者，皆要（腰）斬。其父母、妻子、同產，無少長皆棄市。其坐謀反者，能偏（偏）捕，若先告吏，皆除坐者罪。"北齊以後，謀反被列入十條重罪之首，通常不予赦免，已成慣例，即所謂"十惡不赦"之一。

（十九）……詐言亡……　　2000ES9SF4：15A

　　　　……五月八日私作養卒焦忠　　2000ES9SF4：15B

詐言，編造謊言。《晉書·刑法志》引張斐《注律表》："背信藏巧謂之詐。"養卒，從事炊事工作的士卒。"私作養卒"乃指私自使用炊事兵做他事。役使屬下私作乃爲違法行爲，見前例（十）解。

（二十）☐曹史☐☐☐載履粟到，牛捶辱之。武若　　99ES17SH1：21

捶，敲打，《後漢書·范滂傳》："資遷怒，捶書佐朱零。"《合校》135·10，317·7："以牒驗問。久故時與獗道丞兒寬爲吏者，隧長徐宗知譚故爲甲渠候長，未償以吏賊毆捶擊。"史籍所見，"捶"亦稱"榜"，《漢書·張耳傳》師古注："榜謂捶擊之也。"《急就篇》："盜賊繫囚榜笞臀。"師古注："榜笞，捶擊之也。"

（二十一）始建國三年三月癸亥朔壬戌，第十隧長育敢言之。謹移卒不任候望

　　　　名籍一編，敢言之。　　2000ES9SF3：2A

候望，瞭望放哨，漢代屯戍之主要勤務。不任候望，指不勝任候望工作，是一種失職行爲，屢見於其他漢簡，如《新簡》EPT40·41："吞北隧卒居延陽里士伍蘇政，年廿八。☐復爲備，數通亡，離署不任候望。"不任候望必然引起連鎖失誤，故法律規定嚴懲之，《張家山漢簡·二年律令·興律》："乘徼，亡人道其署出入，弗覺，罰金☐，"又"守隧乏之，及見寇失不燔燧，燔燧而次隧弗私〈和〉，皆罰金四兩。"

（二十二）☐完爲城旦。故不☐　　2000ES9SF4：43

"完爲城旦"爲徒刑名，四歲刑。《漢書·惠帝紀》："上造以上及内外公孫耳孫有罪當刑及當爲城旦春者，皆耐爲鬼薪白粲。民年七十以上若不滿十歲有罪當刑者，皆完之。"應劭注："城旦者，旦起行治城；春者，婦人不豫外徭，但春作米：皆四歲刑也。"漢代徒刑往往附加肉刑、恥辱刑等，而完城旦是城旦而不附加髡耐等恥辱刑及肉刑者，爲常見徒刑刑種，《漢書·外戚恩澤侯表》："長平侯衛伉太初元年嗣侯，闌入宮，完爲城旦。"又"平津侯公孫度坐爲山陽太守詔徵鉅鹿令史成不遣，完爲城旦。"《合校》227·8："……完城旦錢萬年，坐蘭渡塞，初元四年十一月丙申論，初元五年八月戊申以詔書施刑……。"

（二十三）臨之隧長毛平當適載赤☐　　2000ES7SF1：93

　　適，責罰，漢代常見的行政處罰手段，《漢書·食貨志》："故吏皆適令伐棘上林，作昆明池。"師古注："適讀曰謫，責罰也，以其久爲奸利。"又《漢書·薛宣傳》："宣獨移書顯，責之曰：告櫟陽令：吏民言令治行煩苛，適罰作使千人以上，賊取錢財……。"《後漢書·楊震傳》："謫震諸子代郵行書。"適之施行，屢見於居延漢簡，如《合校》61·3，194·12："萬歲候長田宗，坐發省治大司農茭卒不以時遣吏將詣官，失期，適爲驛馬載三壠茭五石致止害。"《合校》262·31："第十候長秦忠，坐部十二月甲午留烽，適載純赤菫三百丈致……。"《新簡》EPT59·59："第十候長傅育，坐發省卒部五人，會月十三，失期，毋狀。今適載三泉茭二十石致城北隧給驛馬，會月二十五日畢。"史籍見適百即免職例，《漢書·遊俠傳》："……曹事數廢。西曹以故事適之，侍曹輒詣寺舍白遵曰：'滿百乃相聞'。故事，有百適者斥，滿百，西曹白請斥。"累謫理當加重懲罰，但漢簡尚未見因多謫而被斥免例。

額濟納漢簡法律用語零拾

徐世虹

額濟納漢簡（以下略為額簡）中的法律史料，已有李均明先生撰成《額濟納漢簡法制史料考》一文①，對其進行了全面的梳理考述。現零拾二例，略為補考②。

一　知責家中見在親

此為債務文書習見之語，額簡新出兩例：

簡 1 ▨季□有以當錢。少季即不在，知責家中見在親▨

98ES16ST1：19

簡 2 即不在，知家中見▨　　　　　　　　　2000ES14SF1：4

辨圖版，簡 1 "親"字後尚有墨蹟，似應補出"□"。又，此類文書涉及買賣、借貸之債，故一般簡側有刻齒，以示交易價格③。簡 1 上下皆殘斷，未知有無刻齒。簡 2 下端殘斷，右側有一缺口，未詳是否刻齒；上端殘斷不明顯，亦未知有無刻齒。但據下簡：

簡 3 五鳳四年六月庚子朔戊□▨
　　　故▨使不在，知責遊卿家□▨　　　　　EPT56・258

該簡右側中下部有明顯刻齒，故知此類券書簡應有刻齒，"知責某某"是其約定習語。敦煌、居延漢簡中亦時見含有此語的用例：

簡 4 ▨繒已畢，即當復留，以斗率隨烏孫歸廿三匹。即有物故，官不出錢，知

---

①　載魏堅主編：《額濟納漢簡》，廣西師大出版社，2005 年版，第 54～70 頁。

②　本文所引額濟納漢簡出自上揭《額濟納漢簡》，敦煌漢簡出自甘肅省文物考古研究所編《敦煌漢簡》（中華書局，1991 年版），居延漢簡出自謝桂華等《居延漢簡釋文合校》（文物出版社，1987 年版）、甘肅省文物考古研究所等《居延新簡》（中華書局，1994 年版），為避文煩，凡引上述相關簡文時不再出註。

③　參籾山明：《刻齒簡牘初探——漢簡形態論》，《簡帛研究譯叢》第二輯，湖南人民出版社，1998 年版，第 163～165 頁。

匹責家見在者，高繒匹八百，廿三匹立即更□受也□　　五①

敦煌漢簡 620

簡 5 ☑賣皂布複褌

即不在，知責家☑　　　　　　敦煌漢簡 1453

簡 6 ☑石十石，約至九月必以。即有物故，知責家中見在者

273·12

上述數簡皆可視為契約文書。從中可見，雙方約定債務人喪失償還能力或躲避償還義務後的救濟方式，是當時契約中的一個要件，其固定的表述句式是“即有物故（或即不在），知責家中見在者”。知，于豪亮先生訓為繼續，“知責家中見在者”意為“家中尚存的人仍然必須履行契約所規定的義務”②；胡留元先生釋為匹，“知責家”即匹連債務人家屬③。在簡牘所見契約文書中，時可見“旁人某某知券”、“在旁某某知券”之語，這表明整個訂約過程由買賣雙方及證人（知者）共同完成。由“知券”推知，“知責”或亦指對相關債務關係的知情者。人們在契約中約定，當債務人死亡或長期不在償債地時，債務人家中現在償債地的成員被視為債務知情者，當由其替債務人承擔償還義務。

以漢簡所出債務文書可知，當時對債權的保護大致通過兩種方式實現。

一是約定違約懲罰，此例如李均明先生所示《散見簡牘合輯》52 及額簡 2000ES9SF4：22 二簡。前者的“過月十五，以日斗計”，是以追加標的數量的方式懲罰債務人的延遲履行；後者的“錢即不畢”，因簡殘斷未詳如何約定懲罰，但據下簡或可窺一斑：

簡 7 元壽元年八月廿五日，使枸□□縣□□里李子功袍④一令，買錢千，約餽至廿日錢畢以。即不畢以，約□

□□王臣叔千錢。王臣叔、邑（李？）子功往至郭府田舍，錢不具，罰酒四五斗、肉五斤。　　　　敦煌漢簡 846A

該簡上端有明顯刻齒，顯係券書。大意是哀帝元壽元年八月二十五日，某人賣給李子功袍一件，價值千錢，約定二十天后付清衣款，若不付清，由王臣叔出千錢（？）。王、李二人若未準備好錢，罰酒四五斗並肉五斤。券中對債務人的違約懲罰是罰以標的本值以外的實物，與前者有所不同。

第二種方式就是約定債務人家庭成員的連帶責任，以保證在債務人喪失或無法實

---

① 簡文中的前“廿”字，原釋“十”，“錢”原釋“願”，“責”原釋“賣”，今從京都大學人文科學研究所漢簡研究班校讀釋文。

② 于豪亮：《于豪亮學術文存》，中華書局，1985 年版，第 188 頁。

③ 孔慶明等：《中國民法史》，吉林人民出版社，1996 年版，第 147 頁。

④ 袍，中華書局本作“枸”，今從京都大學人文科學研究所漢簡研究班校讀釋文。

現清償能力時，清償得以繼續。當債權人為官府時，此種連帶責任的追究更得制度上
的保障。里耶秦簡追債文書中多見"已訾責其家，貧弗能入，乃移戍所"之語①，可
證當債務人不在償債地時，其所欠貲贖錢首先應由其家償還。當家貧無力償還時，則
由官府向債務人現在地追償。以向債務人現在地追償債務得秦律規範而見②，上述追
償應是某種制度的執行程序，即當債務發生而債務人不能如期償還之際，即先追償債
務人之家，若其具備償還能力且履行償還義務，則債關係結束；若無償還能力，則繼
續向債務人所在地追償。如此看來，無論公債還是私債，人們普遍認同家庭成員在清
償債務中的擔當連帶作用。

　　不過當債務人為官吏或債務多因官府行為而發生時，情況會有所不同。秦《金
布律》規定，吏尚未分擔因公罪而發生的賠償之債而死亡，或已經分擔而死亡；因
經營官手工業而負債，尚未賠償或以居作尚未清償而死亡；放牧官有牲畜而有所殺
傷、丟失，尚未賠償或以居作尚未清償而死亡，若屬以上這幾種情況，債務人的妻子
及同居者可不償債，債務以債務人的死亡而清除，所謂"皆出之，毋責妻、同居"③。
由此亦可反證，一般情況下當債務人死亡後，是要由妻子、同居者償還債務的。

　　上述《金布律》所言為官債。在私債的情況下，當債務人"物故"或"不在"，
負有連帶償債責任的家庭成員又因貧困等原因無力清償債務時，人們可能會尋求相對合
理的辦法解決，如協議"以身居作"④，以折身役酬的方式抵償債務。但法律禁止強行
以人身或財產清償債務的行為。例如在債務關係中，秦律已禁止"擅強質"與"和受
質"，即不許擅自強行將擔保物收歸己有或變價受償，同時也禁止債務人主動將人質抵
償債務，違者貲二甲⑤。至漢初，"強質"仍為法律所不許。《二年律令·雜律》187
簡："諸有責（債）而敢強質者，罰金四兩。"⑥ 整理小組釋"強質"為"強以人或物
為質"，顯然注意到了"強質"除"人質"外尚有"物質"這一義項⑦，可知當時法律
禁止債權人在追償債務時擅自強佔債務人的人身與財產。此律旨在限制債權人權利的非

---

① 湖南省文物考古研究所等：《湘西里耶秦代簡牘選釋》，《中國歷史文物》2003 年 1 期，第 14～18 頁。
② 秦簡《金布律》："有責（債）於公及貲、贖者居它縣，輒移居縣責之。公有責（債）百姓未賞（償），
亦移其縣，縣賞（償）。"《睡虎地秦墓竹簡》，文物出版社，1978 年版，第 60 頁。
③ 《睡虎地秦墓竹簡》，第 63 頁。
④ 如《後漢書·逸民傳·梁鴻》載，梁鴻牧豕于上林苑，不慎失火延燒民舍，"悉以豕償之"，但債主仍嫌
不足，而梁鴻亦無它財，於是雙方協議"以身居作"。
⑤ 《睡虎地秦墓竹簡》，第 214 頁。
⑥ 張家山二四七號漢墓竹簡整理小組：《張家山漢墓竹簡［二四七號墓]》，文物出版社，2001 年版，第 158
頁。
⑦ 日本京都大學三國時代出土文字資料研究班見解亦同："限於《說文》等所見，'質'一般以財物為對象，
原則上並非限定於人。不過也許事實上多有以人質押之事，故形成此律文。"又，研究班對"強質"的解釋是"強
取抵押"。《江陵張家山漢墓出土〈二年律令〉譯注稿其の（二）》，《東方學報》第 77 冊，2005 年 3 月，第 26 頁。

正當實現。至於債務人違約不償，債權人以何正當方式實現債權，目前未詳。但後世唐律有相應的規定："諸負債不告官司，而強牽財務，過本契者，坐贓論。"疏議曰："謂公私債負，違契不償，應牽掣者，皆告官司聽斷。若不告官司而強牽掣財物，若奴婢、畜產過本契者，坐贓論。"① 唐律允許債權人在債務人"違契不償"的情況下牽掣財物②，但必須起訴並經官府決斷，如果強牽掣財物的價值超過債務額度，則以坐贓論。漢律如何，尚待新資料證之。

二　適

　　簡 8　臨之隧長毛平當適載赤☐　　　　2000ES7SF1：93S

　　李均明先生釋適為行政處罰手段，又曾撰《居延漢簡"適"解》一文，指出被適的原因有滯留烽火信號（262·31）；送戍卒復員不按時返回，私自在外逗留一天（285·10）；不及時派遣官吏率隊伐大司農所需草料（61·3）；往上呈送的季度報告有十處差錯（185·32），馬匹因管理不善而致死（188·17）；私自離開崗位回家住宿（217·16）等③。今檢他簡，又得弩發射機關扭曲鬆弛（403·15），勞邊使者過郡飲（EPT51·323），發省卒失期（EPT59·59），留出入檄（EPT59·72），移府行事檄留遲（EPT59·96），誤和受一苣火（EPT65·228）諸例。現將漢簡所見適例製表如下：

被適人	被適理由	載物	單位	出發地	目的地	出土地及編號
萬歲候長	失期		5 石	萬歲隧	止害隧	A8　61.3
	移籍誤十事					A8　185.32
	馬善令病死				卅井南界	A8　188.17
	私歸壹宿					A8　217.16
卅井候官		轉二兩			甲渠候官	A8　254.13AB
第十候長	留烽火	純赤堇	300 丈			A8　262.31
第十候史	到部私留一日	茭	500 束	第十部	甲渠候官	A8　285.10
	弩五關庆☐緩					A33　403.15

---

　　① 劉俊文點校：《唐律疏議》，中華書局，1983 年版，第 485～486 頁。
　　② 唐代契約文書中亦時見"聽掣家資財產，平為錢直"、"牽掣房資什物，用充麥直"之語。參見《吐魯蕃文書》第 6 冊（文物出版社，1985 年版）、《敦煌契約文書輯校》（沙知輯校，江蘇古籍出版社，1998 年版）。
　　③ 李均明：《居延漢簡"適"解》，《文史》第 32 輯，1990 年，後收入《初學錄》，臺灣蘭台出版社，1999 年版，第 388～389 頁。

续表

被適人	被適理由	載物	單位	出發地	目的地	出土地及編號
	勞邊使者過郡飲	鹽	40石		甲渠候官	EPT51. 323
第十候長	失期	茭	20石	第十部	城北隧	EPT59. 59
俱南隧長	留出入檄	茭	20石	俱南隧	止害隧	EPT59. 72
	留遅府行事檄	轉一兩			城倉	EPT59. 96
鉼庭候長	誤和苣火一	轉一兩				EPT65. 228

　　據表可見，適的手段為罰運，運輸的物資為茭、紡織品、鹽及其他。這些簡除403.15出土於地灣即肩水候官外，余皆出土於破城子即甲渠候官遺址，故被適者的行走範圍多在甲渠候官轄區內。關於被適者的起止路線，據以下出發地及目的地較明確的4簡或可略知一二：

　　　　簡9 萬歲候長田宗，坐發省治大司農卒，不以時遣吏將詣官，失期。適為驛馬載三茭五石致止害。　　　　　　　　61. 3

　　　　簡10 第十候長楊平，罷卒在正月四日，到部私留一日，適運茭五百束致候官，會月八月旦。　　　　　　　285. 10

　　　　簡11 第十候長傅育，坐發省卒部五人，會月十二，失期，毋狀。今適載三泉茭二十石致城北隧給驛馬，會月二十五日畢。　　　　　　EPT59. 59

　　　　簡12 俱南隧長范譚，留出入檄，適為驛馬運鉼庭茭廿石致止害☑

　　　　　　　　　　　　　　　　　　　　　　　　　　　　EPT59. 72

　　以上4簡皆有適載起止地，方位如下圖所示①。簡9中的負重適載起止地為三墩隧至不侵部的止害隧。三墩隧未詳屬何部，如果按田宗的服務地點即甲渠河北塞的萬歲部為起點，從候長治所萬歲隧出發，需經臨木、誠北、吞遠三部，抵達不侵部的止害隧，路程較長。如果如下述簡12所見，運茭地不在起止地的直線距離內，則路程當更長。簡10中的楊平則自第十部的第十隧運茭500束至候官，途經第四部的臨桐、第九、第八隧到達候官，路程較近②。簡11的三泉隧亦未詳何部，傅育自第十部第十隧至三泉隧，運茭20石至誠北部的誠北隧，較簡10路程為遠。簡12中的范譚為誠北部俱南隧長，被適自鉼庭運茭20石至止害隧，自俱南出發至鉼庭，再自鉼庭至止害，路程最遠。

―――――――――――――

　　① 圖据吉村昌之“甲渠塞部隧配置圖”及“甲渠塞附近的地图”所制，見氏著《居延甲渠塞における部隧の配置について》，《古代文化》第50卷第7号，1998年7月，第1～19頁。

　　② 各部所轄隧名及數量，參見李均明《甲渠候官規模考》上、下，《文史》34、35，1992年，後收入氏著《初學錄》，第310～311頁。

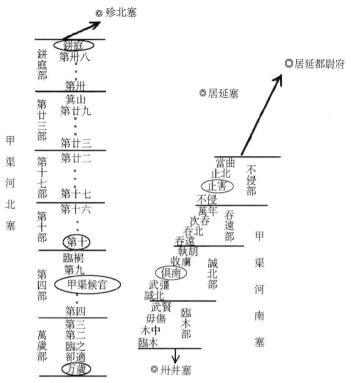

一般所適里程的遠近應與行政過失的行為輕重有一定的因果關係，但僅以上述諸例尚不能判斷。如田宗與傅育同為候長，同為"失期"，從起止地的直線距離看，前者遠於後者，但因運茭所在隧歸屬不明，無法判斷實際距離的孰遠孰近。EPT5.6 簡云："☐茭為解，毋狀當教。以新除，故財適三百里以戒後。"又 EPF22.574A："教廿七日，以候長素精進，故財適五百束。"此三百里、五百束可能各為一個等級的標準，但也無法判斷是否就是最高標準，即未知其限之上是否就是斥免。不過以邊境屯戍的現實情況出發，推測作為一級機構，實施適的主體自然應當依規則行事，但在具體判罰上具有一定的自由裁量，若干因素的存在可能會影響到處罰尺度的寬嚴。上述的"新除"及"精進"可能就是影響實際處罰的理由。又如在邊境的日常事務中，為保證驛馬的飼料供應，積茭、運茭是士卒勞作的重要內容之一，對被適者根據現實需要而指定適載路線，既達到懲戒目的又解決了實際所需，這恐怕也是自由裁量的表現。

處適的依據應是對履行職務的檢查結果。漢簡中所見舉書，是上級官員在檢查工作中糾察問題而形成的文字記錄，其格式為上書當事人職務姓名，下分數欄詳細記錄失職細節。對於守禦器具、烽火設備等可直接判斷其損壞、缺失的失職行為，無須調查，以"負算"作為處罰；對不在署、留遲等行為，則需要調查後確認是否失職。

簡13 河平元年八月戊辰朔戊子，居延都尉誼、丞直謂居延甲渠鄣候：箕山燧長馮利不在署，第十一卒高青不候。移書驗問，案致言，會月十八日。書以月十九日坐到，案。甲渠候掾臨、卒史平、助府佐嘉。

EPT51.189A.B

這是居延都尉府將舉書下達給甲渠候官，要求調查下屬隧長、隧卒不在署、不候望的原因，然後在規定的時間內上報。候官收到這樣的"府舉書"後，再下達至相關單位，要求實施調查。當事人所在單位收到這樣的"官移府舉書"後，即行驗問。

簡14 第二隊長景褒不在署。謹驗問，褒辭：卻適隊卒周賢代大司農茭郭東，病不任作，官記遣褒迎取。十月廿六日，褒之居延郭東取卒周賢，廿九日還到隊，後都吏鄭卿。   194.17

簡15 第十四隊卒氾賽不在署。謹驗問，第十守候長士吏褒、候史褒辭曰：十二月五日遣賽☑   EPT59.68

簡14 為當事人直接陳述不在署的原因。都吏鄭卿應是行塞糾察者，在其行塞期間，當事人受命去居延郭東取代因病不能伐茭者，返回後行塞已經結束，故言"後都吏鄭卿"。簡15 則由守候長、候史接受驗問。

驗問結果產生後，遂逐級上報。若所糾舉屬實，上級即以檄行使處罰權。著名的候史廣德行罰檄（EPT57.108AB），即為正面書寫處罰結果，背面書寫處罰理由。又217.16簡："私歸當道田舍壹宿，今適福如牒，檄到，遣☑。"文中的牒，"指檄文的附件"，其中應記載了福被適的事由。這類適文書的格式與刑事制裁文書記錄大致一樣，兩欄書寫，上欄記錄職務、姓名（刑事制裁記錄另有籍貫），下欄書寫事由及處理結果[1]。

關於實施行政處罰的主體，以前述簡13所見，既然是官移府舉書，要求驗問後報告，則處罰權應由都尉府掌握實施。254·13A簡："十一月五日丁丑，城北卒督譚受卅井塞尉檄言，適尊載甲渠郭轉二兩。"尊應是卅井塞的違紀者，被適往甲渠郭。這其中的跨候官轄區適載的處罰，恐非單一候官許可權所能。額簡99ES16ST1：1-8是一份完整的冊書，內容是告誡、督察士吏、候長、候史、隧長、士卒履行職責，同時專門列出處罰數去署的規則。冊書所列規範適用於居延都尉府下轄各塞，罰則中的"輔廣士卒數去，徙署卅井關外"，意味著處罰許可權已超過某一候官。再從人事上的調任、降級、斥免來看，其決定權應由都尉府掌握。如下簡：

簡16 ☑□午朔辛酉，渠開隊長成敢言之。乃五鳳四年五月中除為珍北□☑五年正月中授為甲渠誠北隊長，至甘露元年六月中授為珍北塞外渠開隊長。成去甲渠☑   3.14

簡17 甲渠言，尉史陽貧困，不田，數病，欲補隧長，宜可聽

---

①　參見永田英正：《居延漢簡の研究》，同朋舍，1989年10月，第243頁。又，李均明：《初學錄》，第389頁。

EPF22. 327

簡 18 ●甲渠言，鉼庭士吏李奉、隧長陳安國等年老病，請斥免，言府。●一事集封☐

EPT51. 319

簡 18 中的成，初除為殄北候官某職，不久調任為甲渠候官誠北部誠北隧長，後又調任為殄北候官渠開隧長。成於兩個候官間的調任，應由候官的上級機構都尉府決定。簡 17、18 皆為甲渠候官向都尉府的報告，前者因尉史"貧困，不田，數病"而難任其職，故請求降為隧長；後者因士吏、隧長"年老病"而請求斥免，可知隧長以上的降黜、斥免亦由都尉府掌握。居延漢簡中的建武五年居延令移甲渠候官遷補牒（EPF22.56AB-60），涉及甲渠候官屬吏的人事變動。永田英正先生曾據此推測，都尉對候官屬吏擁有任免權①；大庭脩先生則進一步推斷，居延縣"受都尉府委託而在人事上實行補充操作"②。上述皆表明，都尉府對下屬候官的吏員具有人事任免權，同樣具有行政處罰權。

適載從性質上看與罰作無異，即罰而役之。《漢書·文帝紀》："民謫作縣官及貸種食未入、入未備者，皆赦之。"沈家本云："此即罰作之法。"③《漢書·薛宣傳》："告櫟陽令：吏民言令治行煩苛，適罰作千人以上，賊取錢財數十萬。"此適罰作即罰為罰作。如吳榮曾先生已指出，"罰作就是罰勞役，其期限似較靈活"，所見有一年、二月、一月④。另還有十日者，如鳳凰山 168 號漢墓所出衡杆之文："敢擇輕重衡，及弗用劾［刻］，論罰縣里家十日。"以罰作的性質及期限的自由空間而見，適載實為罰作之一種。如此，罰作的功能也不僅僅就定位于刑罰意義上的勞役刑⑤。

① 永田英正：《居延漢簡の研究》，第 499 頁。
② 大庭脩著、筆者譯：《漢簡研究》，廣西師範大學出版社，2001 年版，第 109 頁。
③ 沈家本著、鄧經元、駢宇騫點校：《歷代刑法考》，中華書局，1985 年版，第 303 頁。
④ 吳榮曾：《漢簡中所見刑徒制》，《北京大學學報》1992 年 2 期，後收入同著《先秦兩漢史研究》，中華書局，1995 年版，第 269~270 頁。
⑤ 最近張建國先生撰文，認為"罰作是一種普通的罰役，在漢代的大部分時間不屬於刑的範圍，在這個意義上嚴格講應稱作勞役罰而不是勞役刑。"見《漢代的罰作、復作與弛刑》，《中外法學》2006 年 5 期，第 599 頁。

"烽火品約"性質辨析

姚　瑩

　　在 2000 年新發掘的額濟納漢簡中，有兩枚簡提到了"烽火品約"：

　　　　吏卒謹候望，即見匈奴人，起居如烽火品約。（《額簡》2000ES9SF3：1）①

　　　　☑☐☐☐☐上燧望寇，舉烽如品約。☑　（《額簡》2000ES9S：24）

　　在之前出土的漢簡中，亦可見"烽火品約"：

　　　　☑☐卒諷讀烽火品約，第十七候長勝客，第廿三☑　（《新簡》EPT52·33）②

　　　　省候長鞍馬追逐具，吏卒皆知烽火品約不？（《新簡》EPF22·237）

　　　　敦煌郡羹火品約。（《敦簡》520）③

　　　　中乘塞隧吏卒謁誠蓬火品約，具蓬器，千秋☑　（《敦簡》1226）

此外，1974 年居延破城子 T44F16 房裏所獲的"烽火品約"，共有十七枚簡④，為較完整的烽火品約簡冊。

　　　　除"烽火品約"之外，見於漢簡的"品約"還有"伏虜品約"：

　　　　☐府，府為伏虜品約。捕☑　（《敦簡》783）

　　"烽火品約"不見於史籍記載，但為數不少的出土簡牘證明其在漢代並不鮮見。關於其性質，李均明認為是"關於烽火信號的地方性法規"⑤，視其為漢代科品的一種，"科、品，法規事條。是對律令的補充。……簡牘所見科品之類有《罪人入錢贖品》、《烽火品約》、《條品》、《品條》、《大司農部掾條》、《丞相御史刺史條》、《城官中亭治園條》、《章程》等。"⑥ 冨谷至將其視為"軍事集團內部的約即軍約的一種。"⑦ 薛英群

---

　　① 魏堅主編：《額濟納漢簡》，廣西師範大學出版社，2005 年版。本文簡稱《額簡》。

　　② 甘肅省文物考古研究所等：《居延新簡：甲渠候官》，中華書局，1994 年版。本文簡稱《新簡》。

　　③ 甘肅省文物考古研究所編：《敦煌漢簡》，中華書局，1991 年版。本文簡稱《敦簡》。

　　④ 《新簡》EPF16·1—17。

　　⑤ 李均明：《額濟納漢簡法制史料考》，魏堅主編《額濟納漢簡》，廣西師範大學出版社，2005 年版，第 61 頁。

　　⑥ 李均明：《簡牘法制史料的三個層面》，《中國法制史考證》乙編第四卷，楊一凡總主編，中國社會科學出版社，2003 年版，第 75 頁。

　　⑦ 冨谷至：《秦漢刑罰制度研究》，廣西師範大學出版社，2006 年版，第 245～246 頁。

認為"《塞上烽火品約》是甲渠、殄北和卅井塞的示警聯防條約。"① 劉篤才亦持此論②。

初師賓、吳礽驤和程喜霖則對"品"與"約"進行區分。吳礽驤的區分標準是頒佈機關的不同,"中央頒發者,稱《品》,郡、部都尉頒發者,稱《品約》"。推論"漢代的丞相府或亦頒有全國統一之《塞上烽火品》。……郡的《烽火品約》,内容多根據中央的《烽火品》制訂;部都尉的《烽火品約》則根據其轄境範圍、隸屬單位和地望條件,補充規定具體的實施細則"③。

初師賓和程喜霖從内容上區分"品"與"約",認為"品"是區別不同級次的法令細目,而"約"則是總的原則性規定④。據此初師賓還將《塞上烽火品約》重新編次,分為品、約兩部分,前十二條(EPF16·1,2,3,4,5,6,7,8,10,11,14,13)為"品",後四條(12,9,16,15)為"約"⑤。

單從稱謂上看,"品"、"約"與"品約"顯然有相同之處,又存在區別。究竟"品約"中的"品"與"約"具有什麼樣的含義?如何看待"品約"的性質?筆者以為尚有探討的餘地。

一　漢代"品"與"約"的文字含義及規則性質

在漢代,"品"字具有多種含義。原意為眾、多,引申表示事物的種類,此外還有相同、比率、等差及品級之意。《說文》:"品,眾庶也。"《史記·五帝本紀》中"舜曰:'契,百姓不親,五品不馴。'"王肅釋"五品"為"五常也",即五種倫常。《廣雅·釋詁》:"品者,僵弓云:品節斯,斯之謂禮,是品為齊也。"《漢書·李尋傳》:"百里為品,千里立表。"孟康註:"品,同也,言百里内數度同也。"《漢書·咸宣傳》:"群盜起不發覺,發覺而弗捕滿品者,二千石以下至小吏主者皆死。"師古註:"品,率也,以人數為率也。"《漢書·匈奴傳》:"故約,漢常遣翁主,給繒絮食物有品,以和親,而匈奴亦不復擾邊。"師古註:"品,謂等差也。"《後漢書·皇后紀》:"其職僚品秩,事在《百官志》。""品"在漢代常用於指規則、條目,可以見到的有《常符漏品》、⑥《守御器品》⑦ 等等。史籍中還可見到"品"多與其他具有規則含義的

---

① 薛英群:《居延〈塞上烽火品約〉冊》,《考古》1979 年 4 期,第 361 ~ 364 頁。
② 劉篤才:《論漢代法律體系的幾個問題》,《當代法學》,第 18 卷第 4 期,第 148 頁。
③ 吳礽驤:《漢代烽火制度探索》,《漢簡研究文集》,甘肅人民出版社,1984 年版,第 227 ~ 229 頁。
④ 程喜霖:《漢唐烽堠制度研究》,聯經出版事業公司,1991 年版,第 118 頁。
⑤ 初師賓:《居延烽火考述》,《漢簡研究文集》,甘肅人民出版社,1984 年版,第 351 ~ 352 頁。
⑥ 《後漢書·律曆志》。
⑦ 李均明、何雙全:《散見簡牘合輯》,文物出版社,1990 年版,第 22 頁,簡 203 "郡都尉候部亭燧守御器品"。

詞合稱，如："品式"①、"程品"②、"儀品"③、"條品"④、"科品"⑤ 等。作為法律載體的"品"，在"級差"這一義項上承載起劃分等級標準的功能，但品不具有獨立品格，是律令科的附屬法規，是律令的具體條款、細則規定、量化標準⑥。

約，原意指繩索的纏束，引申為廣義的拘束，此外有節約、約分之意。《說文》："約，纏束也。"《史記·平津侯主父列傳》："漢興以來，股肱宰臣身行儉約，輕財重義。"《漢書·律曆志》："參閏法為周至，以乘月法，以減中法而約之。"約因其具有"拘束"之意，多用於指約定、契約、條約等。兩漢時期的史籍和出土簡牘中，出現各種類型的"約"，以訂立目的不同進行區分，大致可歸納為以下幾類：

1. 為實現軍事戰略目的而訂立的約。戰國時的"約從連橫"即是此類。秦漢時期，人們亦常採用"約"的形式在戰爭中結成攻守同盟。如《漢書·韓王信傳》："信得書，恐誅，因與匈奴約共攻漢，以馬邑降胡，擊太原。"《史記·項羽本紀》："將軍何不還兵與諸侯為從，約共攻秦，分王其地，南面稱孤。"

2. 為約束軍隊內部紀律而訂立的約。如《史記·律書》："吳用孫武，申明軍約，賞罰必信。"《史記·絳侯周勃世家》："壁門士吏謂從屬車騎曰：'將軍約，軍中不得驅馳。'於是天子乃按轡徐行。"

3. 為實現政治結盟而訂立的約。漢王朝以"約"的形式與少數民族達成互不侵犯、友好共處的協議，類似於近現代的國際條約。如《史記·孝文本紀》："漢與匈奴約為昆弟，毋使害邊境。"《史記·匈奴列傳》："單于曰：'非故約。故約，漢常遣翁主，給繪絮食物有品，以和親，而匈奴亦不擾邊。'"

4. 具有國家立法性質的約。漢代的國家制定法以律令為主體，但在漢初，涉及皇位繼承、封王封侯等關乎國家政治體制根基的重要事項時，卻以"約"的方式進行規定。如《史記·呂太后本紀》："高帝已定天下，與大臣約，曰'非劉氏王者，天下共擊之。'"《漢書·景武昭宣元成功臣表》："高祖之約，非功臣不侯也。"《漢書·竇嬰傳》："嬰引卮酒進上曰：'天下者，高祖天下，父子相傳，漢之約也，上何以得傳梁王？'"

在漢人眼中，國家法律亦可稱為"約"或"約束"，如《後漢書·梁統傳》記載梁統疏："至哀、平繼體，而即位日淺，聽斷尚寡，丞相王嘉輕為穿鑿，虧除先帝舊約成律。"《漢書·汲黯傳》記載汲黯質責更定律令的張湯，"何空取高皇帝約束紛更之

---

① 《漢書·宣帝紀》："樞機周密，品式備具，上下相安，莫有苟且之意也。"

② 《漢書·任敖傳》："吹律調樂，入之音聲，及以比定律令。若百工，天下作程品。"

③ 《漢書·梅福傳》："叔孫通遁秦歸漢，制作儀品。"

④ 《漢書·王莽傳》："多少之差，咸有條品。"

⑤ 《後漢書·孝安帝紀》："舊令制度，各有科品。"

⑥ 徐世虹：《漢代法律載體考述》，《中國法制史考證》甲編第三卷，楊一凡總主編，中國社會科學出版社，2003 年版，第 171～175 頁。

為?"《史記·曹相國世家》載"參代何為漢相國，舉事無所變更，一遵蕭何約束"。大概是因爲某些"約"具有一定的法律性質，所以漢人纔有時會將"約"與"律"混稱。

5. 以締結婚姻為目的而訂立的約。如《史記·項羽本紀》："沛公奉卮酒為壽，約為婚姻。"《史記·劉敬叔孫通列傳》："上竟不能遣長公主，而取家人子名為長公主，妻單于。使劉敬往結和親約。"

6. 為實現經濟利益而訂立的約。官府或民間進行交易或合作以實現一定的經濟利益時，為了增強交易或合作的信賴感，需要施加一定的約束，即一般所說的契約。如《後漢書·方術傳》："買者言賣買私約，亦復辭錢不取。"還有漢簡中見到的一些"約"，也是涉及經濟利益的私約：

建昭二年閏月丙戌，甲渠令史董子方買郭卒□威裘一領，直七百五十，約至春錢畢已，旁人杜君雋（《合校》26.1）[1]

七月十日，郭卒張中功貰買卓布章單衣一領，直三百五十，三堠史張君長所，錢約至十二月盡畢已，旁人臨桐史解子房知券□（《合校》262.29）

還有湖北江陵鳳凰山十號漢墓出土的"中舨共侍約"，是一份"因共同承擔官繇而訂立的合夥契約"[2]。

7. 為維護家族秩序而訂立的約。家族是漢代社會的基本單元，在漢代，可以見到有的家族以制定家約的方式維護家族內部和諧。如《史記·貨殖列傳》記載魯人曹邴氏"家自父兄子孫約，俯有拾，仰有取，貰貸行賈遍郡國。"又"任公家約，非田畜所出弗衣食，公事不畢則身不得飲酒食肉"。

上述臚列的各種"約"，立約者的身份地位、立約目的、約束內容和立約方式等都存在很大差異，但之所以都被稱為"約"，無疑有着共同的特點。

首先，"律令"作為國家大法，有國家強制力作為保障，其拘束力要強於"約"，但為何擁有立法權的天子和軍隊有時會不採用"律令"的方式，而用"約"的方式進行拘束？顯然"約"具有"律令"所不具備的價值，而這種價值正是立約者在特定情況下所追求的。

"律令"的特點在於：以具有絕對權威的君主名義頒佈，以國家強制力為保障，要求所有臣民統一遵守。正如《漢書·任敖傳》中顏師古在註中所言："言吹律調音以定法令，及百工程品，皆取則也。"律、令、程、品等皆取其統一規則之意。"律令"的

---

① 謝桂華、李均明、朱國炤：《居延漢簡釋文合校》，文物出版社，1987年版。本文簡稱《合校》。

② 徐世虹：《對兩件簡牘法律文書的補考》，《中國古代法律文獻研究》第二輯，中國政法大學出版社，2004年版，第95頁。

守法主體是臣民，君主不在此限，君主有權按自身意願更改律法，"朝令夕改"雖然不被提倡，但並非不合法。

而"約"則不同，無論立約各方是否處於平等或不平等的地位，不僅弱勢一方需受拘束，同時也強調強勢一方的嚴格遵守。軍隊的主帥對於下級士卒具有絕對的領導權，但軍法採用"約"的方式，在於強調不僅士卒要遵守，執法者自身更是要嚴格遵守和執行，如前引的"將軍約"，即使貴為天子也得"按轡徐行"，目的在於穩定軍心。劉邦初入關，與關中父老"約法三章"，此約不僅僅是約束關中民眾，更是劉邦集團作出的自我約束的承諾，以獲民心。漢初劉邦與諸侯對於皇位繼承、封王封侯等重大事項立約，主要在於強調君主承諾依"約"傳承皇位、分封王侯，以獲得眾諸侯的擁護，君主若不依約而行，即是"非約"①，眾諸侯將因此獲得不擁護漢王朝的合法性理由。其他各類型的"約"的立約方具有相對平等的地位，"約"對於各方均具有相同的拘束力。

因此，"約"的特點在於："約"強調立約各方的遵守，在某一方具有絕對權威的情況下，反而更強調強勢一方的嚴格遵守和執行。

其次，立約主體有較大的主動性，可在不違犯國家律令或遵循民間習慣的前提下，根據約束對象提出權利義務。前述的建立攻守同盟之約，各軍事集團根據戰略形勢具有不同的戰略任務；對於軍約，普通士卒的義務在於嚴格遵守，而軍隊領導者的義務是不僅自身要遵守，還必須根據軍約"賞罰必信"，若不依約賞罰，即是違約；政治結盟之約，如《史記·匈奴列傳》所記載的漢與匈奴之約，漢王朝的義務是提供物質利益，匈奴的義務是保持邊境和平；漢初劉邦與諸侯訂立的各種約，君主的義務在於皇位父子相承、不封非劉氏者為王，不封無功者為侯，諸侯的義務在於接受君主依約行事的行為，擁護君主，若君主"非約"，則"天下共擊之"；締結婚姻之約，女方依約嫁女，男方依約迎娶；買賣私約的買方依約付款，賣方依約供貨；"中舨共侍約"中普通參與者的義務是按時準備錢、提供物資，舨吏的義務是按時報告、準備計簿等②；漢時的家約，《史記·貨殖列傳》中所記只是簡略描述，具體內容不得而知，但家族內父子兄弟的身份等級儼然，身份不同，權利義務自然也有異。總之，國家事務、軍事組織、民間社會的秩序，正是通過"約"獲得一定程度的平衡。

二　"烽火品約"的性質

首先，從稱謂上看，基層烽隧所遵守的舉烽細則的正式名稱是"烽火品約"。漢代

① 李開元：《漢帝國的建立與劉邦集團》，三聯書店，2000年版，第193頁。

② 徐世虹：《對兩件簡牘法律文書的補考》，《中國古代法律文獻研究》第二輯，中國政法大學出版社，2004年版，第95頁。

的文書簡冊一般在最後一枚簡上書寫篇名，如張家山漢簡中的《二年律令》，每一篇律的律名都單獨書寫在該篇的最後一枚簡上。居延的《塞上烽火品約》簡冊較為完整，“出土時系順序排列置於房屋地面上。……不少枚尚殘存綴繩殘跡。”① 此十七枚簡是有編繩編聯的簡冊，出土時的 1－17 的排序恐怕就是當時烽火品約的編排順序，其最後一枚簡上書寫“右塞上烽火品約”，應即是篇名。漢簡中出現的“烽火品”一詞，可能是“烽火品約”的簡稱，或是指舉烽的品級。

“烽火品約”是邊塞舉烽規則的正式名稱，但並非所有的軍事防禦區都遵守相同的舉烽規則，各地區“烽火品約”的稱謂有時會添加限定詞以示區別，如前述的“敦煌郡烽火品約”，顧名思義是指敦煌郡轄區內的烽燧所共同遵守的烽火品約。

在《塞上烽火品約》中，第一至五枚簡反復提到甲渠、卅井和殄北三個塞，一塞舉烽，另兩塞按照品級舉烽應和：

> 匈人奴晝入殄北塞，舉二烽，□煩烽一，燔一積薪。夜入，燔一積薪，舉堠上離合苣火，毋絕至明。甲渠、卅井塞上和如品。（《新簡》EPF16.1）

> 匈人奴晝（入）甲渠河北塞，舉二烽，燔一積薪。夜入，燔一積薪，舉堠上二苣火，毋絕至明，殄北、卅井塞和如品。（EPF16.2）

匈奴人晝入甲渠河南道上塞，舉二烽，堠上大表一，燔一積薪，夜入，燔一積薪，舉堠上二苣火，毋絕至明。殄北、卅井塞上和如品。（EPF16.3）

匈奴人晝入卅井降虜隧以東，舉一烽，燔一積薪。夜入，燔一積薪，舉堠上一苣火，毋絕至明。甲渠、殄北塞上和如品。（EPF16.4）

匈奴人晝入卅井

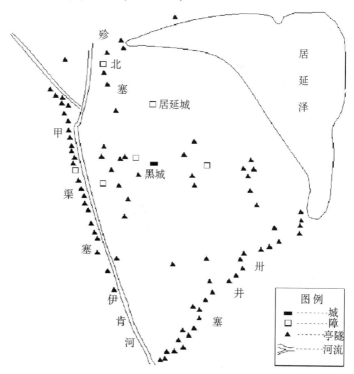

此圖是參照《漢簡綴述》所附的額濟納河流域漢代亭障分布圖而繪製的簡略示意圖

---

① 薛英群：《居延〈塞上烽火品約〉冊》，《考古》1979 年 4 期，第 361～364 頁。

候遠隧以東，舉一烽，燔一積薪，堠上湮一。夜入，燔一積薪，舉堠上一苣火，毋絕至明。甲渠、殄北塞上和如品。（EPF16.5）

顯然，這是甲渠、卅井和殄北三個塞所共同遵守的《烽火品約》。甲渠、卅井和殄北三個塞均隸屬於張掖郡居延都尉府，但為何此《烽火品約》沒有像“敦煌郡烽火品約”那樣稱為“居延都尉烽火品約”，而是冠以“塞上”這一較含糊的限定詞呢？

居延都尉府下轄有殄北、居延、甲渠、卅井四個候官①，漢簡中雖未出現“居延塞”一詞，但出現了居延候官下轄的多個烽燧名，如定居隧、擊胡隧、收降隧等②，這些烽燧同甲渠、卅井、殄北塞所屬的烽燧一樣下轄於居延都尉府，但是根據《塞上烽火品約》中的簡文，反復提到的僅是甲渠、卅井、殄北三塞相互應和，可見此“烽火品約”並不包括居延候官所屬的烽燧。根據當時居延區域的烽燧分佈（如圖所示），殄北塞在居延區域的北部，甲渠塞在西邊，卅井塞在南面，加上東邊的居延澤，正好將居延區域四周圍住，居延候官下轄的烽隧則分佈在居延區域內部③，只要殄北、甲渠、卅井三個塞嚴密聯防，就足以防範匈奴人入侵居延區域。因此，從實際戰略角度考慮，《塞上烽火品約》只出現殄北、甲渠、卅井三個塞，而沒有居延候官也就在情理之中。

其次，在此烽火品約簡冊中，可以看到匈奴人侵入不同的塞，隧則燔舉不同類別的烽火；晝入和夜入時燔舉的烽火也不同；若匈奴人侵入的人數在千騎以上及攻打亭障田舍，燔薪的數量要高於一般④。一塞舉烽，其餘兩個塞按照相同的級別應和，因此熟悉此烽火品約的士兵可以從舉烽的類別與數量知曉匈奴人侵入的大致時間、地點和人數，軍情也就得到了較為及時、準確的傳遞。

根據敵人侵入的時間、地點和敵情的不同，燔舉不同類別與數量的烽火，符合“品”的級差性特徵。正如程喜霖所言：“烽火品之品，乃指舉烽火的品種、品數。”⑤品約中的“和如品”、“舉部烽如品”的意思，是指按照規定的舉烽品級燔舉烽火。

但若“烽火品約”的特性僅限於此，則稱“烽火品”即可，為何正式名稱為“烽火品約”？“烽火品約”與軍事活動直接相關，基本上可以說是一種軍法，具有軍法所應有的執法者和守法者雙方都必須嚴格遵守的特點，但同樣具有規制作用的“守御器品”，其僅稱“品”而非“品約”。“守御器”是指防守、防禦所用器物，漢簡中可以見到登記守御器的《守御器簿》，如《合校》506.1：

---

①　陳夢家：《漢簡綴述》，中華書局，1980年版，第26頁。

②　同上，第81頁。

③　同上，第2~5頁。

④　《新簡》EPF16·1—14。

⑤　程喜霖：《漢唐烽堠制度研究》，聯經出版事業公司，1991年版，第118頁。

守御器簿	長斧三皆缺敝	芳馬矢橐各一毋	芮薪木薪各二石	程苣九一	狗籠二一狗二	□戶墼三百
	長椎三一	茹十斤一	瓦箕枓各二鬥少一	嘽射□一	戶關二一	戶上下合各一
	長棓三一	出火遂二具	沙馬矢各二石一	深目三一	接楪三一	儲水嬰二
	長杆二一	皮冒、革茸各一毋冒	羊頭石五百一	布篷三一不具一	木椎二一	汲落二
	木面衣三一	承檠三一	槍十一	布表一一	戶戊二一	大積薪三
	弩長臂三一	破釜一一	小苣三百一	鼓一一	籥一一	藥盛橐三

　　《守御器簿》詳細登記了烽燧守御器的種類、數量和品質，登記的目的是為了核查軍備物資的配備情況，作為相關規定的“守御器品”，估計是關於軍事戰略物資管理的細則性規定，如守御器的配備、維護等。根據軍事需要，各種守御器具有不同的規格、品級，但各烽燧的守御器管理要求沒有必要不同，“守御器品”僅具有“品”的級差性特徵，不具有“約”的根據對象不同内容不同的特徵，因此不稱為“守御器品約”。

　　在《塞上烽火品約》中，發現敵情的烽燧應當按照“品約”所規定的内容燔舉烽火，其他烽燧的義務是按照規定應合，因此當敵情出現時，不同的烽燧承擔着不同的責任義務，“烽火品約”根據實際需要針對不同對象作出不同的義務規定，從而更符合“約”的特徵。

　　可以說，從内容上看，“烽火品約”是具有“品”的級差性特徵的一種“約”。

　　最後，“烽火品約”具有法律的性質，違反將要受到懲罰。漢簡中有一份建武五年令史彈劾候長王襃的劾狀，其中有“襃不以時燔舉，而舉堠上一苣火，燔一積薪，燔舉不如品約”①一語，可見，“燔舉不如品約”是王襃被彈劾的一項重要理由。“烽火品約”只有關於舉烽的義務規定，沒有處罰規定。相關的處罰規定出現在律文之中，張家山出土的漢初《二年律令》中“興律”篇可以見到相關律文：

　　守隧乏之，及見寇失不燔隧，燔隧而次隧弗私（和），皆罰金四兩。（簡405）②

　　對於過失行爲，則采用罰勞役的手段予以懲戒，如《新簡》EPT65·228 簡：“餅庭候長王獲，坐隊長薛隆誤和受一苣火，適載轉一兩到□⊘。”即爲其例。

---

　　①　《新簡》EPT68·81 – 102。

　　②　張家山二四七號漢墓竹簡整理小組編：《張家山漢墓竹簡［二四七號墓］》，文物出版社，2001 年版，第187 頁。

　　綜上所述，"烽火品約"是漢代邊塞的舉烽規則，出於實際軍事防禦和傳遞軍情的需要，不同軍事防禦區的"烽火品約"往往不同。"烽火品約"在內容上具有其獨特的特徵，首先是根據敵情不同制定不同的舉烽品級；其次與要求統一遵守的律令等一般法律形式不同，"烽火品約"不僅強調各方的嚴格遵守，而且約束的對象通常根據軍情需要具有不同的義務；最後"烽火品約"具有法律的特徵，違反將受到律文所規定的懲罰。

額簡"購賞科條"再研究

——以居延簡"購償科別"册書復原及相關問題研究爲中心

張忠煒

《額濟納漢簡》"王莽詔書下行文"殘册中,載有關於"購賞科條"的圖版及釋文。筆者曾以此爲切入點,討論漢科存在與否的問題①。在新近讀書學習的過程中,筆者發現尚有賸義可尋,故仍以額簡"購賞科條"爲引子,對居延新簡所見"購償科別"册書進行復原,並藉此考察"購賞科條"的基本内容。同時,在復原"購償科別"册書的前提下,試圖考證出册書頒行的具體年代。這不僅會爲考察兩漢之際河西地區的政治動向提供更直接、具體的史料,也會爲深化此領域的研究、探討册書頒行背後的政治意義提供便利。所以,本篇雖是以"購賞科條"爲切入點,但重心卻是落在"購償科別"册書復原及相關問題的研究上。

一 "購償科別"册書復原

爲方便問題討論起見,先援引額簡"購賞科條"相關簡文如下②:

　　[簡一] 兩脅。謁[疑當作"諸"]發兵之郡,雖當校,均受重當〈賞〉,亦應其勞大尹、大尉(?)及吏民③。諸有罪大逆無道、不孝子絞,蒙壹功[脱

① 拙篇:《"購賞科條"識小》,《歷史研究》2006 年 2 期。按:"購賞"有時也寫作"購償",故"賞"與"償"亦可通用。漢簡中書寫不同,故本文不做統一。

② 需要說明的是引用木簡的序列問題。爲了突出"購償科別"排序問題,在本文中對册書進行單獨編號,原有考古編號一仍其舊、標於簡尾;所引用的其餘木簡編號,則標以[簡 X]以示區別。

③ 本句原讀作"亦應其勞大尹。大惡及吏民諸有罪大逆不道……",裘錫圭先生來信說:"我頗疑'惡'爲'尉'之誤釋,當讀爲'……大尹、大尉及吏民。諸有罪大逆不道……',但因看不清,不敢隨便亂說。"按:從字形來看,此處的"惡字"字確實像"尉"。從文例來說,新莽時期大尹、大尉多並稱,如"制詔陳留大尹、大尉",簡牘中也多見"大尉"一詞。從斷句來說,將之改釋作"尉",並按裘先生的讀法來理解文意,確實也較舊有理解爲佳。不過,正如裘先生所說,"額簡原文磨泐不清晰處頗多",即便是釋爲"尉"字也不能太肯定。故將原釋文"惡"改爲"尉"而存疑,作"尉(?)",斷句則完全采納裘先生的意見。謹誌於此,以示謝忱。

“無”字］治其罪，因徙遷□［“徙遷”當作“徙遷”］，皆以此詔書到大尹府日，

以　　　　　　　　　　　　　　　　　　　　　　2000ES9SF4：7

　　［簡二］咸得自薪［讀為“新”］息［疑為“同心”二字］，並力除滅胡虜逆寇

為故。購賞科條，將轉下之。勉府稽吏民，其□□□□□□務賞。董其當上二年計最

及級，專心焉。上吏民大尉以下得蒙壹功無治其罪，吏坐①　　2000ES9SF4：6

“王莽詔書”殘冊的主要內容與始建國二年（公元 10 年）準備對匈奴作戰相關，

所以頒行“購賞科條”以激勵諸參戰人員盡力殺敵、除滅胡虜。“購賞科條”等字樣恐

怕是第一次見於簡牘資料，雖然在漢簡中也有與“購賞”或“購”相關的資料。因

“王莽詔書”為殘損冊書，“購賞科條”內容已不得而知。這不能不說是一個莫大的遺

憾。那麼，有沒有可能通過其他途徑，來大致探討“購賞科條”的內容呢？仔細翻檢

《居延新簡》，東漢初年由專制河西的竇融所頒行的“捕斬匈奴虜反羌購償科別”冊書，

可以說是認識、解讀額濟納簡“購賞科條”的最佳參照。但要充分理解“捕斬匈奴虜

反羌購償科別”冊書，則需注意冊書的編序及部分復原問題。

　　或言“捕斬匈奴虜反羌購償科別”雖有缺簡，但就整體而言還算是較完整的冊

書，編序及復原之說又何從說起呢？的確，通常學界認為此冊書有十五枚簡組成②，

但在一篇居延簡冊書研究綜述的文章中，卻提及此冊書共有十九枚簡（按：其中一

枚正、反面書寫，故視之為兩枚簡。實際為十八枚），並列出新增簡的原有編號（詳

後）。只是文章中並沒有排出簡冊的正式編列序次，也未曾提及何人何時復原此冊

書，僅提到大庭脩據“西州書”推定冊書年代在東漢初期③。在筆者見知的範圍之

內，除高恒對此冊書復原有研究外，似未見其他學者從事此項復原工作。在原簡冊編

連的基礎上，高恒又新增補二枚簡（即 E. P. F22：691 與 692 兩簡），並依據其內容

進行排序；遺憾的是缺失關鍵一簡，冊書復原工作並未完成，且影響了對其他問題的

考察。例如，高氏將“購償科別”冊書等同於“舊制律令”，推定其製作年代是在西

漢時期，“西州書”廢除是在平定隗囂之後等論斷，都因缺失一枚關鍵簡而出現偏

差④。

　　“購償科別”殘冊及新增數簡，均出土於破城子一房屋遺址內，也就是通常所說的

---

　　① 魏堅主編：《額濟納漢簡》，廣西師範大學出版社，2005 年版，第 232～233 頁。按：簡文編序、標點及某些
字的讀法，係採用中國人民大學國學院“額濟納漢簡研讀班”的成果，修訂緣由參見鄔文玲：《始建國二年新莽與匈
奴關係史事考辨》文，《歷史研究》2006 年 2 期。

　　② 參見李均明：《居延新簡編年——居延編》，新文豐出版公司，2004 年版，第 267～268 頁。

　　③ 初世賓、李永平：《學術界對居延新簡部分簡冊研究的現狀》，見“簡帛網”：http：//www. bsm. org. cn/
show_ article. php？ id = 169，2006 年 1 月 6 日。

　　④ 高恒：《漢簡牘中所見令文輯考》，載中國社會科學院簡帛研究中心編：《簡帛研究》（第三輯），廣西
教育出版社，1998 年版，第 402～404 頁。

"文書檔案室"（F22）①。簡的出土編號是 E. P. F22：221 – 235，新增三枚簡的編號是 E. P. F22：691、692、825。依據大庭脩所提出漢簡冊書復原四原則，即："出土地同一"、"筆跡同一"、"材料同一"、"內容關聯"② 等等，來審視"購償科別"冊書的復原，問題可以說迎刃而解：如對簡冊的編序稍加調整，則可實現冊書部分復原。這不僅會有助於理解"購賞科條將轉下之"等語，而且還會加深對"購賞科條"內容的理解。爲節省篇幅，僅將調整編序後的冊書陳列於下。需要說明的是，冊書全文並非完全照錄原釋文，而是在對照圖版的基礎上有所修訂。修訂或增補之處，按慣例加以標注，具體說明詳見注文或下文。

　　　　　　　　月甲午朔己未，行河西大將軍事涼州牧守張掖屬國都尉融，使告部從事

［1］　☑　城、武威、張掖、酒泉、敦煌大守，張掖、酒泉農都尉。武威大守言官

　　　大奴許岑　　　　　　　　　　　　　　　　　　　　　　　　　　825A

　　　☑　　　　　祭酒□從事主事術令史霸　　　　　　　　　　　　825B

［2］等三人捕羌虜斬首各二級，當免爲庶人，有書。今以舊制律令，爲捕斬匈奴虜反羌購賞各

　　　如牒。前諸郡以西州書免劉玄及王便等爲民，皆不當行。書到以科列〈別〉③

　　　從事。官奴婢以西州　　　　　　　　　　　　　　　　　　　　　221

［3］書若郡農如玄、便等捕斬反羌免者，不應法令，皆收還玄、便等及其妻子其本官。已畀，言所

　　　畀官名、年籍，毋有所遺脱，會五月朔。從事督察如律令。　　　　　691

［4］●捕斬匈奴虜反羌購償科別　　　　　　　　　　　　　　　　　　　222

［5］●其生捕得酋豪、王侯、君長、將率者一人☑吏④增秩二等，從奴與購如比　223

［6］其斬匈奴將率者，將百人以上一人購錢十萬，吏增秩二等；不欲爲☑⑤　　224

［7］有能生捕得匈奴閒候一人，吏增秩二等；民與購錢十☑☑人命者，除其罪　225

［8］能與眾兵俱追、先登陷陣斬首一級，購錢五萬如比　　　　　　　　　226

---

　　① 甘肅居延考古隊：《居延漢代遺址的發掘和新出土的簡冊文物》，《文物》1978 年 1 期。正如發掘報告中所言："後者（指 F22）不足 6 平方米，室內發現近九百枚木簡，從中已理出王莽天鳳到建武初年約四十餘冊完整或基本完整的文書簡冊。"

　　② 大庭脩著、徐世虹譯：《漢簡研究》，廣西師範大學出版社，2001 年版，第 10 ~ 11 頁。

　　③ 簡裝本《居延新簡》作"別"字，精裝本《居延新簡》作"列"字。比較簡［2］與［4］中的"別"字，會發現彼此間確實存在差異。不過，據上下文意來看，當爲"別"字無疑，可能是"別"字誤爲"列"，也可能是墨蹟殘損所致。慎重起見，寫作"列〈別〉"更穩妥些。

　　④ 簡裝本、精裝本《居延新簡》均作"吏"字，應該是據上下文意、文例及殘存筆跡補出。因此簡恰在此處折斷，故釋作"吏"更合實際。

　　⑤ 斷簡處似可據第［16］簡增補"官者與購如比"等六字。

二　復原原由及相關解說

　　除去第［1］、［3］、［17］等三簡外，第［2］至［18］簡等十五簡是原冊書簡；如不將第［2］簡計入，則此冊書堪稱完全。但正因為第［2］簡的存在，其原為下行文書之一部分方可確定。將第［1］、［3］等二枚簡按內容編入其中，則第［2］簡恰恰可與第［1］與第［2］簡相銜接。第［1］簡雖略有殘斷，但殘缺字似可補全。依據殘缺部分"月甲午朔己未"等記載，可推定缺字應為"建　武　七　年　三"等五字（詳見後文）；又可據漢簡"承書從事下當用者"②的文例，補另行缺字為"下　當　用　者金"等五字。之所以補金字，是據"城"字補出。如此，恰與金城、武威、張掖、酒泉、敦煌等河西五郡相吻合。第［1］簡增補之字如無誤，則其形制與第［2］、［3］簡大致相同：都是兩行書寫，簡長大致相同，約有兩道編痕。依據圖版照片實測可知，三枚簡長度均在22釐米以上，寬度約為2釐米或稍多③。對比某些字跡的書寫，

---

　　①　甘肅省文物考古研究所、中國社會科學院歷史研究所等編：《居延新簡：甲渠候官與第四燧》，文物出版社，1990年版，第492頁、第521頁及第529頁；甘肅省文物考古研究所、中國社會科學院歷史研究所等編：《居延新簡：甲渠候官》，中華書局，1994年版，第217頁、第231頁及第235頁。

　　②　例如，居延新簡 E.P.T53：66A、E.P.T54：5、E.P.T59：155A 等簡，均有"承書從事下當用者"等記載，見上引《居延新簡：甲渠候官與第四燧》，第284、301、369頁。

　　③　其中，第［1］簡殘長19.5釐米，寬為2釐米，如添補五字的話，長度約為22釐米；第［2］簡長為22.5釐米，寬為2釐米；第［3］簡長為22.2釐米，寬2.2釐米。這些資料係據圖版測量，故長、寬度不一定精確；但基本情形如此，作一般參考資料似無大礙。另，第［1］、［2］、［3］簡均存兩道編痕，似乎是先編繩後書寫。問題在於，第［3］簡中的"令"字，恰在第二道編繩之上。無論是先編繩後書寫，還是先書寫後編繩，"令"字的筆跡都不應如此完好無損。為何如此，筆者不得其解。

如 "玄"、"便"、"從事" 等字，亦可斷定出自同一人之手。① 至於第[17]簡的編入序次，實際可比照第[12]簡確定。其内容不僅可與律令中 "必有以信之"② 等規定吻合，也可與史書所載 "擊匈奴增首不以實"③ 等史實相印證。又，原冊書中編號爲 232 的第[16]簡，整理者將之排在第[13]簡後。仔細通讀冊書全簡，這樣的放置或有問題：從内容及語意上來看，彼此似乎是無法銜接。故而，比照第[8]簡的位置，將之挪至第[15]簡後。這樣以來，文意可能會更通順些，前後銜接也更緊密些。

當然，即便是這樣調整簡的編序，因此冊書缺失之簡不在少數，故某些銜接可能還存在問題，但至少比原編序會合理許多。調整後的冊書，不僅文字較通順，意思也極其相符。事情原由大概是這樣的：武威太守將相關事宜稟告河西大將軍竇融，竇融爲此制定新的 "購償科別" 法規，將之轉發給敦煌等河西五郡及張掖、酒泉等農都尉，廢除 "西州書" 的舊規定而施行新法。第[2]簡所見 "劉玄"、"王便" 等人，也就是第[3]簡中被省稱的 "玄" 與 "便"，從簡文中可知諸人大概應爲官府奴婢。這些人因捕斬羌虜而立有功勞，故按 "西州書" 規定應被免爲庶人；但受當時特殊的政治局勢影响，"西州書" 的政令規定被視爲無效，並要求諸郡官府以新頒行的 "捕斬匈奴虜反羌購賞" 規定爲據，糾正過去以 "西州書" 的規定赦免立功的官奴婢爲庶人的做法。因爲新法令規定的頒行，王便、劉玄及其妻子兒女等人，必須重新被收孥官府、作官奴婢。同時，還要求將重新收孥的官奴婢所屬機構、相關名籍等資料，④ 在規定的時間内不能有遺漏的上報給上級官府部門（恐是大將軍幕府），相關人員也會按規定督察河西五郡及酒泉、張掖農都尉等官府的執行情況。

第[4]簡之前的三枚簡，係對冊書頒行緣由的敍述，其後則是 "捕斬匈奴虜反羌購償科別" 的具體内容。從 "各如牒" 等記載來看，"捕斬匈奴反虜購賞" 是以相對獨立形式出現的。與講述頒行緣由部分第1]、[2]、[3] 等三枚 "兩行" 簡不同，"購償科別" 簡的形制要窄小許多，每支簡上單行書寫文字。⑤ 編繩痕跡也不是很明顯，似與三

---

① 相關簡影見精裝本《居延新簡：甲渠候官》，第 510－511 頁、第 558 頁及第 566 頁。

② 張家山二四七號漢墓竹簡整理小組：《張家山漢墓竹簡》[二四七號墓]，文物出版社，2001 年版，第 153 頁。

③ 【漢】班固：《漢書》卷 17《景武昭宣元成功臣表》，中華書局，1962 年版，第 648 頁。虛假上報、邀功受賞的情形，《楊僕傳》中 "捕降者以爲虜，掘死人以爲獲" 等記載，也是比較典型的例證。詳見《漢書》卷 90《酷吏傳·楊僕傳》，第 3660 頁。

④ 簡牘資料所見名籍文書很多，如吏名籍、卒廩名籍等，但似未見官奴婢名籍。參李均明、劉軍：《簡牘文書學》，南寧：廣西教育出版社，1999 年，第 335－370 頁。但在已刊佈的懸泉漢簡中，不僅有刑徒名籍，還有官奴婢名籍。"懸泉簡中有正規名籍（筆者按：指官奴婢），建立專門户口檔案，有單身者，也有舉家全遷者，是朝廷統一調配至敦煌後成爲常住人口。" 詳見甘肅省文物考古研究所：《敦煌懸泉漢簡釋文選》，《文物》2000 年 5 期；又見甘肅省文物考古研究所：《敦煌懸泉漢簡内容概述》，《文物》2000 年 5 期。

⑤ 第[4]簡以下至[18]簡，諸簡長短不一，寬度大致相同。長者約 23.5 釐米，短者有 19.3 釐米，寬度都在 1 釐米以上，約爲 1－1.3 釐米。

枚 "兩行" 簡有所差異。如此一來, 額簡 "購賞科條將轉下之" 的意義, 恐是說 "購賞科條" 將以附件 (如 "牒" 等) 的形式頒行, 因為王莽詔書冊中並未見相關文字蹤影。王莽末年局勢動蕩不安, 匈奴 "並入北邊, 北邊由是壞敗"①; 與之呼應的, 是西北地區 "眾羌遂還據 [西海] 為寇。更始、赤眉之際, 羌遂放縱, 寇金城、隴西。"② 故而, 不論是 "購賞科條", 抑或是 "西州書", 或者是 "購償科別", 以捕斬羌虜為中心也就不足為怪了。雖然不知道 "購賞科條" 的內容為何, 但大致同於 "購償科別" 應是可信的, 即: 詳細規定捕斬不同級別匈奴、羌人應受之賞賜、增秩, 賞賜、增秩的級別又是由立功者真實功勞大小所決定的。

另, 對捕虜立功、當免庶人等規定, 在這裏還有必要稍加說明。此類規定雖見於 "西州書", 但其歷史淵源無疑會更早些。居延簡中有關於宗室劉崇 "謀反" 的冊書殘簡, 其中的三枚簡對認識此類問題是有重要意義的:

[簡三] 南陽大守掾史、宛邑令聞安眾侯劉崇謀反欲入宛邑城, 先發吏民杜關城門
                距射崇等,   E. S. C1A

        十六   E. S. C1B

[簡四]   以故不得入遂其逆亂者。   E. S. C2A

        十七   E. S. C2B

[簡五] ☐尤異絕異, 其手斬捕渠率者又加秩四等。民卒徒奴斬捕渠率, 皆予購錢
        卅萬

        黨與十五萬, 徒奴又免   E. S. C3A

☐八③   E. S. C3B

這三枚簡皆兩面書字, 正面主敍事、背文為編次, 可能屬於同一冊書, 記載平定安眾侯劉崇謀反事。居攝元年 (公元 6 年), 宗室安眾侯劉崇與國相張紹起兵討伐專制朝政的王莽, "紹等從者百餘人, 遂進攻宛, 不得入而敗。"④ 雖然不清楚掾史及宛邑令以何種舉措徵發吏民, 但從漢律 "購賞" 條款及簡文所見相關規定來看⑤, 根本舉措恐怕不外乎以 "購賞" 為獎懲的基本手段。故而, 立功受賞者不僅僅有 "民卒徒奴", 亦有功勞 "尤異"、"絕異" 的官吏。對官吏而言, 捕斬渠率者不僅可得到購錢賞賜, 更可以受到 "加秩四等" 的獎勵; 對立功徒奴而言, 除可以得到購錢外, 還

---

① 《漢書》卷 94 《匈奴傳下》, 第 3829 頁。
② 【南朝·宋】范曄: 《後漢書》卷 87 《西羌傳》, 中華書局, 1965 年版, 第 2878 頁。
③ 前引《居延新簡: 甲渠候官》, 第 254 頁。按: 簡裝本《居延新簡》不載 "額濟納旗三十井次東隊" 簡。
④ 《漢書》卷 99 《王莽傳上》, 第 4082 頁。
⑤ 拙篇: 《漢科研究——以 "購賞科" 為中心》, 待刊稿。

可免爲庶人良民。① 之所以要厚賞立功的徒奴，用意在於以重金賞賜及免爲庶人爲手段，鼓勵征發的官府徒奴同敵對勢力勇敢作戰。很顯然，"西州書"中立功奴婢免爲庶人，以及"購償科別"中吏"增秩二等"等規定，並非新制而是承襲西漢舊制並稍加變通罷了；與"西州書"免奴婢爲庶人的規定不同，此類規定在"購償科別"册書中不復存在而已。

三　册書頒行年代考

實際上，"購償科別"册書還有深意存在。然而，欲洞察其中的秘密所在，必須先搞清楚年代問題。在未曾復原此册書之前，學者對其年代的考察，主要依據是"西州書"。中外學者一致認爲"西州書"是建武初年時期的產物，與當時割據一方的西州大將軍隗囂有關，且多是一筆代過而缺乏深入、細緻的考察。② 在新增入三簡並調整簡序之後，筆者認爲是可以確定其具體年代的，即第[1]簡中殘缺的年代應該是建武七年（公元31年）③。這是以同一遺址出土簡牘的大致年代爲參照背景，又輔以此時期西州地區特殊的政治局勢而得出的結論，其背後牽引出的又是天下未定之際各勢力間的錯綜複雜的角力關係。

更始三年（公元25年），亦即建武元年（公元25年），隗囂與更始政權決裂，逃亡至原籍天水，"復招聚其眾，據故地，自稱西州上將軍。"④ 他素來謙恭愛士，傾身引接與之結交，招聚賢能之人甚多，著名者如申屠剛、杜林等等，故一時間隗囂"名震西州，聞於山東"。建武二年（公元26年），鄧禹承制封之爲"西州大將軍"，"得專制涼州、朔方事。"⑤ 當此之時，關東並未安定，赤眉余部尚存，隗囂勢力正盛，故光武

① 史書載王莽"封南陽吏民有功者百餘人"，但具體獎勵措施則語焉不詳。上引[簡三]至[簡五]中之"購賞"內容，視爲獎賞的具體措施似無大礙。引文見《漢書》卷99《王莽傳上》，第4086頁。
② 國內學者可以李均明、何雙全爲代表，國外學者可以大庭脩爲例。李均明論說，見上引《居延新簡編年——居延編》，第268頁；何雙全的論點，可見《居延新簡釋粹之釋文注釋》及《竇融在河西》等文，詳見氏著：《雙玉蘭堂文集》，蘭台出版社，2001年版，第404頁及第603頁；大庭脩的觀點，參見氏著、徐世虹譯：《與漢爵相關的漢簡》，載"中國社科院簡帛研究中心編"：《簡帛研究譯叢》（第2輯），湖南人民出版社，1998年版，第142頁。
③ 何雙全也確定第[1]簡殘缺年代爲建武七年，但令人不解的是何文中引用的此簡，與《居延新簡》中公佈的文字有較大出入。除一些文字略有差異外，根本區別就在於何文引用的此簡爲完簡，而《居延新簡》刊佈的材料中則爲殘簡。何文引用簡文如下："建武七年三月甲午朔己未，行河西大將軍事，涼州牧，守張掖屬國都尉融，使告部從事。張掖、武威、酒泉、敦煌太守，張掖、酒泉農都尉，武威太守言，大奴許齡。"其中劃線部分是與《居延新簡：甲渠候官與第四燧》不同的部分，"張掖、武威"次序顛倒，應是"武威、張掖"，且據殘字"城"可知其前當爲"金城"。簡裝本、精裝本《居延新簡》均不見何氏引文。因爲何文中並未說"建武七年三月"的由來，故此處不得不依據相關資料進行推斷。何文見上引《竇融在河西》，載《雙玉蘭堂文集》，第598頁。
④ 《後漢書》卷13《隗囂傳》，第521頁。
⑤ 同上書，第522頁。

帝不得不行權宜之策，承認既定事實並尊崇、安撫其人。建武六年（公元 30 年），關東悉平，光武帝有"謀西收囂兵，與俱伐蜀"① 的用意。隗囂雖很早接受光武正朔並遣子為質，但始終有專制一方之念。當光武帝劉秀存西進平定隴西之意時，也就是雙方攤牌、決裂為敵之際；建武六年雙方徹底決裂並交戰，隗囂遣使稱臣於巴蜀的公孫述。大概說明隗囂的情形後，必須稍微提及竇融集團。約在更始二年（公元 24 年），竇融辭讓巨鹿而就河西，並以張掖屬國都尉之職，在河西地區發展自己的勢力，"撫結雄傑，懷輯羌虜，甚得其歡心，河西翕然歸之。"② 建武二年末，"河西五郡聯合體制" 確立，竇融實際為五郡的統帥長官③。因竇融集團受隗囂勢力影响較大（詳後），故也在某一時間跟隨隗囂接受光武正朔。建武五年，與隗囂首鼠兩端、心懷叵測態度不同，竇融選擇了聯合、歸附光武政權的道路，不僅得到了光武帝劉秀的正式承認，而且成為安定河西、進攻隗囂勢力的重要力量。

明確了建武初期河西地區特殊的政治格局之後，再來考察簡中"甲午朔己未"等記載。查閱陳垣《二十史朔閏表》可知：建武初以"甲午"為朔日的年份，惟有建武二年二月與七年三月（公元 31 年）。筆者之所以排除前者而取建武七年，乃是基於以下幾重因素的考慮。一則，居延、敦煌簡所見建武年號者，沒有早於建武三年正月（公元 27 年）的④。與建武二年相應的，惟有"建世二年"（公元 26 年）與"元始廿六年"（公元 26 年）。前者為赤眉政權所立年號，後者據考是竇融所採用的年號，兩者曾先後出現於河西漢簡之中⑤。因為"建世二年"簡所載月份有正月、二月、三月等不同，則竇融在建武二年二月未受建武正朔據此是可以確定的⑥。二則，從第[1]簡所見竇融"行河西大將軍事"及"涼州牧"等記載來看，可知時當在建武五年或其後時間。竇融"行河西大將軍事"發生在"河西五郡聯合體制" 確立之後，時間約在鵜飼昌男所言的建武二年年末；受封"涼州牧"的時間，史書記載得明白，建武五年"因授融涼州牧"⑦。三則，從否定"西州書"政令效力來看，事情應發生在隗囂與光武政權決

---

① 《後漢書》卷 15《來歙傳》，第 586 頁。
② 《後漢書》卷 23《竇融傳》，第 796 頁。
③ 史書並未記載五郡聯合的時間，日本學者據漢簡推定為建武二年末，今從。詳見鵜飼昌男著、徐世虹譯：《建武初期河西地區的政治動向——〈後漢書·竇融傳〉補遺，見上引《簡帛研究譯叢》（第 2 輯），第 247－272 頁。
④ 見前引《居延新簡編年——居延編》，第 217 頁；又見饒宗頤、李均明著：《敦煌漢簡編年考證》，新文豐出版公司，1995 年版，第 145 頁。
⑤ 見《居延新簡編年——居延編》，第 215～217 頁；又見《建武初期河西地區的政治動向——〈後漢書·竇融傳〉補遺，載《簡帛研究譯叢》（第 2 輯），第 252～254 頁。
⑥ "元始廿六年"簡文書時間為"十一月庚申朔"，則竇融從受正朔的時間最早約在公元 26 年末；此時如再注意到居延簡中的"建武三年正月"等記載，則更可確定從受正朔最遲應在公元 27 年初。
⑦ 《後漢書》卷 23《竇融傳》，第 799 頁。按：建武五年夏，竇融遣長史劉鈞奉書獻馬於光武帝，劉秀因而賜竇融璽書，並授之以涼州牧等職。

裂之後。建武二年，隗囂協助鄧禹平滅馮愔叛亂，此時光武帝對之籠絡尚且不暇，想必不會有如此失策之舉。建武五年後情況已然不同，此時竇融歸附並聽命於光武帝，政令之改弦更張自是情理中事。故而，竇融集團才會有否定 "西州書" 效力而施行 "捕斬匈奴虜反羌購償科別" 的舉措。結合上述三點考慮可知："捕斬匈奴虜反羌購償科別" 册書頒行時間應在建武七年。與之同時，大致可補出第［一］簡殘缺 "建 武 七 年 三" 等五字。

四　竇融歸附光武之考察

但問題的分析並不能就此止步，還需作進一步的細緻探討。即，竇融歸附光武政權的時間是在建武三年，但爲何要遲至建武七年才否定隗囂的政令呢？那麼，這是否意味着在隗囂與光武政權決裂之前，竇融集團仍要受隗囂勢力的影响呢？

這並不是筆者主觀假想的 "莫須有" 問題，而是分析、解讀史料時所必然產生的疑問。此問題的核心在於河西五郡的統治者與隗囂集團是否存有關聯。約在王莽地皇四年（公元 23 年），亦即隗囂漢復元年（公元 23 年），隗囂派遣部將攻下隴西、武都、金城、武威、張掖、酒泉、敦煌等地，居延 "復漢元年" 簡正可窺見其勢力所及之一斑①。那麼，河西地區曾聽命於隗囂應是可以斷言的，即便這種聽命可能是形式上的。隗囂一度歸附更始政權，河西地區人事也隨之有所變動，比如更始任命竇融爲張掖屬國都尉②。不過，從當時各地的割據情勢看，這種變動影响是有限的。更始政權建立後，除軍事上的攻城奪地外，主要是派遣使者招撫各勢力，"先降者復爵位"。那些 "專制方面" 的統治者，"承制專拜二千石已下" 的使者，所任命的官員多是有地方勢力或背景的大姓或實際掌權者，如舞陰王李軼任 "鉅鹿大姓" 耿純爲 "騎都尉，授以節，令安集趙、魏"③。反之，如沒有地方背景或地方勢力作支持，更始所任命的官員是很難在地方上立足的。"累世在河西" 竇氏之所以能在河西立足，更始任命的琅邪太守王閎

① E. P. F22：423："復漢元年十一月戊辰，居延都尉領甲渠督薰掾敢言之。" 見簡裝本《居延新簡》，第 504 頁。又，正史中載隗囂所立年號爲 "漢復"，但漢簡中所見則爲 "復漢"。究竟誰是誰非，一時間難以斷定。審慎起見，今兩存之。

② 又如，更始二年，安定烏氏人梁統 "召補中郎將，使安集涼州，拜酒泉太守"。再如，名士鄭興亦受更始政權之遣，"使安集關西及朔方、涼、益三州，還拜涼州刺史。" 從竇融、梁統、鄭興等例子看，更始政權確實對河西地區的官吏有變動，但具體情況已不得而知。引文見《後漢書》卷 34《梁統傳》，第 1165 頁；《後漢書》卷 36《鄭興傳》，第 1218 頁。

③ 引文分別見《後漢書》卷 16《寇恂傳》，第 620 頁；《後漢書》卷 21《耿純傳》，第 761 頁；《後漢書》卷 12《彭寵傳》，第 502 頁；《後漢書》卷 21《耿純傳》，第 761 頁。

之所以受拒於張步①，可從正、反兩方面說明這一點。所以，河西地區雖受隗囂集團及更始政權影响，但實際權力恐仍掌握於地方豪強或大姓手中。實際上，這不僅僅是河西地區的情形，也是兩漢之際各地割據之情形②。正因為政權多掌握於地方豪強手中，所以當隗囂逃離更始、亡歸天水後，方能很快地"復招聚其眾，據故地，自稱西州大將軍"③。竇融出任張掖屬國都尉之後，未見有以武力收復河西五郡之舉措，此時的酒泉、金城等郡統治者"並州郡英俊"④。那麼，河西五郡的統治者曾經並繼續聽命、甚至隸屬隗囂集團並不是不可能的。甚者，"河西五郡聯合體"政權成立之后，這種聯繫也仍然是存在並延續下去的。"（竇）融等所以欣服高義，願從役於將軍者"⑤ 等記載，以及鄭興的"將軍據七郡之地，擁羌胡之眾"⑥ 等語，正說明竇融集團與隗囂集團曾存在過隸屬（即便是名義上）關係。隗囂接受建武正朔後，"融等從受正朔，囂皆假其將軍印綬"⑦，亦可見彼此間的隸屬關係。

　　竇融集團雖有割據自保的政治企圖⑧，但與隗囂"圖王不成，其弊尤足以霸"⑨ 不同。這一點是不能忽略的。面對波詭雲譎的政治亂局，一旦抉擇稍有半點差池，則家毀人亡者不僅僅是竇氏一姓而已，而是河西五郡的割據統治者都將面對的後果。如此一來，是否聽命於隗囂、是否歸附光武等攸關生死之事，就不能不百般斟酌、審慎對待了。而且，竇融集團的重要決策的確立，與其說是取決於竇融一人的決斷，倒不如說是取決於各地方勢力的協調。因竇融集團成員與隗囂存在微妙的關係，故心向隗囂者肯定有之。隗囂曾派辯士遊說竇融等人，要其割據一方而毋"係屬"他人，"與隴、蜀合從，高可為六國，下不失尉佗"。遊說的意圖很明顯：要求竇融不要歸附光武，而是與

　　①　《後漢書》卷12《張步傳》，第498－499頁。
　　②　余英時：《東漢政權之建立與士族大姓之關係》，見氏著：《士與中國文化》，上海人民出版社，2003年版，第193～247頁。
　　③　《後漢書》卷13《隗囂傳》，第521頁。
　　④　當時的武威太守馬期、張掖太守任仲"並孤立無黨"，故酒泉太守梁統、金城太守厙鈞等人與竇融"遺書告示之，二人即解印綬去"。馬期、任仲可能是非本地的緣故，或者說沒有地方勢力為緣故，故被這些地方掌權者所排斥。緊接着，新的人事變動出現：梁統為武威太守，史苞為張掖太守，竺曾為酒泉太守，辛肜為敦煌太守，厙鈞為金城太守。但此次人事變動，應是彼此間協調的結果，行河西大將軍事的竇融似乎也發揮了重要作用。引文見《後漢書》卷23《竇融傳》，第796～797頁。
　　⑤　《後漢書》卷23《竇融傳》，第801頁。
　　⑥　《後漢書》卷36《鄭興傳》，第1220頁。按：鄭興所說的"七郡之地"，章懷太子注曰："天水、隴西、武威、張掖、酒泉、敦煌、金城。"天水、隴西為隗囂勢力，餘者為河西五郡之地。鄭興說這些話時，時間大概在建武六年。
　　⑦　《後漢書》卷23《竇融傳》，第798頁。
　　⑧　正如竇融私下所說，"天下安危未可知，河西殷富，帶河為固，張掖屬國精兵萬騎，一旦緩急，杜絕河津，足以自守，此遺種處也。"而《梁統傳》中說得更明白："會更始敗，赤眉入長安，（梁）統與竇融及諸郡守起兵保境，謀共立帥。"引文分別見《後漢書》卷23《竇融傳》，第796頁；《後漢書》卷34《梁統傳》，第1165頁。
　　⑨　《後漢書》卷13《隗囂傳》，第525頁。

己及公孫述聯合，以便與光武政權抗衡而割據稱雄一方。竇融等人"於是召豪傑及諸太守計議"，"其中智者"認爲天命劉秀而"它姓殆未能當"，但"諸太守各有賓客，或同或異"。對於此事，"（竇）融小心精詳，遂決策東向。"① 史書未載隗囂派辯士遊說的時間，但既發生在從受正朔後，則最早應在建武三年之初。而正是在此時，馮異降服隴西地區的赤眉軍，隗囂與光武帝之間已無緩衝地帶，漢軍隨時西進用兵的壓力也就直接指向隗囂②。那麼，在此生死存亡的關鍵時刻，也是派遣說客的最可能時間。因爲當隗囂集團作出生死決定時，無疑是需要尋求支援以抗衡光武的。此時此刻，"小心精詳"一語，顯然是值得注意的：竇氏既不能聽信辯士之話而割據稱雄、毋屬他人，也不能盲目聽從"智者"的話而立刻歸附光武。在內部意見尚未統一之時，如不審慎權衡考慮各種觀點，就貿然作出關係生死的決定，無疑是愚蠢的、極不明智的舉動。所以，饒有趣味的是，竇融最終決策東向並遣使，時間已是在建武五年了。

換言之，竇融集團在決定是否與隗囂決裂、東向光武的問題上，有很長一段時間是處於徘徊、猶豫的狀態之中的。"河西隔遠，未能自通"顯然是難以令人置信的藉口，徘徊的根本原因可從竇融集團的行爲舉措中分析一二。當河西受赤眉政權影响時，隗囂援助鄧禹、進擊赤眉、從受光武正朔，竇融集團並未即刻行用建武年號，而是使用子虛烏有的"元始廿六年"；此舉並非輕舉妄動，而是有以靜制動的用意③，亦即史書所載"共全五郡，觀時變動"，則起初並未心向光武是很顯然的。隗囂奉光武正朔並專制涼州、朔方後，竇氏既不能完全聽命於隗囂，因爲"內懷異心"的隗囂一旦爲光武掃滅，則己會因與之親近、受其信用而難逃株連之罪；又未必心甘情願歸附光武，歸附光武則自失權柄、恐有危殆④，且可能會受隗囂的攻擊。所以，此時的竇融採取了多面策略：一則尊奉光武政權、行用建武正朔，漢簡中所見援引詔書等語可爲例證；一則利用專制一方的權力，以大將軍幕府書的方式，頒行一些地方性的法規，如規定嚴禁吏民鑄錢、制定居延官吏俸祿等等；⑤ 一則又受制於隗囂而施行"西州書"的規定，反觀"購償科別"册書可略知一二。騎牆之舉，與竇氏集團力量強弱有

----

① 《後漢書》卷23《竇融傳》，第798頁。
② 見前引《建武初期河西地區的政治動向——〈後漢書·竇融傳〉補遺》，載《簡帛研究譯叢》（第2輯），第254～255頁。
③ 參見任步雲：《甲渠候官漢簡年號朔閏表》，載甘肅省文物工作隊、甘肅省博物館編：《漢簡研究文集》，甘肅人民出版社，1984年版，第420頁；又見上引《居延漢簡編年——居延編》，第217頁。
④ 詳見《後漢書》卷23《竇融傳》，第797頁及第798頁。正如張玄遊說"河西"時所言，"今即有所主，便相係屬，一旦拘制，自令失柄，後有危殆，雖悔無及。"
⑤ 見前引《竇融在河西》，載《雙玉蘭堂文集》，第597～599頁及第604～605頁。

關，也與竇氏集團的政治企圖有關，但更多的應是基於自身的安危存亡①。故而，在是否東向的問題上久拖未決，正可顯見竇氏集團所面臨的生死抉擇。隨着隗囂勢力與光武政權關係的變化，竇氏也不得不有所動作而決定大策了。如前所述，光武承認隗囂勢力是權宜之舉，在逐漸平定關東地區各股勢力後，"欲持兩端，不願天下統一"② 的隗囂，早晚都會成為光武帝掃蕩平滅的對象。臨近並知曉隗囂心意的竇融集團，在事態漸趨明朗之時，陳明大義以決裂隗囂，謙恭卑語以示忠光武。當隗囂與光武決裂為敵之時，竇融（集團）別無選擇的站在光武一邊。建武六年，武威太守梁統派人刺殺說客張玄，竇融集團"遂與囂絕，皆解所假將軍印綬"，緊接着就有否定"西州書"、新行"購償科別"的舉措。當然，此時的竇氏尚有"久專方面"③ 的權力，故仍可制定行用一方的新法規，頒行"購償科別"也就不難理解了。

綜上，通過對居延新簡"購償科別"冊書的復原及考釋，既為認識額濟納漢簡"購賞科條"內容及"將轉下之"等記載提供有益的參照，又為深入探討兩漢之際河西地區竇融集團的政治動向提供新史料。處於紛爭割據的混亂時代，地方勢力的崛起在所難免。那麼，在政治形勢並未明朗之前，帶有自保性質的竇融集團，既不能盲目地歸附光武帝，又不能一味地追隨隗囂勢力。此一時刻史書記載的"觀時變動"一語，自是揭示其集團心態的最佳寫照。當隗囂的政治意圖逐漸顯現，光武帝也有派兵西進的用意時，不僅僅是兩者關係最為緊張的時刻，也是竇融集團決定生死的關鍵時刻。因而，竇融集團才會有遣使聯繫、歸附光武帝的舉措，也才與隗囂集團斷絕聯繫、廢除"西州書"的規定，並行用"專制"一方的權力而頒行"購償科別"新法。

附記：

本文原係拙篇《漢科研究——以"購賞科"為中心》之一部分。本意是以"購償科別"冊書為例，說明"購賞科"的一般情形及內容所指。寫作過程中發現此冊書尚有可供發掘之餘地，所以循着既定思路展開細緻的討論。如此一來，篇幅日漸龐大，也漸脫離主題，故決定獨立成篇，而今兩篇均已成形。值此"額濟納漢簡研讀班"成果結集之時，受篇幅限制而棄前者取此篇。前篇初稿曾受謝桂華先生指正並檢視材料，而

_____

① 竇融集團的心態，光武帝是比較清楚的。正如劉秀在賜竇融璽書中所說，"王者迭興，千載一會。欲遂立桓、文，輔微國，當勉卒功業；欲三分鼎足，連橫合縱，亦宜以時定。天下未並，吾與爾絕域，非相吞之國。今之議者，必有任囂效尉佗制七郡之計。王者有分土，無分民，自適己事而已。"此時已是建武五年，即竇融遣使奉書之年。璽書中之言語，有慰勉之意，亦有警示之心。何去何從，自是竇融集團應考慮的，故竇融上書信誓旦旦、表白忠心，也就不難理解了。引文見《後漢書》卷23《竇融傳》，第799頁。

② 《後漢書》卷13《隗囂傳》，第524頁。

③ 《後漢書》卷23《竇融傳》，第805、806頁。

此篇寫作時先生已歸道山數月矣。雖與先生沒有深入交往，也不是先生的正式學生，但對先生治學之執著勤奮、爲人之慷慨熱忱，是懷有深深敬意的。先生既已遭受人生三痛，晚年又飽罹病疾折磨，悄然離去未嘗不是解脫。2006 年 6 月 13 日下午，帶着導師的囑託，送先生走最後一程……

謹以此文紀念簡帛學專家謝桂華先生，願先生一路走好……

"始建國二年詔書" 冊所見詔書之下行

馬 怡

在新近發表的額濟納漢簡中，有一件 "始建國二年詔書" 冊，[①] 其內容涉及新莽分匈奴為十五單于、向邊境大發兵、赦免罪徒等事，與《漢書》中《匈奴傳》、《王莽傳》之記載可相印證處頗多。該冊書已殘亂，但其下行文部分卻相對完整，反映了這件詔書在西北邊地逐級頒佈的情況。現依據其所記日期及詔書的下行過程排定這幾枚簡的次序：

[簡一] 因騎置以聞。符第一。（2000ES9SF4：5）

[簡二] 始建國二年十一月甲戌下。

十一月壬午，張掖大尹良、尹部騎司馬武行丞事、庫丞習行丞事下部大尹官縣：丞（承）書從事，下當用者，明白（2000ES9SF4：4）

[簡三] 扁書鄉亭市里顯見處，令吏民盡誦之。具上吏民壹功蒙恩勿治其罪者名，會今，罪別之，以齎行者，如詔書，＝到言。　　　　　書佐曷（2000ES9SF4：3）

[簡四] 十一月丁亥，□□□大保□□以秩次行大尉事、□□下官縣：丞（承）書從事，⋯⋯當用者，明白扁［書］鄉亭市里顯見處，令吏民盡知之。具上壹功蒙恩勿治其罪人名，所坐罪別之，如詔書。（2000ES9SF4：1）

[簡五] 閏月丙申，甲溝候獲下部候長等：丞（承）書從事，下當用者，明白扁書亭隧顯見處，令吏卒盡知之。具上壹功蒙恩勿治其罪者，罪別之，會今，如詔書律令。（2000ES9SF4：2）

---

① 見魏堅主編：《額濟納漢簡》，廣西師範大學出版社，2005 年版，第 228～238 頁。這是一組出土地點相同、文字內容相關的木簡，共 12 枚，整理者認為它們屬於同一件冊書。"始建國二年詔書" 冊是筆者對這件冊書的暫命名。

[簡一] 是本詔書冊之詔文部分的最末一簡。"騎置"指驛騎，傳送要急官文書的驛遞組織。《漢書》卷 54《李廣傳附李陵傳》："（天漢二年）詔陵：'以九月發，出遮虜鄣，至東浚稽山南龍勒水上，徘徊觀虜，即亡所見，從浞野侯趙破奴故道抵受降城休士，因騎置以聞。'"師古曰："騎置，謂驛騎也。"① 又指驛騎行道上的站點。《居延新簡》EPF22.64A："無令有奸聖恩，宜以時布，縣殹置驛騎行詔書。"② "因騎置以聞"，用驛騎將覆命報告上達皇帝。有關此制的記載，除前引《漢書·李廣傳附李陵傳》外，亦見《漢書》卷 96《西域傳》："張掖、酒泉遣騎假司馬為斥候，屬校尉，事有便宜，因騎置以聞 ③。""符第一"，疑指銅虎符之第一。漢代有銅虎符第一至第五，國家當發兵時，派遣使者持符至郡，符合乃聽受之④。《居延漢簡釋文合校》332.12："從第一始，大（太）守從五始，使者符合乃☐。"⑤

[簡二] 首句"始建國二年十一月甲戌下"，是記錄本詔書由朝廷發出的日期。"始建國二年"（公元 10 年），王莽即位的第二年。按詔書冊通常的體例，此前為詔文，此後為下行文。例如，《新簡》EPT59：61："制詔納言：其令百遼（僚）屢省所典，修厥職，務順時氣。始建國天鳳三年十一月戊寅下。"又，《居延漢簡釋文合校》185.2："制曰：可。初元五年正月壬午下。"⑥

"十一月壬午"，是張掖長官"大尹良"等將詔書下傳給"部大尹官縣"的日期。《漢書》卷 99 中《王莽傳中》記載："（莽）改郡太守曰大尹，都尉曰太尉。"⑦ 是"大尹"相當於漢之郡太守。"丞（承）書從事，下當用者，明白扁書鄉亭市里顯見處，令吏民盡誦之"，此為詔書下行文之常用語⑧，故 [簡三] 當緊接 [簡二]。"壹功"，疑當讀為"壹切"，意謂權時⑨。"具上吏民壹功蒙恩勿治其罪者名，會今，罪別之，以齎行者，如詔書"，其大意是說：將暫時蒙恩免罪者的名字全部報上，即

---

① 《漢書》，中華書局，1962 年版，第 2451～2452 頁。

② 甘肅省文物考古研究所等：《居延新簡》，文物出版社，1990 年版，第 481 頁。按：本文所引《居延新簡》，均出此書。以下簡稱《新簡》。

③ 《漢書》，第 3912 頁。

④ 《漢書》卷 4《文帝紀》："（文帝二年）九月，初與郡守為銅虎符、竹使符。"應劭曰："銅虎符第一至第五，國家當發兵遣使者，至郡合符，符合乃聽受之。竹使符皆以竹箭五枚，長五寸，鐫刻篆書，第一至第五。"張晏曰："符以代古之圭璋，從簡易也。"師古曰："與郡守為符者，謂各分其半，右留京師，左以與之。"《漢書》，第 118 頁。"始建國二年詔書"是發兵之命，傳送此詔書的使者或當持銅虎符。

⑤ 謝桂華、李均明、朱國炤：《居延漢簡釋文合校》下冊，文物出版社，1987 年版，第 521 頁。

⑥ 謝桂華、李均明、朱國炤：《居延漢簡釋文合校》上冊，文物出版社，1987 年版，第 296 頁。

⑦ 《漢書》，中華書局，1962 年版，第 4103 頁。

⑧ 例如懸泉漢簡 II0115②：16："承書從事，下當用者。書到白大扁書鄉亭市里高顯處，令亡人命者盡知之，上赦者人數太守府，別之，如詔書。"胡平生、張德芳：《敦煌懸泉漢簡釋粹》一五一，上海古籍出版社，2001 年版，第 115 頁。

⑨ 這是鄔文玲在中國人民大學國學院額濟納漢簡讀書班上提出的見解，可從。《漢書》卷 76《張敞傳》："願得壹切比三輔尤異。"如淳註："壹切，權時也。"

時匯總，罪刑分類，交給傳送文書的人，按詔書所命辦理。"＝"是重文號，此處重複前一字"書"，"＝到言"即"書到言"，意謂收到詔書後報告。"書佐曷"，抄寫文書的吏員及人名。

　　［簡四］首句"十一月丁亥"，是本詔書到達張掖後再次下傳的日期。其後有三字不可識。"大保□□"，應是官名及人名。"行……事"，官制用語，指以他官代行某官職權，一般為低級官員攝行高一級職務，或為平級而兼攝行。"以秩次行大尉事"，據前引《漢書·王莽傳》，王莽時"（郡）都尉曰太尉"。"大"通"太"，是"大尉"相當於漢之郡都尉。郡都尉秩比二千石，[①] 略低於太守。漢簡見張掖郡有居延、肩水兩個部都尉。本冊書出土於甲渠候官之第九隧遺址，[②] 而甲渠候官是居延都尉府所轄候官之一，可知簡文中的"大尉"就相當於漢之居延都尉。同時，亦可知此處的"大保"（或"大保□"）係新莽時地方官名，與朝廷中的"大保（太保）"無涉。"以秩次行大尉事"後又有兩字不可識，按通常文例，或可補"丞某（人名）"。[③]

　　［簡五］首句"閏月丙申"，是本詔書到達張掖後又一次下傳的日期。"甲溝"，新莽時名稱，即漢時"甲渠"；"甲溝候"，甲溝候官的長官；"獲"，人名。甲渠候官分為十部，"部候長"是部的長官。[④] 值得注意的是，這裏出現了"閏月"。陳垣《二十史朔閏表》在始建國二年的閏月欄上註明"九癸亥"，認為本年閏寅正之九月，並說："莽閏丑正之十月，即寅正之九月。劉氏閏十壬辰，蓋誤閏寅正十月。"[⑤] 但［簡二］、［簡四］卻表明，本詔書是十一月頒出的，並已於該月內兩次下行，故其後所出現的"閏月"，不會是寅正之閏九月——丑正之閏十月。

　　在《新簡》中，有若干記載本年朔日的簡文，可供探討："始建國二年四月丙申朔丁巳"（EPT7：9），"始建國二年五月丙寅朔"（EPT59：448），"始建國二年十月癸巳朔"（EPT4：48A）。據此可知：始建國二年的四月至十月的朔日皆與陳《表》合；本年有 13 個月，十月之後的朔日當依次推定為癸亥、壬辰、壬戌。那麼本年何月置閏？十月不可能置閏，因為若有閏十月，則十一月壬辰朔，而壬辰朔的月份裏不可能有［簡二］、［簡四］

---

　　① 《漢書》卷 19《百官公卿表》："郡尉，秦官，掌佐守典武職甲卒，秩比二千石。景帝中二年更名都尉。"

　　② 本冊書諸簡的前編號皆為"2000ES9S"，其中"2000"表示 2000 年，"E"表示額濟納旗，"S"表示烽燧，此後之"9S"表示出土於第九隧。

　　③ 例如《新簡》EPT51：189A："河平元年八月戊辰朔戊子，居延都尉誼、丞直謂居延甲渠鄣候。"

　　④ 參李均明：《漢代甲渠候官規模考（上）》，《文史》第三十四輯，中華書局，1992 年版。

　　⑤ 陳垣：《二十史朔閏表》，中華書局，1999 年版，第 22 頁。

所記載的甲戌、壬午、丁亥等日①。十二月也不可能置閏，因為若有閏十二月，則該月壬戌朔，而壬戌朔的月份裏不可能有［簡五］所記載的丙申日。因此，始建國二年應當是十一月置閏，該月壬辰朔②，"閏月丙申"即閏十一月初五。王莽用丑正，改劉氏所用寅正之十二月為正月，改正月為二月，故始建國二年的閏月——丑正之閏十一月，其實是寅正之閏十月。而陳《表》是誤將本應下移的閏月名稱上提了。

通過以上分析，這件詔書的頒行過程可大致清楚："始建國二年十一月甲戌"即十一月十二日，是詔書頒出的日期；"十一月壬午"即十一月二十日，是張掖的最高行政長官下傳詔書的日期；"十一月丁亥"即十一月二十五日，是本郡的軍事長官下傳詔書的日期；"閏月丙申"即閏十一月初五，是甲溝候官的長官下傳詔書的日期。自本詔書從京師頒出，逐級下行，到甲溝候官發送給所屬諸部時，共用了22天。

張掖至長安的路程，唐人曾記其里數。唐時張掖屬甘州，《元和郡縣圖志·隴右道》記載："甘州：張掖。中府。……東南至上都二千五百里。"③《括地志》亦記載："甘州在京西北二千四百六十里。"④ 懸泉漢簡中有一件"里程書"，記載了從敦煌郡的懸泉至張掖、長安等地的里程："張掖千二百七十五一，冥安二百一七，武威千七百二，安定高平三千一百五十一里……長安四千八十……。"（V 1611③：39）⑤用懸泉至長安的里程減去懸泉至張掖的里程，可算得張掖至長安的里程為 4080 - 1275 = 2805（漢里）。唐1小尺約合漢1.1尺⑥，是唐代文獻所記與漢簡所記相去不甚遠。

居延至張掖郡治的里程，據《括地志》記載："漢居延縣故城在甘州張掖縣東北一千五百三十里。有漢遮虜鄣，強弩都尉路博德之所築。李陵敗，與士眾期至遮虜鄣，即此也。長老傳云鄣北百八十里，直居延之西北，是李陵戰地也。"⑦ 今內蒙古自治區額濟納旗即漢代居延故地，元代稱"亦集乃"。《元史》卷60《地理志》："亦集乃路，

---

① 壬辰朔的月份裏亦不可能有《居延漢簡》210.35所記載的"始建國二年十一月丙子"、《漢書》卷99《王莽傳中》始建國二年十一月條所記載的"今月癸酉"。班固：《漢書》，第4119頁。

② 對於始建國二年的閏月，以往有兩說：劉羲叟《長曆》閏寅正十月壬辰朔（丑正十一月壬辰朔），汪曰楨、張其翻、陳垣《表》閏寅正九月癸亥朔（丑正十月癸亥朔）。後一說影響頗大，如張培瑜《三千五百年曆日天象》、徐錫祺《西周（共和）至西漢曆譜》等都沿用此說。而陳夢家、任步雲據《居延漢簡》210.35所記載的"始建國二年十一月丙子"，以為劉說是。劉羲叟《長曆》見《資治通鑒目錄》，《通鑒史料別裁》第1冊，學苑出版社，1998年版，第396頁；陳夢家：《漢簡年曆表敘》，載《漢簡綴述》，中華書局，1980年版，第233頁；任步雲：《甲渠候官漢簡年號朔閏表》，載《漢簡研究文集》，甘肅人民出版社，1984年版，第446頁。"始建國二年詔書"冊進一步證實了劉說。

③ 李吉甫：《元和郡縣圖志》卷40《隴右道下》，中華書局，2005年版，第1020～1021頁。

④ 李泰等著、賀次君輯校：《括地志輯校》卷4《甘州·張掖縣》，中華書局，1980年版，第226頁。

⑤ 胡平生、張德芳：《敦煌懸泉漢簡釋粹》六一，第59頁。

⑥ 楊寬認為：唐里數以小尺計者居多，"唐小尺合漢尺一尺一寸許"。楊寬：《中國歷代尺度考》，北京：商務印書館，1957年，第76頁。

⑦ 《括地志輯校》卷4《甘州·張掖縣》，第226頁。

下。在甘州北一千五百里，城東北有大澤，西北俱接沙磧，乃漢之西海郡居延故城。"①
居延都尉府與居延縣城大致應在一地，或相距不遠②。《新簡》EPT50：10："居延甲渠
候官第十長公乘徐譚……居延鳴沙里，家去大守府千六十三里，產居延縣。""鳴沙里"
是居延縣的一個里，從其里名看，或地近沙漠。"大守府"，即太守府。又《新簡》
EPT53：128："謁府，定行道十三日，留釋（遲），叩頭死罪死罪。"此處的"府"，當
指太守府；其所記行道日數，似為一般公務旅行，而非郵人行書。是居延至張掖郡治的
距離確在 1000 漢里以上，或大致為 1500 漢里左右③。

甲渠候官至居延都尉府的里程，在漢簡中亦可找到相關記載。《居延漢簡釋文合
校》266.2："居延去候官九十里。"④ 又《新簡》EPT59：104："延城甲溝候官第三十
隊長上造范尊……居延陽里，家去官八十里。"據此簡記載，甲溝候官第三十隊（隧）
長范尊的戶籍在居延的陽里，其家與"官"相距 80 漢里。按本簡出土於甲溝候官遺
址⑤，故簡文中的"官"當指甲溝候官。類似的記載，亦見出自相同地點的簡 EPT52：
137："居延昌里，家去官八十里。"簡 EPT56：424："居延□里，家去官七十里。"而
另有一枚出自甲渠塞第四隧遺址的簡 EPS4T2：8A 則寫明："官去府七十里。"⑥ 此處的
"官"，亦指甲渠（溝）候官；"府"，當指居延都尉府。是二者間的距離約 70～90 漢
里，有可能是 70 漢里⑦。

［簡一］所記"因騎置以聞"，是說對詔書的回復要以驛騎送達皇帝，此可作為一
個提示：在本詔書之下行過程中，亦至少會有一定的階段使用驛騎。驛騎的速度很快。
《漢舊儀》："奉璽書使者，乘馳傳，其驛騎也三騎行，晝夜行千里為程。"⑧ 璽書是以

---

① 宋濂：《元史》，北京：中華書局，1976 年，第 1451 頁。
② 《蒙古遊牧記·額濟納舊土爾扈特蒙古遊牧所在》何秋濤補註："《漢書·匈奴傳》：太初三年，使強弩都
尉路博德築居延澤上。是《本紀》所言'築居延'，即築於居延澤上也。《地理志》：居延縣有居延澤，是居延縣即
路博德所築之城無疑……則知霍去病、路博德、李廣所出之居延塞、遮虜障，與《地理志》之居延縣，皆為一
地。"張穆：《蒙古遊牧記》卷 16，太原：山西人民出版社，1991 年，第 375 頁。
③ 勞榦認為漢居延縣和遮虜障在今額濟納之黑城，其距張掖不過千里，"然沿途皆沙，若有時須行十二
日……合以唐代小程，則稍加增飾即為千五百餘里，無所不可也"。勞榦：《居延漢簡考證》，臺北：歷史語言研究
所專刊之四十《居延漢簡考釋之部》，1960 年，第 33 頁。另承甘肅省文物保護研究所何雙全先生告知：今額濟納
旗政府所在地達來庫布鎮距張掖市的汽車里程約為 460 公里。按 1 公里約合 2.42 漢里，460 公里約合 1113 漢里。
④ 《居延漢簡釋文合校》上冊，445 頁。本簡出土於 A8，即甲渠候官遺址破城子。見"居延漢簡出土地點
表"，中國社會科學院考古研究所編《居延漢簡甲乙編》下冊，北京：中華書局，1980 年，第 323 頁。
⑤ 在本簡的前編號中，"EP"代表出土地甲溝候官遺址破城子，"T"代表探方。
⑥ 在本簡的前編號中，"EP"代表出土地甲溝候官遺址破城子，"S4"代表第四隧。
⑦ 在破城子（A8）東北 33 公里（K710）和 31 公里處（K688）各有一座漢代古城，陳夢家認為前者是漢居
延城，後者可能是遮虜障。陳夢家：《漢簡綴述》，224 頁。李並成認為漢代居延縣城在綠城，綠城"西略偏北距破
城子 31 公里"。李並成：《漢居延縣城新考》，《考古》，1998 年第 5 期。31 公里約合 75 漢里，33 公里約合 80 漢
里。
⑧ 衛宏著、孫星衍校：《漢舊儀》卷上，《漢官六種》四部備要本。

皇帝本人的名義直接發出並專達於某特定对象的文書,以驛騎傳送,速度可達1日1000漢里。要急文書也用驛騎①,其速度遜於璽書,但也相當可觀。《漢書》卷69《趙充國傳》記載,神爵元年,趙充國擊羌,從軍中向漢宣帝緊急上書,後者隨即批復,"六月戊申奏,七月甲寅璽書報從充國計焉"②。"六月戊申"是六月二十八日,"七月甲寅"是七月初五,馳馬飛遞,加宣帝接上書後考慮和處理的時間,僅用了6天③。當時趙軍約距長安2000漢里④,則趙充國上書的傳送速度為1日300~400漢里⑤。非特別要急的文書多以步遞方式傳送,其速度在漢律中有具體規定。張家山漢簡《二年律令·行書律》:"郵人行書,一日一夜行二百里。"⑥ 在西北邊地的速度要略低一些。《新簡》EPS4T2:8A:"官去府七十里,書一日一夜當行百六十里。"則步遞的速度為1日160~200漢里。

本詔書的頒行,由長安至張掖郡治,行約2800漢里,到"大尹"下所部時,歷時8天;再由張掖郡治至(居延)大尉府,行約1500漢里,到代理"大尉"下所部時,又歷時5天。這兩段里程所花費的天數,應包含了詔書在以上二官府中收、轉的時間。由此,可知在本詔書下行過程的前兩級,傳送速度約為1日300~400漢里,當是以驛騎傳送。這就與上文的推測相合。

在一般情況下,詔書未必以驛騎傳送。漢簡中有另外兩件較完整的傳至張掖的詔書及其下行文,計其所費天數,當均未使用驛騎。如"元康五年詔書"冊:

(前略)[元康五年]二月丁卯,丞相相下車騎將軍、將軍、中二千石、二千石、郡大(太)守、諸候(侯)相:承書從事,下當用者,如詔書。……三月丙

---

① 例如,《漢書》卷70《陳湯傳》:西域都護段會宗被烏孫兵圍困,軍情危急,"驛騎上書,願發城郭敦煌兵以自救"。又同書卷74《丙吉傳》:"適見驛騎持赤白囊,邊郡發犇命書馳來至。"班固:《漢書》,第3022頁,第3146頁。

② 《漢書》,第2983頁。

③ 有學者認為"七月甲寅"是趙充國收到璽書的時間,見王子今:《秦漢交通史稿》,中共中央黨校出版社,1994年版,第465頁;高敏:《秦漢郵傳制度考略》,載《秦漢史探討》,中州古籍出版社,1998年版,第212~213頁。疑其說非是。按"報",回復;"六月戊申"和"七月甲寅"應分別是上書和璽書所署(即發出)的日期。

④ 《漢書》卷69《趙充國傳》:"充國至金城……夜引兵上至落都……遂西至西部都尉府,日饗軍士。"班固:《漢書》,第2975~2976頁。《資治通鑒》卷26漢紀18"宣帝神爵元年"條胡三省註:"服虔曰:落都,山名也。據《水經注》,破羌縣之西有樂都城。《後漢志》,浩亹縣有雒都穀。劉昫曰:唐鄯州,治故樂都城。"司馬光:《資治通鑒》,北京:中華書局,1956年,第846頁。是"落都"即"樂都"。《太平寰宇記·隴右道》:"鄯州……唐武德二年平薛舉又置鄯州,理(治)故樂都城……東至長安一千九百九十三里。"樂史:《太平寰宇記》卷151,金陵書局刊本。

⑤ 此速度與清代廷寄"馬上飛遞"相似。《簷曝雜記·廷寄》記載:軍機處之廷寄,"曰馬上飛遞者,不過日行三百里"。趙翼:《簷曝雜記》卷一,中華書局,1982年版,第3頁。300華里約合362漢里。

⑥ 張家山二四七號漢墓竹簡整理小組:《張家山漢墓竹簡(二四七號漢墓)》,文物出版社,2001年版,第170頁。

午，張掖長史延行大（太）守事、肩水倉長湯兼行丞事，下屬國，農、部都尉，
小府縣官：承書從事，下當用者，如詔書①。

該詔書是關於夏至實行"更水火"、"寢兵"等事項的通告。元康五年，公元前 61 年。
"二月丁卯"，二月十五日，此為丞相（魏）相發出詔書的日期；"三月丙午"，三月二
十四日，此為張掖郡府接詔書後下所部的日期，兩者相隔 39 天。又"永始三年詔書"
冊：

　　　　（前略）［永始三年］七月庚午，丞相方進下小府、衛將軍、將軍、［中］二
千石、二千石、部刺史、郡大（太）守、諸☒，下當用者，書到言。八月戊戌，
丞相方進重……十月己亥，張掖大（太）守譚、守郡司馬宗行長史☒書從事，下
當用者，明篇（扁）叩（鄉）亭顯處，會（令）吏民皆知之，如詔書②。

該詔書的内容包括調糧救災和"除貸錢它物律"等政策。"永始三年"，公元前 14 年。
"七月庚午"，七月二十三日，此為丞相（翟）方進發出詔書的日期。"八月戊戌"，八
月二十二日，即 28 天之後，（翟）方進再次發文。"十月己亥"，十月二十四日，此為
張掖郡府接詔書後下所部的日期。該日距"七月庚午"89 天，距"八月戊戌"61 天。
　　以上二例都是由臣子上書言事、經皇帝"制可"的詔書，其傳送速度均遠遜於
"始建國二年詔書"。"始建國二年詔書"雖文字有缺失，但從體例和語氣看，係由皇帝
親下，是最高品級的詔書，下行文亦顯示其未經任何中間環節而直接傳送至張掖大尹
府；從傳送方式看，詔文曰"因騎置以聞，符第一"，命以驛騎傳送文書，使者則持有
最高一級的符信；從内容看，本詔書包括發兵和赦免罪徒令其參戰等命令，具有軍書、
赦書的性質，而軍書、赦書皆屬要急。以上幾點，應當就是本詔書能夠如此快速傳送的
原因。關於漢代詔書的品級、内容與傳送方式的關係，筆者擬專文探討，兹不贅。
　　從［簡二］到［簡五］，在"始建國二年十一月甲戌下"之後，共有三層下行文
字。每一層下行文字的内容都基本相同，除"扁書"的公佈地點在第三層為"亭隧"
而非"鄉亭市里"之顯見處、告知對象為"吏卒"而非"吏民"外，其他大致不變。
唯一較突出的例外，是第一層下行文字中有將罪徒名冊等交給"行者"上遞的命令，
而第二、第三層皆無。究其原因，大約當詔書到達（居延）大尉府後，向朝廷"具上

<hr />

①　居延漢簡 10. 30、10. 32，《居延漢簡釋文合校》第 16、17 頁。本詔書冊的編排，參［日］大庭脩著、徐
世虹譯《漢簡研究》，廣西師範大學出版社，2001 年版，第 19 ~ 20 頁。
②　本詔書冊見甘肅省文物考古研究所《居延新簡釋粹》，蘭州大學出版社，1988 年版，第 102 ~ 104 頁；並
參胡平生《"扁書"、"大扁書"考》所引本條釋文，《敦煌懸泉月令詔條》，中華書局，2001 年版，第 48 頁。

吏民壹功蒙恩勿治其罪者名”等任務便可完成。因詔文中本就有“因騎置以聞”的命令，且如上所述，詔書之下行在此前階段又都使用了驛騎，故這裏的“行者”應不是指一般的公文傳送人，而是指驛騎或使用驛騎的使者。“以齎行者”應就是“因騎置以聞”，即通過驛騎上遞回復的文書。至此為止，本詔書及相關文書的傳送都是以驛騎來完成的。

而在此之後，情況就發生了變化。當本詔書自（居延）大尉府下行的時候，傳送速度便明顯減慢了。大尉府至甲溝候官，行約 70～90 漢里，但詔書自甲溝候官繼續下行的時間卻在 9 天以後。可知此段路程大概未用驛騎，應已改為步遞，而且詔書在甲溝候處曾有所逗留。甲溝候官位於西北邊陲。甲溝候的官秩為六百石，在縣令、長之間。[①] 其所轄範圍包括額濟納河下游之伊肯河沿岸，共有烽燧約 70 座，吏卒約 400 人。[②] 候官是相當於縣一級的軍事防禦組織，一般不是罪徒的囚禁處。居延簡中可見若干有關“施刑屯士”的記載，[③] 但數量不多。詔書在到達甲溝候官後便進入基層。同上兩級相比，與朝廷直接聯繫的鏈條似已中斷。此時的有關事項，只是由候官下轄的部候長等作進一步的統計和報告，並繼續下傳詔書內容，“明白扁書”於亭隧顯著可見的地方，“令吏卒盡知之”。

2005 年 8 月，筆者在內蒙古自治區額濟納旗一帶考察時，曾至“始建國二年詔書”冊的出土地甲渠候官第九隧遺址。邊隧是漢代軍事防禦組織的最低一級，地處荒遠，每隧僅容數人。這件詔書冊之到達此隧，雖不能盡排除其偶然性，卻也在一定程度上反映了中央政權對邊疆基層的控制和影響，或與其下行文所謂“令吏卒盡知之”有關。

---

① 《新簡》EPT65：104：“甲渠鄣候敦煌廣至□□慶里張獲，秩六百石。”按：候的駐地在障，故又稱“障候”；甲渠鄣候“張獲”，應即本冊書所記載的“甲溝候獲”。有關此人的記載屢見於《新簡》，如 EPF22：273A、EPF22：460A 等。《後漢書志·百官五》：“每縣、邑、道，大者置令一人，千石；其次置長，四百石；小者置長，三百石。”《後漢書》，中華書局，1965 年版，第 3622 頁。

② 參李均明：《漢代甲渠候官規模考（下）》，《文史》第三十五輯，中華書局，1992 年版。

③ 例如《居延漢簡釋文合校》308.19、464.3 等。“施刑”即“弛刑”，罪徒解除鉗、釱等刑具。

始建國二年詔書冊與新莽
分立匈奴十五單于

羅　新

　　2000 年從額濟納漢代居延第九隧房舍遺址出土的一組木簡（編號 2000ES9SF4：1 至 2000ES9SF4：12）①，李均明先生明確地辨識爲"新莽詔書行下文殘篇"②，馬怡先生稱之爲"'始建國二年詔書'冊"③。經馬怡和鄔文玲兩先生重新排定簡序④，該冊書雖然仍然殘損，但已經大致可讀了。有關該詔書冊所涉及的新莽與匈奴間由和平轉向戰爭的史事等問題，鄔文玲先生的文章已結合文獻作出了深入研究。本文只想就該詔書冊所提到的王莽分立匈奴十五單于的問題略作補充，以見該詔書冊史料價值之一斑。

　　始建國二年詔書冊中的兩枚簡提到了分立匈奴十五單于之事，茲參照鄔文玲的釋文，間以己意，重做釋文如次：

　　　　者之罪惡，深藏發之。□匈奴國土人民以爲十五，封稽侯廄子孫十五人皆爲單手<于>，左致盧兒侯山見在常安朝郎南，爲單手<于>，郎將、作士大夫，廄南手<于>子，藺苞副，有書（2000ES9SF4：11）

　　　　校尉苞□□度遠郡益壽塞，檄召餘十三人當爲單手<于>者。苞上書，謹□□爲單手<于>者十三人，其一人葆塞，稽朝侯咸妻子家屬及與同郡虞智之將業（2000ES9SF4：10）

　　正如鄔文玲已經指出的，稽侯廄即呼韓邪單于稽侯狦。左致盧兒侯山之"左"，過去都釋爲"在"，我以爲應釋作"左"。他應當就是《漢書·匈奴傳》中的"右致盧兒王醯諧屠奴侯"。文獻中左右混淆相當常見，比如《漢書·匈奴傳》記上引簡文中的"咸"的職務，或作"左犂汗王"，或作"右犂汗王"，揆以史事，"右"字實爲"左"字之訛誤。簡中"左致盧兒侯"在《漢書·匈奴傳》中寫作"右致盧兒王"，正如簡

---

① 魏堅主編：《額濟納漢簡》，廣西師範大學出版社，2005 年版，231～238 頁。
② 李均明：《額濟納漢簡法制史料考》，載魏堅主編《額濟納漢簡》，58 頁。
③ 馬怡：《"始建國二年詔書"冊所見詔書之下行》，《歷史研究》2006 年 5 期，166～171 頁。
④ 鄔文玲：《始建國二年新莽與匈奴關係史事考辨》，《歷史研究》2006 年 2 期，177～181 頁。

中的"稽朝侯咸"在《漢書·匈奴傳》中寫作"右犂汗王"一樣，是因爲王莽登基之初就下令"四夷僭號稱王者皆更爲侯"①，匈奴諸王在新莽官方文書中都要稱爲侯。"醢諸屠奴侯"之更名"山"，更是王莽執政時要求匈奴"爲一名"的結果，"山"與"醢諸"的發音比較接近。

儘管上引兩簡的文字還有不少窒塞難通的地方，但根據可以通解的部分文字，我們對王莽分立匈奴十五單于的史事，已經可以有更具體、更明確的認識了。

首先，有關新立的十五單于的候選資格，簡文說"封稽侯廄子孫十五人皆爲單手＜于＞"，亦即這十五名單于是從呼韓邪單于的子孫範圍內産生的。《漢書·王莽傳》記始建國二年（公元10年）十二月王莽詔書，亦稱"今分匈奴國土人民以爲十五，立稽侯㺌子孫十五人爲單于"②。可是《漢書·匈奴傳》卻說"於是大分匈奴爲十五單于……誘呼韓邪單于諸子，欲以次拜之"，又說"因分其地，立呼韓邪十五子"③。一則爲"子孫"，一則爲"諸子"，明顯不同。額濟納簡詔書冊與《王莽傳》所記詔書，都具有原始文獻的性質，因而僅僅從文獻學的意義上也比《匈奴傳》相關紀事更爲可靠。而且，依據現有匈奴史料，我認爲呼韓邪單于諸子中，到始建國二年還在世的已經遠遠湊不夠十五個了。

《匈奴傳》記呼韓邪單于除顓渠閼氏和大閼氏所生的六子以外，還有王昭君所生一子，此外"又它閼氏子十餘人"④。呼韓邪的兒子本來是不止十七、八個的，但呼韓邪在位凡二十八年（公元前58－公元前31年），從他去世到始建國二年，又有四十二年了。這麼長的時間內，諸子物故者必多，比如，僅僅在單于位上死去的就有三位。呼韓邪死前確定了諸子輪流繼承單于位的制度，"約令傳國於弟"。諸子中最後一個當單于的是第五閼氏子輿，輿爲單于時，兄弟中只剩下王昭君所生的伊屠知牙師⑤，可以推測伊屠知牙師是呼韓邪最小的兒子，或最小的兒子之一。

呼韓邪在諸子中確立了"傳國於弟"的繼承制度，但是決定繼承次序的，主要不是年齡，而是前單于在位時的安排。比如呼韓邪本來打算讓且莫車繼位，在顓渠閼氏的堅持下，才讓年齡居長的雕陶莫皋即位。此後也出現過不按年齡順序的事例，比如囊知牙斯即位後，以樂爲左賢王，以輿爲右賢王，決定了在他之後繼承單于位的次序。而此時樂的同母兄咸卻只做了左犂汗王，顯然其繼承次序被排在他的兩個弟弟的後面了，這也是爲什麼在囊知牙斯死後（那時樂也已經死了），當王昭君的女兒雲與其夫須卜當立咸爲單于時，《匈奴傳》稱"越輿而立咸"。雖然按年齡來說咸理應排在輿的前面，談

---

① 《漢書》卷99中《王莽傳中》，中華書局標點本，1962年版，4105頁。
② 《漢書》卷99中《王莽傳中》，4121頁。
③ 《漢書》卷94下《匈奴傳下》，3823－3824頁。
④ 同上書，3806－3807頁。
⑤ 《後漢書》卷89《南匈奴列傳》，中華書局標點本，1965年版，2941頁。

不上越次，但從政治制度上說，興早就獲得了優先權，所以現在立咸就是破壞法定次序。從這個意義上說，年齡因素並非單于繼承順序的決定因素。然而，我們看實踐中呼韓邪諸子的繼承次序，包括南匈奴時期在內①，竟然沒有一例是弟在兄先的。那麼是不是可以說，年齡即使不是決定性的因素，但也是非常重要的因素，或者說是基本的因素？從這個思路出發，我們通過觀察呼韓邪諸子在繼承實踐中的出現情況，來計算始建國二年呼韓邪諸子仍然在世的人數。

排比《漢書》及《後漢書》的相關材料，可以確定始建國二年仍然在世的呼韓邪諸子還有至少五人（以年齡爲序）：囊知牙斯（顓渠閼氏次子）、咸（大閼氏第三子）、樂（大閼氏第四子）、興（第五閼氏子）和伊屠知牙師（王昭君子）②。即使另有漏記的兩、三個，總數也絕不會超過十人，無論如何不能滿足“十五單于”之數。以當時西漢和新莽朝廷與匈奴交通往來的密切程度來說，長安方面能夠瞭解匈奴的重要人事情況。而且，在決定分立匈奴十五單于的時候，對哪些人應當擔任單于一定有清楚的計劃，故《王莽傳》記王莽詔書稱“遣中郎將蘭苞、戴級馳之塞下，召拜當爲單于者”③。而且，《匈奴傳》明確記載，當蘭苞和戴級二人在雲中塞下誘脅咸父子三人時，不僅拜咸爲孝單于，還拜咸子助爲順單于，這顯然是符合原定的分立十五單于方案的，可見原方案中就不僅有呼韓邪的兒子，還有他的孫子。因此可以肯定，《王莽傳》和額濟納簡始建國二年詔書冊中的“立稽侯狦（簡文中作‘廄’）子孫十五人”反映了王莽詔書的原始面貌，《匈奴傳》只提呼韓邪諸子是錯誤的。

那麼，是不是說呼韓邪所有的子孫都在“當爲單于者”的範圍之內呢？當然不是的，如果算上孫輩，呼韓邪的“子孫”在世者數量一定遠遠多於十五人。事實上，當蘭苞和戴級脅拜咸爲孝單于，拜咸子登爲順單于時，咸的另一個兒子助也在場，並沒有被立爲單于。後來登、助被脅迫到長安，登病死，助才得以繼爲單于，以足十五之數。可見所謂的“子孫”是有具體指向的，並非呼韓邪的子孫人人都可得立爲單于。到底是哪些“子孫”進入了王莽的方案呢？在額濟納簡始建國二年詔書冊出土以前，我們只知道咸和登兩人，當然還可以推測咸的弟弟樂、興和伊屠知牙師都理應進入王莽的名單，但對其他人選就難以猜測了。幸運的是，現在依靠新出土的詔書冊，我們不僅確切地得知在咸與登之外一個被封爲單于的人，而且還可以由此推測其他人選都大致具備什麼條件。

始建國二年詔書冊說得非常清楚，在確定分立匈奴十五單于的政策時，進入名單的十

---

① 羅新：《匈奴單于號研究》，《中國史研究》2006 年 2 期。

② 《漢書》卷 94 下《匈奴傳下》記囊知牙斯晚年“子蘇屠胡本爲左賢王，以弟屠耆閼氏子盧渾爲右賢王”，見 3827 頁。這裏的“弟”不知是指囊知牙斯之弟，還是蘇屠胡之弟。如果是前者，那麼說明當時呼韓邪有第六個兒子在世。不過我覺得還是指蘇屠胡之弟的可能性爲大。

③ 《漢書》卷 99 中《王莽傳中》，4121 頁。

五人中，有一個本來就在長安，藺苞和戴級的任務是招誘另外十四人。這個人就是左致盧兒侯山，亦即《漢書》裏的右致盧兒王醯諧屠奴侯。右致盧兒王醯諧屠奴侯是復株絫如鞮單于（雕陶莫皋）即位之初派到長安的侍子。問題在於，每當單于更換時，新單于必須排出自己的兒子作侍子，而且在同一個單于任內，侍子通常也會有更換。復株絫如鞮單于在位十年，這期間侍子理應有過更換。即使一直沒有更換，當搜諧若鞮單于（且麋胥）即位後，立即派其子左祝都韓王朐留斯侯到長安爲侍子，醯諧屠奴侯自動失去侍子身份，爲什麼到三十二年以後居然還在長安呢？當然存在其他的可能，即醯諧屠奴侯本來早已返回匈奴，後因故（或許是政治避難）而重返長安並定居下來。無論他因爲什麼而恰好在始建國二年出現在長安，他是王莽名單中第一個被封立爲單于的人，則毫無疑問。

　　從醯諧屠奴侯進入王莽的十五單于名單，加上咸之子登也被封爲單于，我推測，十五單于的名單中除了呼韓邪諸子仍然健在者以外，還包括了已經去世的諸子中較爲重要的那些人（比如擔任過單于的）的長子。當然要明確一句：這十五人中不會有現任單于屠知牙斯本人及其諸子。在屠知牙斯之前擔任過單于的呼韓邪諸子有三個人，因此至少他們每人都有一個兒子（通常是長子）會進入王莽的名單。呼韓邪諸子仍然健在者除了屠知牙斯以外還有至少四人，他們加上他們每人一個兒子進入名單，那麼進入王莽名單的就至少可以有十一個人了。雖然尚不足十五之數，但考慮到文獻記載的闕漏，我們也不能期望能夠完全確認名單的構成情況。不過現在我們已經基本明確了該名單的構成原則：仍然健在的呼韓邪諸子及其長子，以及已經故去的呼韓邪諸子中那些比較重要者（擔任過單于的）的長子。

　　始建國二年詔書冊稱揚藺苞和戴級的功勞，說他們在益壽塞招誘十四個“當爲單于者”頗有成績，十四人中有一人葆塞，一人帶領妻子家屬以及部眾共萬餘人表示歸降。這裏所說的葆塞，就是在政治上已經歸附，來到長城一帶依託朝廷的威力，其實就是指咸。而另外那個歸降的，是指咸之子登。咸父子明明是被誘騙到塞下與藺苞戴級見面並被脅迫立爲單于的，後來咸被放歸草原，登與弟助則被當作人質脅至長安，到了王莽詔書中，咸成了“葆塞”，登成了“凡萬餘人皆降”，顯示了分立匈奴十五單于決策的輝煌勝利。不過從史實來看，除了這三個人被立爲單于以外，似乎並沒有第四個進入王莽名單的呼韓邪子孫前來接受封拜。而且，這三個人中的“孝單于咸”一旦獲得人身自由，立即“馳出塞歸庭”，還是向屠知牙斯效忠去了。分立十五單于的本意是要製造匈奴的分裂，不過這個目標並沒有實現。

　　詔書冊中“益壽塞”之前有“度遠郡”，不見於史。我懷疑這個度遠郡即雲中郡，是王莽所改的郡名之一。《漢書》記雲中郡“莽曰受降”[1]，但王莽更改官名地名的次數很多，度遠或許是早期的改名。

---

[1]　《漢書》卷 28 下《地理志下》，1620 頁。

始建國二年新莽與匈奴關係史事考辨

鄔文玲

《漢書》的《王莽傳》和《匈奴傳》對始建國二、三年間新莽與匈奴關係史事的記載頗爲雜亂，不僅時間年月兩傳不相符，所記諸事的順序也不一致，單憑兩傳的記載，很難理出頭緒。新出額濟納漢簡 2000ES9SF4：1 至 2000ES9SF4：12 屬於同一冊書，爲始建國二年十一月甲戌新莽詔書行下文殘篇（後稱"甲戌詔書"冊）①，此冊書由新莽詔書原文和各級機構轉下詔書時所附的行下文兩大部分構成，内容涉及新莽朝與匈奴的關係，尤其是始建國二年新莽分匈奴爲十五單于以及發動對匈戰爭等史事。比勘額簡與《漢書》兩傳的相關記載，有助於釐清始建國二年新莽與匈奴關係史事的脈絡，訂正《漢書》兩傳記載的訛誤。

額簡新莽"甲戌詔書"冊存在脱簡、殘亂現象，爲了討論方便，茲按馬怡先生排定的簡序和句讀將冊書中的相關部分引録如下，並對幾處釋文提出商榷：

【簡一】張掖大尹 虜皆背畔罪 皆罪……

　　　　……塞守徼侵□□□將之日……　　　　（2000ES9SF4：12）

【簡二】者之罪惡，深藏發之。□匈奴國土人民，以爲十五，封稽侯殿［《漢書》作"稽侯狦"］子孫十五人皆爲單手②＜于＞，在致盧兒候［疑讀爲"侯"］山見在常安朝，郎南爲單手＜于＞郎，將作士大夫殿南手＜于＞子蘭［通"蕳"？］苞副，有書　　（2000ES9SF4：11）

【簡三】校尉苞 □□度遠郡益壽塞，徼［疑讀爲"檄"］召餘十三人當爲單手＜于＞者。苞上書，謹□□爲單手＜于＞者十三人，其一人葆塞，稽朝候威妻子家屬及與同郡虜智［《漢書》作"知"］之將業　　（2000ES9SF4：10）

【簡四】□下旦居蒲妻子人衆，凡萬餘人皆降。餘覽喜，拜之□□□□□□符蒲等，

① 李均明：《額濟納漢簡法制史料考》，《額濟納漢簡》，廣西師範大學出版社，2005 年版，第 58 頁。
② 北京師範大學趙寵亮指出，據文義，"單手"當釋爲"單乎"，乎、于二字，上右音相同，可通假。

其□□□□質修待［疑讀爲"侍"］子入，余□□入居……仮奏辯，詔命宣揚威
□，安雜［"集"？］□　　　（2000ES9SF4：9）

【簡五】邊竟［境］永寧，厥功仮＜佼＞焉。已鼓［疑當作"封"］□［或當作"薗"
字］苞爵宣［下脫"威"字］公，即拜爲虎耳［《漢書》作"牙"］將軍；封仮
［《漢書》作"（戴）級"］爲揚威公，即拜爲虎賁將軍，使究其業。今詔將軍
典五將軍，五道並出，或潰［疑讀爲"潰"］虜智［《漢書》作"知"］皆匄［通
"胸"］腹，或斷絕其兩肋，拔抽　　　（2000ES9SF4：8）

【簡六】兩脅。謁［疑當作"諸"］①發兵之郡，雖當校，均受重當＜賞＞，亦應其
勞大尹。大惡及吏民諸有罪大逆無道、不孝子絞，蒙壹功［下脫"無"字］治
其罪，因徙遷□［"徙遷□"當作"徙 遷 "］②，皆以此詔書到大尹府日，以
　　　　　　　　　　　　　　　　　　　　　　　　　　　　　（2000ES9SF4：7）

【簡七】咸得自薪［讀爲"新"］息，並力除滅胡寇逆虜爲故。購賞科條，將轉下
之，勉府稽吏民，其□□□□□務賞。堇［謹］其當上二年計最及級，專心焉。
上吏民大尉以下得蒙壹功無治其罪，吏坐　　　（2000ES9SF4：6）

【簡八】因騎置以聞。符第一。　　　（2000ES9SF4：5）

【簡九】始建國二年十一月甲戌下。（下從略）　　　（2000ES9SF4：4）③

按：據圖版，【簡一】"張掖大尹"之下有一字，字迹模糊不能釋定，當補符號
"□"，取消空格。

【簡三】"稽朝候威"之"威"字，疑當釋爲"咸"，其字形同【簡七】"咸得自
薪"之"咸"字。如此，則"稽朝候咸"或即《漢書》的《匈奴傳》和《王莽傳》所
載被新莽拜爲孝單于的右犂汙王咸④。

【簡四】"□下旦居蒲妻子人衆"之"下旦"疑當釋爲"大旦"。大旦渠爲匈奴官
號，通常置有左右大旦渠。《漢書·匈奴傳》載，始建國元年，單于"遣右大旦渠蒲呼
盧訾等十餘人將兵衆萬騎，以護送烏桓爲名，勒兵朔方塞下。"⑤有時亦略稱爲大旦、
旦，如"初，上遣稽留昆隨單于去，到國，復遣稽留昆同母兄右大旦方與婦入侍。還

---

① 中國政法大學法律古籍整理研究所徐世虹先生指出，"謁"字疑爲"諸"字。

② 李均明先生指出，此處出現排印錯誤，"遷□"當作" 遷 "。據圖版，"遷"字漫漶不清，其下無文字。

③ 上引諸簡的圖版及釋文，見《額濟納漢簡》，廣西師範大學出版社，2005年版，第231～238頁。方括號
［］內的文字，係馬怡先生的校注。

④ 《漢書》卷99中《王莽傳中》，中華書局，1985年版，第4126頁；《漢書》卷94下《匈奴傳下》，第
3823頁。

⑤ 《漢書》卷94下《匈奴傳下》，第3822頁。

歸，復遣且方與同母兄左日逐王都與婦入侍。"①

　　【簡五】"或斷絕其兩肋"之"肋"字，據圖版，上從"戶"，下從"月"，當釋作"肩"。其字形同居延漢簡中所見大量"肩"字，如《居延漢簡甲乙編》甲圖版一〇一"肩水候官"、一三一"肩水候"、二二六四"久左肩"等。亦可參照額簡2000ES9SF3：4B"肩水塞"以及2000ES9SF4：31"肩水里"之"肩"字。且從文義來看，釋爲"肩"字，句意更爲順暢，"斷絕其兩肩"正與後文"拔抽兩脅"相呼應。

　　【簡六】"大惡及吏民諸有罪大逆無道"之"大惡"，我曾懷疑當作"大尉"，因據《漢書》，王莽時期有大尹、大尉職官，而且【簡七】中亦有"吏民大尉"之用例，並向其時尚健在的謝桂華師請教，但他說從字形來看，不像"尉"，還是當作"惡"字。後來張忠煒告知，裘錫圭先生有來信，疑"大惡"當作"大尉"，且將簡文重新斷句，讀作："亦應其務大尹大尉及吏民。諸有罪……"可備一說。不過我認爲，如果"大惡"作"大尉"不誤，簡文或可讀作："亦應其勞。大尹、大尉及吏民諸有罪……。"如此則與【簡七】"上吏民大尉以下得彖壹功無治其罪"之義相呼應。

　　【簡七】"咸得自薪息並力除滅胡寇逆虜爲故"之"息"字，疑爲"同心"二字之密排，其例正如同簡"並力"二字之密排。"同心"、"同心並力"是王莽詔書中的常用語，《漢書·王莽傳》載，地皇二年，王莽責七公的詔文云："有不同心並力，疾惡黜賊，而妄曰饑寒所爲，輒捕繫，請其罪。"如此，則本句當重新句讀爲"咸得自薪[新]，同心並力，除滅胡寇逆虜爲故"。

　　【簡六】"蒙壹功[無]治其罪"和【簡七】"蒙壹功無治其罪"之"壹功"二字，雖然從圖版及字形來看，確爲"壹功"，但從文義來看，疑當作"壹切"解。"壹切"又作"一切"，如《史記·酷吏列傳》"禁奸止邪，一切亦皆彬彬質有其文武焉"，《漢書·酷吏傳》作"壹切禁奸，亦質有文武焉"。"一切勿治"、"一切勿案"等是漢代赦令中的慣用句式，如始建國四年，王莽下書曰："諸名食王田，皆得賣之，勿拘以法。犯私買賣庶人者，且一切勿治"②。建武五年五月丙子，光武帝詔曰："其令中都官、三輔、郡、國出繫囚，罪非犯殊死一切勿案，見徒免爲庶人"③。

　　【簡一】至【簡七】是始建國二年十一月新莽甲戌詔書的原文。詔文前半部分追溯了分匈奴爲十五單于之事，包括：分匈奴爲十五單于之策出臺的背景；派遣藺苞、戴級率兵到益壽塞召拜十五單于；藺苞、戴級因召拜單于有功受到獎賞。詔文後半部分頒佈了新的旨意：詔命將軍典五將軍，五道並出，討伐匈奴；赦免有罪吏民，允許他們從軍

---

①　同上書，第3818頁。

②　《漢書》卷94中《王莽傳中》，第4130頁。

③　《後漢書》卷1上《光武帝紀上》，中華書局，1985年版，第39頁。

殺敵，戴罪立功；頒佈購賞科條；命各地上報始建國二年的考績結果以及獲得赦免的罪人名籍。【簡九】"始建國二年十一月甲戌下"表明本詔書頒發於始建國二年十一月甲戌日。

對於分匈奴爲十五單于等史事，《漢書》的《王莽傳》和《匈奴傳》均有記載，但兩傳對同一史事的記載在細節和時間順序方面多有不符，今參以額簡新莽"甲戌詔書"冊，略作考辨。

《漢書·王莽傳》載，始建國二年冬十二月，"更名匈奴單于曰降奴服于。莽曰：'降奴服于知威侮五行，背畔四條，侵犯西域，延及邊垂，爲元元害，罪當夷滅。命遣立國將軍孫建等凡十二將，十道並出，共行皇天之威，罰于知之身。惟知先祖故呼韓邪單于稽侯狦累世忠孝，保塞守徼，不忍以一知之罪，滅稽侯狦之世。今分匈奴國土人民以爲十五，立稽侯狦子孫十五人爲單于。遣中郎將藺苞、戴級馳之塞下，召拜當爲單于者。諸匈奴人當坐虜知之法者，皆赦除之。'"始建國三年，"而藺苞、戴級到塞下，招誘單于弟咸、咸子登入塞，脅拜咸爲孝單于，賜黃金千斤，錦繡甚多，遣去；將登至長安，拜爲順單于，留邸。"

《漢書·匈奴傳》載："時戊己校尉史陳良、終帶、司馬丞韓玄、右曲候任商等見西域頗背叛，聞匈奴欲大侵，恐並死，即謀劫略吏卒數百人，共殺戊己校尉刁護，遣人與匈奴南犁汙王南將軍相聞。匈奴南將軍二千騎入西域迎良等，良等盡脅略戊己校尉吏士男女二千餘人入匈奴。……西域都護但欽上書言匈奴南將軍右伊秩訾將人衆寇擊諸國。莽於是大分匈奴爲十五單于，遣中郎將藺苞、副校尉戴級將兵萬騎，多齎珍寶至雲中塞下，招誘呼韓邪單于諸子，欲以次拜之。使譯出塞誘呼右犁汙王咸、咸子登、助三人，至則脅拜咸爲孝單于，賜安車鼓車各一，黃金千斤，雜繒千匹，戲戟十；拜助爲順單于，賜黃金五百斤；傳送助、登長安。莽封苞爲宣威公，拜爲虎牙將軍；封級爲揚威公，拜爲虎賁將軍。單于聞之，怒曰：'先單于受漢宣帝恩，不可負也。今天子非宣帝子孫，何以得立？'遣左骨都侯、右伊秩訾王呼盧訾及左賢王樂將兵入雲中益壽塞，大殺吏民。是歲，建國三年也。"

上引兩傳對分匈奴爲十五單于之事的記載在時間上不同。《王莽傳》將其分系於始建國二年冬十二月和始建國三年。《匈奴傳》則將其徑系於始建國三年①。今證諸額簡"始建國二年十一月甲戌詔書"冊，疑兩傳載錄的時間均有誤。

《王莽傳》系於始建國二年冬十二月之下派遣藺苞、戴級到塞下召拜單于的詔書疑

---

① 荀悅《漢紀》和司馬光《資治通鑒》大概均已意識到《漢書》兩傳這一記事時間不相符的問題，重新梳理了事件先後，前者將分匈奴爲十五單于以及討伐匈奴等事系於王莽十一年（相當於五鳳六年），見《漢紀》卷30《孝平皇帝紀》；後者將藺苞、戴級到雲中塞下招誘十五單于之事系於始建國三年，見《資治通鑒》卷37《漢紀二十九·王莽中》。二者均未安。

當系於十月之下。前引"甲戌詔書"冊追溯了分匈奴爲十五單于之事，尤其是藺苞、戴級奉命到邊塞召拜單于的詳細情形，詔文云："已鼓＜封＞囗苞爵宣［威］公，即拜爲虎耳＜牙＞將軍；封伋爲揚威公，即拜爲虎賁將軍，使究其業。"《匈奴傳》亦稱藺苞、戴級二人是因成功召拜咸、助、登等人而獲此封賞的。據前引簡文，"甲戌詔書"頒發於始建國二年十一月甲戌日，如此，則至少在始建國二年十一月甲戌之前，藺苞、戴級已經抵達益壽塞且部分完成了招誘十五單于之事，並因此受到嘉獎。而系於冬十二月的詔書說"今分匈奴國土人民以爲十五，立稽侯狦子孫十五人爲單于。遣中郎將藺苞、戴級馳之塞下，召拜當爲單于者。"表明在這則詔書中首次發出了關於派遣藺苞、戴級到邊塞召拜十五單于的命令，其頒發當早於涉及藺苞、戴級因召拜單于有功而獲得封賞之事的"十一月甲戌詔書"若干日。

　　益壽塞屬雲中郡，雲中郡距離長安大約二千四百里①。藺苞、戴級奉命率領大隊人馬攜帶珍寶趕赴雲中益壽塞，如果按照日行二百里計②，需要十二天時間才能到達益壽塞，而將召拜結果行諸公文，送回長安，如按日行六百里計③，又需要四天時間。因此，如果推測系於冬十二月的詔書頒發於十一月甲戌之前十六日左右，即十月下旬，在邏輯上當是成立的④。又《匈奴傳》說新莽是在接到西域都護但欽關於戊己校尉史陳良、終帶等叛降匈奴的報告後下令分匈奴爲十五單于的。據《王莽傳》，但欽上書言陳良、終帶等叛亂事在始建國二年九月辛巳（詳見後文）。但欽時爲西域都護，西域都護治所距長安大約七千二百餘里⑤。如以日行六百里計，但欽報告陳良等叛亂事的上書十二日左右可送抵長安，那麼新莽在十月上旬即有可能獲知陳良等叛亂的消息⑥。亦可佐證前述關於十二月的詔書可能頒發於十月的推斷具有一定的合理性。

　　《王莽傳》系於始建國三年的藺苞、戴級成功招誘咸、登等人並獲封賞之事疑當系於始建國二年。據上引"甲戌詔書"冊，至少在始建國二年十一月甲戌之前，藺苞、

---

　　① 《舊唐書·地理志》"河東道·單于都護府"條云："單于都護府，秦漢時雲中郡城也。……在京師東北二千三百五十里，去東都二千里。"

　　② 《後漢書·段潁列傳》載，段潁追擊羌人時，"將輕兵兼行，一日一夜二百餘里"。《三國志·蜀書·先主傳》載，曹操追劉備時，"將精騎五千急追之，一日一夜行三百餘里"。藺苞、戴級率部攜帶大量物資，如能日行二百里，當是極快的速度了。

　　③ 驛馬傳遞文書的速度通常爲大約一日五、六百里。參見高敏：《秦漢郵傳制度考略》，《歷史研究》1985年3期。

　　④ 始建國二年十一月甲戌爲十一月十二日，減去十六日，爲十月二十六日。按：始建國二年的閏月以及十月之後的朔日，陳垣《二十史朔閏表》有誤。說詳見馬怡《"始建國二年詔書"冊所見詔書之下行》，《歷史研究》2006年5期。

　　⑤ 《漢書·西域傳》載："都護治烏壘城，去陽關二千七百三十八里。"婼羌"去陽關千八百里，去長安六千三百里"。又鄯善"去陽關千六百里，去長安六千一百里"。則陽關去長安四千五百里。烏壘城距離陽關的里程與陽關距離長安的里程相加，可得烏壘城距離長安的里程爲七千二百三十八里。

　　⑥ 查陳垣《二十史朔閏表》，始建國二年九月辛巳爲九月十八日，加上十二日，爲十月一日。

戴級已因成功地召拜咸等獲得封爵拜將的嘉獎。所以《王莽傳》系於始建國三年"而藺苞、戴級到塞下，招誘單于弟咸、咸子登入塞，脅拜咸爲孝單于，賜黃金千斤，錦繡甚多，遣去；將登至長安，拜爲順單于，留邸。"一段應系於始建國二年。

　　《匈奴傳》在敍述陳良、終帶叛亂，分匈奴爲十五單于，藺苞、戴級封爵拜將，匈奴單于派兵入侵新朝邊境等事之後，結語云"是歲，建國三年也"，疑爲"是歲，建國二年也"之誤。首先，前已說明分匈奴爲十五單于，藺苞、戴級封爵拜將等事在始建國二年。其次，據《王莽傳》，始建國二年十一月立國將軍孫建在上奏中提及西域都護但欽曾有上書說"九月辛巳"戊己校尉史陳良、終帶等叛亂之事，查陳垣《二十史朔閏表》，始建國二年九月有辛巳日，爲九月十八日，始建國三年九月無辛巳日。因此，陳良、終帶叛亂事也發生於始建國二年，而不是三年。又孫建上奏中還提到"今月癸酉"一男子自稱漢氏劉子輿之事，始建國二年十一月有癸酉日，即十一月十一日，始建國三年十一月無癸酉日，表明所謂"今月"即始建國二年十一月，孫建上奏事確在始建國二年十一月，《王莽傳》此條記載無誤。因此，孫建上奏中提及的陳良、終帶叛亂事不可能晚至始建國三年才發生。第三，匈奴單于派兵大規模入侵新朝邊境亦當在始建國二年，因此天鳳五年王莽詔書中才有"詳考始建國二年胡虜猾夏以來"等語。[①] 既然前述全部事件均有證據表明發生在始建國二年，那麼筆者就有理由認爲結語所云"是歲，建國三年也"當爲"是歲，建國二年也"。

---

① 《漢書》卷99下《王莽傳下》，第4152頁。

關於額濟納漢簡所見 "居延鹽"

王子今

《額濟納漢簡》編號為 2000ES9SF4：21 的一枚簡，記錄了有關 "㙩" 與 "鹽" 的運輸過程。據《額濟納漢簡》釋文：

（1）隧給□㙩廿石致官載居延鹽廿石致吞遠隧倉①

如果 "㙩" 字釋讀不誤，則 "□㙩" 很可能是指邊塞戍卒基本勞作內容中 "塗" 所使用的一種以其飽和水溶液粉刷牆壁的房屋建築裝修材料。② 據簡文記錄，由某隧 "給□㙩廿石致官"，又 "載居延鹽廿石致吞遠隧倉"，應是使用同一輛運車。為避免空駛以提高運輸效率，於是有 "載居延鹽" 事。這一運送 "居延鹽" 的記載，值得研究者重視。

已發表居延漢簡有 "廩吞遠"（E. P. T6：85）、"吞遠廩"（E. P. T6：31）、"吞遠隊廩"（E. P. T43：44）簡文，又明確可現 "吞遠倉" 的簡例，如：133.13，136.48，176.34，198.3，E. P. T26：8，E. P. T43：30A，E. P. T43：30B，E. P. T51：157A，E. P. T51：157B，E. P. T58：14，E. P. T58：81，E. P. T65：135 等。E. P. T65：412 作 "吞遠隊倉"。又如：

（2）甲渠吞遠隧當受穀五千石（E. P. T52：390）

（3）　　言之官移居延訟遷尉卿
　　☑
　　□主吞遠穀二千三百五十石（E. P. T54：8）

看來，位置可以大體確定為位於吞遠隧的 "吞遠倉" 或 "吞遠隊倉"，其規模相當可觀。又如：

---

① 《額濟納漢簡》，廣西師範大學出版社 2005 年 3 月版，第 251 頁。
② 又有 "㙩廿石" 簡例（2000ES9SF4：42），《額濟納漢簡》，第 259 頁。

（4）出轉錢萬五千　給吞遠倉　十月丙戌吞遠候史彭受令史（133.13）

僅就這筆"轉錢"的數額看，如果按照通常價格"與傭一里一錢"的標準①，又參考簡文：

（5）吞遠隧去居延百卅里檄當行十三時（E. P. F22：147）

則如若從居延轉運吞遠隧，可以支付運載量超過115車的運費。以漢代通常的車輛運輸規格"一車二十五斛"計②，運糧可達2875斛。

不過，這裡僅見糧食儲運的記錄，沒有看到反映食鹽儲運的資料。《額濟納漢簡》"載居延鹽廿石致吞遠隧倉"簡文因而特別值得珍視。

居延漢簡中有關鹽的配給與消費的簡文，如：

（6）　　　　　鷄一　　　　酒二斗
　　對祠具　黍米一斗　　鹽少半升
　　稷米一斗　　　　（10.39）
（7）入鹽八斗七升 給餅庭部卒卅人
　　　　　閏月食　　　陽朔五年正月辛亥第卅三卒夏奇第卅四卒范客子
　　受守閣卒音（28.13）
（8）卒胡朝等廿一人自言不得鹽言府●一事集封　八月庚申尉史常封
　　　　　　　　　　　　　　　　　　　　　　　　　（136.44）
（9）出鹽二石一斗三升　給食戍卒七十一人二月戊午□□□☑（139.31）
（10）建始二年八月丙辰朔　北部候長光敢言之☑
　　廩鹽名籍一編敢言之（141.2）
（11）☑三月祿用鹽十九斛五斗（154.10）
（12）治馬欬涕出方取戎鹽三指撮三□☑（155.8）

---

① 《九章算術·均輸》："與傭一里一錢。"裘錫圭先生指出，"大灣所出簡記每車傭費為1347錢，這樣不整齊的數字，也只有用'與傭一里一錢'這種以里計費的辦法，才能算出來。"《漢簡零拾》，《文史》第12輯，中華書局，1981年版。

② 《九章算術·均輸》："一車載二十五斛。"裘錫圭先生指出，"居延簡裡有很多關於用車運糧的資料，每車所載糧食一般為二十五石。""催傭的傭人和服役的將車者輸送糧食的時候，大概一般比較嚴格地遵守二十五石一車的常規。"《漢簡零拾》，《文史》第12輯，中華書局，1981年版。

（13）●右省卒四人　鹽一斗二升　用粟十三石三斗三升少

（176.18，176.45）①

（14）鄣卒張竟　鹽三升　十二月食三石三斗三升少　十一月庚申自取

（203.14）

（15）鄣卒李就　鹽三升　十二月食三石三斗三升少　十一月庚申自取

（254.24）

（16）●凡吏卒十七人　凡用鹽三斗九升用粟五十六石六斗六升大（254.25）②

（17）☑七月食三石三斗三升少　鹽三升　六月癸巳高霸取　尸（257.26）

（18）出鹽三升（268.9）

（19）出鹽二升九龠（268.12）

（20）第九鄣卒九人　用鹽二斗七升　用粟卅石（286.9）

（21）鄣卒□□　鹽三升　十一月庚申自取（286.12）

（22）鄣卒史賜　鹽三升　十二月食三石三斗三升少十一月☑（292.1）

（23）☑月甲寅大司農守屬閔別案校錢穀鹽鐵（455.11）

（24）馬建叩頭言·使使再拜白頃有善鹽五升可食

張掾執事毋恙昨莫還白園事云何充可不頃賜□·掾昨日幸許☑

（E. P. T2：5A）

（25）☑雞一枚

☑鹽少半升（E. P. T2：31）

（26）其市買五均之物及鹽而無二品☑（E. P. T6：88）

（27）☑言之□移‘月盡六月鹽出入簿☑（E. P. T7：13）

（28）三年調鹽九十石☑（E. P. T31：9）

（29）永始三年計餘鹽五千四百一石四斗三龠（E. P. T50：29）

（30）☑坐勞邊使者過郡飲適鹽卅石輸官（E. P. T51：323）

（31）☑十二月食鹽皆畢已敢言之（E. P. T52：254）

（32）　　　　　前宿

☑隧取鹽不還仁有☑（E. P. T52：672）

---

① “用粟十三石”之“十”，據謝桂華先生意見補釋。參看謝桂華：《漢簡與漢代西北屯戍鹽政考述》，《秦漢史論叢》第6輯，江西教育出版社，1994年版，《居延漢簡的斷簡綴合和冊書復原》，《簡帛研究》第2輯，法律出版社，1996年版。

② “用鹽三斗九升”，《居延漢簡甲乙編》及《居延漢簡釋文合校》均作“用鹽五斗九升”，據謝桂華先生意見改釋。參看謝桂華：《漢簡與漢代西北屯戍鹽政考述》，《秦漢史論叢》第6輯，江西教育出版社，1994年版，《居延漢簡的斷簡綴合和冊書復原》，《簡帛研究》第2輯，法律出版社，1996年版。

（33）▨五升　　官卒十一人鹽三斗三升　　武成卒　　▨（E. P. T53：136）
　　　　　十二　　十六卒侯禹二廿四卒王實　八卒馬

又肩水金關出土《勞邊使者過界中費》簡册有：

（34）鹽豉各一斗　　直卅①

謝桂華先生指出，有以下三枚簡"鹽三升"漏釋，可予補正：

（35）執胡隧卒張平　　鹽三升十二月食▨（55.8）
（36）▨〔鹽〕三升　　十二月食三石三斗三升少　十一月庚申自取（27.10）
（37）▨〔鹽三升〕　十二月食三石三斗三升少　十一月庚申自取（137.22）

謝桂華先生又補録出土於卅井候官次東隧的一枚簡：

（38）出鹽六升　　　　□□□▨（ESC：52）

又舊釋"出錢六買燔石十分"者，謝桂華先生將"燔石"釋作"鹽石"，即：

（39）出錢六買鹽石十分（214.4）②

又如：

（40）●南部地節四年七月盡九月鹽（213.9）③

簡（6）可見祭祠物品中包括鹽，這是食鹽消費情形中比較特殊的一例。簡（12）是"治馬欬涕出方"獸藥用鹽情形。簡（11）"祿用鹽"則有可能是邊地貨幣作為一般等價物的作用消退，以物易物成為經濟生活中慣常情形的反映。簡（24）在民間書信中説到了鹽。"有善鹽五升可食"所謂"善鹽"，似是指質量等級較高的鹽。簡（25）可

---

①　甘肅居延考古隊：《居延漢代遺址的發掘和新出土的簡册文書》，《文物》1978 年 1 期。
②　謝桂華：《漢簡與漢代西北屯戍鹽政考述》，《秦漢史論叢》第 6 輯，江西教育出版社，1994 年版。
③　此據永田英正先生釋文。永田英正：《居延漢簡集成三》，《東方学報》京都第 46 册，1974 年 3 月。

能與簡（30）有關，是接待過往使者和上級官員飲食消費用鹽的記錄①。而（34）同樣是記錄這種接待費用的文書。吏士按照定量配給食用鹽的所謂“給食”記錄，有簡（13）（14）（15）（16）（17）（20）（21）（22）（33）（35）（36）（37）等，按照謝桂華先生的意見，當屬於《吏卒廩名籍》。他復原《建平五年十二月官吏卒廩名籍》，進行了有意義的工作。其編聯次序為203.6，133.7，203.10，（14）（15）（22）（21）（20），55.8，27.10，（13）（16），203.25②。可能屬於簡（10）所謂“《廩鹽名籍》”的，似僅有簡（33）一例。簡（40）亦未可排除與《廩鹽名籍》有關的可能。“給食”之鹽往往“自取”，如簡（14）（15）（21）（36）（37）。簡（17）“取”，則可能是他人代取。簡（33）“取鹽不還”例，可能屬於非常情形，值得注意。這一情形或許與前言“取”“自取”有關，而與（1）“載居延鹽廿石致吞遠隧倉”不同。簡（8）“卒胡朝等廿一人自言不得鹽言府”體現了食鹽斷缺的困難局面。簡（31）“食鹽皆畢已”亦體現了食鹽供應的異常緊張。額濟納簡可見“毋鹽可”（2000ES7SE2∶14B）③，如釋文不誤，也應當與食鹽供應不足的情形有關。所以簡（24）有“頃有善鹽五升可食”語。簡（31）“食鹽皆畢已”有可能屬於簡（27）所見“《鹽出入簿》”。“入”鹽，當如簡（7）（28），“出”鹽，當如簡（9）（18）（19）（38）。鹽倉所存鹽餘額的上報，即簡（29）所謂“永始三年計餘鹽五千四百一石四斗三龠”。計量到“龠”，可知其精確度。以“龠”計量的實例，又有簡（19）。“龠”的實測容量，相當於10毫升④。在內地距離鹽產地較遠的地方，“鹽出入”的計量，甚至精確到“撮”⑤。本文討論的簡例中（12）所見“取戎鹽三指撮三□”之所謂“撮”，應當就是“撮”。不過這是用藥劑量，與一般的“鹽出入”明顯不同。“撮”的實測容量，僅相當與2毫升⑥。

　　通過簡（23）“大司農守屬閎別案校錢穀鹽鐵”，可知鹽作為關係國計民生的重要物資，其管理受到國家的特殊重視。簡（26）所謂“市買五均之物及鹽”也反映了同樣的事實。

　　就簡文所見“鹽”的數量而言，簡（1）“載居延鹽廿石致吞遠隧倉”僅次於簡（29）“鹽五千四百一石四斗三龠”、簡（28）“鹽九十石”和簡（31）“鹽卅石”。通過簡（1）“載居延鹽廿石致吞遠隧倉”和簡（30）“鹽卅石輸官”所言“載”“輸”

　　① 參看王子今《敦煌懸泉置遺址出土〈鷄出入簿〉小議——兼說漢代量詞“隻”、“枚”的用法》列舉敦煌漢簡中相關資料。《考古》2003年12期。

　　② 謝桂華：《居延漢簡的斷簡綴合和冊書復原》，《簡帛研究》第2輯，法律出版社，1996年版。

　　③ 《額濟納漢簡》，廣西師範大學出版社，2005年版，第183頁。

　　④ 丘光明：《中國歷代度量衡考》，科學出版社，1992年版，第244頁。

　　⑤ 參看王子今、高大倫：《走馬樓許迪割米案文牘所見鹽米比價及相關問題》，長沙吳簡暨百年來簡帛發現與研究國際學術研討會，長沙，2001年8月。

　　⑥ 丘光明：《中國歷代度量衡考》，科學出版社，1992年版，第244頁。

事，可以推測當時當地"鹽"的運載規格大約是車載"鹽廿石"。

我們還注意到，上引居延漢簡中涉及"鹽"的諸多簡例，竟然沒有一例如簡（1）"居延鹽"這樣明確標示"鹽"與具體地方的關係的。

"居延鹽"是說"居延"出產的"鹽"，還是指明了"居延"在"鹽"的儲運系統中居於重要地位呢？

王莽詔曰："夫鹽，食肴之將。""非編戶齊民所能家作，必卬於市，雖貴數倍，不得不買。"① 或說："夫鹽，國之大寶也。"② 可知"鹽"的產銷對於國計民生意義之重要。自漢武帝以來即對鹽產和鹽運嚴格控制。《漢書·地理志》載各地鹽官 35 處，嚴耕望先生曾考補 2 處③，楊遠先生考補 6 處④。《太平御覽》卷八二引《尸子》說到"昔者桀紂縱欲長樂以苦百姓，珍怪遠味，必南海之菫，北海之鹽"，顯然中原人早已有"北海之鹽"的消費經驗。司馬遷《史記·貨殖列傳》："夫天下物所鮮所多，人民謠俗，山東食海鹽，山西食鹽鹵，領南、沙北固往往出鹽，大體如此矣。"關於"沙北""出鹽"，張守節《正義》："謂西方鹹地也。堅且鹹，即出石鹽及池鹽。"已知西漢鹽官 43 處，位於 30 郡國，北邊鹽官 16 處，占 37.21%⑤。而河西四郡均無鹽官。西漢鹽官的設立，距離居延最近者應為隴西、安定、北地、上郡、朔方、五原諸郡的鹽官⑥。簡（12）所見"戎鹽"，或來自朔方。《漢書·地理志下》"朔方郡"："朔方，金連鹽澤、青鹽澤皆在南。"《水經注·河水三》："縣有大鹽池，其鹽大而青白，名曰'青鹽'，又名'戎鹽'，入藥分，漢置典鹽官。"不過，長沙馬王堆漢墓出土帛書《五十二病方》也有取"戎鹽"入藥的例證。僅據"戎鹽"，似不足以明確認定食用鹽運輸的方向和路徑。

所謂"北海之鹽"或"沙北"所"出鹽"似有多種。《魏書·李孝伯傳》："世祖又遣賜義恭、駿等氍各一領，鹽各九種，並胡豉。孝伯曰：'有後詔：凡此諸鹽，各有所宜。白鹽食鹽，主上自食；黑鹽治腹脹氣滿，末之六銖，以酒而服；胡鹽治目痛；戎鹽治諸瘡；赤鹽、駁鹽、臭鹽、馬齒鹽四種，並非食鹽。……'"馬王堆帛書《五十二病方》中，"戎鹽"用以"涂"，即"塗"，是外用藥。《魏書·李孝伯傳》所謂"戎鹽治諸瘡"，也是外用藥。《魏書》"戎鹽"，《宋書·張邵傳》及《張暢傳》

① 《漢書》卷 24 下《食貨志下》。

② 《三國志》卷 21《魏書·衛覬傳》。

③ 嚴耕望：《中國地方行政制度史》上編，《中央研究院歷史語言研究所專刊》之 45，1961 年 12 月。

④ 楊遠：《西漢鹽、鐵、工官的地理分佈》，《香港中文大學中國文化研究所學報》，第 9 卷上冊，1978 年。

⑤ 王子今：《兩漢鹽產與鹽運》，《鹽業史研究》1993 年 3 期。

⑥ 這五郡鹽官的位置，大略在隴西郡西縣，安定郡三水，北地郡弋居，上郡獨樂、龜茲，朔方郡沃埜，五原郡成宜。

作“柔鹽”，也作為外用藥：“柔鹽不用食，療馬脊創。”① 而《魏書·崔浩傳》記載：“太宗大悅，語至中夜，賜浩御縹醪酒十觚，水精戎鹽一兩．曰：‘朕味卿言，若此鹽酒，故與卿同其旨也。’”以“水精戎鹽”言“味”，可知“戎鹽”其實也是可以食用的。

有研究者指出，“戎鹽，又名胡鹽，見《神農本草經》，主要產於西北。”② 據《新唐書·地理志四》“隴右道”，“土貢”“戎鹽”的“廓州寧塞郡”，則距離居延明顯較西漢隴西、安定、北地、上郡、朔方、五原諸郡鹽官為近。其地在今青海化隆西，當在西漢金城郡安夷南③。其實，距離居延更近的地方也未必沒有“沙北”“北海之鹽”出產。有研究者指出，內蒙古地區的鹽湖早在漢武帝元狩四年即公元前 119 年前即已開採利用。內蒙古地區湖鹽的礦床形態不同於其他鹽礦（如海鹽、井鹽等），其鹵水多已飽和，多數鹽湖中鹽已結晶析出，所以開採方式較為簡單④。

《中國自然地理圖集》“中國外生礦藏和變質礦藏”圖中以沉積鹽外生礦床標注的內蒙古阿拉善右旗的雅布賴鹽湖，可能是距居延相對較近的產量較高的鹽產地⑤。雅布賴鹽場的石鹽儲量據說達 5100 萬吨。其實，還有更為臨近居延的鹽湖。有的研究者指出，“阿拉善地區鹽湖很多，鹽產豐富，從古至今開發運銷，為人們所用。”“居延海在額濟納旗，舊土爾扈特北境。‘居延澤《禹貢》導弱水至合黎，餘波入於流沙。’弱水自張掖北流至下游分為東河西河滙瀦於居延海。漢稱‘居延澤’，魏、晉稱‘西海’，唐後通稱居延海。原本為一湖，位於漢居延城東北，狹長彎曲，形如初月。後世湖面隨着額濟納河下游的改道而時有移動，且逐步淤塞分為二海，東海稱為苏古諾爾，西海稱為嘎順諾爾。兩海相距七十華里，西池周九十里，東池周六十里。《鹽務地理》云：‘居延海旁有池產白鹽，採之不竭。’”⑥ 關於《鹽務地理》所謂“居延海旁有池產白鹽，採之不竭”，《內蒙古鹽業史》的作者寫道：“對這個鹽湖未進行考證，在史冊上也未見有產銷事記。”⑦ 嘎順諾爾，又名“西海”、“西居延海”。據考察，“西居延海鹽湖

①《宋書·張邵傳》：“魏主又遣送氈及九種鹽並胡豉，云：‘此諸鹽，各有宜。白鹽是魏主所食。黑者療腹服氣滿，刮取六銖，以酒服之。胡鹽療目痛。柔鹽不用食，療馬脊創。赤鹽、駁鹽、臭鹽、馬齒鹽四種，並不中食。……’”中華書局標點本校勘記：“白鹽是魏主所食，《魏書·李孝伯傳》於‘白鹽’下尚有‘食鹽’二字，正合九種鹽之數，此處‘白鹽’下似脫‘食鹽’二字。又下‘柔鹽’，《魏書·李孝伯傳》作‘戎鹽’。”中華書局 1974 年 10 月版，第 5 册第 1402 頁。

② 馬王堆漢墓帛書整理小組編：《五十二病方》，文物出版社，1979 年版，第 69 頁。

③ 參看譚其驤主編：《中國歷史地圖集》，地圖出版社，1982 年版，第 2 册第 33 ~ 34 頁，第 5 册第 61 ~ 62 頁。

④ 張毓海：《內蒙古化學史Ⅴ．鹽湖的開採與利用》，《內蒙古工業大學學報》1995 年 2 期。

⑤ 西北師範學院地理系、地圖出版社主編：《中國自然地理圖集》，地圖出版社，1984 年版，第 38 頁。

⑥ 原注：“《鹽務地理》第三節河流。”牧寒編著：《內蒙古鹽業史》，內蒙古人民出版社，1987 年版，第 37 ~ 38 頁。第 36 頁《阿拉善盟鹽湖分佈圖》中，在“額吉納旗”北標示“嘎順諾爾”和“苏古諾爾”兩處鹽湖。

⑦ 牧寒編著：《內蒙古鹽業史》，內蒙古人民出版社，1987 年版，第 38 頁。

面積 260km^2, 湖盆呈東西向延伸。"　"湖中出現石鹽、芒硝等鹽類沉積, 石鹽厚度 0.15 – 0.2m, 芒硝沉積厚度 0.3m, 這是該區未來很有開發利用遠景的鹽湖礦床。"[①] 也許簡（1）所謂"居延鹽"就是這個鹽湖出產。那麼, 雖然"在史册上""未見有產銷事記", 額濟納漢簡的這則簡文, 却以漢代居延地區鹽產和鹽運的重要信息, 補充了我們對漢代鹽業史的相關認識。而兩千年前的相關記錄, 對於"未來"的"開發利用", 或許也是有意義的。

　　河西地方的鹽產地之所以不設鹽官, 或許與置郡年代稍晚有關, 或許也因為這裡出產的鹽直接用於邊塞軍民消費, 為軍事部門所控制, 並不進入較為寬廣的經濟流通領域的緣故。

　　有學者總結內蒙古鹽湖的歷史, 指出: "全新世時期, 尤其是全新世後期（距今約 6～5 千年）以來, 乾旱氣候遍佈全區。這時氣溫升高, 蒸發量明顯地增加, 同時降水減少, 出現廣泛的乾旱地區, 使許多湖盆水位下降, 大幅度提高湖水的濃度, 鹽類沉積（包括碳酸鹽、硫酸鹽和食鹽等）遍佈全區, 成為內蒙古高原最廣泛最重要的成鹽期。"論者還認為, 在鹽湖沉積物中, 可以讀出古氣候的記錄。"不同的沉積產物, 分別代表不同的沉積環境和氣候條件, 特別是對氣候十分敏感的鹽類沉積物, 更能反映氣候的變化。除了鹽類的成分之外, 沉積物中有機質和微量元素的含量、孢粉和微體古生物的組成, 也可用以指示氣候的冷、暖、乾、濕變化。綜合這些環境指標因子, 乃能解讀出當地最近 2.3 萬年來詳細的氣候變化。"[②] 有的研究者已經通過對內蒙古鹽湖的考察, 得到了有關古氣候的新認識[③]。

　　關於很可能與"居延鹽"有關的"居延海"或稱"居延澤"的地質面貌, 前引《內蒙古鹽業史》說, "原本為一湖", "後世湖面隨着額濟納河下游的改道而時有移動, 且逐步淤塞分為二海, 東海稱為蘇古諾爾, 西海稱為嘎順諾爾", 書中《阿拉善盟鹽湖分佈圖》, 嘎順諾爾和苏古諾爾均標示為鹽湖[④]。而《內蒙古鹽湖》書中《內蒙古自治

　　①　鄭喜玉等:《內蒙古鹽湖》, 科學出版社, 1992 年版, 第 285 頁。

　　②　羅建育、陳鎮東:《從鹽湖談到古氣候》,《科學月刊》1997 年 1 期。

　　③　羅建育、陳鎮東、陳延成:《內蒙古鹽湖與台灣湖泊沉積物之古氣候記錄》,《化工礦產地質》1997 年 2 期。論文指出, 通過對位於乾旱 – 半乾旱區的內蒙古鹽湖中沉積物提供的環境和氣候條件之相關訊息, 能解讀出最近 23kaB. P. 以來詳細的氣候變化;據今 20～23kaB. P. 期間, 氣候呈溫乾特徵;之後, 氣候變冷進入末次冰期的極盛期。在 14.5～20kaB. P. 期間, 降水量大幅度減小, 夏季風萎縮, 而冬季風更加強勁。自 14.5kaB. P 開始, 全球進入冰消期。約在 11kaB. P. 左右, 出現異常降溫的新仙女木（YoungerDryas）突變事件。這些意見, 可以與通過歷史文獻得到的氣候變遷史的認識對照理解。又李容全、鄭良美、朱國榮著《內蒙古高原湖泊與環境變遷》所提出的有關各時期年平均氣溫的數據與竺可楨先生的論點不一致, 研究者說, "原因為何? 不得其解。""是否能夠說, 中國內蒙古高原在第三、第四新冰緣階出現的時間與溫度降幅的大小, 是由全球大氣候背景與當地特定的寒潮必經之路的環境條件所共同決定的, 所以出現與其他地區的差别。當然, 問題也可能出在史料以及定年技術自身的誤差上。這些都是今後研究中應當加以解決的問題之一。"北京師範大學出版社, 1990 年版, 第 167 頁～168 頁。

　　④　牧寒編著:《內蒙古鹽業史》, 內蒙古人民出版社, 1987 年版, 第 38 頁, 第 36 頁。

區水系分佈圖》，苏古諾爾的圖標為 "湖泊"，而與 "鹽湖" 有別。但是同書《内蒙古自治區地貌區劃及主要鹽湖分佈示意圖》中，該湖却又標示為 "鹽湖"①。董正鈞《居延海》一書也説，今日之居延海有東海、西海之分，蒙古語分稱索果諾爾、夏順淖爾，其水質一咸一淡②。據實地考察，這一又被譯作 "索果諾爾" 的湖為 "鹽碱水質"③，"距離湖岸邊尚遠" 的地面，"有白色的鹽碱遺跡"，"由此可知索果諾爾已較以往縮小。"④ 而有的學者认为漢代的 "居延澤" "因弱水改道，早已乾枯"，"漢之弱水今已乾枯，馴致漢居延海亦乾枯消失。"⑤

　　從居延漢簡提供的資料看，雖僻在荒遠的邊地，漁業產品也已成為吏卒及平民的生活消費品。甚至还有得魚之多數以千計的情形。如："☑餘五千頭宮得魚千頭在吳夫子舍□□復之海上不能備☑☑頭魚□請令官收具魚畢凡□□□☑☑□鹵備幾千頭魚千□食相□☑"（220.9）。居延出土《建武三年候粟君所責寇恩事》簡册記載，寇恩 "為候粟君載魚之𣂁得賣" 事，一次即 "載魚五千頭"（E. P. F22：6）。

　　簡文所見 "海上"，應當就是居延海。在當時的環境條件下，可能确實曾经 "由于氣候局部變暖和補給水源的增加，湖盆水體有所擴大，並普遍出現一次湖水淡化"⑥。而當時的這一湖泊，據有的學者分析，"與今之居延東、西海異處，在其東方百餘里處，隨弱水改道西流早已乾枯。"⑦ 然而據譚其驤先生主編《中國历史地圖集》標示，西漢時期在包括今 "嘎順諾爾" 和 "索果諾爾" 所在地方即 "今之居延東、西海"處，有一廣澗水面，而與其異處，"在其東方百餘里處" 又有一面積稍小的水面，兩處統稱 "居延澤"⑧。

　　也許今後社會科學工作者和自然科學工作者對 "居延鹽" 等課題的合作研究，可以推進對當時西北邊地歷史面貌的理解，取得更有價值的學術收穫。而對於額濟納漢簡所見 "居延鹽" 的出產地點或許也可以因此得到真确的認識。

①　鄭喜玉等：《内蒙古鹽湖》，科學出版社，1992 年版，第 12 頁，第 4 頁。

②　董正鈞：《居延海》，1951 年影印手抄本。轉見馬先醒：《漢居延志長編》，鼎文書局，2001 年版，第 36 頁。

③　斯文赫定：《亞洲腹地探險八年 1927－1935》，徐十周等譯，新疆人民出版社，1992 年版，第 130 頁～131 頁。

④　羅仕傑：《1996 年台北簡牘學會漢代居延遺址考察日志》，《漢代居延遺跡調查與衛星遥測研究》，臺灣古籍出版有限公司，2003 年版，第 8～9 頁。

⑤　馬先醒：《漢居延志長編》，鼎文書局，2001 年版，第 36～37 頁。

⑥　鄭喜玉等：《内蒙古鹽湖》，科學出版社，1992 年版，第 197～198 頁。

⑦　馬先醒：《漢居延志長編》，鼎文書局，2001 年版，第 37 頁。

⑧　譚其驤主編：《中國歷史地圖集》，地圖出版社，1982 年版，第 2 册第 33～34 頁。

"居延鹽"的發現

——兼說內蒙古鹽湖的演化與氣候環境史考察

王子今　孫家洲

關於中國古代生態環境的歷史變遷，歷代若干學者曾有所注意。20 世紀以來，多有專門論著發表。蒙文通的論文《中國古代北方氣候考略》[①]、文煥然的專著《秦漢時代黃河中下游氣候研究》[②]、竺可楨的論文《中國近五千年來氣候變遷的初步研究》[③]、牟重行的專著《中國五千年氣候變遷的再考證》[④] 等，都涉及秦漢生態環境。近年來，學界對這一研究方向的關注更為密切。

關於秦漢時期的氣候變遷，竺可楨指出，"在戰國時期，氣候比現在溫暖得多。""到了秦朝和前漢（公元前 221－公元 23 年）氣候繼續溫和。""司馬遷時亞熱帶植物的北界比現時推向北方。""到東漢時代即公元之初，我國天氣有趨於寒冷的趨勢，有四次冬天嚴寒，晚春國都洛陽還降霜降雪，凍死不少窮苦人民。"曹丕黃初六年（公元 225 年），"行率廣陵故城臨江觀兵，戎卒十餘萬，旌旗數百里。是歲大寒，水道冰，舟不得入江，乃引還。"[⑤]"這是我們所知道的第一次的記載的淮河結冰。那時氣候已比現在寒冷了。"[⑥]

竺可楨的論文自題為"初步研究"，他自謙地說，"本文的研究，僅僅是一個小學生的試探"，"誤解和矛盾是難免的"，這種初步探討，"對於古氣候說明的問題無幾，而所引起的問題卻不少。"[⑦] 有學者認為，此文雖"為竺氏大半生研究心得具體表現之一"，然而"要進一步加以驗證，須有人更下苦功。"[⑧]

---

① 《史學杂志》2 卷 3 期，1920 年。
② 商務印書馆，1959 年版。
③ 《考古學報》1972 年 1 期，《中國科學》1973 年 2 期。
④ 氣象出版社，1996 年版。
⑤ 《三國志·魏書·文帝紀》。
⑥ 對於相關史料的理解存在認識分歧，參看王子今：《關於秦漢時期淮河冬季封凍問題》，《中國歷史地理論叢》1995 年 4 期。
⑦ 《竺可楨文集》，科學出版社，1979 年版，第 495 頁，第 497 頁。
⑧ 徐近之：《我國歷史氣候學概述》，《中國歷史地理論叢》第 1 輯，陝西人民出版社，1981 年版。

現在看來，歷史事實確如竺可楨所説，在公元前50—70年這120年之間，有關氣候異常寒冷所致災異的歷史記錄多達20餘起。元成統治期間較爲集中的23年中計6起。王莽專政時最爲集中的10年中，大約7年都曾發生嚴寒導致的災害。除王莽末年至建武四年間所謂"天下旱霜連年"外，東漢光武帝及明帝在位時關於異常寒冷的明確記載亦可見6起。此後，漢章帝建初八年（公元83年）至元和元年（公元84年）前後，又有"盛夏多寒"、"當暑而寒"的記載①。東漢中晚期，更多見"季夏大暑而消息不協，寒氣錯時"②，"立春之後"，"寒過其節"，"當溫而寒"③ 等以嚴寒爲特徵的異常氣象記錄。漢武帝太初前後"惊蟄""雨水"次序的變換，劉歆作《三統歷》前後"谷雨""清明"次序的變換，也可以説明當時氣候與現今不同。我們有根據説，秦與西漢氣候較現今溫暖濕润，兩漢之際，氣候發生由暖而寒的變化④。盡管有不同意見發表⑤，但是並没有能够從根本上否定兩漢氣候發生變遷的認識。

自然科學考察的若干成果，也可以證實秦漢時期氣候變遷的歷史現象。根據我國東部平原及海區構造沉降量的估算，並參考了有關歷史考古資料所繪製的中國東部的海面昇降曲線表示，距今2000年前後，海面較今高2米左右。海面昇降是氣候變遷的直接結果。根據植被、物候和考古資料試拟的華北平原古氣溫曲線，顯示當時氣溫高於現今1℃左右。根據植被、物候和考古資料試拟的上海、浙北古氣溫曲線，則顯示當時氣溫高於現今2℃左右。在一個地區，寒冷氣候與溫暖氣候的交替變化，亦迫使生物羣的結構和面貌隨之發生變化。根據海生生物羣試拟的東海與黄海古水溫曲線，可知當時東海、黄海水溫高於現今3℃左右⑥。以孢粉資料分析北京地區植物羣的發展，可以看到，約距今5000至3000年，北京曾進入與歐洲大西洋期可以比較的氣候溫暖適宜期，當時組成溫帶落葉闊葉和針葉混交林的主要樹種有櫟、椴、樺、榆、桑、榛等，水生植物也得以繁盛，在溫濕的氣候條件下，沼澤發育，從而有利於泥炭的累積。於距今2000 - 1000年，則進入一次氣候乾溫時期，湖沼又有消退，出現了以松爲代表的森林草原⑦。

可以反映歷史時期氣候環境變化的信息來源是多方面的。正如《簡明不列顛百科全書》"全新世"（Holocene Epoch）條所説，"最主要的是太阳辐射記錄。還有許多記

---

① 《後漢書·韋彪傳》。
② 《後漢書·陳忠傳》記漢安帝永初年間事。
③ 《後漢書·郎顗傳》記漢順帝阳熹二年事。
④ 王子今：《秦漢時期氣候變遷的歷史學考察》，《歷史研究》1995年2期。
⑤ 如陳業新：《兩漢時期氣候狀況的歷史學再考察》，《歷史研究》2002年4期，《災害與兩漢社會研究》，上海人民出版社，2004年版，第79～121頁。
⑥ 王靖泰等：《中國東部晚更新世以來海面昇降與氣候變化的關係》，《地理學報》35卷4期，1980年4月。
⑦ 孔昭宸等：《北京地區距今30000-10000年的植物羣發展和氣候變遷》，《植物學報》22卷4期，1980年4月。

載的跡象也是有用的，如日本京都的櫻花花期节日的時間、湖泊的封凍、洪水事件、暴風雪或旱災、收成、鹽的蒸發生產等。”①

“鹽的蒸發生產”對於説明環境變遷的意義，值得我們注意。

《額濟納漢簡》編號為 2000ES9SF4：21 的一枚簡，記録了有關“塓”與“鹽”的運輸過程。據《額濟納漢簡》釋文：

隧給□塓廿石致官載居延鹽廿石致吞遠隧仓☑②

如果“塓”字釋讀不誤，則“□塓”很可能是指邊塞戍卒基本勞作内容中“塗”所使用的一種原料。據簡文記録，由某隧“給□塓廿石致官”，又“載居延鹽廿石致吞遠隧仓”，應是使用同一輛運車。為避免空駛以提高運輸效率，於是有“載居延鹽”事。這一運送“居延鹽”的記載，值得研究者重視。

已發表居延漢簡有“廩吞遠”（E. P. T6：85）、“吞遠廩”（E. P. T6：31）、“吞遠队廩”（E. P. T43：44）簡文，又明確可現“吞遠倉”的簡例，如：133. 13，136. 48，176. 34，198. 3，E. P. T26：8，E. P. T43：30A，E. P. T43：30B，E. P. T51：157A，E. P. T51：157B，E. P. T58：14，E. P. T58：81，E. P. T65：135 等。E. P. T65：412 作“吞遠队倉”。又如：“甲渠吞遠隧當受谷五千石”（E. P. T52：390），“言之官移居延訟沓尉卿□主吞遠谷二千三百五十石”（E. P. T54：8），看來，“吞遠倉”或“吞遠队倉”的規模相當可观。又如：“出轉錢萬五千 給吞遠倉十月丙戌吞遠候史彭受令史”（133. 13），僅就這筆“轉錢”的數額看，如果按照通常價格“與儈一里一錢”的標准③，又參考簡文：“吞遠隧去居延百卅里檄當行十三時”（E. P. F22：147），則如若從居延轉運吞遠隧，可以支付運載量超過 115 車的運費。以漢代通常的車辆運輸規格“一車二十五斛”計④，運糧可達 2875 斛。不過，這裡僅見糧食储運的記録，没有看到反映鹽運的資料。

居延漢簡中有關鹽的配給與消費的簡文，如：10. 39，28. 13，139. 31，141. 2，154. 10，155. 8，176. 18 – 176. 45，203. 14，254. 24，254. 25，257. 26，268. 9，268. 12，286. 9，286. 12，292. 1，455. 11，E. P. T2：5A，E. P. T2：31，E. P. T6：88，E. P. T7：13，

①　《簡明不列顛百科全書》，中國大百科全書出版社，1986 年版，第 6 卷第 719 頁。
②　《額濟納漢簡》，廣西師範大學出版社，2005 年版，第 251 頁。
③　《九章算術·均輸》：“與儈一里一錢。”裘錫圭指出，“大灣所出簡記每車儈費為 1347 錢，這樣不整齊的數字，也只有用‘與儈一里一錢’這種以里計費的辦法，才能算出來。”《漢簡零拾》，《文史》第 12 輯，中華書局，1981 年版。
④　《九章算術·均輸》：“一車載二十五斛。”裘錫圭指出，“居延簡里有很多關於用車運糧的數據，每車所載糧食一般為二十五石。”“催僱的儈人和服役的將車者輸送糧食的時候，大概一般比較嚴格地遵守二十五石一車的常規。”《漢簡零拾》，《文史》第 12 輯，中華書局，1981 年版。

E. P. T31：9，E. P. T51：323，E. P. T52：254，E. P. T52：672，E. P. T53：136 等。又如：

永始三年計餘鹽五千四百一石四斗三龠 （E. P. T50：29）

"餘鹽"竟然以"千石"計，可知儲量相當充備。而計量到"龠"，又反映了管理的精確度。"龠"的實測容量，相當於 10 毫升①。在内地距離鹽產地較遠的地方，"鹽出入"的計量，甚至精確到"撮"②。"撮"的實測容量，僅相當與 2 毫升③。

上引居延漢簡中涉及"鹽"的諸多簡例，竟然没有一例如簡 2000ES9SF4：21 "居延鹽"這樣明確標示"鹽"與具體地方的關係的。

所謂"居延鹽"，是否可以理解爲居延地方出產的鹽呢？

《太平御覽》卷八二引《尸子》説到"昔者桀紂縱慾長樂以苦百姓，珍怪遠味，必南海之菫，北海之鹽"，可知中原人早已有"北海之鹽"的消費經驗。司馬遷《史記·貨殖列傳》："夫天下物所鮮所多，人民謠俗，山東食海鹽，山西食鹽滷，領南、沙北固往往出鹽，大體如此矣。"關於"沙北""出鹽"，張守節《正義》："謂西方咸地也。堅且咸，即出石鹽及池鹽。"

北地之鹽似有多種。《魏書·李孝伯傳》："世祖又遣賜義恭、駿等氈各一領，鹽各九種，並胡豉。孝伯曰：'有後詔：凡此諸鹽，各有所宜。白鹽食鹽，主上自食；黑鹽治腹脹氣滿，末之六銖，以酒而服；胡鹽治目痛；戎鹽治諸瘡；赤鹽、駁鹽、臭鹽、馬齒鹽四種，並非食鹽。……'"馬王堆帛書《五十二病方》中，"戎鹽"用以"涂"，即"塗"，是外用藥④。《魏書·李孝伯傳》所謂"戎鹽治諸瘡"，也是外用藥。《魏書》"戎鹽"，《宋書·張邵傳》及《張暢傳》作"柔鹽"，也作爲外用藥："柔鹽不用食，療馬脊創。"⑤ 而《魏書·崔浩傳》："太宗大悦，語至中夜，賜浩御縹醪酒十觚，水精戎鹽一兩．曰：'朕味卿言，若此鹽酒，故與卿同其旨也。'"以"戎鹽"言"味"，可知這種鹽其實也是可以食用的。

---

① 丘光明：《中國歷代度量衡考》，科學出版社，1992 年版，第 244 頁。

② 參看王子今：《走樓許迪割米案文牘所見鹽米比價及相關問題》，長沙吴簡暨百年來簡帛發現與研究國際學術研討會，長沙，2001 年 8 月。

③ 丘光明：《中國歷代度量衡考》，科學出版社，1992 年版，第 244 頁。

④ 張顯成將馬王堆漢墓帛書所見"戎鹽"列入"礦物類金石部"，《簡帛藥名研究》，西南師範大學出版社，1997 年版，第 16 頁。

⑤ 《宋書·張邵傳》："魏主又遣送氈及九種鹽並胡豉，雲：'此諸鹽，各有宜。白鹽是魏主所食。黑者療腹脹氣滿，刮取六銖，以酒服之。胡鹽療目痛。柔鹽不用食，療馬脊創。赤鹽、駁鹽、臭鹽、馬齒鹽四種，並不中食。……'"中華書局標點本校勘記："白鹽是魏主所食，《魏書·李孝伯傳》於'白鹽'下尚有'食鹽'二字，正合九種鹽之數，此處'白鹽'下似脱'食鹽'二字。又下'柔鹽'，《魏書·李孝伯傳》作'戎鹽'。"中華書局，1974 年版，第 5 册第 1402 頁。

有的研究者指出，“阿拉善地區鹽湖很多，鹽產丰富，從古至今開發運銷，為人們所用。”“居延海在額濟納旗，舊土爾扈特北境。‘居延澤《禹貢》導弱水至合黎，餘波入於流沙。’弱水自張掖北流至下游分為東河西河滙潴於居延海。漢稱‘居延澤’，魏、晉稱‘西海’，唐後通稱居延海。原本為一湖，位於漢居延城東北，狹長彎曲，形如初月。後世湖面隨着額濟納河下游的改道而時有移動，且逐步淤塞分為二海，東海稱為蘇古諾爾，西海稱為嘎順諾爾。兩海相距七十華里，西池周九十里，東池周六十里。《鹽務地理》云：‘居延海旁有池產白鹽，採之不竭。’”① 關於《鹽務地理》所謂“居延海旁有池產白鹽，採之不竭”，《内蒙古鹽業史》的作者寫道：“對這個鹽湖未進行考證，在史册上也未見有產銷事記。”② 嘎順諾爾，又名“西海”、“西居延海”。據考察，“西居延海鹽湖面積260km²，湖盆呈東西向延伸。”“湖中出現石鹽、芒硝等鹽類沉積，石鹽厚度0.15-0.2m，芒硝沉積厚度0.3m，這是該區未來很有開發利用遠景的鹽湖礦床。”③ 也許《額濟納漢簡》所見“居延鹽”就是這個鹽湖出產。那麼，雖然“在史册上”“未見有產銷事記”，額濟納出土漢簡的這則簡文，却以漢代居延地區鹽產和鹽運的重要信息，補充了我們對漢代鹽業史的相關認識。

有學者總結内蒙古鹽湖的歷史，指出：“全新世時期，尤其是全新世後期（距今約6～5千年）以來，乾旱氣候遍佈全區。這時氣溫昇高，蒸發量明顯地增加，同時降水減少，出現廣泛的乾旱地區，使許多湖盆水位下降，大幅度提高湖水的濃度，鹽類沉積（包括碳酸鹽、硫酸鹽和食鹽等）遍佈全區，成為内蒙古高原最廣泛最重要的成鹽期。”論者還認為，在鹽湖沉積物中，可以讀出古氣候的記錄。“不同的沉積產物，分別代表不同的沉積環境和氣候條件，特別是對氣候十分敏感的鹽類沉積物，更能反映氣候的變化。除了鹽類的成分之外，沉積物中有機質和微量元素的含量、孢粉和微體古生物的組成，也可用以指示氣候的冷、暖、乾、濕變化。綜合這些環境指標因子，乃能解讀出當地最近2.3萬年來詳細的氣候變化。”④

有的研究者已經通過對鹽湖的考察，得到了對於古氣候的新認識。論者認為，通過對位於乾旱－半乾旱區的内蒙古鹽湖中沉積物提供的環境和氣候條件之相關信息，能解讀出最近23kaB. P. 以來詳細的氣候變化：據今20～23kaB. P. 期間，氣候呈溫乾特徵；之後，氣候變冷進入末次冰期的極盛期。在14.5～20 kaB. P. 期間，降水量大幅度減小，夏季風萎縮，而冬季風更加强勁。自14.5 kaB. P開始，全球進入冰消期。約在11

---

① 原注：“《鹽務地理》第三节河流。”牧寒編著：《内蒙古鹽業史》，内蒙古人民出版社，1987年版，第37～38頁。第36頁《阿拉善盟鹽湖分佈圖》中，在“額吉納旗”北標示“嘎順諾爾”和“蘇古諾爾”兩處鹽湖。

② 牧寒編著：《内蒙古鹽業史》，内蒙古人民出版社，1987年版，第38頁。

③ 鄭喜玉等：《内蒙古鹽湖》，科學出版社，1992年版，第285頁。

④ 羅建育、陳鎮東：《從鹽湖談到古氣候》，《科學月刊》1997年1期。

kaB. P. 左右，出現異常降溫的新仙女木（YoungerDryas）突變事件①。

有的學者在討論內蒙古鹽湖的演化時，主張應根據鹽湖的形成及其成鹽作用程度，劃分為兩個階段：成鹽前的預備盆地階段和成鹽盆地階段。並且指出，"這些都同各時期的氣候環境相適應。"也就是說，"這種演化階段的形成，同全新世早－中期的較為溫濕氣候環境和全新世中－晚期的乾冷氣候環境相適應。在成鹽盆地階段，兩種水體形成了明顯的沉積分異作用，碳酸鹽型鹽湖出現了以天然碱為主要特徵的鹽類沉積；而硫酸鹽型鹽湖，則出現了以芒硝和石鹽為主要特徵的鹽類沉積。"硫酸鹽型鹽湖的演化過程，在預備盆地階段，"氣候較為溫濕，湖水分佈廣泛。無論是硫酸鈉亞型鹽湖，還是硫酸鎂亞型鹽湖，湖相沉積都是以灰色砂和泥質砂為主。其淤泥沉積，主要由伊利石、蒙脫石等黏土礦物組成，此外還含有方解石、白雲石和菱鎂礦等。在靠近上部的淤泥層中，還出現了石膏，表明當時的水體是向鹹化方向逐步發展的。"在成鹽盆地階段，"基本上屬於乾燥氣候環境，早期芒硝沉積廣泛；晚期在硫酸鎂亞型鹽湖中，沉積了大量的石鹽。而在硫酸鈉亞型鹽湖中，則出現了大量的泥砂沉積。"這一情形，是由於硫酸鹽型鹽湖水體演化程度不一所造成的。這一歷史階段的水文特徵，還表現在"鹽湖水體逐漸縮小，而鹽類沉積則以'牛眼式'的蒸發岩模式出現"②。

研究者指出，"全新世中－晚期，大致相當於距今 5000 年以來"，從查干諾爾碱湖 83－CK1 孔岩芯孢粉分析結果來看，晚更新世晚期以來的氣候環境變化，也同樣可以劃分為這樣三個階段：乾冷氣候階段、溫潤氣候階段和乾冷氣候階段。"晚更新世晚期以來的氣候環境，基本上是由溫暖向乾冷氣候環境演化。"而據研究者繪出的《查干諾爾 83－CK1 孔鑽井剖面孢粉分析結果與氣候環境變化》圖，在全新世中晚期"氣候環境冷暖"的變遷，又出現過一次"由溫暖向乾冷"的演化。冷暖的中線值大約在全新統底層井深 4～5 米處。而從《吉蘭泰鹽湖 83－CK1 孔鑽井剖面孢粉分析結果與氣候環境變化》圖上看，也發生過同樣的"由溫暖向乾冷"的演化。只不過發生的年代要稍早一些③。

這些資料以及研究者發表的意見，可以與通過歷史文獻得到的氣候變遷史的認識對照理解。

關於很可能與"居延鹽"有關的"居延海"或稱"居延澤"的地質面貌，前引《內蒙古鹽業史》說，"原本為一湖"，"後世湖面隨着額濟納河下游的改道而時有移動，且逐步淤塞分為二海，東海稱為蘇古諾爾，西海稱為嘎順諾爾"，書中《阿拉善盟鹽湖

①　羅建育、陳鎮東、陳延成：《內蒙古鹽湖與台灣湖泊沉積物之古氣候記錄》，《化工礦產地質》1997 年 2 期。

②　鄭喜玉等：《內蒙古鹽湖》，科學出版社，1992 年版，第 196～202 頁。

③　鄭喜玉等：《內蒙古鹽湖》，科學出版社，1992 年版，第 196 頁、第 195 頁。

分佈圖》，嘎順諾爾和蘇古諾爾均標示爲鹽湖①。而《内蒙古鹽湖》書中《内蒙古自治區水系分佈圖》，蘇古諾爾的圖標爲"湖泊"，而與"鹽湖"有別。但是同書《内蒙古自治區地貌區劃及主要鹽湖分佈示意圖》中，該湖却又標示爲"鹽湖"②。董正鈞《居延海》一書也説，今日之居延海有東海、西海之分，蒙古語分稱索果諾爾、戛順淖爾，其水質一鹹一淡③。據實地考察，這一又被譯作"索果諾爾"的湖爲"鹽碱水質"④，"距離湖岸邊尚遠"的地面，"有白色的鹽碱遺跡"，"由此可知索果諾爾已較以往縮小。"⑤ 而有的學者認爲漢代的"居延澤""因弱水改道，早已乾枯"，"漢之弱水今已乾枯，馴致漢居延海亦乾枯消失。"⑥

從居延漢簡提供的資料看，雖僻在荒遠的邊地，漁業產品也已成爲吏卒及平民的生活消費品。如："鮑魚百頭"（263.3），"出魚卅枚直百☐"（274.26A），"……魚百廿頭……寄書龐子陽魚數也……"（E. P. T44：8）等。甚至還有得魚之多數以千計的情形：

　　☐餘五千頭宮得魚千頭在吴夫子舍☐☐復之海上不能備☐
　　☐頭魚☐請令官收具魚畢凡☐☐☐☐
　　☐☐鹵備幾千頭魚千☐食相☐☐　　（220.9）

居延出土《建武三年候粟君所責寇恩事》簡册記載，寇恩"爲候粟君載魚之觻得賣"事，一次即"載魚五千頭"（E. P. F22：6）。

簡文所見"海上"，應當就是居延海。在當時的環境條件下，可能確實曾經"由於氣候局部變暖和補給水源的增加，湖盆水體有所擴大，並普遍出現一次湖水淡化"⑦。而當時的這一湖泊，據有的學者分析，"與今之居延東、西海異處，在其東方百餘里處，隨弱水改道西流早已乾枯。"⑧ 然而據譚其驤先生主編《中國歷史地圖集》標示，西漢時期在包括今"嘎順諾爾"和"索果諾爾"所在地方即"今之居延東、西海"

① 牧寒編著：《内蒙古鹽業史》，内蒙古人民出版社，1987 年版，第 38 頁、第 36 頁。
② 鄭喜玉等：《内蒙古鹽湖》，科學出版社，1992 年版，第 12 頁、第 4 頁。
③ 董正鈞：《居延海》，1951 年影印手抄本。轉見馬先醒：《漢居延志長編》，鼎文書局，2001 年版，第 36 頁。
④ 斯文赫定：《亞洲腹地探險八年 1927 - 1935》，徐十周等譯，新疆人民出版社，1992 年版，第 130 ~ 131 頁。
⑤ 羅仕傑：《1996 年台北簡牘學會漢代居延遺址考察日志》，《漢代居延遺跡調查與卫星遥測研究》，台灣古籍出版有限公司，2003 年版，第 8 ~ 9 頁。
⑥ 馬先醒：《漢居延志長編》，鼎文書局，2001 年版，第 36 ~ 37 頁。
⑦ 鄭喜玉等：《内蒙古鹽湖》，科學出版社，1992 年版，第 197 ~ 198 頁。
⑧ 馬先醒：《漢居延志長編》，鼎文書局，2001 年版，第 37 頁。

處，有一廣闊水面，而與其異處，"在其東方百餘里處"又有一面積稍小的水面，兩處統稱"居延澤"①。

根據歷史水文資料，研究者認為秦及西漢時期的氣候條件，是致使長江水位上昇的因素之一，當時長江以南的洞庭湖、鄱阳湖、太湖等，水面都在不斷擴大②。當時黃河流域湖泊的數量及其水面，也都曾經達到歷史時期的高峰。漢代學者關於當時關中湖泊"清淵洋洋"，"洪濤""浩沆"，"似雲漢之無涯"，"攬滄海之湯湯"等記述，不應當看作不合實際的夸誕之辞③。據海洋地質學者提供的資料，"在距今 2500 ~ 1500 年的波峰時期，古海面較現今海面高約 1 ~ 3 米"，其引以為據的古貝壳堤、上昇海滩沉積與海滩岩、海相淤泥與貝壳層以及珊瑚礁坪、隆起珊瑚礁及海口等勘察資料説明，"它們的海拔高度大都在 1 ~ 5 米間。"④ 事實上，當時黃河流域的大澤，今世都已經難尋舊跡。《國語·周語下》有所謂"九澤"、"九藪"，都是説九州的九大湖泊。一般以為九大湖泊中，七處均在北方。漢代人甚至有説"九澤"就是特指北方湖泊的。《淮南子·時則》也有"北方""九澤"的説法。然而後來這些大澤大都在北方土地上消失了。《漢書·地理志上》河南郡滎阳條下寫道："卞水、馮池皆在西南。"譚其驤先生説，"古代中原湖泊，大多數久已淤涸成為平地。馮池在《水經註》中叫做李澤，此後即不再見於記載。"⑤ 而居延鹽湖的變化，也是值得注意的。

也許今後社會科學工作者和自然科學工作者對"居延鹽"等課題的合力研究是必要的。這樣的合作，不僅可以推進鹽業史的研究，也有助於深化對當時西北邊地歷史面貌的認識，同時也可以為了解當時的氣候環境，提供更有價值的學術信息。

---

① 譚其驤主編：《中國歷史地圖集》，地圖出版社，1982 年版，第 2 册第 33 ~ 34 頁。
② 中國科學地理研究所等：《長江中下游河道特性及其演變》，科學出版社，1985 年版，第 64 頁。
③ 參看王子今：《秦漢時期關中的湖泊》，《周秦漢唐文化研究》第 2 輯，三秦出版社，2003 年版。
④ 趙有濤：《中國海岸演變研究》，福建科學技術出版社，1984 年版，第 178 ~ 186 頁。
⑤ 譚其驤：《〈漢書·地理志〉選释》，《長水集》下册，人民出版社，1987 年版，第 367 頁。

河西地區漢代文物資料中
有關 "竹" 的信息

王子今　孫家洲

　　竺可楨先生《中國近五千年來氣候變遷的初步研究》一文在論述秦和西漢時期的
"溫和" 氣候時，説到 "竹" 的分佈："漢武帝劉徹時（公元前 140～公元前 87 年）①，
司馬遷作《史記》其中《貨殖列傳》描寫當時經濟作物的地理分佈：'蜀漢江陵千樹
橘；……陳夏千畝漆；齊魯千畝桑麻；渭川千畝竹。'按橘、漆、竹皆為亞熱帶植物，
當時繁殖的地方如橘之在江陵，桑之在齊魯，竹之在渭川，漆之在陳夏，均已在這類植
物現時分佈限度的北界或超出北界。一閱今日我國植物分佈圖②，便可知司馬遷時亞熱
帶植物的北界比現時推向北方。公元前 110 年，黃河在瓠子決口，為了封堵口子，斬伐
了河南淇園的竹子編成容器以盛石子，來堵塞黃河的決口③。可見那時河南淇園這一帶
竹子是很繁茂的。"④ "竹" 在黃河流域的分佈，被看作當時氣候 "溫暖" 的標誌。此
後學者論説秦漢氣候形勢，多有注意 "竹" 的分佈所提供的氣象史的信息的⑤。

　　有學者對這一認識發表了不同意見，以為 "該文凡涉及竹史料的溫度推測，均没
有氣候變遷指示意義"⑥。題晉人戴凱之著《竹譜》寫道："植物之中，有名曰竹。不
剛不柔，非草非木。小異空實，大同節目。或茂沙水，或挺巖陸。條暢紛敷，青翠森
蕭。質雖冬倩，性忌殊寒。九河鮮育，五嶺實繁。……" 對於其中所謂 "九河鮮育，
五嶺實繁"，有自注："'九河鮮育'，忌隆寒也。'五嶺實繁'，好殊溫也。"⑦ 這裡已經
分明指出了竹的生活習性對於氣溫的要求，這種植物的 "氣候變遷指示意義"，其實是

---

① 今按：漢武帝在位年間，應為公元前 140～前 87 年。
② 原注："侯学煜編，1960，中國之植被，中國植被圖，第 146～152 頁，人民教育出版社。"
③ 原注："《史記·河渠書》。"
④ 竺可楨：《中國近五千年來氣候變遷的初步研究》，《考古學報》1972 年 1 期，收入《竺可楨文集》，科學
出版社，1979 年版，第 480～481 頁。
⑤ 如文焕然、文榕生：《中國歷史時期冬半年氣候冷暖變遷》，科學出版社，1996 年版，第 20～23 頁。
⑥ 牟重行：《中國五千年氣候變遷的再考證》，氣象出版社，1996 年版，第 6 頁。
⑦ 題晉戴凱之撰《竹譜》，作者年代身份不詳，《四庫全書總目提要》定為 "唐以前書"。

不可以輕易否認的。①

　　河西地區漢代遺址多有竹質文物遺存以及記錄這種遺存的簡牘文字發現。分析相關
現象，也可以增進對當時生態環境的認識。

一

　　額濟納漢簡有一枚簡可見涉及“竹”的簡文。即：

　　　　（1）☑第十七隧長朱齊　　圭錯一下竹折　　（99ES17SH1：32）②

　　簡文內容尚不能完全明朗，但是“竹折”兩字大致清晰。居延漢簡中還可以看到
出現“竹”的簡文。如：

　　　　（2）竹□一　　幣絑裏一　　布綺二　　□□
　　　　　　　　　　　　　　　　　　□□一　　出□　（53.25A）
　　　　（3）制詔納言其□官伐材木取竹箭　　始建國天鳳□年二月戊寅下　（95.5）
　　　　（4）　　　　　　　其二人養　　二人塗泥　　□人注泥
　　　　　　省卒廿二人　　四人擇韭　　一人注竹關
　　　　　　　　　　●二人□　　五人塗　　　　（269.4）
　　　　（5）其錫履□□□□粗服衣大紅布衣緣中衣聶帶竹簪素履仄□十☑　（505.34）

（2）“竹□一”與衣物並列，很可能也是（5）“竹簪”一類。（3）說“伐材木取竹
箭”事，可能是通行全國的政令，非特指河西地區，未可作為本文專題討論的依據。
（4）“省卒”勞作內容中有“注竹關”，而其意不詳，但是仍然可以看作與“竹”有關
的文化信息。又有較明確地體現竹材使用的簡例：

　　　　（6）大竹一　　車荐竹長者六枚反苛三枚車荐短竹三十枚　（E.P.T40：16）

這裡說到的“大竹”，值得特別注意。從簡文看，竹材已經取用以為車輛部件。似乎這
一“大竹”被剖解成“長”“短”50件材料。

---

① 　參看王子今：《黃河流域的竹林分佈與秦漢氣候史的新認識》，《河南科技大學學報》2006 年 3 期。
② 　魏堅主編：《額濟納漢簡》，廣西師範大學出版社，2005 年版，第 127 頁。

有的簡文説到"竹札":

（7）游君足下善☑
　　　及竹札磨□☑（E. P. S4. T2: 128A）

此簡本身就是信札，另一面文字為："□□□□☑往願賜毋恙☑恙幸甚幸甚☑"（E. P. S4. T2: 128A）。

二

居延漢簡中確有整理者特別注明"竹簡"即竹質簡材可以稱作"竹札"者。如甲渠候官與第四隧出土的漢簡 E. P. T50: 1，E. P. T50: 14，E. P. T50: 155，E. P. T52: 36，E. P. T52: 87，E. P. T52: 137，E. P. T52: 331，E. P. T53: 45，E. P. T53: 225，E. P. T55: 1，E. P. T56: 112，E. P. T56: 301，E. P. T57: 64，E. P. T57: 98，E. P. T57: 106，E. P. T58: 63，E. P. T58: 70，E. P. T65: 379，E. P. C: 34，E. P. C: 60 等。其中有些名籍簡或許未可排除隨中原戍卒攜至河西的可能，如："河内蕩陰軒里侯得"（竹簡）（E. P. T57: 106），"戍卒河東絳邑世里王誼"（竹簡）（E. P. T65: 379），"戍卒南陽武當縣龍里張賀年卅長七尺二寸黑色"（竹簡）（E. P. C: 34）等。但是有些簡文，如：

（8）張掖居延甲渠塞有秩候長公乘淳于湖中功二勞一歲四月十三日能書會計治官民頗知律令文年卅六歲長七尺五寸騅得□□里……（竹簡）（E. P. T50: 14）
（9）……里大夫蘇誼以修行除為□□□□三日神爵三年三月甲辰以□書佐為酒泉大守書佐一歲八月廿六日其十二月（竹簡）（E. P. T50: 155）
（10）●居延甲渠第四隧長公乘陳不識中勞二歲九月七日能書會計治官民頗知律令文年廿六歲☑（竹簡）（E. P. T52: 36）
（11）☑歲長七尺五寸居延昌里家去官八十里（竹簡）（E. P. T52: 137）

記錄内容限於酒泉、張掖地方事，顯然是在河西本地書寫。

敦煌漢簡簡1836，羅振玉、王國維《流沙墜簡》列入"小學類"中，指出為"竹簡"[1]。簡1841，整理者寫道，"《沙釋》指出為兩面，並為竹簡。"簡1842，"沙畹指

---

① 羅振玉、王國維編著：《流沙墜簡》，中華書局，1993年版，第75頁。

出為竹簡。"① 居延出土簡牘據說"絶大多數是木質，祇有極少數竹簡"②，敦煌馬圈灣漢代烽燧遺址出土簡牘"絶大多數為木簡"，"竹簡極少，共 16 枚，約占全部出土簡牘的 1.3%。"③ 敦煌懸泉置遺址出土的文物中，同樣"簡牘以木質為主，竹質很少"④。然而這些遺存雖然數量有限，依然值得研究者關注。

　　陳夢家先生研究武威漢簡，注意到簡册的書寫材料問題。他指出，過去西北出土漢簡，以松、柳兩種質料為多，1944 年敦煌出土者曾經鑒定，"有竹簡三件（敦十七之四、十五、十八）"，敦煌長城故壘出土者"亦有少數竹簡（《流沙墜簡》蒼頡篇一簡及醫方十一簡，馬氏釋文第三十二簡）"。居延漢簡也有"少數竹簡如《甲編》第六七〇號（參夏鼐：《新獲之敦煌漢簡》附錄及《考古》一九六〇年第一期四七頁）"。"至于出土漢簡，鑒定者以為不似習見之毛竹與慈竹而與短穗竹或苦竹極相近似。後兩種竹子產于江浙，為小幹或中等大小之竹類，可作釣竿、傘柄之用。"⑤ 現在看來，河西出土漢簡"不似習見之毛竹與慈竹而與短穗竹或苦竹極相近似"的情形，很可能反映了取材亦"不似習見之"條件的事實。

三

　　居延曾經出土竹質箭桿。甘肅居延考古隊 1973～1974 年的發掘，就有竹桿箭出土。其中一枚桿上陰刻"睢陽六年〔造〕"字樣⑥。應是來自内地。對於此前出土的被稱作"蘆葦箭桿"者，邢義田先生經認真考察，以為"應當可以證明這批箭桿應該都是竹質，而非蘆葦。"據刻辭標識，"知道這些箭全是河内工官製造的。"其原材料，很可能取用"淇水之竹"。邢義田先生説："河内工官在造好了一批箭以後，可能在作坊内即依據當時工官的慣例，於其中一支之上刻寫各級督造和製造者的名銜和名字，並加編號，當作這一批箭的製造標簽。這批箭由河内的工官作坊，經大司農或其它單位統籌，運往居延邊塞，刻字的標簽箭也跟著到了居延。《漢書·食貨志》謂武帝時置張掖、酒泉郡，'邊兵不足，乃發武庫工官兵器以澹之。'這批居延出土的刻字箭正可為《漢書·食貨志》所説的情況作註腳。漢代邊塞除了得到内郡工官的箭矢供應，是否也自

---

① 吳礽驤、李永良、馬建華釋校：《敦煌漢簡釋文》，甘肅人民出版社，1991 年版，第 194 頁。
② 甘肅省文物考古研究所、甘肅省博物館、中國文物研究所、中國社會科學院歷史研究所：《居延新簡——甲渠候官》，中華書局，1994 年版，上册第 2 頁。
③ 甘肅省文物考古研究所：《敦煌馬圈灣漢代烽燧遺址發掘報告》，《敦煌漢簡》，中華書局，1991 年版，下册第 67 頁。
④ 甘肅省文物考古研究所：《甘肅敦煌漢代懸泉置遺址發掘簡報》，《文物》2000 年 5 期。
⑤ 甘肅省博物館、中國科學院考古研究所編著：《武威漢簡》，文物出版社，1963 年版，第 55 頁。
⑥ 甘肅居延考古隊：《居延漢代遺址的發掘和新出土的簡册文物》，《文物》1978 年 1 期。

行造箭，目前尚無證據可以回答。"①

　　邢義田先生引"邊兵不足，乃發武庫工官兵器以澹之"，其實已見於《史記·平準書》，原文作"邊兵不足，乃發武庫工官兵器以贍之"，《漢書·食貨志下》沿承之。而所謂"不足"，所謂"贍之"，未必地方完全没有製作兵器的能力。其上文交代了總體背景，司馬遷寫道："南越反，西羌侵邊為桀。於是天子為山東不贍，赦天下囚，因南方樓船卒二十餘萬人擊南越，數萬人發三河以西騎擊西羌，又數萬人度河築令居。初置張掖、酒泉郡，而上郡、朔方、西河、河西開田官，斥塞卒六十萬人戍田之。中國繕道餽糧，遠者三千，近者千餘里，皆仰給大農。邊兵不足，乃發武庫工官兵器以贍之。"所謂"邊兵不足"者，絕不僅僅在於"置張掖、酒泉郡"。其實如邢義田先生引錄《漢書·匈奴傳》中文字所說，正在張掖郡左近地方，有可以取材製作箭矢的天然資源：

　　　　漢遣中郎將夏侯藩、副校尉韓容使匈奴。時帝舅大司馬票騎將軍王根領尚書事，或説根曰："匈奴有斗入漢地，直張掖郡，生奇材木，箭竿就羽，如得之，於邊甚饒，國家有廣地之實，將軍顯功，垂於無窮。"根為上言其利。上直欲從單于求之，為有不得，傷命損威。根即但以上指曉藩，令從藩所説而求之。藩至匈奴，以語次説單于曰："竊見匈奴斗入漢地，直張掖郡。漢三都尉居塞上，士卒數百人寒苦，候望久勞。單于宜上書獻此地，直斷閼之，省兩都尉士卒數百人，以復天子厚恩，其報必大。"單于曰："此天子詔語邪，將從使者所求也？"藩曰："詔指也，然藩亦為單于畫善計耳。"單于曰："孝宣、孝元皇帝哀憐父呼韓邪單于，從長城以北匈奴有之。此溫偶駼王所居地也，未曉其形狀所生，請遣使問之。"藩、容歸漢。從復使匈奴，至則求地。單于曰："父兄傳五世，漢不求此地，至知獨求，何也？已問溫偶駼王，匈奴西邊諸侯作穹廬及車，皆仰此山材木，且先父地，不敢失也。"藩還，遷為太原太守。單于遣使上書，以藩求地狀聞。詔報單于曰："藩擅稱詔從單于求地，法當死，更大赦二，今徙藩為濟南太守，不令當匈奴。"

這是漢王朝一次失敗的領土交涉。其地"生奇材木，箭竿就羽"，據匈奴單于所説，"匈奴西邊諸侯作穹廬及車，皆仰此山材木"。沈欽韓《漢書疏證》卷三四：

---

　　① 邢義田：《居延出土的漢代刻辭箭桿》，《居延漢簡補編》，中央研究院歷史語言研究所專刊之九十九，1998 年 5 月版。

　　《元和志》："雪山，在甘州張掖郡南一百里，多材木箭竿。"又："甘峻山，在縣東北四十五里，其山出青鶻鷹，稱為奇絶。"①

《元和郡縣圖志》卷四〇《隴右道下·甘州張掖縣》："雪山，在縣南一百里，多材木箭竿。甘峻山，在縣東北四十五里，出青鶻鷹，稱為奇絶，常充貢獻。居延海，在縣東北一百六十里，即居延澤，古文以為流沙者。風吹流行，故曰流沙。"② 可知"多材木箭竿"的"雪山"與居延地方的關係。

　　所謂"生奇材木，箭竿就羽"，有學者理解為"生產奇特的木材和鷲羽，能造箭杆"。③ 將造箭矢的原料限定於木材。其説本《漢書·匈奴傳下》顔師古注："就，黄頭赤目，其羽可為箭竿。"以此解釋"箭竿就羽"，似乎首先有語序上的問題。邢義田先生亦斷定："匈奴造箭所用之奇材，亦用以造穹廬及車，要之，其非竹甚確。"④ 然而，我們尚不能絶對地判定竹材不能夠"用以造穹廬及車"。前引（6）就提供了竹材製作車具的實例。《元和郡縣圖志》：雪山"多材木箭竿"。清人張駒賢《攷證》：洪亮吉引"竿"作"簳"。⑤《嘉慶重修一統志》卷二六六《甘州府·山川》也寫道："雪山，在張掖縣南一百里，多林木箭簳。"⑥ "簳"字的使用，似乎更接近於通常以為竹材的理解。"簳"，依漢代人使用之早期字義，是可以製作箭桿的小竹。《文選》卷四張衡《南都賦》："其竹則鐘籠筀篠，篠簳箛箠。"李善注："簳，小竹也。"⑦

　　《後漢書·郭伋傳》有生動的關於"竹馬"的故事："始至行部，到西河美稷，有童兒數百，各騎竹馬，道次迎拜。"可知當地有竹。西河美稷在今内蒙古自治區準格爾旗。其緯度相當於今甘肅嘉峪關和玉門，即漢代酒泉郡及綏彌、會水地方。當時河西地區個別地域有竹類生存，是可以推知的。

四

　　《文選》卷一八馬融《長笛賦》："近世雙笛從羌起，羌人伐竹未及已。龍鳴水中不

　　① 《漢書疏證（外二種）》，上海古籍出版社，2006年版，第2册第176頁。

　　② 《元和郡縣圖志》，中華書局，1983年版，下册第1022頁。

　　③ 林幹：《匈奴通史》，人民出版社，1986年版，第143頁。

　　④ 邢義田：《居延出土的漢代刻辭箭桿》，《居延漢簡補編》，中央研究院歷史語言研究所專刊之九十九，1998年版。

　　⑤ 《元和郡縣圖志》，中華書局，1983年版，下册第1038頁。

　　⑥ 《嘉慶重修一統志》，中華書局，1986年版，第16册第13136頁。

　　⑦ 陳直先生《秦漢瓦當概述》説到"簳簬不鬻"、"永簬不囗"瓦當："《漢書·百官表》，大司農屬官有簳官令，晉灼注為管竹箭幹之官長，此瓦或為簳官令官署中所用之物"，"鬻疑鬻字之異文，謂竹箭之材不能估鬻也。"《摹廬叢著七種》，齊魯書社，1981年版，第352～353頁。

見已，截竹吹之聲相似。刻其上孔通洞之，裁已當篴便易持。"李善注："《風俗通》曰：'笛元羌出，又有羌笛。然雙笛與笛，二器不同，長於古笛，有三孔，大小異，故謂之雙笛。'"所謂"笛從羌起"，"笛元羌出"，"羌人伐竹"，"截竹吹之"，都體現羌人活動地域有竹類生存的事實。

《後漢書·西羌傳》記載了羌人暴動以竹作為兵器的情形：

> 先零別種滇零與鍾羌諸種大為寇掠，斷隴道。時羌歸附既久，無復器甲，或持竹竿木枝以代戈矛，或負板案以為楯，或執銅鏡以象兵，郡縣畏懦不能制。

這次起義的中心地域在隴西、天水地方。而先零羌的主要活動地點，距離河西地區相當近。"竹竿"可代"戈矛"，應當有足夠的直徑和強度，而絕非製作箭桿的"小竹"。至於產地不明的簡（6）所見"大竹"，自然更為高大粗勁堅韌。

《後漢書·方術列傳·甘始》李賢注引《漢武帝內傳》曰："封君達，隴西人．初服黃連五十餘年，入鳥舉山，服水銀百餘年，還鄉里，如二十者。常乘青牛，故號'青牛道士'。聞有病死者，識與不識，便以要間竹管中藥與服，或下針，應手皆愈。"封君達以"竹管"為醫療器械的故事，也反映隴西有竹。

五

在距隴西更向西北的河西地區的漢代遺址中，曾經出土竹製生活用器。

根據考古調查和考古發掘工作的記錄，居延 A10 遺址，"四牆之內的堆積層中出土了許多木器和少量竹器"。A8 遺址，即破城子，出土了"許多木器、竹器"，"另外發現一枚較完整的竹管毛筆"。A22 遺址出土器物也首先是"木器、竹器"。A32 遺址也出土"木器、竹器"。A33 即地灣遺址出土器物也首列"木器、竹器"①。敦煌馬圈灣漢代烽燧遺址出土竹器 11 件，計有梭 1 件，尺 1 件，箸 4 枚，笄 2 件，籃底 1 件，柄套 1 件，箍圈 1 件。另出土"實心竹桿"毛筆 1 件②。敦煌懸泉置遺址出土的文物中，列入"生活用品類"的，也"有竹木漆器"③。

---

① 中國社會科學院考古研究所：《居延漢簡甲乙編》，中華書局，1980 年版，第 200 頁，第 304 頁，第 308 頁，第 313 頁，第 314 頁。

② 甘肅省文物考古研究所：《敦煌馬圈灣漢代烽燧遺址發掘報告》，《敦煌漢簡》，中華書局，1991 年版，下冊第 59 頁，第 63 頁。

③ 甘肅省文物考古研究所：《甘肅敦煌漢代懸泉置遺址發掘簡報》，《文物》2000 年 5 期。

　　有的竹質生活用器雖用途未詳①，其質料對於生態環境認識的提示意義，也不宜輕視。

　　馬圈灣出土竹笄2件，可以與（2）"竹□一"以及（5）"竹簪"聯繫起來理解。這種隨身飾具以及如毛筆這樣的為寫家已經習慣的較特別的文具，竹尺這樣的具有法定意義的量具，有可能由主人從中原地方攜至河西。但是一些十分簡易的製作十分方便的器具，如竹梭、竹箸、竹籃等等，如果説統統都是遠途攜來，則顯然缺乏足夠的説服力。

六

　　上文説到河西出土記錄内容限於酒泉、張掖地方事的竹簡如（8）（9）（10）（11）等，可知是在河西本地書寫，然而尚不能判定簡材是否來自遙遠的内地。也就是説，不能排除在内地已經加工成書寫材料，而於河西地方使用的可能。然而，據直接參與敦煌懸泉置漢代遺址發掘和出土簡牘整理的甘肅省考古學者告知，該遺址出土竹簡130枚以上，特別值得注意的，是數見簡文書寫於"竹簡削衣"的情形。"削衣"即"柿"，是製作簡牘削去的竹木片，也指削下錯訛簡文形成的竹木皮。《説文·木部》稱為"削木朴"，段玉裁註："朴者，木皮也。"《顔氏家訓·書證》："《後漢書·楊由傳》云：'風吹削肺。'此是削札牘之柿耳。古者書誤則削之，故《左傳》云'削而投之'是也。"柿，又稱柿札、札屑②。"竹簡削衣"用於書寫，可以説明這些竹簡應是當地製作加工。

　　這樣看來，河西竹簡的取材，應當距離使用地點並不很遠，也不能排除就在當地的可能。

　　就目前我們掌握的資料看，對於竹類植物在漢代河西地區生存的可能性雖然還不能提出確證，但是可知至少在距離河西並不很遠的地方，存在可以利用的竹林。儘管竹種可能如陳夢家先生所説，"不似習見之毛竹與慈竹"，卻依然可以作為一種生態史信息，幫助我們理解漢代這一地區的環境形勢。漢代河西地區的生態條件與現今多有不同的認識③，亦可以因此得以充實。

　　已經有考古學者強調，"今後的發掘要注意對古環境、古氣候等多方面信息的采

---

　　① 如甘肅武威旱灘坡19號晉墓出土木牘文字可見"故平郡清竹板一枚"，其義未詳，但是依然可以作為晉代當地社會生活中仍使用竹器的實證。李均明、何雙全編著：《散見簡牘合輯》，文物出版社，1990年版，第27頁。

　　② 參看林劍鳴編譯：《簡牘概述》，陝西人民出版社，1984年版，第47頁。

　　③ 參看王子今：《漢代河西的"茭"——漢代植被史考察劄記》，《甘肅社會科學》2004年5期，《生物史與農史新探》，萬人出版社有限公司2005年10月版。

集。"① 我們寄希望於今後的考古工作收穫中"古環境、古氣候等多方面信息"的發表。具備了這樣的研究基礎，將會使得對於漢代河西地區生態環境，對於秦漢時期的總體生存條件面貌的認識，都能够更為明朗。

---

① 北京大學考古系趙化成教授在湘西里耶秦簡學術研討會上的发言，《中國文物報》2002 年 8 月 9 日。

額濟納漢簡考釋四則

黨 超

　　額濟納漢簡共有五百多枚，其年代從西漢中晚期到東漢早期。此簡相對較少，考釋起來難度很大。但如果將之和以往出土的漢簡結合起來考察，許多問題仍可以得到合理的解釋，同時也可以增加我們對相關問題的進一步認識。在結合以往漢簡進行釋讀中，筆者發現了一些問題，在這裏提出來，以求教於方家。

　　一、☑甲渠鄣候漢彊告尉謂士吏安主侯長充等☑　　99ES17SH1：36

　　"告……謂……"乃上告下的專門用語，有時也作"敢告……謂……"。由此可知，此枚簡當為一下行文書殘簡，且同時出現三個人名，又均有明確的官職。李振宏、孫英民兩位先生所著的《居延漢簡人名編年》（以下簡稱《編年》）對這三個人的任職期限均有所考證。據此，雖然它在《額濟納漢簡》① 中是一枚孤簡，但卻可以從以往出土的漢簡②中推斷出它的大致年代。

　　關於甲渠鄣候漢彊，《編年》認為，漢彊"從神爵四年開始擔任甲渠候，歷經五鳳年間，止于甘露三年"，"曆甲渠候八年"③。筆者覺得，《編年》對漢彊任職甲渠候的年代範圍界定存在著問題。為了論證需要，重新選引如下：

　　1.　☑出十月盡十二月奉錢千八百　神爵三年四月辛未甲渠候☑☑付☑☑　候破胡

　　　　　　　　　　　　　　　　　　　　　　　　　　　　　　159・22

　　2.　神爵四年五月癸酉，甲渠候漢彊謂　　　　E・P・T53：62

　　3.　甘露三年三月甲申朔癸巳，甲渠鄣候漢彊敢言之（下略）　　E・P・T56：280A

　　4.　甘露四年三月甲寅甲渠鄣守候望☑☑商謂　　283・44，82・40

　　5.　五鳳五年三月丙寅朔甲午，甲渠鄣候漢彊謂士吏安主，候行隨書到　尉史充

　　　　　　　　　　　　　　　　　　　　　　　　　　E・P・T56：65AB

---

　　①　魏堅主編：《額濟納漢簡》，廣西師範大學出版社，2005 年版。

　　②　本文主要指的是《居延漢簡釋文合校》（文物出版社 1987 年版）和《居延新簡》（文物出版社 1990 年版），引文不再注釋。

　　③　李振宏、孫英民：《居延漢簡人名編年》，中國社會科學出版社，1997 年版，第 79 頁。

簡 1、簡 2 表明神爵三年四月擔任甲渠候的還是一個叫破胡的人，神爵四年五月則是漢彊擔任甲渠候一職。因此，漢彊擔任甲渠候一職應該在神爵三年四月與神爵四年五月之間，最早不會早過神爵三年四月。簡 3、簡 4 表明甘露三年三月漢彊仍在擔任著甲渠候這一職務，甘露四年三月則已經由一個叫望的人接任此職。也就是說，漢彊從甲渠候一職上離任應該是在甘露三年三月與甘露四年三月之間，最遲不會晚於甘露四年三月。這樣，我們就可以從中得出一個結論：漢彊至多從神爵三年（公元前 59 年）四月起，歷經五鳳年間（公元前 57～公元前 54 年），到甘露四年（公元前 50 年）三月止，最大可能共擔任了近十年的甲渠候職務。

關於士吏安主的任期，《編年》考訂為應至少從甘露元年（公元前 53 年）到永光元年（公元前 43 年），當無問題。

至於候長充，我們從《編年》所引簡文及其考訂中，也很容易可以得出這樣一個結論：在甘露元年六月到甘露四年七月，確實有一個叫做充的人在擔任著候長的職務。

我們再來看簡 5，除了士吏安主、甲渠候漢彊的職務和人名與釋讀簡是一致的之外，簡中還出現一個"尉史充"。考慮到甘露元年三月之後，再也看不到尉史充其人的記載，而候長充的最早記載又是甘露元年六月，李振宏、孫英民兩位先生認為，"完全可以確認，正是這個五鳳年間的尉史充，在甘露元年三月到六月間，提升為候長之職"①。無疑，這一結論是正確的。這樣，這個充擔任候長一職的時間，就應該被提前到甘露元年三月，但最早又不會早於甘露元年三月。

甲渠鄣候漢彊、士吏安主、候長充同時出現在一枚簡上，這就要求同時符合三個人的任期。漢彊擔任甲渠候最多是從神爵三年（公元前 59 年）四月到甘露四年（公元前 50 年）三月；士吏安主的任期，至少是從甘露元年（公元前 53 年）三月到永光元年（公元前 43 年）；充最早從甘露元年（公元前 53 年）三月到甘露四年（公元前 50 年）七月擔任著候長一職。他們共同的時間段應該是從甘露元年（公元前 53 年）三月到甘露四年（公元前 50 年）三月的整整三年。

這樣，至少可以確定，這枚殘簡，應該是屬於甘露元年（公元前 53 年）三月到甘露四年（公元前 50 年）三月這三年之間的。

二、建平五年九月乙亥第七隧卒周詡　　2000ES7SF1：1A

明確標明建平五年的簡在額簡中僅出現這一枚。翻查史書，我們發現建平四年後的下一年是元壽元年，史書上沒有建平五年的記載。其原因自然是這一年已經改元為元壽元年了。但以往出土的漢簡中則多有建平五年的記載，如：

6. 建平五年正月辛丑朔□□□□□□發封（下略）　　505·42A

---

①　李振宏、孫英民：《居延漢簡人名編年》，中國社會科學出版社，1997 年版，第 97 頁。

7. 建平五年二月辛未夜漏上水十刻起……二月甲戌夜（下略）　　506·5

8. 建平五年八月戊辰朔壬申□　290.8

9. 建平五年八月戊□□□□廣明鄉嗇夫宏假佐玄敢言之（下略）　505·37A

10. 建平五年十月丁卯朔乙酉鄉嗇夫　495·18A

11. 建平五年十二月辛卯朔庚寅……十二月辛卯（下略）　495·12，506·20A

12. 建平五年十二月丙寅朔乙亥（下略）　137·3，224·18

從以上七枚簡可以看出，在當時的實際紀年中，建平五年一直使用到十二月份。換句話說，就是西漢政府最早也只可能是在當年的十二月份才改元元壽的。

查陳垣先生的《二十史朔閏表》，我們發現，簡6、簡7、簡8、簡10的建平五年"正月辛丑朔"、"二月辛未"朔、"八月戊辰朔"、"十月丁卯朔"都和元壽元年正月、二月、八月、十月的朔望日是一致的。簡9的"八月戊□□□□"也可以補為"八月戊辰朔□□"，這後兩個"□□"應為該月具體某日的干支。但是，簡11、簡12的"十二月辛卯朔"、"十二月丙寅朔"，卻無論哪一個都和陳表對不上。

為什麼會出現這種情況呢？原來，陳表否定了宋代劉羲叟《長曆》認為元壽元年閏十二月的看法，而認為該年實際上閏十一月，閏月為丙寅朔。實際上，如果按劉羲叟《長曆》的觀點元壽元年閏十二月的話，那麼就應該是：十一月丙申朔，十二月丙寅朔，閏月乙未朔。這就正好和簡12相吻合。因此，應該說劉羲叟《長曆》元壽元年閏十二月的觀點是正確的①。

既如此，簡11又該作何解釋呢？我們發現，如果十二月是辛卯朔的話，該月不可能有庚寅日，並且同簡下面接著還有在辛卯日做某事的記載，也可證該月不可能是辛卯朔，而應該是丙寅朔的誤寫。這樣的話，庚寅就是該月的二十五日，辛卯則是二十六日。

但是，問題還沒解決完。我們再核對陳表，得知元壽元年九月丁酉朔，不可能有乙亥日，這就又與釋讀簡中的"九月乙亥"產生了分歧。由於簡8"八月戊辰朔"、簡10"十月丁卯朔"，那麼九月為丁酉朔當沒有問題。因此，筆者認為，如果釋文不錯的話，很有可能是當時把"己亥"誤寫為了"乙亥"，而該月恰恰有己亥日，為九月初三日。

三、

	母大女□如年六十二	見在署用穀二石九升少
第卅一隧卒王敞	子小男駿年一	見在署用穀七斗六升少☑
	妻大女如年廿六	見在署用穀二石九升少

2000ES7SF1：11

此簡為配給守禦戍卒家屬穀物的文書，稱為吏卒家屬廩名籍。"少"是三分之一的

① 陳夢家先生在《漢簡綴述》（中華書局1980年版，第233頁）中曾經指出這一點，但惜未展開詳細論證。

意思。與"少"相對應的是"大"，三分之二的意思。配給量是根據年齡大小的差別來確定的，當時對不同年齡段的男女有特定的稱謂，大致分為了大男、大女、使男、使女、未使男、未使女、小男、小女等八個等級。但是按年齡進行怎樣劃分，特別是小男、小女的年齡段劃分標準，現在還不是很清楚。《漢書·昭帝紀》元鳳四年"毋收四年、五年口賦"條下有注引"如淳曰：《漢儀注》民年七歲至十四出口賦錢，人二十三。"日本學者森鹿三認為，漢簡中的使男（女）應該和這裏所說的口賦承擔者"是屬於同一個年齡段"的①。這一看法應該說是有一定道理的。

關於配給量，學界基本已有定論，大致是：大男三石；大女和使男同，二石一斗六升大；使女和未使男同，一石六斗六升大；未使女一石一斗六升大，小男、小女則仍不太清楚。

但釋讀簡中大女的配給量則是二石九升少，與上述結論不符。相類似的簡《居延漢簡釋文合校》中也有一枚：

13. 第四隧卒伍尊　妻大女女足年十五　見署用穀二石九昇少　　55·20

這就産生了疑問，是不是配給量曾經發生過變化？但現在還沒有任何證據可以證實這一想法。日本學者森鹿三則提出可能是由於大、小月的緣故②。這種說法很有啓發性。如：

14. 第廿三隧卒王音　妻大女貪年廿　居署卅日用穀二石一☐ 203：16

遵照上述說法，斷簡後面就應該補為"斗六升大"。因為這裏明確寫明是"居署卅日"，也就是三十天，一個大月，配給量剛好應該是二石一斗六升大。

這樣，我們就可以知道大女大月的配給量為二石一斗六升大，小月則是二石九升少，相差七升少。但是，其他等級在小月的配給量又是多少呢？森鹿三先生並沒有做出推定。實際上，通過推理，我們還是可以作出一個大致的判斷的，並能夠解決部分相關簡存在的問題。

		妻大女眇年卅五	
15. 第五隧卒徐誼	子使女待年九	見署用穀五石三鬥一昇少
	子未使男有年三	203·3
		妻大女胥年十五
16. 第四隧卒虞護	弟使女自如年十二	見署用穀四石八鬥一昇少
	子未使女真省年五	194·20

①　森鹿三：《論居延出土的卒家屬廩名籍》，《簡牘研究譯叢》第一輯，中國社會科學出版社，1983 年版，第 100 頁。

②　同上书，第 106 頁。

17. ☒驚虜隧卒徐☒

　　　妻大女商弟年廿八用穀二石一鬥六升大

　　　子未使男益有年四用穀一石六鬥六升大

　　　子☐☐年一用穀一鬥

　　●凡用穀四石六☒　　　　　　　　317・2

　　　簡15如果按大月配給量，也就是漢簡中常見的配給量，應該是五石四斗，這與簡文總配給量不符。因此，應該是小月的配給量。總配給量是五石三斗一升少，小月大女的配給量是二石九升少，而使女和未使男又是同一個級別，這樣，使女和未使男的小月配給量就應該是一石六斗一升，比大月少了五升大。

　　　簡16如果按大月配給量，應該是五石，與簡文總配給量不符。因此，也應該是小月的配給量。總配給量是四石八斗一升少，大女的小月配給量是二石九升少，使女的小月配給量簡15已經推斷出應為一石六斗一升。這樣，未使女的小月配給量就應該是一石一斗一升，也是比大月少了五升大。

　　　簡17無疑是按大月的配給量，"☐☐"內根據"年一"應該可以補為"小男"或"小女"。此簡本沒什麼問題，但我們發現，把大女、未使男和小男（或小女）的配給量加在一起是三石九斗三升少，這就與簡中的總配給量不符。考慮到"一斗"太少，很有可能是錯的。因此，我們就採取用總配給量減去大女和未使男的配給量的方法，來糾正小男（或小女）配給量的錯誤。總配給量由於殘缺，可以有多種理解。其一，四石六斗；其二，四石六斗後面還有若干升；其三，四石六升。至於後面是否還有大或少，我們暫不考慮。

　　　按其一，我們可以得出小男（或小女）的配給量是七斗六升大；按其二，是七斗六升大再加上若干升，但是總數不能超過八斗五升大；按其三，是二斗二升大。現在，如果我們再來考慮後面是否有大或少，小男（或小女）的配給量就應該在八斗六升少和二斗二升大之間。

　　　我們再來看釋讀簡。這枚簡是小月配給量，小男駿也是"年一"，與簡17很相似。無疑，同等級者的大月配給量要高於小月配給量。因此，簡17小男（或小女）的配給量應該至少大於釋讀簡中的七斗六升少，又考慮到簡17最後一個"斗"後面無字，因此"一斗"只可能是"八斗"的誤釋或誤寫。

　　　四、萬歲候長候史☐　辛酉日入遣（以上五字書於封泥槽）

　　　　　☐朝遣鄣卒郅輔代武遣之部日時在檢中☒

　　　遣　閏月辛酉官告萬歲候長候史☐第三隧☒　　　2000ES9SF4：16AB

　　　此簡是甲渠候官告其下屬萬歲部的遣書。從簡中我們可以得出，序數隧第三隧由萬歲部所統轄。

但《居延新簡》中又有：

萬歲隧刑齊自取第一隧長王萬年自取

18. 出錢三千六百　　却適隧長壽自取第三隧長願之自取

臨之隧長紋自取候史李奉自取

（以上爲第一欄）

初元年三月乙卯令史延年付第三部吏六人二月奉錢三千六百

（以上爲第二欄，此簡左上側有刻齒）　　　　E·P·T51：193

其中萬歲隧刑齊當為萬歲隧長刑齊，初元年應為初元元年。此簡則明確記載了第一隧和第三隧這兩個序數隧屬於序數部第三部統轄。這就與釋讀簡產生了矛盾，但第三隧不可能同時既屬於實名部萬歲部又屬於序數部第三部。謝桂華先生在《初讀額濟納漢簡》一文中就認為，第三隧原“屬於序數部第三部統轄”，現在則“已改屬實名部萬歲部統轄。”①

但據《居延新簡》E·P·F22：174—186 謝桂華先生又認為：甲渠候官共統轄十個部，依次為萬歲部、第四部、第十部、第十七部、第二十三部、鉼庭部、推木部、誠北部、吞遠部和不侵部②。其中沒有第三部。就筆者目力所及，第三部的記載也僅見此一處，並且我們發現第三部統轄的還有萬歲隧。一般情況下，同名隧應該在該部統轄內。換句話說，第三部可能就是萬歲部，只是在初元元年前後短期的改稱為第三部罷了。李振宏先生在《居延漢簡與漢代社會》中就認為它們是一個部，名異而實同③。如果真是如此，也就不存在第三隧改屬的問題了。

① 謝桂華：《初讀額濟納漢簡》，收入魏堅主編《額濟納漢簡》，廣西師範大學出版社，2005 年版，第 370 頁。

② 見謝桂華《初讀額濟納漢簡》，收入魏堅主編《額濟納漢簡》，廣西師範大學出版社，2005 年版，第 33 – 34 頁。而李振宏先生在《居延漢簡與漢代社會》（中華書局 2003 年版，第 150 頁）中經過數位計算，則認為應該是十一個部，但由於仍存在疑點，故未採納。

③ 李振宏：《居延漢簡與漢代社會》，中華書局，2003 年版，第 152 頁。

額濟納漢簡所見曆譜年代考釋

曾　磊

新出土的額濟納漢簡中可以看到一些殘缺的曆譜，其中有些可以推知其年代。筆者對其中幾支簡進行了初步的整理和分析，布列如下。

其一：

十五日	癸酉	癸卯	壬申	☒							2000ES9SF4: 35
☒	丙□	乙丑	乙未	甲子	甲午	甲子	癸巳	癸亥	壬辰		2000ES9SF4: 28B
☒	丁卯	丁酉	☒								2000ES9SF4: 40A
☒	庚子	己亥	己巳	☒							2000ES9SF4: 38

據陳夢家先生《漢簡年曆表序》一文，居延漢簡所見曆譜可以分爲以下五類：

編冊橫讀式、編冊直讀式、穿系橫讀式、單板直讀式、數板直讀式[1]。以上諸簡當屬編冊橫讀式曆譜。它們出土自同一房舍遺址（9SF4），形制相類，筆跡相同，當屬同一曆譜。類似的曆譜在居延漢簡中多次出現。按干支規律計算，簡 2000ES9SF4: 28B 中"丙□"當爲"丙申"。簡 2000ES9SF4: 38 的釋文值得商榷。假設庚子爲一月中任意一天，無論當月爲大月還是小月，其下月當必定不是己亥，而可能爲己巳或庚午。查看圖板，"庚子"當爲"庚午"，而"庚午、己亥、己巳"也與連續三月的干支順序相符合。

簡 2000ES9SF4: 35 中，癸酉、癸卯、壬申分別爲此年前三個月第十五天的干支。據此，我們可以推知此年前三個月朔日干支，即己未朔、己丑朔、戊午朔。查閱張培瑜

---

① 陳夢家：《漢簡綴述》，中華書局，1980 年版，第 235 頁。

《三千五百年曆日天象》①、陳垣《二十史朔閏表》② 和劉義叟《長曆》③ 可知，符合上述條件的漢代紀年有成帝建始二年（公元前 31 年）、平帝元始元年（公元 1 年）和獻帝建安二十三年（公元 218 年）。同一房舍遺址（9SF4）中，出土有"居攝二年"、"居攝三年"、"始建國二年"字樣簡，與建安二十三年相去甚遠，此紀年應當排除。筆者排出了建始二年和元始元年的曆譜（附表 1、2）。據此，在建始二年曆譜中，簡 2000ES9SF4：40A 有多處相合，但簡 2000ES9SF4：28B、2000ES9SF4：38 沒有相合之處，可知此曆譜非建始二年曆譜。在元始元年曆譜中，簡 2000ES9SF4：28B 與四月到十二月的第九日干支相合。簡 2000ES9SF4：40A 與五、六月第十一日或七、八月第十二日干支相合，位置不能確定。簡 2000ES9SF4：38 與九月到十一月第十五日干支相合。因此推知此曆譜應為平帝元始元年曆譜。

需要指出的一點是，在平帝元始元年曆譜中，張表、陳表中九月皆為丙辰朔，而劉表為乙丑朔，與前兩表九月以下曆譜不合。根據本曆譜及《居延新簡》④ E. P. T50：171 號簡"元始元年九月丙辰朔"推斷，可知此年劉表九月以下曆譜不確。

其二：

一日己

二日庚

三日辛未

四日壬申　　　　　　　日中　　　　　　　　　　　　　2000ES9S：21A

三月小　　　　　　　　六日甲午

一日己丑　　　　　　　七日乙未

二日庚寅　　　　　　　八日丙申

三日辛卯　　　　　　　九日丁酉　　　　　　　　　　　2000ES9S：21B

劉樂賢先生認為此簡為建武八年或永元十一年曆譜⑤，但此簡的年代似還可討論。此曆譜當為數板直讀式。查閱圖板，A 面"未"、"申"二字殘缺過多，釋為"三日辛未"、"四日壬申"值得商榷，劉文釋為"三日辛酉"、"四日壬戌"。筆者認為應當更加審慎，此處暫作"三日辛□"、"四日壬□"。

劉文認為此簡 A、B 兩面為同一年曆譜。在以往出土曆譜中，又有正面為某年曆譜，反面為此年前一年或后一年曆譜的形制。如《居延新簡》EPF22 · 636 號簡，

①　張培瑜：《三千五百年曆日天象》，大象出版社，1997 年版。
②　陳垣：《二十史朔閏表》，中華書局，1962 年版。
③　四部備要本《資治通鑑目錄》，中華書局，1989 年版。
④　甘肅省文物考古所等：《居延新簡：甲渠候官》，中華書局，1994 年版。
⑤　劉樂賢：《額濟納漢簡數術資料考》，《歷史研究》2006 年 2 期。

EPF22・637A、B 和 EPF22・638A、B 號簡。EPF22・636 號簡（兩面皆有曆譜）為編冊橫讀式曆譜。羅見今、關守義在《〈居延新簡——甲渠候官〉六年曆譜散簡年代考釋》[1] 一文中指出，此簡"正面 B 是公元 30 年，背面 A 是 31 年，書簡人用 30 枚簡寫下了兩年曆譜，建武六年用完，翻過來即成七年。"EPF22・637A、B 和 EPF22・638A、B 號簡，"A 面為建武七年，B 面為建武六年。"張俊民《居延漢簡紀年考》[2] 一文認為 EPF22・637 號簡，"A 面是建武七年，B 面是建武六年。"意見與此略不相同，但也認為該簡兩面是相鄰兩年曆譜。

此曆譜 A 面月份缺失，其形制可能與上述曆譜相同，即為 B 面紀年的前一年或後一年。根據 B 面"三月小，己丑朔"這一條件，查閱張培瑜《三千五百年曆日天象》和陳垣《二十史朔閏表》可知，B 面紀年可能為漢武帝後元元年（公元前 88 年）、光武帝建武八年（公元 32 年）和漢和帝永元十一年（公元 99 年）中一年。漢代的書寫習慣為自右向左，再參照此簡的外形，可以推測 A 面紀年的月份：

若 B 面為漢武帝後元元年三月，此年閏正月，前後兩年無閏月，故此年曆譜有十三支簡。

B：十二 十一 十 九 八 七 六 五 四 三 二 閏 正

則 A 面可能為：

A：正 二 三 四 五 六 七 八 九 十 十一 十二 空

或

A：正 二 三 四 五 六 七 八 九 十 十一 空 十二

或

A：空 正 二 三 四 五 六 七 八 九 十 十一 十二

由此可知，A 面月份可能為四种情況：征和四年（公元前 89 年）九月、征和四年十月、後元二年（公元前 87 年）九月、後元二年十月。以上幾月朔日均不符合"一日己□"的條件，因此排除此簡為武帝後元元年簡。依此類推，若 B 面為建武八年三月，此年閏六月，前後兩年無閏月，則 A 面可能為建武七年（公元 31 年）十月、建武七年十一月、建武九年（公元 33 年）十月、建武九年十一月。其中，建武九年十月和十一月符合"一日己□"，因此 A 面可能為建武九年十月或十一月。若 B 面為永元十一年三月，此年及永元十年（公元 98 年）無閏月，永元十二年（公元 100 年）閏五月，則 A 面沒有符合"一日己□"的月份。因此，此簡 B 面為建武八年三月，A 面可能為建武

---

① 載魏堅主編：《內蒙古文物考古文集》，中國大百科全書出版社，1997 年版。

② 載西北師範大學文學院歷史系，甘肅省文物考古研究所編：《簡牘學研究》第 3 輯，甘肅人民出版社，2002 年版。

九年十月或十一月。若 A 面為十月，原簡可復原為：

一日己【卯】

二日庚【辰】

三日辛巳　　　　　　　　☑

四日壬午　　　　　日中

若 A 面為十一月，原簡可復原為：

一日己【酉】

二日庚【戌】

三日辛亥　　　　　　　　☑

四日壬子　　　日中

　　"巳、午、亥、子"均能與原簡殘存筆跡相匹配，因此此簡 A 面確切月份只能存疑。

表1：　　　　　　　　　　**平帝元始元年曆譜**

10	9	8	7	6	5	4	3	2	1	
戊辰	丁卯	丙寅	乙丑	甲子	癸亥	壬戌	辛酉	庚申	己未	一月
戊戌	丁酉	丙申	乙未	甲午	癸巳	壬辰	辛卯	庚寅	己丑	二月
丁卯	丙寅	乙丑	甲子	癸亥	壬戌	辛酉	庚申	己未	戊午	三月
丁酉	丙申	乙未	甲午	癸巳	壬辰	辛卯	庚寅	己丑	戊子	四月
丙寅	乙丑	甲子	癸亥	壬戌	辛酉	庚申	己未	戊午	丁巳	五月
丙申	乙未	甲午	癸巳	壬辰	辛卯	庚寅	己丑	戊子	丁亥	六月
乙丑	甲子	癸亥	壬戌	辛酉	庚申	己未	戊午	丁巳	丙辰	七月
乙未	甲午	癸巳	壬辰	辛卯	庚寅	己丑	戊子	丁亥	丙戌	八月
乙丑	甲子	癸亥	壬戌	辛酉	庚申	己未	戊午	丁巳	丙辰	九月
甲午	癸巳	壬辰	辛卯	庚寅	己丑	戊子	丁亥	丙戌	乙酉	十月
甲子	癸亥	壬戌	辛酉	庚申	己未	戊午	丁巳	丙辰	乙卯	十一月
癸巳	壬辰	辛卯	庚寅	己丑	戊子	丁亥	丙戌	乙酉	甲申	十二月

20	19	18	17	16	15	14	13	12	11	
戊寅	丁丑	丙子	乙亥	甲戌	癸酉	壬申	辛未	庚午	己巳	一月
戊申	丁未	丙午	乙巳	甲辰	癸卯	壬寅	辛丑	庚子	己亥	二月
丁丑	丙子	乙亥	甲戌	癸酉	壬申	辛未	庚午	己巳	戊辰	三月
丁未	丙午	乙巳	甲辰	癸卯	壬寅	辛丑	庚子	己亥	戊戌	四月
丙子	乙亥	甲戌	癸酉	壬申	辛未	庚午	己巳	戊辰	丁卯	五月
丙午	乙巳	甲辰	癸卯	壬寅	辛丑	庚子	己亥	戊戌	丁酉	六月
乙亥	甲戌	癸酉	壬申	辛未	庚午	己巳	戊辰	丁卯	丙寅	七月
乙巳	甲辰	癸卯	壬寅	辛丑	庚子	己亥	戊戌	丁酉	丙申	八月
乙亥	甲戌	癸酉	壬申	辛未	庚午	己巳	戊辰	丁卯	丙寅	九月
甲辰	癸卯	壬寅	辛丑	庚子	己亥	戊戌	丁酉	丙申	乙未	十月
甲戌	癸酉	壬申	辛未	庚午	己巳	戊辰	丁卯	丙寅	乙丑	十一月
癸卯	壬寅	辛丑	庚子	己亥	戊戌	丁酉	丙申	乙未	甲午	十二月

30	29	28	27	26	25	24	23	22	21	
戊子	丁亥	丙戌	乙酉	甲申	癸未	壬午	辛巳	庚辰	己卯	一月
	丁巳	丙辰	乙卯	甲寅	癸丑	壬子	辛亥	庚戌	己酉	二月
丁亥	丙戌	乙酉	甲申	癸未	壬午	辛巳	庚辰	己卯	戊寅	三月
	丙辰	乙卯	甲寅	癸丑	壬子	辛亥	庚戌	己酉	戊申	四月
丙戌	乙酉	甲申	癸未	壬午	辛巳	庚辰	己卯	戊寅	丁丑	五月
	乙卯	甲寅	癸丑	壬子	辛亥	庚戌	己酉	戊申	丁未	六月
乙酉	甲申	癸未	壬午	辛巳	庚辰	己卯	戊寅	丁丑	丙子	七月
乙卯	甲寅	癸丑	壬子	辛亥	庚戌	己酉	戊申	丁未	丙午	八月
	甲申	癸未	壬午	辛巳	庚辰	己卯	戊寅	丁丑	丙子	九月
甲寅	癸丑	壬子	辛亥	庚戌	己酉	戊申	丁未	丙午	乙巳	十月
	癸未	壬午	辛巳	庚辰	己卯	戊寅	丁丑	丙子	乙亥	十一月
癸丑	壬子	辛亥	庚戌	己酉	戊申	丁未	丙午	乙巳	甲辰	十二月

表2：　　　　　　　　**成帝建始二年曆譜**

10	9	8	7	6	5	4	3	2	1	
戊辰	丁卯	丙寅	乙丑	甲子	癸亥	壬戌	辛酉	庚申	己未	一月
戊戌	丁酉	丙申	乙未	甲午	癸巳	壬辰	辛卯	庚寅	己丑	閏月
丁卯	丙寅	乙丑	甲子	癸亥	壬戌	辛酉	庚申	己未	戊午	二月
丁酉	丙申	乙未	甲午	癸巳	壬辰	辛卯	庚寅	己丑	戊子	三月
丁卯	丙寅	乙丑	甲子	癸亥	壬戌	辛酉	庚申	己未	戊午	四月
丙申	乙未	甲午	癸巳	壬辰	辛卯	庚寅	己丑	戊子	丁亥	五月
丙寅	乙丑	甲子	癸亥	壬戌	辛酉	庚申	己未	戊午	丁巳	六月
乙未	甲午	癸巳	壬辰	辛卯	庚寅	己丑	戊子	丁亥	丙戌	七月
乙丑	甲子	癸亥	壬戌	辛酉	庚申	己未	戊午	丁巳	丙辰	八月
甲午	癸巳	壬辰	辛卯	庚寅	己丑	戊子	丁亥	丙戌	乙酉	九月
甲子	癸亥	壬戌	辛酉	庚申	己未	戊午	丁巳	丙辰	乙卯	十月
癸巳	壬辰	辛卯	庚寅	己丑	戊子	丁亥	丙戌	乙酉	甲申	十一月
癸亥	壬戌	辛酉	庚申	己未	戊午	丁巳	丙辰	乙卯	甲寅	十二月

20	19	18	17	16	15	14	13	12	11	
戊寅	丁丑	丙子	乙亥	甲戌	癸酉	壬申	辛未	庚午	己巳	一月
戊申	丁未	丙午	乙巳	甲辰	癸卯	壬寅	辛丑	庚子	己亥	閏月
丁丑	丙子	乙亥	甲戌	癸酉	壬申	辛未	庚午	己巳	戊辰	二月
丁未	丙午	乙巳	甲辰	癸卯	壬寅	辛丑	庚子	己亥	戊戌	三月
丁丑	丙子	乙亥	甲戌	癸酉	壬申	辛未	庚午	己巳	戊辰	四月
丙午	乙巳	甲辰	癸卯	壬寅	辛丑	庚子	己亥	戊戌	丁酉	五月
丙子	乙亥	甲戌	癸酉	壬申	辛未	庚午	己巳	戊辰	丁卯	六月
乙巳	甲辰	癸卯	壬寅	辛丑	庚子	己亥	戊戌	丁酉	丙申	七月
乙亥	甲戌	癸酉	壬申	辛未	庚午	己巳	戊辰	丁卯	丙寅	八月
甲辰	癸卯	壬寅	辛丑	庚子	己亥	戊戌	丁酉	丙申	乙未	九月
甲戌	癸酉	壬申	辛未	庚午	己巳	戊辰	丁卯	丙寅	乙丑	十月
癸卯	壬寅	辛丑	庚子	己亥	戊戌	丁酉	丙申	乙未	甲午	十一月
癸酉	壬申	辛未	庚午	己巳	戊辰	丁卯	丙寅	乙丑	甲子	十二月

30	29	28	27	26	25	24	23	22	21	
戊子	丁亥	丙戌	乙酉	甲申	癸未	壬午	辛巳	庚辰	己卯	一月
	丁巳	丙辰	乙卯	甲寅	癸丑	壬子	辛亥	庚戌	己酉	閏月
丁亥	丙戌	乙酉	甲申	癸未	壬午	辛巳	庚辰	己卯	戊寅	二月
丁巳	丙辰	乙卯	甲寅	癸丑	壬子	辛亥	庚戌	己酉	戊申	三月
	丙戌	乙酉	甲申	癸未	壬午	辛巳	庚辰	己卯	戊寅	四月
丙辰	乙卯	甲寅	癸丑	壬子	辛亥	庚戌	己酉	戊申	丁未	五月
	乙酉	甲申	癸未	壬午	辛巳	庚辰	己卯	戊寅	丁丑	六月
乙卯	甲寅	癸丑	壬子	辛亥	庚戌	己酉	戊申	丁未	丙午	七月
	甲申	癸未	壬午	辛巳	庚辰	己卯	戊寅	丁丑	丙子	八月
甲寅	癸丑	壬子	辛亥	庚戌	己酉	戊申	丁未	丙午	乙巳	九月
	癸未	壬午	辛巳	庚辰	己卯	戊寅	丁丑	丙子	乙亥	十月
癸丑	壬子	辛亥	庚戌	己酉	戊申	丁未	丙午	乙巳	甲辰	十一月
	壬午	辛巳	庚辰	己卯	戊寅	丁丑	丙子	乙亥	甲戌	十二月

額濟納紀年簡初考

洪春嶸

額濟納紀年簡共二十七支，對其所載時間的初步考訂如下表：

	簡號	簡文所載時間		考訂的公曆時間	備注	
簡一	99ES16SD1：1	神爵三年		公元前 59 年		
簡二	99ES17SH1：13	永光二年		公元前 42 年		
簡三	99ES17SH1：44	建昭二年八月		公元前 37 年		
簡四☆	99ES16SF1：4	建昭五年正戊午		公元前 34 年 2 月 10 日	脫"月"字	
簡五	99ES17SH1：1	河平二年		公元前 27 年		
簡六	99ES16SF3：1A	陽朔元年三月乙亥		公元前 24 年 5 月 5 日		
簡七	99ES16ST1：18A	陽朔四年三月壬申		公元前 21 年 4 月 16 日		
簡八※	2000ES7SF1：85A	永始三年二月己酉朔辛亥		公元前 14 年 4 月 19 日	"二月"當為"三月"	
簡九■※	2000ES7SF2：2A	元延元年九月乙未朔戊辰		公元前 12 年		
簡十	2000ES9SF3：8	元延元年十二月		公元前 12 年		
簡十一☆	99ES17SH1：17	…和元年十一月		公元前 8 年	脫字可能是"綏"字	
簡十二	2000ES7SF1：17	綏和二年正月		公元前 7 年		
簡十三	2000ES7S：17	建平元年十一月己丑		公元前 6 年 12 月 11 日		
簡十四	2000ES14SF1：1A		建平三年			
		建平三年		九月癸丑 公元前 4 年 10 月 25 日		
			建平元			
簡十五■▬	2000ES7SF1：1A	建平五年九月乙亥		公元前 2 年 11 月 6 日	置閏有誤	
簡十六※	99ES17SH1：2	居攝二年正月壬戌		公元 7 年		
簡十七	2000ES9SF4：18A	居攝二年正月乙酉朔甲辰		公元 7 年 2 月 26 日		
簡十八	99ES16SF2：5A	居攝二年三月乙未		公元 7 年 4 月 18 日		

续表

	簡號	簡文所載時間	考訂的公曆時間	備注	
簡十九	99ES16SF2：5B	居攝二年三月乙未	公元 7 年 4 月 18 日		
簡廿	2000ES9SF4：17A	居攝三年五月戊午	公元 8 年 7 月 4 日		
簡廿一■	2000ES9SF4：4	始建國二年十一月甲戌	公元 10 年 11 月 7 日	置閏有誤	
		十一月壬午		11 月 15 日	
簡廿二	2000ES7SF1：127	始建國三年三月	公元 11 年		
簡廿三	2000ES9SF3：6	始建國三年三月甲寅	公元 11 年 4 月 16 日		
簡廿四※	2000ES9SF3：2A	始建國三年三月癸亥朔壬戌	公元 11 年		
簡廿五★	99ES16ST1：10	始建國一三年三月乙酉朔己丑	公元 12 年 3 月 16 日	"一"為衍文	
簡廿六	2000ES9S：2	始建國地皇上戊三年正月癸卯	公元 22 年 2 月 6 日		
簡廿七	2000ES9SF3：4A	建武四年九月戊子	公元 28 年 10 月 17 日		
例釋：	☆脫字	★衍文　　※字誤	■置閏分歧	？闕疑	■新發現

　　以下對九支有脫字、衍文、字誤、置閏分歧情況和難以明確時間的簡進行說明。置閏分歧的情況指依該支簡的記載，所推算的置閏的月份與陳垣《二十史朔閏表》（中華書局 1962 年版）不同，特此說明。

一　脫字、衍文、字誤及錯誤的六支簡

簡四：99ES16SF1：4

建昭五年正戊午甲渠候詣謂第

　　查陳垣《二十史朔閏表》，漢元帝建昭五年正月丁未朔。朔，即當月的第一日。經推算，正月二日是戊午日，當公元前 34 年 2 月 10 日。故知：簡文在"正"字後脫"月"字。

簡八：2000ES7SF1：85A

永始三年二月己酉朔辛亥卅井候長廣至以私印兼行候

　　據《二十史朔閏表》，漢成帝永始三年二月庚辰朔，三月己酉朔。與此簡不同。誰正確？筆者按《漢書·成帝紀》載：

　　（永始）三年春正月己卯晦，日有蝕之。

　　晦，為當月的最後一日。以《成帝紀》此條記錄推算，二月的第一日是庚辰日。《二十史朔閏表》所載正確，簡文"二月"當為"三月"之誤。

簡十一：99ES17SH1：17

…和元年十一月

漢代年號為"…和"的有：

漢武帝征和（公元前 92 ~ 公元前 89 年）

漢成帝綏和（公元前 8 ~ 公元前 7 年）

漢章帝元和（公元 84 ~ 公元 87 年）

漢章帝章和（公元 87 ~ 公元 88 年）

漢順帝永和（公元 136 ~ 公元 141 年）

漢桓帝建和（公元 147 ~ 公元 149 年）

漢靈帝光和（公元 178 ~ 公元 184 年）

額濟納其他紀年簡的起迄時間為：漢宣帝神爵三年（公元前 59 年）至漢光武帝建武四年（公元 28 年），唯"綏和"在此時間段內，故"綏和"可能性最大，但不排除其他年號的可能性。筆者傾向于認為所脫之字為"綏"字。

簡十六：99ES17SH1：2

居攝二年正月壬戌省卒王書付門卒蔡愔財用錢四百

簡十七及《二十史朔閏表》均言：居攝二年正月乙酉朔，則壬戌日為第四十九日，顯然，不在當月，在下月。此錯明顯。

簡廿四：2000ES9SF3：2A

始建國三年三月癸亥朔壬戌第十隧長育敢言之謹移卒不任候望

按：壬戌日為癸亥日的前一天，既以癸亥日為當月的第一日，那麼，壬戌日必然屬於上個月，而不是這個月。此錯明顯。

簡廿五：99ES16ST1：10

始建國一三年三月乙酉朔己丑第十候史襃敢言之初除即日視事敢言之

筆者始疑"一三"或釋為"五"字，求教謝桂華老師，謝老師鼓勵我大膽探索。筆者據《二十史朔閏表》，始建國四年三月乙酉朔，五年三月己卯朔，認為：簡文中"一三"字不當釋為"五"字，簡文中"一"字為衍文。

二　額簡引發的三則有關閏月的位置的重新討論

簡九：2000ES7SF2：2A

元延元年九月乙未朔戊辰之□敢言之

據《二十史朔閏表》，漢成帝元延元年八月乙未朔，九月乙丑朔，閏月置於正月與二月之間。乙未日的所屬月份，額簡與《二十史朔閏表》相差一月整，顯係由閏月位置的不同所引起。

又據《漢書·成帝紀》：

元延元年春正月己亥朔，日有蝕之。

夏四月丁酉，無雲有雷，聲光耀耀，四面下至地，昏止。赦天下。

冬十二月辛亥，大司馬大將軍王商薨。

作表如下：

《二十史朔閏表》		《漢書·成帝紀》		《額濟納簡》	
正月大	己亥朔	正月	己亥朔		
閏月小	己巳朔				
二月大	戊戌朔				
三月小	戊辰朔				
四月大	丁酉朔	四月	丁酉		
五月小	丁卯朔				
六月大	丙申朔				
七月小	丙寅朔				
八月大	乙未朔			九月	乙未朔
九月小	乙丑朔				
十月大	甲午朔				
十一月大	甲子朔				
十二月小	甲午朔	十二月	辛亥		

為使額簡中九月乙未朔與《二十史朔閏表》吻合，閏月當置於九月之後，十二月之前。

但此簡尚有另一不解之處，即簡文本身矛盾。若以乙未為初一日，則戊辰日為第三十四日，即戊辰日不在當月，而在下月！

簡十五：2000ES7SF1：1A

建平五年九月乙亥第七隧卒周詡

漢哀帝建平的年號只用了四年（公元前6～公元前3年），此簡所出，知用了五年，至少在居延地區。建平五年當為公元前2年，即元壽元年。

又，據《二十史朔閏表》，漢哀帝元壽元年九月丁酉朔，乙亥日為第四十九日，不在該月，考慮到當年閏十一月，可能閏月當置於九月之前，則兩者吻合。

簡廿一■：2000ES9SF4：4

始建國二年十一月甲戌下

十一月壬午張掖大尹……

（1）據《二十史朔閏表》，新王莽始建國二年十一月壬辰朔，則甲戌日為第四十三日，壬午日為第五十一日，則當月無甲戌日、壬午日已明。當年有閏月，《二十史朔閏表》按排在十月十一月之間。

（2）另據《漢書》卷九十九《王莽傳中》載：

九月辛巳，戊己校尉史陳良、終帶共賊殺校尉刁護，劫略吏士，自稱廢漢大將軍，亡入匈奴。

據《二十史朔閏表》，新王莽始建國二年九月甲子朔，辛巳日為第十八日。

以（2）推之，《二十史朔閏表》新王莽始建國二年九月之前的按排並無不當，即，閏月不應在九月之前；以（1）推之，閏月不應在十一月之前。合論之，閏月當在十一月之後。

漢代改元問題芻議

李 蕾

新出土的額濟納漢簡中有一枚"建平五年"的簡引起了筆者的興趣，簡文如下：

〔簡一〕建平五年九月乙亥第七隧周詡（2000ES7SF1：1A）①

建平為漢哀帝的年號，據文獻所載只有四年，之後改年號為元壽，不存在"建平五年"一說。而居延漢簡和敦煌漢簡中出現"建平五年"字樣的簡卻有三十八枚之多，可見"建平五年"的紀年方式在歷史上確實被使用過。漢簡中還存在大量"元壽元年"的簡，也就是說在當時的居延和敦煌兩地同一年使用過新舊兩個年號。這種現象不僅存在於建平、元壽之際，在整個漢代歷史中曾多次出現過類似情況，這一點不能不引起筆者的注意。

陳夢家先生在他的《漢簡綴述》中曾對這個問題做出了解釋，他將這種類型的漢簡進行了整理並大膽推測。他認為由於史家多屬於後人寫前人歷史，所以於改元之年僅書新改年號，使後人誤以為當年只以新年號紀年，這與實際情況不符。這一觀點筆者也甚是贊同。他以元康五年（即神爵元年）為例，漢簡中出現"元康五年"最晚的月份為二月，而出現"神爵元年"最早的月份為四月，由此推測改元於三月，這與文獻所載改元於三月正好吻合。同樣，漢簡有建昭六年正月與竟寧元年二月，史載改元於正月；漢簡有元和四年八月五日，史載七月二十七日詔改元章和。以此種方法他推測改元詔書下達邊郡需約一月時間，繼而又推算出幾個在文獻中未記載改元時間的年號改元詔書頒發的月份，如下所示：

由地節改元元康於四月；

由神爵改元五鳳於正、二月；

由五鳳改元甘露於四、五月；

由陽朔改元鴻嘉於四、五月；

由元延改元綏和於四、五月；

---

① 魏堅主編：《額濟納漢簡》，廣西師範大學出版社，2005年版，第136頁。

由建平改元元壽於十二月或閏十二月；

由始建國改元天鳳於正、二月間。①

筆者對陳先生這種推測思路十分認同，但是由於陳先生此說成文年代較早，未結合後出的簡牘史料進行深入研究，所以他所提出的結論存在一定偏差，或可商榷。本文將在陳夢家先生所作研究基礎之上，結合傳世文獻和新出漢簡資料，對漢代改元問題進行深入的探討。

首先就陳先生所論證的建昭六年正月改元一說，漢簡中存在與這一觀點相左的記載。簡文如下：

〔簡二〕建昭六年三月庚午朔五官掾光（E. P. T52∶98）②

〔簡三〕竟寧元年二月庚子朔壬寅居延令宣☐（190.1A）③

查陳垣《二十四史朔閏表》④（以下簡稱為《朔閏表》），簡二所載建昭六年即竟寧元年三月確為庚午朔，而簡三中所記載的竟寧元年二月為庚子朔，由此推算"壬寅"為此月初三，證明居延地區在二月時開始有人使用新年號紀年，改元信息已經在該地傳播。據文獻記載，改元竟寧在正月時候。《漢書·元帝紀》記載："竟寧元年春正月，匈奴虖韓邪單于來朝。"注應劭曰："虖韓邪單于願保塞，邊竟得以安寧，故以冠元也。"⑤若如陳夢家先生推測，改元詔書一個月可下達到地方，則居延地區應於二月收到改元消息，那麼為何會出現"建昭六年三月"的情況呢？

搜索出土的漢簡資料，筆者發現如建昭六年發生的這種情況並不是個別現象。在出土的太初至建武年間的漢簡中，同一地區或臨近地區同時出現新舊兩個年號的情況共有三次。

第一次是由本始改元為地節。史書中本始只有四年，即公元前 73 年至公元前 70 年。而出土漢簡中卻多次出現"本始五年"和"本始六年"的漢簡，簡文如下：

〔簡四〕本始六年正月庚寅隧長段封（213.16）⑥

〔簡五〕本始六年三月 癸亥朔
丁丑盡辛卯十五日　乙酉到官（1808）⑦

同時漢簡中亦出現了幾枚以"地節二年"紀年的漢簡，其中與本始六年簡時間相

---

① 陳夢家：《漢簡綴述》，中華書局，1980 年版，第 233 頁。

② 甘肅省文物考古研究所、甘肅省博物館、文化部古文獻研究所、中國社會科學院歷史研究所合編《居延新簡——甲渠候官與第四燧》，文物出版社，1990 年版，以下簡稱《居延新簡》，第 234 頁。

③ 謝桂華、李均明、朱國炤：《居延漢簡釋文合校》，文物出版社，1987 年版，第 301 頁。

④ 陳垣：《二十四史朔閏表》，中華書局，1962 年版。

⑤ 《漢書》卷 9《元帝紀》。

⑥ 《居延漢簡釋文合校》，第 331 頁。

⑦ 吳礽驤、李永良、馬建華：《敦煌漢簡釋文》，甘肅人民出版社，1991 年版，第 190 頁。

重疊的一枚值得注意，簡文如下：

　〔簡六〕　　都内賦錢五千一百卌

　　　　　　入　給甲渠候史利上里高何齊

　　　　　　地節二年正月盡九月積九月奉（111.7）①

　　簡五所記的本始六年應為改元後的地節二年，查《朔閏表》地節二年三月初一確是癸亥。簡文中所說"丁丑盡辛卯十五日"，即三月十五日至二十九日。由此可見此簡所記時間無誤，這為地節二年時敦煌仍存在以本始紀元的現象提供了有力的佐證。簡六是一枚簿籍類漢簡，記錄了候官徵收賦錢五千一百四十錢，又將這筆錢發給甲渠候史，作為他地節二年正月至九月共九個月的俸錢，所以這枚簡應該寫於地節二年九月之後。由於在出土漢簡中沒有發現地節元年的記錄，所以我們可以推測當時居延地方是在公元前68年，即地節二年被告知改年號本始為地節的。《漢書》中應劭注曰："以先者地震，山崩水出，於是改年曰地節，欲令地得其節"②，又有本始四年"夏四月壬寅，郡國四十九地震，或山崩水出。"③ 可見改元地節是由於對天災的敬畏，而這場山崩水出的天災發生於本始四年夏四月。據此推斷中央改元時間應於本始四年末至地節元年這段時間，與"本始"年號最晚記載的"本始六年三月"還有一段時間，這可能是因為改元詔書在下達過程中受到了阻滯，也可能是因為當時地方已經收到改元詔書，但信息傳播速度過慢，導致在改元的第二年仍然有人使用舊年號紀年。

　　第二次發生於五鳳改元為甘露之時。相關簡文如下：

　〔簡七〕五鳳五年二月丁酉朔乙丑甲渠候長福敢言之謹移日跡簿

　　　　　一編敢言之（267.15A）④

　〔簡八〕五鳳五年三月丙午朔甲午甲渠鄣候

　　　　　漢彊謂士吏安主候行中隨書到（E. P. T56:65A）⑤

　〔簡九〕●第廿六隧五鳳五年三月穀出入☑（E. P. T53:8）⑥

　〔簡十〕甘露元年二月丁酉朔己未，縣（懸）泉廄佐富昌敢言之，爰書：使者段君
　　　　　所將（疏）勒王子橐佗三匹，其一匹黃，牝，二匹黃，乘，皆不能行，罷
　　　　　亞死。即與假佐開、禦田遂、陳……復作李則、耿癸等六人雜診橐佗丞所
　　　　　置前，橐佗罷亞死。審。它如爰書。敢言之。（一四一，II 0216③:137）⑦

---

①　《居延漢簡釋文合校》，第181頁。
②　《漢書》卷8《宣帝紀》。
③　同上。
④　《居延漢簡釋文合校》，第448頁。
⑤　《居延新簡》，第310頁。
⑥　同上書，第280頁。
⑦　胡平生、張德芳：《敦煌懸泉漢簡釋粹》，上海古籍出版社，2001年版，第106～107頁。

〔簡十一〕□吏□□□□□□☑

　　　甘露元年三月戊子下（E. P. T56: 187）①

這幾枚簡分別記錄了五鳳五年二、三月和甘露五年二、三月的事情，說明在二月到三月間地方上曾經一度處於兩種紀年方式並存的情況。

第三次出現這種情況是在元延改元綏和之時。相關簡文如下：

〔簡十二〕□□　　　　　　　一月八日旦禹叩

　　　伏地　　　元延五年　　　　　　　不它所（15.12A）②

〔簡十三〕元延五年二月乙巳朔癸丑☑

　　　居延敢言之（132.32A）③

〔簡十四〕元延五年二月甲辰朔己未□□□土□尉臨居盧訾倉以

　　　☑己卯□□□□□□□即日到守□（17）④

〔簡十五〕☐▨綏和元年正月渠（E. P. T50: 198A）⑤

遍查出土漢簡，筆者只找到一枚"綏和元年"的漢簡，故簡十五是孤證，且由簡文所載並不能斷定這支簡寫於綏和元年正月，即無法證明正月時改元詔書已經下達給居延地方。

上述幾次漢簡所出現的紀年混亂的現象，究其成因均與改元詔書的下達和傳播有關，所以在這裏有必要對漢代詔書下達的問題加以論述。詔書是皇帝命令文書的一種，一般由丞相府下達九卿及郡太守、諸侯相，然後再層層下達，直至烽隧戍卒和百姓。故在詔書中常見"佈告天下，使明知朕意"的說法。現有的傳世文獻和新出土的簡牘資料中沒有關於改元詔書的記載，但我們可以通過對其他詔書下達過程的研究來還原改元詔令流傳的過程。居延新簡中保存了一份較完整的關於詔書下達的記錄，簡文如下：

〔簡十六〕制可。永始三年七月戊辰□☑，下當用者。七月庚午，丞相方進下小

　　　府、衛將軍、將軍、[中]二千石、二千石、部刺史、郡大守……十月己

　　　亥，張掖大守譚、守郡司馬宗行長史☑書從事，下當用者，明篇（扁）

　　　叩（鄉）亭顯處，會（令）吏民皆知之，如詔書。十一月己酉，張掖肩水

　　　都尉譚、丞平下官：下當用者，如詔。十一月辛亥，肩水候憲下行尉事

① 《居延新簡》，第321頁。

② 《居延漢簡釋文合校》，第24頁。

③ 同上書，第220頁。

④ 林梅村、李均明：《疏勒河流域出土漢簡》，文物出版社，1984年版，第98頁。

⑤ 《居延新簡》，第165頁。

謂關嗇夫、吏：承書從事，明扁亭隧□☑處，如詔書。士吏猛。
（74. EJF16）①

　　從這段記載可見詔書在下達到地方的過程中要經過丞相府、郡太守、都尉、候官直至士吏五個過程。在漢代時郵驛交通已十分發達，據陳夢家先生推測，詔書從中央到西北邊郡（假設一路順暢），需一個月的時間。但文書在傳達過程中是否可能存在由於官吏瀆職等主觀因素導致文書傳達受阻呢？實際上這種可能性非常小。漢代為保證皇帝旨意能夠及時暢通地傳達給地方，在法律中制定了"廢格"之罪。《史記·平准書》曾提到此罪，《索引》注曰："廢格，天子之命而不行。"② 廢格是廢棄天子的詔令不實行，是瀆職罪中最為嚴重的罪名。雖然不知漢代對於犯廢格罪的官員如何處罰，但我們亦可推斷這條法令對督促地方官吏及時將朝廷的政策詔令傳達給戍卒百姓發揮了十分積極的作用。至於傳達效果，則不見得每次都及時準確。

　　據目前史料推知，漢代地方官員可以利用兩種途徑將詔書內容傳達給民眾。其一是召集百姓，向其宣講解釋詔書內容。《漢書·賈山傳》中記載："山東吏布詔令，民雖老羸癃疾，扶杖而往聽之。"③ 詔書內容又多"文章爾雅、訓辭深厚"④，由於當時地方基層官吏文化水準不高，無法準確地理解並傳達皇帝的旨意，所以到漢武帝時地方專門挑選"秩比二百石以上及吏百石通一藝以上補左右內史、大行卒史，比百石以下補郡太守卒史，皆各二人，邊郡一人"⑤，專門負責向民眾宣讀詔書。第二種方式是將詔書內容直接書寫於亭壁上，或謄寫於簡冊或木板上，懸掛在鄉亭顯見處。在崔寔的《政論》中曾記錄了漢代的一條諺語："州郡記，如霹靂；得詔書，但掛壁"⑥，其中後半句為當時改元詔書傳播的真實寫照。額濟納漢簡中也有類似記載："書到明白大扁書鄉亭市里門外謁舍顯見處，令百姓盡知之。"⑦ 改元詔書被送至地方後，地方官吏會馬上將詔書內容傳達下去，但傳達方式非常簡單，或是召集民眾向其宣讀詔書，或是將詔書以文字的形式張貼出來。若運用第一種傳播方式，詔書內容傳播可以較為準確有效地傳達給民眾，但從出土簡文中可見，在漢代邊郡官吏更多地採用第二種方式傳遞消息。由於當時漢代百姓和下層戍卒文化水準不高，識字率較低，對扁書所書內容的關注度又因人而異，所以各地改元信息傳播的速度有快有慢，這也屬於正常的現象。

---

　　① 甘肅省文物考古研究所編《居延新簡釋粹》，蘭州大學出版社，1988 年版，第 103 頁；並參照胡平生：《"扁書"、"大扁書"考》所引本條釋文，見《敦煌懸泉月令詔條》，中華書局，2001 年版，第 51～53 頁。

　　② 《史記》卷 30《平准書》。

　　③ 《漢書》卷 51《賈山傳》。

　　④ 《漢書》卷 88《儒林傳序》。

　　⑤ 同上。

　　⑥ 見嚴可均輯《全後漢文》，商務印書館，1999 年版，第 727 頁。

　　⑦ 《額濟納漢簡》2000ES7S：4A，第 187 頁。

　　據俞忠鑫《漢簡考曆》①對已出土漢簡中所有紀年的整理，筆者發現除了以上四次特殊情況之外，歷代改元時期對於年號的使用皆是新舊先後交替、互不重疊。由此推斷漢代的紀年習慣，對於改元以前的事以舊年號紀年，接到改元通知後開始改用新年號紀年，以上四例則屬於特殊情況。

　　另外，任步雲先生在《甲渠候官漢簡年號朔閏表》②中曾經提到過一次出現在特殊時期的特殊情況，也許對於這一問題的研究有所幫助。

　　〔簡十七〕漢元始廿六年十一月庚申朔甲戌甲渠鄣候獲敢言之

　　　　　　謹移十月盡十二月完兵出入簿一編敢言之（E. P. F22：460A）③

　　"漢元始廿六年"（公元26年）的紀年，是平帝年號的順延，即建武二年。當時"天下擾亂，未知所歸"④，竇融使用這一年號即打出了西漢王朝正朔的旗號，具有一定政治意義。雖然這條簡文出現於非常時期，不足為證，但從另一側面可見，漢代紀年問題也受到政治軍事條件的制約和影響。

　　綜上所述，陳夢家先生的推測基本成立，但這是建立在漢代信息傳播系統十分完備的前提之下。由於信息傳播是一個複雜多變的過程，意外和偶然時有發生，所以陳先生所推測的改元詔書頒發的時間有一部分仍需進一步商討。在實際情況中，改元詔書的頒佈、下達以及傳播不可能完全暢通無阻，各種意外情況都將影響到改元信息的傳播進程，造成紀年混亂。由於傳世文獻載述的缺失和漢簡出土之零散，筆者只能根據現有史料略陳管見，錯謬之處，祈請方家批評斧正。

---

① 俞忠鑫：《漢簡考曆》，文津出版社，1994年版。
② 參見《漢簡研究文集》，甘肅人民出版社，1989年版，第420頁。
③ 《居延漢簡》，第507頁。
④ 《後漢書》卷23《竇融傳》。